DOĞUM TARİHİNİZDEKİ ŞİFRE

Nilda Ferhan Efeçınar

ARŞ YAYINLARI

Kişisel Gelişim 5

DOĞUM TARİHİNİZDEKİ ŞİFRE
NİLDA FERHAN EFEÇINAR

*

Genel Yayın Yönetmeni
NİLDA FERHAN EFEÇINAR

Logotype ve Kapak Tasarımı
BANU KIRCA ANBARCI

Editör
SESİL SAR KARASULU

Dağıtım
ALFA DAĞITIM

Baskı Cilt
Sertifika No: 10614
İNKİLAP KİTABEVİ BASKI TESİSLERİ
Çobançeşme Mah. Sanayi Cad. Altay Sk. No: 8
34196 Yenibosna İstanbul Türkiye
Tel.: (0 212) 496 11 11 (pbx)

DOĞUM TARİHİNİZDEKİ ŞİFRE
1. Basım: Nisan 2013, 2000 adet,
ISBN: 978-605-63731-5-2

ARŞ YAYINLARI
Nilda Ferhan Efeçınar'ın Tescilli Markasıdır.
Kalamış Fener Cad. Çintav Apt. No:88 K:2 D:7 Fenerbahçe-İstanbul
Türkiye
Tel: (0 216) 405 19 89 pbx - Fax: (0 216) 405 19 90
www.nildaferhanefecinar.com
www.arsyayinlari.com.tr

Doğum Tarihinizdeki Şifre

Nilda Ferhan Efeçınar

ARŞ
YAYINLARI

NİLDA FERHAN EFEÇINAR

IQC Quantum Coach and Trainer

IQC Quantum-Life-Student-Career-Breath Coach ICF Member: 1038375;

NLP Master Trainer

Hipnoz Trainer

EFT Uzmanı (Emotional Freedom Tech.)

Evrensel Yaşam Enerjileri Master.

İzmir'de doğdu. 1985 yılında Ege Üniversitesi Fen Fakültesi Matematik, 1989 yılında 9 Eylül Üniversitesi G.S.F. Sinema-TV- Fotoğraf Ana Sanat Dalı Sinema-TV Yönetmenliği'nden mezun oldu. Ardından Marmara Üniversitesi G.S.F. Sinema-TV bölümünde Yüksek Lisans yaptı.

1993-1998 yılları arasında aktif olarak Sinema–TV sektöründe yapım yönetim departmanında çalıştı. (Bu yapımlardan bazıları; Bizimkiler, Süper Baba, Çakalların İzinde, Kurtuluş-Mustafa Kemal'in Askerleri, Tersine Akan Nehir, Batık Aşklar Müzesi, Reyting Hamdi, Kurtlar Vadisi.)

Nilda Ferhan Efeçınar hâlâ Kuantum Yaşam-Kariyer ve Öğrenci Koçluğu alanlarında "Koç" yetiştiriyor ve Bireysel Koçluk seansları veriyor. Türkiye'nin ilk Kuantum Koçluk Merkezi olan International Quantum Coaching Merkezi'ni kuran Efeçınar Kuantum Koçluk mesleğini duyuran öncüdür. Şu ana kadar aktif çalışan 100'den fazla Koç yetiştirdi. Kuantum Kişisel Gelişim Derneği Başkanlığı'nı yürüttü. Akademi Ege'de Radyo-TV Bölüm Başkanlığı yaptı.

SKYTürk kanalında "Kuantum Sıçraması" isimli programı hazırlayıp sundu. Bunun yanı sıra özel sektördeki pek çok firmanın tanıtım filmlerini çekmeye devam ediyor. 2013 yılında kendi yayınevi ARŞ Yayınları'nı kurdu.

Yayımlanmış Kitapları

Kuantum Sıçraması
Kuantum Koçluk Programı
Kuantum Diyarında Kelebekleri Özgürleştirmek
İsimlerin Gizemi
Esmaların Gizli Hazinesi
Bilinçaltının Büyüsü

İÇİNDEKİLER

ÖNSÖZ

M.Ö. 550 yıllarında yaşayan Yunanlı Matematikçi Pythagoras (Fisagor) sayıların gizemi üzerine çalışmalar yapmıştır. Her rakamın bir gizemi ve anlamı olduğuna inanmıştır. Bu şekilde Numerolojinin temellerini atmıştır. Zaman içerisinde sayıların enerjisi ve mistik güçleri ile ilgilenen pek çok kişi olmuştur. Bu kişilerin içinde en ünlüsü Cornelius Agrippa'dır. M.S. 1533'te yazdığı "Okült Felsefe" kitabında rakamların özelliklerinden bahsetmiştir. Ardından pek çok kişi kendi araştırmalarını da ekleyerek bu alanda çeşitli kitaplar yazmıştır.

Ben de yıllardır seanslarım vasıtasıyla yaptığım araştırmalar sonucu hazırladığım bu kitabımda, doğum tarihinizle sizlere verilmiş KOD'larınızın analizlerini yapacağım. Bu şekilde kendi doğum tarihinizdeki ŞİFRE'ye ulaşmış olacaksınız. Kitapla yaşamda nasıl başarıyı yakalayabileceğinizi ve ruhsal anlamda nasıl tekâmül edebileceğinizi sizlere aktaracağım.

"*Dünya sayıların gücü üzerine kurulmuştur.*"

Pythagoras

Tekâmül edebilmem için beni bedenli-bilinçli bir varlık olarak arz üzerinde yaratan ve bana KOD'umu/fıtratımı veren RAB'bime şükürler olsun.

Yaşamda var olmama vesile olan güzeller güzeli anneme ve yakışıklı babama çok teşekkür ederim ☺

MERHABALAR ☺

Tarih 4.3.2013 ve şu an saat 19:53'ü gösteriyor. Dışarıda hoş, arındırıcı bir yağmur yağıyor ve ben de hafif bir müzik eşliğinde, kahvemi içerken zihinlerinize renk katmasını arzuladığım 7. Kitabımı yazıyorum. Umarım zevk alarak okuyacağınız bir ürün ortaya çıkarırım.

2006 tarihinden bu yana koçluk seansları yapıyorum. Bana Koçi (Koçluk seanslarına gelen kişilere verilen teknik terim, kulağa komik geliyor değil mi? ☺) olarak gelenlerin diğer bilgileriyle beraber doğum tarihlerini de kaydediyorum. Daha evvel "İsimlerin Gizemi" adlı kitabımda bahsettiğim gibi aynı isimde olanların benzer yaşam planına sahip olduklarını fark edince isimlere dair ilginizi çekeceğini düşündüğüm bir kitap yazmıştım. Aynı şekilde doğum tarihlerini topladığımda çıkan sayılara sahip olan kişilerin de çok benzer karakteristik yapılara, deneyimlere, korkulara ve yaşam planlarına sahip olduklarını fark ettim.

İçinde bulunduğumuzu algıladığımız dünyanın ve tüm canlıların elbette ki biz insanların birer yazılımdan (software) ibaret olduğunu düşünüyorum. "Bilinçaltının Büyüsü" Kitabımda bu konulara daha detaylı değinmiş olmakla beraber bu kitabımda da biraz değinmek istiyorum. Ayrıca fark etmiş olduğunuz gibi size bu bilgileri verirken diğer kitaplarımın da tanıtımını yapıyorum ☺

Bizler anne karnında ilk üç aya kadar, fabrikada hazırlanan bilgisayar kasası gibi sadece donanımdan ibaretiz. Yaklaşık üç aylık dönemde bizlere bir işletim sistemi yükleniyor. Bu işletim sistemi buraya ait frekansları almamızı ve dünyaya gelen herkesin beyninde dünyanın aynı şekilde algılamasını sağlıyor. Bu sayede dünyaya gelen her bireyin ortak bir dili oluyor. Hepimiz kareyi kare, beyazı beyaz, silindiri silindir, ağacı ağaç, denizi deniz şeklinde algılıyoruz. Arada bir renk körleri gibi işletim sistemi farklı kişiler oluyor. Onlar sayesinde de farklılığı fark ediyoruz.

Doğduğumuz an, mağazadan bir bilgisayar satın almak gibidir. Bilgisayarı eve gelip açtığımızda içinde program yüklemeye yarayan bir işletim sistemi olduğunu görürüz. Bu işletim sistemi program yüklenmesini sağlayan bir çeşit yazılımdır. Üretilen her bilgisayarın belirli bir seri numarası olur. Bizlerin de seri numaraları doğum tarihlerimizdir. Bazılarımız aynı seri numarasıyla doğmuş olsak da aile, kültür, çevre farklılıkları oluyor.

Yaklaşık 6 yaşına kadar aile, çevre ve ortam tarafından çeşitli programlarla yükleniyoruz. Yani seri numarası aynı olsa da yüklenen programlar farklı oluyor. Bununla beraber aynı seri numarasını taşıyan bireylerin, kişilik özelliklerinin, korkularının, arzularının, ruhsal tekâmülleri için geçmeleri gerekli sınavların da hemen hemen aynı olduğunu söylemem gerek. İşte bu kitabımda sizlerle bu konuları paylaşacağım.

Ama öncesinde benim için klasik olan bir diyalogdan söz edeceğim: Bir dönem astroloji ile de yakından ilgileniyordum. Kişilere burçları hakkında bilgi verdiğimde genellikle materyalist olanlardan şu şekilde geri bildirimler alıyordum; "Ne yani dünyada sadece on iki grup insan mı var?" Her ne kadar birçoğu verdiğim yanıta rağmen materyalist bakış açılarını inatla sürdürseler de benim yanıtım her zaman şu şekilde oluyordu; "Temelde evet on iki ana grup var ancak bir kişinin yıldız haritasındaki temel burcun dışında pek çok planet var ve doğum haritalarında bunlar farklı farklı açılarda farklı farklı konumlanıyor. Dolayısıyla permütasyon hesabıyla sonsuz çeşit ortaya çıkıyor. Bu durum beyaz zemini olan bir elbisenin üzerine yapılmış sonsuz çeşitteki desene benziyor. Sonsuz sayı ve desenle farklı, ama zemini aynı olan bir elbise. Aslında hepsi beyaz bir elbise☺"

Bunun üzerine ikinci bir soru geliyordu "Ya ikizler? Birebir aynı mı? Tanıdığım ikizlerde farklı olanlar var, buna ne diyeceksin?" Bu soruyu da şu şekilde yanıtlıyordum "Her planetin bize göre hem olumlu hem olumsuz davranışları ortaya koymamızı sağlayan enerjileri mevcut. Mesela akrep burcu insanları için bazı kişiler çok katı ve acımasız derken bazıları yumuşak ve merhametli yorumu yapabilir. Her ikisi de doğrudur. Çünkü bir akrep her iki özelliği de taşır. Büyüme esnasında hangi yönünü geliştirirse davranış modelleri de seçtiği yöne göre şekillenir. Bu katı davranan bir akrep burcu kişisinin merhametli olmadığı anlamına gelmez. Sadece o yönünü beslemediği anlamına gelir.

Aynı soruları doğum tarihi analizinde de alıyorum. Bana "Ne yani tüm dünya da 45 grup insan mı var?" Sorusunu yöneltiyorlar. "Evet, doğum analizi planına göre 45 grup insan var. Aynı beyaz elbise misali bu kişiler üzerlerindeki desenlerle milyonlarca çeşidi oluşturuyor. Üzerlerindeki desenler farklı olsa da zemin aynı renk. Yani hepsi beyaz elbise☺"

İnceleyeceğinizde her doğum kodunun hem olumlu hem de olumsuz davranış modelleri söz konusu olduğunu göreceksiniz. Mesela 2'ler kendilerini hiçe sayarcasına fedakârlık yapabilecekleri gibi, başkalarının haklarına önem vermeksizin alıcı ve bencil de olabilir. Çünkü her iki davranış modelini de içinde barındırır. Hangi davranış modeli kullanırsa o şekilde algılanırlar. Ama bu onların 2 olmadığı anlamına gelmiyor.

Şimdi kitapta bahsettiğim duygulara bir göz atalım. Hatta sayamaya çalışalım bakalım beynimizde kaç tane duygu kimyasalı var?

Sevgi, güven, coşku, aşk, tutku, arzu, zevk, neşe, korku, acı, keder, nefret, endişe, intikam, kıskançlık, öfke. Kaç etti, on altı. Hadi ben atladım birkaç tanesini yazmadım. Diyelim ki yirmi duygu var.

Şu soruyu sorabilir miyiz? "Tüm insanlar sadece yirmi duygu kimyasalından mı oluşuyor?" Evet, insanlar temelde yirmi duygu kimyasalından oluşmuş. Ancak biz hangi duyguyla kendimizi beslersek o duygunun deneyimleriyle yaşıyor ve dışarıdan bu şekilde algılanıyoruz.

Bir kişinin beyninde hem sevgi kimyasalı vardır hem nefret. Aynı şekilde hem güven kimyasalı vardır hem de korku. Kişi hangi kimyasalı daha çok kullanarak besliyorsa o, kişinin kimliğini oluşturur. Beslediği duygu durumuna göre yaşar, ona göre deneyimler yaşar ve öyle de algılanır.

Ben duygulardan kimyasal diye bahsettiğimde âşık olan kişiler hayal kırıklığına uğruyor ☺ Ama öyle. Bilimsel olarak bütün duygular birer kimyasal olarak kabul ediliyor, tıpkı ilaçların içindeki kimyasallar gibi. Beynimizdeki öfke kimyasalını kullana kullana arttırırsak, öfke bağımlısı oluruz. Aşk kimyasalını arttırırsak aşk bağımlısı ☺

Konumuza dönersek yaklaşık yirmi duygunun doz doz terkibinden oluşan bizler bu duyguların permütasyonlarına göre sonsuz çeşitlilik gösterebiliyoruz ama duygu adedi değişmiyor.

Korkularımız için de aynı durum geçerli. Nelerden korkarız? Bir sayalım bakalım; *ölümden, hastalanmaktan, reddedilmekten, tercih edilmemekten, sevilmemekten, dışarıdan gelecek tehlikelerden, parasız kalmaktan, güçsüz kalmaktan, çaresizlikten, yetersizlikten, değersiz hissetmekten, esaret içinde olmaktan.* Kaç etti? On iki. Hadi ben birkaç tanesini atladım diyelim ama toplamda yirmi temel korku olsun. (Bu arada asansöre binememek, boğulmaktan korkmak, yükseklik korkusu gibi spesifik korkular yukarıda bahsi geçen genel korkulardandır.) Gördüğümüz yaklaşık yirmi genel korkuyu her birimiz farklı yaşarız ve bu şekilde çeşitlilik ortaya çıkar. Ancak bu durumda da temel korkuların sayısı değişmez.

Sonuç olarak kitapta analizlerinizi okurken belki "Ben bu şekilde davranmıyorum," diyebilirsiniz. Bunu söylüyorsanız birkaç olasılık olabilir. Birincisi bu davranış modelinizi henüz fark etmemiş olabilirsiniz. İkincisi bahsi geçen yönleri altı yaş öncesinde kullanmanız gereken bir deneyim yaşamamış olabilirsiniz. Üçüncüsü de artık o yönlerinizi değiştirmiş olabilirsiniz.

36 koduna sahip bir danışanım vardı. Eşine karşı kendisinin çok fedakâr olduğunu ve eşinin bunu hiç anlamadığını söylemişti. Aslında durumun bu şekilde olmadığını anlattığı deneyimlerden anlayabiliyordum ama bunu ona doğrudan söyleyemezdim. Çünkü bu durum koçluk mesleğinin etik kurallarına aykırıdır.

Koçluk mesleğini yapanlar yönlendirme yapamaz. Sadece koçluk sorularıyla kişinin fark etmesini sağlayabilir. Ben de sadece sorular sordum, bilinçli olarak eşinin yerine kendisini koymasını, empati yapmasını sağladım. Bir sonraki seansta aynen şöyle söyledi "Neyi fark ettim biliyor musunuz, meğerse hep ilgi görmeye çalışan ve bencil olan benmişim. Hiç vermemişim, hep almışım. Bunu fark ettiğim an şok oldum! Eşime şimdiye kadar hep haksızlık etmişim."

Farkındalık anı kişinin yaşamı bilinçli olarak yaşamaya başladığı andır.

Farkındalık, bilinçli seçimlerle hayatınızın patronu olmaya başladığınız andır.

Farkındalık yeniden doğmaktır ☺

İKİ KÖPEK:
BİRİ BEYAZ DİĞERİ SİYAH

Yeşillikler içerisindeki bir kasabada bahçe içinde, tek katlı evinde yaşayan yaşlı bir adam varmış. Bu adamın bahçesinde iki tane büyük köpek varmış. Köpeklerden birinin rengi beyaz diğerininki de siyahmış. Yaşlı adamın köpekleri her gün dövüşürmüş. Küçük bir çocuk da her gün, yaşlı adamın bahçesinin önünden geçerken köpeklerin dövüşünü izlermiş. Çocuk bir gün yaşlı adama seslenmiş:

Çocuk: Amca niye köpeklerin birinin rengi beyaz diğerinin ki siyah?

Yaşlı Adam: Çocuğum, köpeklerden beyaz olanı benim içimdeki iyiliği, siyah olanı ise içimdeki kötülüğü simgeliyor.

Çocuk: Köpeklerin her gün dövüşüyor ama hangisi daha çok kazanıyor?

Yaşlı Adam: Ben hangisini beslersem o kazanıyor.

İşte bizim de içimizde bir beyaz bir de siyah köpeğimiz var ve biz hangisini beslersek o kazanıyor.

Analizlerde de okuyacağınız gibi hem olumlu hem olumsuz davranış modellerini yazdım. Kendi analizini okuduğunuzda bakın bakalım siz hangi köpeğinizi daha çok beslemişsiniz.

Siyah köpeğinizi beslemişseniz hiç sorun etmeyin, beyaz köpeğinizi beslemeye bugün itibariyle başlarsınız.

KİTABIN AMACI

Bahsedeceklerim buranın tekâmül sahası olduğunu düşünenlerinize daha yakın gelecektir. Bu şekilde düşünmeyenler de "Böyle bir bakış açısı da varmış," diye devamını okuyabilirler.

Kur'an-ı Kerim' de Allah, insanın yaradılışı hakkında bize şöyle bir bilgi verir. Der ki: Her insan fıtratıyla doğar (yaradılış özellikleri). Fıtrat hem takva (olumlu huylar) hem de Fücurdan (olumsuz huylar) oluşan bir terkiptir. Bununla beraber her zaman takva, fücurdan daha fazladır.

Her birey iyi olanla kötü olan arasındaki farkı da bilerek doğar. Yani cinayetin, yalanın, hırsızlığın, bencilliğin, hak yemenin, sözünde durmamanın, fitnenin, ihanetin vs. doğru olmadığını hepimiz daha yaradılışımızdan biliriz.

Tekâmül etmek için de sınavlarımız zayıf olduğumuz konulardır. Bildiğimiz dersler zaten bize kolay gelir ve sınavı geçeriz. Önemli olan zayıf olan derslerimizden geçebilmeyi başarmaktır. Bir kişi kibirli bir yapıya sahipse kibriyle sınava tabi olacaktır.

Çünkü amaç kişinin kibrinden vazgeçerek tekâmülünün sağlanmasıdır. Kibir; kişinin kendisini başkalarından hatta bazen de Allah'tan üstün görmesidir. Kibirli insanların başlıca davranış modelleri; başkalarını küçümsemek, kendini üstün görmek, hataları sebebiyle özür dilememek kimseye müdana etmemek, burnu düşse yerden almamak ve her şekilde kuyruğu dik gezmektir.

Burada şunu önemle belirtmeliyim ki sınavlar bize kendi öz benliğimizle geliyor. Kişi yaptığı davranışlara göre kendi sınavını hazırlar çünkü özü neyin iyi neyin kötü olduğunu ve dünyanın işleyiş yasalarını bilir. Dolayısıyla sınava tutan ve cezalandıran bir Allah kavramından asla bahsetmiyorum.

Benim araştırmalarımdan çıkardığım sonuç, Allah asla cezalandırmıyor. O her yarattığını seviyor. Bu konuyla ilgili Kur'an-ı Kerimden yaptığım araştırmalar sonucu bize cezayı da ödülü de kendi öz benliklerimizin verdiğini anlamış durumdayım. Kişi öz benliğiyle yaptığı eylemler ve niyetleri sonucu kendini ya cezalandırıyor ya da ödüllendiriyor. Bu kanaate varmamın sebebi ise Allah'ın pek çok ayette aktardığı gibi "Ben sizi cezalandırmam, siz kendi öz benliklerinize eza ediyorsunuz" ifadesidir.

Konumuza dönersek, kibirli davranışlar gösteren birey bir süre iyi giden bir yaşam sürüyormuş gibi olsa da yavaş yavaş sahip olduklarını kaybetmeye başlayacaktır. Eşini, işini, parasını, sevdiklerini, belki sağlığını...

Ta ki davranışlarını değiştirip kendisini herkesten üstün görmekten ve başkalarını küçümsemekten vazgeçene kadar.

Başka bir örnek, bireyin benmerkezci davranış modeli ön plandaysa o zaman öz benliği sınavlarını da bu konudan hazırlayacaktır. Bencilliği ile başkalarının hakkını gasp ediyor, başkalarının sınırlarını çiğniyorsa yani "hep bana hep bana," diyorsa bir süre sonra yalnız kalmaya başlayacak ve kendi hakları da başkaları tarafından ihlal edilecektir. Kişi ancak bu davranış modelini önce fark ederek sonra da kendi değişimi üzerinde çalışarak bu sınavını geçecektir.

Analizler de davranış modelleri ve olumsuz huylar dışında korkulara da yer verdiğimi göreceksiniz. Tekâmülümüz için korkularımızdan arınmamız gerekiyor. Korkunun altında yatan temel sebep güvensizliktir. Yaşamın akışına ve kendi gücüne güvenmemek tüm korkuların ana kaynağıdır. Bahsi geçen konu tüm korkularınızı sıfırlamak değil. Korku kişiyi dünyada yaşayabileceği olası tehlikelere karşı koruyan önemli ve faydalı bir faktördür.

Analizlerimde bahsi geçen korkular hayatta kalmak adına savunma mekanizmasının oluşturduğu korkular değildir. Bahsettiğim korkular deneyimler sonrasında kişinin zihninin ürettiği kendi algısına ve değerlendirmesine göre beslediği zihinsel korkulardır.

Dünyaya geldiğinizde değersiz hissetmeyi deneyimlemeniz gerekiyorsa yani bu durum fıtratınızdaki zayıf noktanız ise öncelikle ebeveynleriniz size kendinizi değersiz hissettirecek rol kimliklerini üstenir. Önce kendinizi değersiz hissetmeyi deneyimlersiniz çünkü bu sizin tekâmül sınavınızdır. Amaç Allah'ın size verdiği gücü kullanarak bu sınavı başarıyla geçmenizdir. "Bana herkes kendimi değersiz hissettiriyor," demeniz sadece kurban psikolojisidir, kendi gücünüzü kullanmaktan kaçtığınızı gösterir.

İnsan olarak diğer canlılardan farklı olarak bilinçli ve iradeli yaratıldıysak o zaman insan olma gücümüzü kullanmakla yükümlüyüz.

Yani zihnimizi kontrol altına alan korkulardan arınmak durumundayız. "Ben değersizim," inancını "Ben kesinlikle değerliyim," düşüncesine çevirdiğiniz anda tekâmül etmiş olacaksınız. Ayrıca olumsuz inancınız değişince yaşamınız da olumlu anlamda değişecektir.

Bu kitabın amacı zayıf yanlarınızı, olumsuz davranış modellerinizi, korkularınızı fark etmeniz ve bunlar üzerinde çalışarak tekâmül edebilmenizdir. Bu nedenle kendinize karşı samimi olarak analizleri okumanızı öneririm.

Eğer tespitlerime siz de katılırsanız o zaman analizlerin sonunda verdiğim olumlamaları tekrar ederek ve Esma'ları zikrederek sınavınızı geçebilirsiniz. Sorun varsa mutlaka çözümü de vardır. Yine Kur'an'dan Allah'ın güzel bir sözünü sizlerle paylaşmak istiyorum;

"Her sorunun mutlaka en az iki çözümü vardır."

Esmalar konusunu merak ederseniz "Esmaların Gizli Hazinesi" kitabımdan yararlanabilirsiniz. Bu kitabın geliri yardım kuruluşlarına bağışlanıyor, isterseniz bu kitabı alarak hayra da vesile olabilirsiniz.

İNDİGOLAR VE KRİSTALLER

Kimi araştırmacılara göre 1970'lerden itibaren kimilerine göre de 1980'lerden bu yana indigo adı verilen yeni bir zihinsel yazılım programına ait bireyler dünyaya geldi. Küçük gruplar halinde olsa da daha önceki yıllarda da öncü yazılım olarak dünyaya gelen İndigolar bulunmaktaydı. Bu İndigo yazılımıyla gelen bireyler, hem davranış hem de ekolojik açıdan olumsuz giden dünya düzenini değiştirmek için bedenlendiler. Bunun için kuralları hiçe saydılar, farklı düşünce yapılarıyla yenilikler getirdiler, köklü değişimlerin temellerini attılar ve bunu yaparken de eski düzen savunucusu zihinlerle çatışmaya girdiler.

Yazılımları gereği daha agresif ve isyankâr tavır sergileyen indigolar kendilerinden sonra gelecek Kristal yazılımlı çocuklara daha kolay çalışabilmeleri için zemin hazırladılar. Onlar piyade birlikleri gibi öncü gruplardı. Şu anda 30'lu yaşlarda olan indigolar iş yaşamında değişimleri gerçekleştirmeye devam ediyor.

Ardından kimi araştırmacılara göre 1984 sonrasında kimilerine göre de 1999'un ikinci yarısından itibaren kristal yazılımlı çocuklar, öncüleri İndigoların ardından dünyaya gelerek daha sağlıklı ve insani değerlerle yaşanacak bir dünya yaratma amacıyla bedenlendiler. Henüz ergenlik dönemlerinde olan bu çocukların çok özel yetenekleri var. Özellikle ikna yetenekleri çok yüksek olan bu çocuklar bilgelik enerjisiyle konuşur ve her şeyi bilerek gelmiş gibidir.

Manevi güçleri, spiritüel yetenekleri ve DNA'ları bizimkilerden farklı olan özel yazılımlı çocukların amacı bizlere insani değerleri hatırlatmak ve kendi gücümüzü nasıl kullanabileceğimizi öğretmek. Gözleri ışık saçan, parlak zekâya sahip bu bireyler düşünceme göre insanlığın ve dünyanın geleceğini çok güzel bir biçimde şekillendirecek.

YENİ KRİSTALLER

KOD 4 - KOD 5 - KOD 6 - KOD 7 - KOD 8 - KOD 9- KOD 10- KOD 11

2000 yıllarının başıyla dünya yaşam sahasına 8 tane yeni yazılım (KOD numarası) dâhil oldu. Bu yeni KOD'lar son versiyon zihin yazılımlarına sahip "Yeni Kristal Çocuklar" grubudur. Bu nedenle bu yeni kodlar hakkında çok da detaylı bilgiye henüz sahip olamasak da onları yakından incelediğimizde çok özel çocuklar olduklarını anlayabiliyoruz. Dünyaya yeni kristal yazılımla gelenleri izlerseniz fark edersiniz ki hepsi sanki yüksek bilinçle donatılmış bir bilge gibidir. Öncü kristallerde olduğu gibi henüz dünyaya uyum sağlayamadıklarından -çünkü dünya onlara acımasız ve korkutucu geliyor- yüksek hayal güçleriyle kendi dünyalarında yaşıyorlar. Kimilerinin zihni ilaçlarla uyuşturularak işlevleri köreltiliyor, kimileri korkuyla melankolik yaşıyor. Ancak inanıyorum ki içlerinden güçlerini kullananlar sağlıkla sıyrılarak görevlerini muhteşem bir şekilde yerine getirecekler. Bizim DNA'larımızın yeni yazılıma uyarlanmasına da onlar destek olacaklar.

DNA'ları ve yazılımları bizden farklı olan ve şimdilik küçük bedenlerinde yaşayan büyük bilgeleri; Kristalleri ve Yeni Kristalleri saygıyla selamlıyorum ☺

DNA'ların değişimine gelince size Kaliforniya Avolon Tıp Kliniği'nde çalışan Dr. Berrenda Fox'un bu konu hakkında verdiği röportajından bir bölüm sunacağım:

*"Herkesin bir çift helezonlu (*kıvrımlı) DNA›sı vardır. Bizim şu andaki bulgularımıza göre*yse yeni oluşmaya başlayan başka helezonlarda var. Benim tespitlerime göre insan DNA'larında 12 helezon gelişmeye başlamış. Bu değişimin tahminen 5 ila 20 sene önce kadar başladığı görünüyor.*

DNA yapılarımız şimdiye kadar bilinen 2 sarmallı karbon bazlı yapıdan 1.024 sarmallı kristal yapıya dönüşmekte. Bu değişimin hissedilen ve tahmin edilen nedeni ise, geçmekte olduğumuz boyuta ayak uydurmak diyebiliriz. Elbette ki bu değişimi kucaklayanlar sadece biz insanlar değiliz; bizimle birlikte diğer tüm canlılar; hayvanlar, bitkiler, gezegenimizin yapısı da bizim gibi değişiyor.

*Türümüz henüz sonuçlarının ne olacağı bilinmeyen bir değişim içerisinde. Değişimler henüz kamuoyu tarafından pek bilinmiyor çünkü bununla ilgilenen bilim adamları söz konusu bulguların halkı korkutacağı endişesini taşıyor. Yine de insanlar hücresel düzeyde değişiyor. Ben şu anda üç DNA helezonu olan üç çocuk üzerinde araştırmalar yapıyorum. Bu değişimleri bilen ve hisseden aslında birçok insan var dünyada. Birçok dinde ve kutsal kitaplarında söz konusu değişimlerin değişik yollarla geleceğinden bundan asırlar önce zaten bahsediliyordu. S*öz konusu değişimler fiziksel, zihinsel ve duygusal olarak yanlış anlaşılabilir ve korkutucu gö*rünebilir. Hatta biraz rahatsızlık verici olsalar da tamamen olumlu değişimlerdir.*

Test ettiğim bazı yetişkinlerde DNA'larındaki üçüncü kıvrım oluşmaya başlamış. Bazılarında ise tıpkı o çocuklar gibi üç kıvrımlı DNA'ları oluşmuş ve mevcut. Bu insanlar fiziksel bedenlerinde ve bilinçlerinde büyük değişikliklere maruz kalıyorlar çünkü bedenin her parçası bir bütün. Fikrimce DNA değişimleri yoluyla dünya ve üzerinde yaşayan herkes titreşimini yükseltiyor. Ve çocuklara oranla daha yaşlı bedenlere sahip olanlarımızdan değişimi seçenler de birçok fiziksel değişiklik ve etkilerle karşılaşıyorlar."

KOD NUMARASI HESAPLAMA

Hiçbir şeyi çarpıp, bölüp, çıkarmak durumunda değilsiniz. Çok basit sadece doğum tarihinizin sayı değerşerini toplayacaksınız.

Oğlum Ata'nın doğum tarihi 9.12.1999

Bakalım Ata'nın kod numarası kaçmış?

9+1+2+1+9+9+9 = 40

Ata'nı seri numarası 40.

Şimdi gidip sadece 40'ın analizini okumam yeterli.

Siz: Bu kadar basit mi?

Ben: Evet, basit.

Hadi başlayalım ☺ ☺ ☺

KODLARIN OLUMLU VE OLUMSUZ ÖZELLİKLERİ

KOD 4'ler:

Olumlu Yönleri: Çok iyi niyetli ve özel kişiliklerdir. Yardım etmeyi çok severler. Muhteşem hayal güçleri vardır ve bunu kullanacak meslekler seçerlerse çok başarılı olurlar. Sadıktırlar, eğlencelidirler, parlak ve pratik zekâlıdırlar. Analiz yetenekleri yüksektir.

Olumsuz Yönleri: Kendilerini dünyaya yabancı hissedip korkabilirler. Bu sefer hayal dünyalarına kaçıp orada yaşayabilirler. Kendilerini çok güçsüz hissedebilirler. Kırılgan ve alıngan olabilirler. Dönem dönem de agresif davranabilirler. Sorumluluk alamayabilirler, işlerini erteleyebilirler. Odaklanma sorunları yaşayabilirler. Takıntılı, inatçı ve sabit fikirli olabilir.

KOD 5'ler:

Olumlu Yönleri: Duygu ve düşüncelerini rahatlıkla ifade edebilir. Kendi olma özgürlüğüne sahiptir. Meraklı oldukları için pek çok konuyla ilgilenip bilgi sahibi olur. Durumları idare etmeyi başarır ve politik davranır. Çok zekidir ve idrakleri çok güçlüdür. Leb demeden leblebiyi anlar ama bazen anlamazdan gelirler.

Olumsuz Yönleri: Duygularını belli etmeyebilirler, ketum yapıları olduğu için samimiyetlerinden emin olunamayabilir. İç dünyaları başkadır dışarıya karşı çeşitli maskeler takarak uyum sağlamaya çalışabilirler. Kendi olma özgürlüklerini sabote edebilirler. Benmerkezci yapıları olduğu için empati yetenekleri gelişmemiş olabilir.

KOD 6'lar:

Olumlu Yönleri: Dünya düzenini ya da içinde bulundukları sistemi değiştirmeye çalışır. İnsanlara faydalı hizmetler sunmaya özen gösterir. Merhametli olabilir ve yardımsever davranabilir. Pratik zekâlı ve yenilikçidir. Çok güzel projeler üretebilir. Öngörüleri yüksektir ve kimsenin düşünemeyeceği projeler ortaya koyabilir.

Olumsuz Yönleri: Düzenle uyum sağlayamayabilir. Bu nedenle eleştirip yargılar, suçlayıp öfkeyle söylenebilir. Benmerkezci yapıları olabilir ve hep kendilerini haklı görebilir. Empati kuramayabilir ve bazen şiddete başvuran davranışlar gösterebilir.

KOD 7'ler:

Olumlu Yönleri: Çok zekidir, analiz yetenekleri gelirmiştir. Sanatçılık ve yaratıcılık enerjileri yüksektir. İnsanlara yardım etmeyi severler. Yaşamın akışına güvenerek, kendilerine duydukları özgüvenle yaşamda başarılar yakalayabilirler.

Olumsuz Yönleri: Paranoya derecesinde endişeleri ve korkuları olabilir. Yaşamın akışına, inşalara ve kendine güvenmeyebilir. Şüpheci davranışlarıyla ve olası en kötü zihinsel senaryoları yazıp bunlara inanarak ilişkilerini bozabilir.

KOD 8'ler:

Olumlu Yönleri: Bu gruptan daha çok sanatçılar, yazarlar, eğitmenler çıkabilir. Adaletli bir yapıya sahipler. Güce hayranlık duyar ve kendileri güçlü bir pozisyonlara geçtiğinde insanlara faydalı hizmetler sunar. Yüksek manevi güçlere sahiplerdir. Bolluk ve bereket bilincindelerdir. Etik değerleri vardır. Sayılan ve sevilen lider olurlar.

Olumsuz Yönleri: Güçlü insanlara öfke duyarlar, kendilerini güçsüz görebilirler, manevi bağlarını koparabilirler, kıtlık bilincinde yaşayabilirler. Pişman olacakları davranışları yapabilir, vicdan azabı çekebilirler.

KOD 9'lar:

Olumlu Yönleri: Bilgelik enerjisiyle dünyaya gelmiştir ve düzeni değiştirmek ister. İnsanlara faydalı olacak çalışmalarla önderlik yapmak ister. Merhametli ve yardımseverdir. Cazibeleri yüksektir, girdikleri ortamda ilgi çekerler.

Olumsuz Yönleri: Düzenle uyum sağlayamayabilir bu nedenle öfkeli davranışlarla eleştirebilir, yargılayabilir ve sürekli söylenebilir. Cezalandırma yöntemlerini kullanabilir ve acımasız olabilir. Empati eksikliğinden ilişkilerinde sorun yaşayabilir.

Sevgiye inanmayabilir ve kimseyle bağ kurmak istemeyebilir. İçlerinde kendileriyle savaşabilir, kendilerini ve çevrelerindekileri cezalandırabilir. Başkalarının hayatına hükmetmek isteyebilir hatta hayatlarını yönlendirmeye ve kontrol altına almaya çalışabilirler.

KOD 10'lar:

Olumlu Yönleri: Dünyaya özel güç ve yüksek manyetik enerjiyle gelmiştir. Özgüvenleri yüksektir, ne istediklerini bilip kararlarını uygular. Başkalarının düşüncelerinden etkilenmezler. Yaratıcılık enerjileri yüksektir, güzel projeler geliştirirler. Medyum özelliklerine sahiptirler, sezgileri güçlüdür. Yüce gönüllü kişilerdir.

Olumsuz Yönleri: Manevi bağlarını kopararak içinde bulundukları durumdan dolayı başkalarını suçlayabilirler ve kurban psikolojisine girebilirler. Karasız olabilirler. Bağımlıklar geliştirebilirler. Öfkeli ve hırçın davranabilirler. Manevi enerjilerini olumsuz kullanabilirler.

KOD 11'ler:

Olumlu Yönleri: Muhteşem bir yaratıcılık enerjisiyle dünyaya gelmiştir. Projelerle ödüller alabilir. Adil liderler olarak insanlığa önderlik yapabilirler. Özgüvenleri yüksektir ne istediklerini bilir. Tutkulu bir yaşam sürebilir. Sayılır ve takdir görür.

Olumsuz Yönleri: Yüksek yaratıcı enerjileri yüksek yıkıcı enerjilere dönüşebilir. Öfkeyle hem kendilerine hem de çevrelerine zarar verebilir. Eleştirip yargılar. Suçlayıcı ve adaletsiz davranabilir. Benmerkezci olabilir. Bağımlıklar geliştirebilir. Özgüvenleri düşük olabilir.

KOD 12'ler:

Olumlu Yönleri: Yenilikçi bir zihinle dünyaya gelmişlerdir. Düzeni daha güzele taşımak arzusunda olabilirler. Yaratıcılık ve organizasyon yetenekleri gelişmiştir. Çok güzel projeler ortaya koyabilir icatlar yapabilirler. Yardımseverdir. Adil olmaya özen gösterir.

Olumsuz Yönleri: Benmerkezci olabilir bu nedenle genellikle karşıdan ilgi bekler, beklentileri karşılanmayınca kırılıp alınabilir ve sert bir duvar örebilir. Özgüvenleri ve güven enerjileri düşük olabilir. Agresif ve huysuz davranabilir sürekli eleştirerek söylenebilir. Empati kuramayabilir ve ilişkilerini sabote edebilir.

KOD 13'ler:

Olumlu Yönleri: Yüksek yaratıcılık ve organizasyon yeteneği ile dünyaya gelmiştir ve hayal güçleri çok kuvvetlidir. Bu nedenle muhteşem projeler ortaya koyabilir. Adil ve saygın yönetici olabilir. Özgüvenleri yüksektir.

Olumsuz Yönleri: Keyiflerine düşkünlüklerinden dolayı çalışmayı reddedip tembeller grubuna girebilir. Bu durum için her zaman kendilerini haklı göstermeye çalışacak bahaneler bulabilir. Empati yetenekleri düşük olduğundan sağlıklı ilişkiler kuramayabilir. Özgüven ve güven sorunlarından reel yaşamdan kaçarak hayal dünyalarına sığınabilir. Yargılayıcı ve suçlayıcı konuşabilir ve ilişkilerini sabote edebilir.

KOD 14'ler:

Olumlu Yönleri: Pratik zekâlarıyla insanları etkiler. Hayla güçleri ve yaratıcılık yetenekleri yüksek olduğu için güzel projeler ortaya çıkarabilir. Adil bir lider olur. Analiz yetenekleri çok gelişmiştir. Parlak bir zekâya, yüksek bir özgüvene sahip olabilirler.

Olumsuz Yönleri: Özgürlüğüne düşkün olmakla beraber kendilerini özgür hissedemeyecekleri ortamlara sokabilir. Sorumluk almaktan kaçabilir ve tembelleşebilir. Yaşama karşı duyarsızlaşabilir, zihinlerinde yarattıkları dünyaya kaçabilir. Sürekli söylenip, eleştirip özgürlüklerini ararlar. Hâlbuki yaşam sorumluklarını almadıkları için özgürlüklerini kendileri sabote ederler.

KOD 15'ler:

Olumlu Yönleri: Özgürlükçü bir yaratıcılığa sahip olabilir. Düzene farklılık getirebilir. Öngörüleri de yüksek olduğu için başkalarının aklına gelmeyen projeleri ortaya koyabilir. Çok çok zekiler.

Olumsuz Yönleri: Dünyaya uyum sağlayamayabilir ve öfkeyle eleştirici, yargılayıcı ve suçlayıcı tavırlar takınabilir. Bir şey yapmadan kendilerine verilen yükse zekâyı, yetenekleri ve özel enerjileri heba edebilirler. Özgürlük isterken kendilerini esaret altına alacak ortamlara sokabilirler. Benmerkezci olup iletişim kuramayabilir ve ilişkilerini sabote edebilir.

KOD 16'lar:

Olumlu Yönleri: Yüksek bir öngörü yeteneği ve yaratıcılık enerjisiyle dünyaya gelmiştir. Düzeni olumlu anlamda değiştirmeye çalışır ve başkalarının öngöremeyeceği güzel projeleri yaşama geçirebilir. Sanatsal yetenekleri de yüksek olduğu için çok güzel başarılar yakalayabilir. Çok zeki ve pratik zekâlılar.

Olumsuz Yönleri: Derin korkuları sebebiyle öngörü ve yaratıcılık enerjisini kullanmayabilir. Sıkışmışlık duygusuyla öfkeli olup yargılayıcı, eleştirici ve suçlayıcı davranabilir. Güven ve özgüven problemlerinden kimseyle kalben bir bağ kuramayabilir. Sevgiye inanmayabilir. Hayal kırıklığına uğramaktan çekindikleri için ilişki sınırlarını daraltabilir. Düzenle ve kendileriyle içsel bir savaş haline girebilir.

KOD 17'ler:

Olumlu Yönleri: İnançları güçlüdür ve Allah'la bağını kurarak maddi manevi çok zengin olur. Adaletli liderlerdir. Yardımseverlerdir. Yaratıcılık ve sanatçılık enerjileri yüksektir. Güven ve özgüven enerjileri yüksektir.

Olumsuz Yönleri: Otoriteyle anlaşamaz, güç savaşına girer. Aslında otoriteden korkar. Güçlü olma özlemiyle yaşar bununla beraber derin güçsüzlük korkusu yaşar. Güvensizler. Manevi güçlerini köreltip kıtlık bilincinde kaybetme korkularıyla yaşayabilir. Bağımlılık enerjileri yüksektir.

KOD 18'ler:

Olumlu Yönleri: Güce hayrandır. Güçlü olmak arzusundadır. Güçlerini insanlık adına iyi amaçlar için kullanıp yüce bir önder ve bilge olabilir. Parayı insanlık adına güzel hizmetlerde bulunmak için ister. Lider, yaratıcı, sanatçı ve bilgedir.

Olumsuz Yönleri: Dışarıya neşeli ve sevgi doluymuş gibi görünüp içinde öfke duygularıyla yaşayabilir. Güç ve hak savasına girebilir. Kendileri ve dünya ile savaşabilir. Ellerindeki gücü kötü amaçlar için kullanabilir. Katı ve acımasız olabilir. Manevi değerlerini yitirebilir. Kıtlık bilinciyle yaşamaya başlayabilir. Paylaşımda bulunmayarak cimrilik yapabilir. Başkalarının da hayatlarını yönlendirmeye kontrol altına almaya çalışabilir.

KOD 19'lar:

Olumlu Yönleri: Yaratıcı ve insanlık adına olumlu çalışmalar yapan liderlerden olabilir. Doğumlarıyla gelen yüksek manevi güçleri sayesinde hem kendilerini hem de başkalarını aydınlatabilir. Farklılıklarıyla öne çıkar. Sezgileri ve şifa enerjileri yüksek olabilir. Medyumluk ve şifacılık enerjileri güçlenmiş olabilir.

Olumsuz Yönleri: Benmerkezci olup sadece kendilerini düşünebilir. Enerjilerini yıkıcı olarak kullanabilir hem kendilerine hem de çevrelerine zarar verebilir. Bağımlıkları olabilir. Katı ve acımasız olabilir. Manevi güçlerini kötüye kullanabilir.

KOD 20'ler:

Olumlu Yönleri: Çok yardımsever olur, sevgiye çok önem verir, sabırlıdır, hoşgörülüdür, esnektir ve empati yetenekleri de çok gelişmiştir. Yüksek manevi güçleri ve şifacılık enerjileri vardır. Çok iyi bir eş ve iyi bir ortak olur.

Olumsuz Yönleri: Fazla verici olup kendilerine haksızlık edebilir. Sevilme beklentisiyle fedakâr davranır, hayal kırıklığına uğrar, geri çekilir ve duvarlar örer. Bu nedenle sonradan bencil olabilir. Manevi bağlarını koparabilir, kurban psikolojisinde yaşayabilir.

KOD 21'ler:

Olumlu Yönleri: Yaratıcı ve sanatçıdır. Yardımsever olur, sevgiye çok önem verir. Organizasyon yetenekleri gelişmiştir. Adaletli davranan yöneticilerden olur.

Olumsuz Yönleri: Alıcı olup hep karşı taraftan ilgi bekleyebilir. Öfkeli ve sabırsız olabilir. Alıngan yapılarından hemen kırılabilir. Suçlama dili kullanabilir.

KOD 22'ler:

Olumlu Yönleri: Çok yardımsever olur. Sevgiye çok önem verir, sabırlı ve hoşgörülüdür. Esneklerdir. Empati yetenekleri de çok gelişmiştir. Çok iyi bir eş ve iyi bir ortak olur.

Olumsuz Yönleri: Fazla verici olup kendilerine haksızlık edebilir. Sevilme beklentisiyle fedakâr davranır sonra da hayal kırıklığına uğrayınca geri çekilip duvar örer. Ardından da kurban psikolojisinde yaşayabilir. Erteleme huyları olabilir bu nedenle yaşamlarını ve zamanlarını doğru yönetemeyebilirler.

KOD 23'ler:

Olumlu Yönleri: Yardımsever olmaya ve başkalarına destek vermeye özen gösterebilir. Güçlü organizasyon yetenekleriyle ekipleri yönetebilir. İkna kabiliyetleriyle insanları etkiler. Kendilerini özgür hissedeceği ortamlar oluşturabilir.

Olumsuz Yönleri: Sorumluluk almaktan kaçabilir, kendileri gibi olamayıp esaret duygusuna girebilir. Rol yapabilir, içten pazarlıklı ve planlı davranır. İçlerindeki yüzleri dışarıya karşı maskeleyebilir.

KOD 24'ler:

Olumlu Yönleri: Merhamete ve sevgiye önem veren yapıları vardır. Dostlukları güçlüdür, paylaşmayı severler. Güvenildiklerini hissettikleri zaman son derece verimli ilişkiler kurar. İnsanlığa faydalı olmaya ve düzeni olumlu yönde değiştirmeye özen gösterir. Adil ve yapıcı olmaya çalışırlar.

Olumsuz Yönleri: Düzene karşı olup kendileriyle ve yaşamla barışık olmayabilir. Öfkeli olup şiddet kullanmaya yatkın davranabilir ya da kaba, kırıcı bir dil kullanabilir. Yargılar, eleştirir, suçlar ve cezalandırabilir. İşlerini erteleyebilir, sorumluluk almayabilir, duygularını gizler.

KOD 25'ler:

Olumlu Yönleri: Çok yardımsever olur, sevgiye çok önem verir, sabırlı, hoşgörülü, esneklerdir. Empati yetenekleri de gelişmiştir.

Olumsuz Yönleri: Özgürlüklerine düşkün oldukları için bencil davranabilir. Derin korkular içerisinde yaşayabilir ve bu durumu dışarıya belli etmemeye özen gösterirler. Özgür olmak istemelerine rağmen kendilerini esaret altında hissedecekleri durumlar yaratabilir. İçten pazarlıklı davranabilirler, yanar- döner olabilirler.

KOD 26'lar:

Olumlu Yönleri: Yardımsever olur, sevgiye çok önem verir, sabırlı ve hoşgörülüdürler. Esneklerdir ve empati yetenekleri de gelişmiştir. İçinde bulundukları düzeni olumlu davranışlarla düzetmeye çalışır. Sahip olduğu güçleri insanlık için faydalı bir şekilde kullanır.

Olumsuz Yönleri: Otorite konumundakilerle anlaşamayabilir ve kendilerini güçsüz hissedebilir. Kendi yeterliliklerinde emin olmayabilir. Endişeli ve tedirgin bir yapıları olabilir. Hata yapmaktan korkabilir. Maneviyatla bağlarını kesebilirler.

KOD 27'ler:

Olumlu Yönleri: Yaşama olumlu hizmetler sunmak ve bilgelik enerjileriyle çevrelerine ışık tutmak ister. Yardımseverledir ve empati yetenekleri de yüksektir.

Olumsuz Yönleri: Derin korkuları ve güvensizlikleri olduğu için kontrolcü davranabilir, insanlarla olan ilişkilerinde kırılgan olabilir. Bastırılmış öfkeleri olmadık yerlerde patlayabilir. Kalpleri katılaşabilir ve manevi bağları kopabilir. Sürekli söylenen, eleştiren, yargılayan, suçlayan ve cezalandıran kibirli bir yapıya sahip olabilir. Cezalandırılmaktan çok korkabilir. Başkalarının hayatlarını yönlendirmeye, kontrol altına almaya çalışabilir.

KOD 28'ler:

Olumlu Yönleri: Doğumlarıyla hediye edilen yüksek manevi enerjilere sahiptir. İnsanlığa faydalı olmak içi çalışır. Yaratıcı ve sanatçı olur. Uyum ve düzeni, yaşamdaki ahengi sever. Çok yardımsever olur, sevgiye önem verir. Empati yetenekleri çok gelişmiştir. Bu nedenle çok iyi bir eş ve iyi bir ortak olur. Adaletlidirler ve hakkı gözetirler. Güce hayranlardır ve güç sahibi olduklarında bu güçlerini insanlık adına kullanırlar. Allah'la bağları güçlüdür. Sezgileri yüksektir ve şifacılık enerjileriyle çevrelerine çok faydalı olur.

Olumsuz Yönleri: Fazla verici olup kendilerine haksızlık edebilirler. Fedakâr davrandığında hayal kırıklığına uğrarsa geri adım atabilir ve kişilere ya da hayata karşı duvarlar örebilir. Otorite konumunda olanlarla anlaşamayabilir ve onlarla güç savaşına girebilirler. Hak ve adalet savaşlarında kendilerini yıpratabilir.

KOD 29'lar:

Olumlu Yönleri: Yaratıcılık ve sanatçılık enerjileri muhteşemdir. Ödüller alacak eserler ortaya çıkarır. İnsanlığa dair hizmetlerde bulunmaya çok önem verir. Hak ve adalet konularında son derece titiz davranır. Merhametli ve yardımseverlerdir.

Olumsuz Yönleri: Güçlü yaratıcılık enerjilerini yapıcı değil yıkıcı bir şekilde kullanabilir. Eleştirici, yargılayıcı, hükmedici, kontrolcü ve küçümseyici davranışlar gösterebilir. Kibirli olup cezalandırma yöntemlerine gidebilir. Katı ve acımasız davranabilir.

KOD 30'lar:

Olumlu Yönleri: Yüksek manevi güçleri ve şifa enerjileri vardır. İnsanlığa faydalı olmak adına çalışmalar yapabilir. Muhteşem organizasyon yetenekleriyle harika projeler ortaya koyabilir ve ekipler yönetebilir.

Olumsuz Yönleri: Benmerkezci olup güçlü manevi enerjilerini yıkıcı bir şekilde kullanabilir ve başkalarına zarar verebilir. Karşıdan ilgi bekler, bulamadığında da kırıcı ve kaba davranabilir. Yardım ediyor gibi gözüküp aslında hiç etmeyebilir. Empati yeteneklerinin yüksek olduğunu iddia etse de düşüktür ve olaylara sadece kendi taraflarından bakar. Davranışları hakkındaki farkındalığı geç uyanabilir.

KOD 31'ler:

Olumlu Yönleri: Çok yardımsever olur, sevgiye çok önem verir, sabırlıdır, hoşgörülüdür, esnektir ve empati yetenekleri gelişmiştir. İnsanlarla olumlu iletişimler kurmaya önem verir. Saygılı davranır, saygı da görür. İyi insan olmaya özen gösterir.

Olumsuz Yönleri: Yaşamlarını salt mantık üzerine kurabilir ve manevi değerleri reddettikleri için inançları zayıf olabilir. Manevi yönlerini kesmeleri parasızlığı deneyimlemelerine sebep olabilir. Benmerkezci davranabilir. İşlerini erteleyebilir ve zamanlarını verimli kullanamayabilir. Kibirli davranışlarla, kızdıkları zaman cezalandırma yöntemine gidebilir. İnatçıdır. Burunları yere düşse bile kibirlerinden eğilip almaz. Her şekilde kuyrukları dik gezmeye çalışır.

KOD 32'ler:

Olumlu Yönleri: Yardım etmeyi insanlara faydalı olmayı isteyebilir. Sorumluluk aldıkları zaman işlerini en güzel şekilde yerine getirir. Huzurlu olmayı istedikleri için uyum sağlamaya çalışır ya da sağlıyormuş gibi görünür. Macerayı ve özgürlüğü sever.

Olumsuz Yönleri: Ketum davranışlar gösterebilir duygu ve düşüncelerini saklayabilir, içten pazarlıklı davranabilir. Planlarını sessizce uygulayabilir. Kendi istekleri ön planda olduğu için karşı tarafın duygu durumuna önem vermeyebilir. Özgürlüklerine düşkün olmalarına rağmen kendilerini esaret altına alacak durumlar yaratabilir. Gerçek kimliklerini saklayıp rol yapabilir. Arzuları için etik davranışları hiçe sayabilir. Bunu da masumane bir tavırla yapabilir. Maymun iştahlı davranabilirler.

KOD 33'ler:

Olumlu Yönleri: Yardımsever olmayı, insanlığa olumlu çalışmalar yapmayı ister. Hareketli bir yaşam ister. Zihinleri çok çalışır ve çok güzel projeler üretir. İş konusunda coşkuyla çalıştıklarında çok başarılı olur. Zekidirler, pratik zekâlıdırlar. Organizasyon yetenekleri müthiştir.

Olumsuz Yönleri: Düzene karşı oldukları için uyum sağlamakta zorlanabilir. Sürekli söylenen, eleştiren, yargılayan ve suçlayan bir yapıları olabilir. Kendilerini olumlu anlamda değiştirmeye direnebilir. Empati kurabildiklerini söyleseler de aslında kuramazlar. Bu durumla ilgili farkındalıkları ilerleyen yaşlarda gelişebilir. Başkalarında olanı yani kendilerinde olmayanı kıskanır, ellerinde olana yeterli derecede şükretmeyebilir.

KOD 34'ler:

Olumlu Yönleri: Çalışmak istediklerinde çok güzel projeler ortaya koyar. Organizasyon yetenekleri ve hayal güçleri çok kuvvetlidir. Sanatçılık yönü de kuvvetli olduğu için çok güzel projeler ve eserler ortaya çıkarabilir. Yardımsever olurlar, sevgiye çok önem verirler.

Olumsuz Yönleri: Derin korkuları olabilir ve güvensizlik korkusu yaşayabilir. Özgüvenleri eksik olabilir. Zaman zaman reel yaşamdan kaçıp hayal dünyasına sığınır. Benmerkezci olup ilgiyi hep karşıdan bekleyebilir. Kırılgan ve alıngan davranışlar sergileyebilir. Cesur olmak yerine kuşkucu olduklarından yaşamda başarıyı yakalayamayabilirler.

KOD 35'ler:

Olumlu Yönleri: Ortaya proje koyma anlamında çok yetenekli olur. Bu tarz meslekler seçerlerse çok başarılı olur. Güç hayranıdır ve kendileri güç sahibi olduklarında adaletli bir yönetici olur. Çok zeki ve çok akıllıdır. Vicdanlarını sesini dinler, bu nedenle insanlara faydalı olmayı ister.

Olumsuz Yönleri: Otorite ile anlaşamayabilir buna rağmen kendi özgürlüklerine engel olacak eşler ya da işler seçebilir. Güçlü olma savaşı içinde yaşar. Pişman olmaktan korkmalarına rağmen pişman olacakları durumları oluşturabilir ve vicdan azabı çekerler. Kurban psikolojisi ile yaşayabilir. Kendilerini cezalandırarak manevi bağlarını kesebilir bu sefer de maddi ve manevi kıtlık içerisinde yaşamlarını sürdürebilirler. Kendilerini üstün görerek kibirli davranmalarına rağmen aslında özgüvenleri düşük olabilir. Çalışmak istediklerini söyleseler de tembel olabilirler.

KOD 36'lar:

Olumlu Yönleri: Zeki ve pratik zekâlıdır. Organizasyon yetenekleri müthiştir. Yardımsever olmayı, insanlığa olumlu çalışmalar yapmayı isterler. Hareketli bir yaşam arzular. Zihinleri çok çalışır ve çok güzel projeler üretir. İş konusunda coşkuyla çalıştıklarında çok başarılı olurlar.

Olumsuz Yönleri: Düzene karşı oldukları için uyum sağlamakta zorlanabilirler. Sürekli söylenen, eleştiren, yargılayan ve suçlayan bir yapıları olabilir. Kendilerini olumlu anlamda değiştirmeye, değişime direnebilir. Empati kurabildiklerini söyleseler de kuramazlar, ancak farkındalıkları ilerleyen yaşlarda gelişebilir. Kendilerini daha üstün görerek kibirli davranıyor olmalarına rağmen özgüvenleri de düşük olabilir. Çalışmak istediklerini söyleseler de tembel olabilirler çünkü keyiflerine çok düşkünlerdir. Sürekli "can sıkıntısı" yaşarlar. Başkalarının da hayatlarını yönlendirmeye kontrol altına almaya çalışabilirler.

KOD 37'ler:

Olumlu Yönleri: Liderlik özellikleri yüksektir. Yardımsever olmayı, insanlığa olumlu çalışmalar yapmayı ister. Hareketli bir yaşam ister. Çok güzel projeler üretir. İş konusunda coşku gelip çalıştıklarında çok başarılı olur. Zeki ve pratik zekâlıdır. Organizasyon yetenekleri müthiştir. Manevi bağları güçlü olur, sezgileri de yüksek olur. Şifacılık enerjisine sahip olabilirler.

Olumsuz Yönleri: Özgüven problemleri yaşayabilir, derin korkular sebebiyle başarılarını sabote edebilirler. Suçlama davranışları gösterebilir. Güvensiz olup şüpheci yaşayabilir, kontrolcü yapılarıyla ilişkilerini sabote edebilir. Kendilerine hediye olarak verilmiş manevi güçlerini olumsuz bir şekilde kullanabilir.

KOD 38'ler:

Olumlu Yönleri: Çok yüksek yaratıcılık enerjisine ve manyetik enerjiye sahipler. Hümanist bir yapıları olduğu için insanlığa hizmet etmek isterler. Otoriter ve hakkaniyetli lider olmaya özen gösterirler. Organizasyon yetenekleri ve yöneticilik vasıfları çok güçlüdür. Güce ve güçlü insanlara hayran olur. İnsanlığa olumlu hizmetler verirlerse çok zengin olabilirler.

Olumsuz Yönleri: Otorite ile anlaşamayabilir ve onlarla güç savaşına girebilir ya da doğrudan kaçabilir. Ketumlardır. Duygularını dışarıya belli etmeyebilir kendilerini maskeleyebilir. Ellerine geçen gücü olumsuz bir şekilde kullanırlarsa maddi ve manevi zenginlikten mahrum kalabilirler. İnsanlara zara verecek davranışlarda bulunabilir, kendilerine armağan olarak verilen güçlü enerjilerini yıkıcı olarak kullanabilirler. Benmerkezci bir yapıya sahip olup empati kuramayabilirler.

KOD 39'lar:

Olumlu Yönleri: Çok renkli kişilikleri ve çok farklı ilgi alanları olabilir. Pek çok işi bir arada götürebilir. Düzeni değiştirmek isterler ve bunun için de çaba harcayabilirler. İnsanlığa faydalı çalışmalarda ve hizmetlerde bulunabilirler. Cesur bir yapıya sahip olabilirler.

Olumsuz Yönleri: Birçok işle ilgilenir ancak özgüvenleri düşük olduğu için başarıyı yakalayamayabilirler. Yürekleri katı olabilir ve eziyet eden davranışlarda da bulunabilirler. Öfke duygusuna bağımlı olarak yaşayabilirler. Düzene karşı oldukları için uyum sağlamakta zorlanabilirler. Sürekli söylenen, eleştiren, yargılayan ve suçlayan bir yapıları olabilir. Kendilerini olumlu anlamda değiştirmeye direnebilirler. Empati kurabildiklerini söyleseler de aslında kuramazlar ve bu durumla ilgili farkındalıkları ilerleyen yaşlarda gelişebilir. Kendilerini daha üstün görerek kibirli davranıyor olmalarına rağmen aslında özgüvenleri düşük olabilir.

KOD 40'lar:

Olumlu Yönleri: Onlar sanki başka bir dünyadan sevgi ve bilgelik getirmeye gelmiş gibidir. Yaradan tarafından yüksek manevi enerjiler armağan edilmiştir. Çok iyi niyetli ve özel kişilerdir. Dünyanın çok güzel bir yer olması için çalışırlar. Yardım etmeyi çok severler. Hayal güçlerini kullanacakları mesleklerde çok başarılı olurlar. Sadık, eğlenceli, parlak ve pratik zekâlıdırlar. Analiz yetenekleri yüksektir. Sezgileri çok güçlüdür. Manevi değerleri yüksektir.

Olumsuz Yönleri: Dünya onlara çok acımasız görünebilir ve korkabilirler. Bu seferde hayal dünyalarına kaçıp orada yaşayabilirler. Kendilerini çok güçsüz hissedebilirler. Kırılgan ve alıngan olabilirler. Dönem dönem de agresif davranabilirler. Sorumluluk alamayabilir, işlerini erteleyebilirler. Odaklanma sorunları yaşayabilirler. Takıntılı davranabilirler.

KOD 41'ler:

Olumlu Yönleri: Hayal güçleri ve liderlik özellikleri çok güçlü olduğu için bu iki yeteneği birleştirerek yüksek ikna kabiliyetleriyle kitleleri arkalarından götüren önderlerden olabilirler. Çok zeki ve yaratıcıdırlar. Özgürlüklerine düşkün olabilirler.

Olumsuz Yönleri: Kendi inandıkları hayallere başkalarını da inandırabilirler ve bu projeler sağlam değilse insanları hayal kırıklığına uğratabilirler. Hayal dünyalarına kaçıp orada yaşayabilirler. Kendilerini özgür olamayacakları koşullar içerisine sokup özgür olamadıkları için hayıflanabilirler. Kendi iç yüzlerini göstermeyip maskeler takınabilirler.

KOD 42'ler:

<u>Olumlu Yönleri:</u> İnsanlığa faydalı olmaya ve düzeni olumlu yönde değiştirmeye özen gösterirler. Kendilerine güvenildiğini hissettiklerinde çok iyi dost ve çalışan olurlar. Hayal güçleri çok kuvvetli olduğu için bu alanlarda başarılı olurlar.

<u>Olumsuz Yönleri:</u> Düzene karşı olup kendileriyle ve yaşamla barışık olmayabilirler. Öfkeli olup şiddet kullanmaya yatkın davranabilirler ya da kaba, kırıcı bir dil kullanabilirler. Yargılar, eleştirir, suçlar ve cezalandırabilirler. İşlerini erteleyebilir ve sorumluluk almayabilirler, duygularını gizlerler. Güvensizlik duygusuyla hayal dünyalarına kaçabilirler.

KOD 43'ler:

<u>Olumlu Yönleri:</u> Organizasyon yetenekleri ve hayal güçleri çok kuvvetlidir. Bu nedenle güçlerini kullanacakları projelerde büyük başarılar yakalayabilirler. Çalışmak istediklerinde çok güzel projeler ortaya koyarlar. Sanatçı yönleri de kuvvetli olduğu için çok güzel projeler ve eserler ortaya çıkarabilirler. Yardımsever olup sevgiye çok önem verirler.

<u>Olumsuz Yönleri:</u> Özgüven eksikliği, yetersizlik korkusu yaşayabilir ve insanlara güvenmeyebilirler. Derin korkuları olabilir ve güvensizlik korkusu yaşayabilirler. Zaman zaman reel yaşamdan kaçıp hayal dünyasına sığınabilirler. Benmerkezci olup ilgiyi hep karşıdan bekleyebilirler. Kırılgan ve alıngan davranışlar sergileyebilirler. Cesur olmak yerine kuşkucu oldukları için yaşamda başarıyı yakalayamamayabilirler.

KOD 44'ler:

Olumlu Yönleri: Hayal güçleri öylesine güçlüdür ki bu alanda çalışırlarsa ödüller alacak, şan şöhret sahip olacak kadar başarılı olurlar. Güç onlar için çok önemli bir değerdir. Güç sahibi olduklarında adil ve eğlenceli bir yönetici olabilirler. Sadıktırlar, eğlencelidirler, parlak ve pratik zekâlıdırlar. Analiz yetenekleri yüksektir. Sezgileri çok güçlüdür. Manevi değerleri yüksektir. İkna yetenekleri güçlü olduğu için istediklerini karşısındakilere yaptırabilirler.

Olumsuz Yönleri: Kendi kurdukları hayallere kendileri inanır ve başkalarını da inandırabilirler. İstedikleri olsun diye yalan söyleme potansiyelleri yüksektir. Dünya onlara çok acımasız görünebilir ve korkabilirler. Bu sefer de hayal dünyalarına kaçıp orada yaşayabilirler. Kendilerini çok güçsüz hissedebilirler. Kırılgan ve alıngan olabilirler. Dönem dönem de agresif davranabilirler. Sorumluluk alamayabilirler, işlerini erteleyebilirler. Odaklanma sorunları yaşayabilirler. Takıntıları olabilir. İnatçı ve sabit fikirli olabilir.

KOD 45'ler:

Olumlu Yönleri: Güçlü hayal gücüne sahip, özgürlüğüne düşkün, bilge önderler olarak yaşama hizmet edebilir ve insanlığa ışık tutabilirler. Merhametli olduklarından yardımsever davranışlarda bulunabilirler. Yaşama farklı ve orijinal fikirlerle bakarlar. Çok parlak bir zekâya sahiptirler.

Olumsuz Yönleri: Dünya düzenine uyum sağlayamayabilir, ya saldırgan ve öfkeli bir tutumla yaşayabilir ya da hayal dünyalarına çekilip pasif öfkeli bir yaşam sürdürebilirler. Bilgeliklerini ve parlak zekâlarını örterler ve reel yaşamdan hayal dünyasına kaçabilirler. Yargılayıcı, suçlayıcı davranabilir, hem kendilerini hem yakınlarını cezalandırabilirler.

KOD 46'lar:

Olumlu Yönleri: Yüksek manevi enerjiler armağan edilmiştir. Öngörüleri çok yüksektir ve çok güzel projeler üretebilirler. Dünyanın çok güzel bir yer olmasına çalışırlar. Yardım etmeyi çok severler. Muhteşem hayal güçlerini kullanacakları mesleklerde çok başarılı olurlar. Sezgileri çok güçlüdür. Manevi değerleri yüksektir.

Olumsuz Yönleri: Düzene karşı gelebilirler ve değiştirme güçlerinin olmadığını düşünerek hayal dünyalarına kaçıp orada yaşayabilirler. Kendileri çok güçsüz hissedebilirler. Kırılgan ve alıngan olabilirler. Dönem dönem de agresif davranabilirler. Yargılayıcı, suçlayıcı davranabilir, hem kendilerini hem yakınlarını cezalandırabilirler. Sorumluluk alamayabilirler, işlerini erteleyebilirler. Odaklanma sorunları yaşayabilirler. Yüksek manevi güçlerini olumsuz kullanabilir ya da manevi alanla bağlarını kesebilirler.

KOD 47'ler:

Olumlu Yönleri: Çok yüksek ve güçlü bir enerjiye ve muhteşem bir yaratıcılığa sahiptirler. Sanatçılık yetenekleri de yüksektir. Başarılı bir önder olurlar ve adaletli davranırlar. Yüksek hayal güçleri vasıtasıyla muhteşem eserler ortaya koyabilirler.

Olumsuz Yönleri: Özgüven ve güven korkuları sebebiyle paranoyakça şüphelere girebilir ve takıntılı davranışlar gösterebilirler. Güvensizlik korkusu nedeniyle zihinlerindeki hayal dünyasına kaçabilirler. Bağımlıklar geliştirebilir, öfkeli davranışlar sergileyebilirler.

KOD 48'ler:

Olumlu Yönleri: Güçlü olana hayranlık duyabilir ve hayal gücünü kullanarak arzu ettikleri güce sahip olabilirler. Farklı konulara ilgi duyabilir, birkaç işe birden sahip olabilirler. Zeki ve yaratıcıdırlar. Organizasyon yetenekleri de yüksektir. Hobileri işleri olabilir ve çok da başarılı olabilirler.

Olumsuz Yönleri: Otorite figürleriyle anlaşamayabilir, güç savaşına girebilirler. Hayallerinde hep güçlü olmayı canlandırırlar ve reel hayatlarında güçlü olmazlarsa hayal dünyalarına kaçabilirler. Karşıdan ilgi beklerler, bekledikleri ilgiyi göremeyince içerlerler. Özgüven eksiklikleri olabilir, bu nedenle yetenekleri ortaya koyamayabilirler. Birçok işle ilgilenip bir konuda uzmanlaşmazlarsa dağılabilirler ve hiç bir şey yapmayabilirler.

KOD 4

Siz Yeni Kristal Çocuklardansınız

Örneğin 1.1.2000 tarihindeki gibi doğum tarihinizin sayı değerleri toplamı 4 çıkıyorsa sizin sayınız 4'tür.

GENEL ÖZELLİKLERİNİZ

Öyle zekisiniz ki kıvrak zekânızla söylediklerinizle insanları etkiler ve şaşırtırsınız. Analiz ve sentez yeteneğiniz mükemmeldir. İnsanların ancak bir paragrafta söyleyebileceklerini siz bir cümlede etkileyici bir şekilde ifade edersiniz. Bilgelik enerjinizle spiritüel anlamda söyledikleriniz insanları hayrete düşürebilir, fakat tüm muhteşemliğinizin yanında da ne yazık ki büyük bir ihtimalle keyfinize düşkün ve tembel olabilirsiniz. Bu nedenle de içinizdeki cevheri yaşamınızda keşfedemeyip değerlendiremeyebilirsiniz. Eğer içinizdeki bu cevheri değerlendirirseniz yani zekânızı akıllıca kullanırsanız dünyaya adınızı duyuracak kadar başarılı, şanlı, şöhretli ve zengin olursunuz.

Umarım ikinci yolu seçersiniz çünkü sorumluluk almamak adına başarılı olmayı da reddedebilirsiniz.

Siz çok iyi niyetle, başka insanlara, doğaya, dünyaya faydalı olmaya özen gösteren bir yapıya sahipsiniz. Yardımsever yapınız çevreniz tarafından çok sevilmenizi sağlar. Ancak bazen yardımseverliğiniz başkaları tarafından suiistimal edilebilir. Bu tarz durumlar sizin hayal kırıklığına uğramanıza sebep olabilir ve çok içerleyebilirsiniz. Bu nedenle bazen yardım etmek isteseniz bile içinizdeki bir ses yardım etmenize engel olmaya çalışabilir.

Sizin üzerinde çalışmanız gereken konular işleri ertelemeniz ve bazen de işe gerekli önemi vermemeniz olabilir. Bu tarz davranışlarınız yaşamınızda kazanacağınız başarılarınızı geriye atabilir ya da engelleyebilir. Her şeyi zamanında yapmaya, her işe gerekli önemi vermeye, planlı ve programlı çalışmaya önem vermelisiniz. Bu davranış modelinize gerçekten çok dikkat etmelisiniz çünkü başarıyı yakalamanız bu davranışlarınızı düzenlediğiniz takdirde gerçekleşebilecektir. Yoksa akıllı, zeki ama hak ettiği yeri bulamayan bir kişi konumuna düşersiniz.

Yaşamınızda ve tüm işlerinizde öncelik belirleme konusunda da hassasiyet göstermelisiniz. Neyin öncelikli olduğuna karar vermeden, sırf canınız istiyor diye ya da başka sebeplerden dolayı önceliklerinizi ertelememelisiniz.

Hayal gücünüz çok kuvvetlidir, bu nedenle tasarım ya da sanat alanlarında da büyük başarı gösterebilirsiniz. Ancak hayal gücünün yaşamınızı ele geçirmesine de izin vermemelisiniz. Yaşam size her sıkıcı geldiğinde hayal dünyasına kaçmak sizi anti-sosyal yapabilir ve gerçeklikten koparabilir.

Hak hukuk konuları da sizin için çok önemlidir. Adalete önem verirsiniz ve haksızlıklara karşı ciddi tepki gösterebilirsiniz. Hakkınızı da sonuna kadar savunursunuz, bu anlamda avukatlık ya da hâkimlik sizin için uygun meslekler olacaktır.

Sabırsız bir yapınız olabilir ve her şey hemen olsun isteğiyle bazen daha kazançlı olacağınız durumları kaybedebilirsiniz. Sabırsız davranışlar dikkatsizliği getirdiği için hata yapma olasılığınız olabilir, ufak tefek kazalara ve sakarlıklara da yol açabilir. Sabırlı, sakin, istikrarlı olmayı da yaşamınızda öncelik edinip sorumluluklarınıza da sahip çıkarsanız yaşam başarısını size getirecektir.

Size verilen sözler tutulmadığında olumsuz tepkisel davranışlar sergileyebilirsiniz. Ancak karşıdan beklediğiniz hassasiyeti kendiniz de göstermelisiniz. Eğer bu durumda doğru tespit yaptıysam verdiğiniz sözleri ertelemeden, zamanında yerine getirmenizi öneririm. Aksi durumlarda insanların size duyduğu güveni kaybedebilirsiniz.

Yaşamınızda yapmak istediklerinizi, hedeflerinizi küçük planlar halinde ele almalısınız. İşin genelini görüp gözünüzün korkması ve plandan vazgeçme gibi durumların oluşmasına engel olmak için hedefleri küçük adımlara, basamaklara bölmelisiniz. Olayın geneline bakmadan ilk adım üzerine yoğunlaşmalı onu atlayınca bir sonrakine geçmelisiniz. Bu şekilde yaşamınızı planlamanız size daha kolay gelecektir. İşleri ertelemeden hemen cesaretle başlamalısınız. Kendinize bahaneler üretip ertelememelisiniz. Hem bu şekilde yaşamı da ıskalamamış olursunuz.

Sorumluluk almaktan kaçınabilirsiniz bu durumu özellikle ikili ilişkilerinizde yaşayabilirsiniz. Bu nedenle geç evlenebilir ya da evliliğin beraberinde getirdiği sorumlulukları yerine getirmemeniz yüzünden iletişim sorunları yaşayabilirsiniz. Güven duygusu sizin için ne kadar önemliyse karşı taraf için de o kadar önemlidir. Bu nedenle yaşamınızda güven istiyorsanız sizin de sözünüzde durmanız, sorumluluklarınızı sahiplenmeniz ve her şeyi vaktinde gerçekleştirmeniz gerekmektedir. Aksi durumlarda ikili ilişkileriniz arzu ettiğiniz şekilde ilerlemeyebilir.

İçinizde kaç yaşında olursanız olun büyümeyen küçük oyuncu bir çocuk olabilir. Kaç yaşında olursanız olun oyun oynamayı, hayal kurmayı seversiniz. Bu nedenle çocuklarla çok iyi anlaşabilirsiniz.

Genellikle talepkâr davranışlar gösterebilirsiniz. Küçükken annenizden her şeyi istediğiniz gibi iş ve özel yaşamınızda da birilerinden bir şeyler isteyebilirsiniz. Bazen bu durum da karşı tarafça hoş karşılanmayabilir.

Yoğun sevgi yaşamaktan korkabilirsiniz. Canınız yanmasın diye bağ kurmaktan kaçınabilirsiniz. Herkesle görüşürsünüz ancak bağlarınızı kuvvetlendirmeyebilirsiniz. Canınız yanacağına bağlanmamayı tercih edebilirsiniz. Hâlbuki canınızın yanma ihtimalini düşünmek bu durumun daha çok oluşmasına sebebiyet verebilir.

Duygularınız genelde yüzeyde olmayabilir, zaten duygularınızı belli etmemeye özen gösterirsiniz. Dışarıdan algılanma şekliniz değişebilir, bazen çok hareketli olursunuz bazense bir genel müdür edasıyla çok ciddi bir ifade takınabilirsiniz.

Çok çok zeki ve akıllısınız, başka insanların göremediklerini görebilirsiniz, analiz ve sentez yeteneğiniz süperdir ve idrak gücünüz de yüksektir. Her şeyi başkalarının anladığından daha çabuk kavrarsınız bu nedenle eğitim sisteminden sıkılabilirsiniz. Sizin çoktan anladığınız konuların hâlâ ders olarak işlenmesi sizi sıkabilir siz de bu sıkıntıdan uzaklaşmak için hayallere dalabilirsiniz. Sizin zihninize hep parlak fikirler gelir. Siz çok iyi bir proje üreticisi olabilirsiniz bu nedenle de reklam alanında da büyük başarılar yakalayabilirsiniz.

Her şeyin en doğrusunu sizin bildiğinize dair sabit bir fikriniz olabilir ☺ ve bu nedenle başkalarını kendi bildiğiniz doğrulara yönelmeye zorlayabilirsiniz. İnatçı ve sabit fikirli olmak yaşamda başarı getirmez ne yazık ki ☺. Öğretmen tavrıyla kişileri yönetmeye çalışabilirsiniz. Bu konuda da dengeye dikkat etmekte fayda var. Çünkü sizin doğrularınız başkalarının doğrusu olmayabilir ☺. Eğer analizimde tespitim doğruysa, hayattan ağır dersler almamak için bu konular üzerinde düşünüp gerekli dönüşümü yapmanızı öneririm.

Güçlü sezgilere ve öngörülere sahipsiniz bu yetenekleriniz yaşamınızda doğru kararlar vermenizi sağlar. Genellikle ne istediğinizi bilirsiniz. Kararlı bir yapınız var, eyleme geçmeyi erteleme huyunuzu da değiştirirseniz büyük başarılar yakalarsınız.

Kafanız sıklıkla karışabilir. Kafanız karıştığında hemen içinde bulunduğunuz ortamdan uzaklaşıp geçici olarak başka şeylerle ilgilenmelisiniz; daha sonra çözmeniz gereken konuya dönmelisiniz. Ertelemeden ☺

Geçmiş sizin için çok önemli olabilir "ah eski günler", "keşke eski evimize dönebilsek" vs. gibi eski yaşanmışlıklara çok önem verebilirsiniz. Aslında bu sizin içinde bulunduğunuz sıkıcı durumdan kaçmanızı sağlayan bir savunma mekanizmasıdır ancak işe yarayan bir savunma mekanizması değildir. Daha cesur olup geleceği planlamanız daha doğru olacaktır.

Güven sizin için çok önemli olduğundan evinizde yaşamayı, güvende hissedeceğiniz yerlerde olmayı ve güveneceğiniz kişilerle görüşmeyi tercih edebilirsiniz.

Başkalarına yardım ettiğiniz zaman kendinizi çok mutlu hissedeceğiniz için yardımseverliği karşılık beklemeden göstermenizi öneririm.

Akıl ve duygu dengesini de kurmalısınız. Düşünerek ve sağduyulu davranarak, olaylara farklı bakış açılarıyla yaklaşmalısınız.

AŞK İLİŞKİLERİNİZ

Siz girdiğiniz ortamda dikkat çekersiniz çünkü sizin farklı bir auranız yani elektromanyetik alanınız vardır. Karşı cins sizden çok etkilenir ama siz bunu fark etmeyebilirsiniz. Çekingen bir yapıda olup adım atmayabilir ya da kaçabilirsiniz. Yaşıtlarınıza oranla cinselliğe ilginiz onlardan daha geç uyanabilir. Oyun oynamak hâlâ size hoş gelirken yaşıtlarınızın da cinsel içerikli konuşmalar yapmalarını anlayamayabilirsiniz.

Muhtemelen sevdiğiniz kişinin önce dostunuz olması gerekecektir. Çünkü derin güven ve özgüven problemleri yüzünden tanımadığınız ve güvenmediğiniz biriyle bir ilişkiye giremeyebilirsiniz. Siz sohbet edeceğiniz, ilgi alanlarınız hakkında konuşabileceğiniz bir eş ararsınız.

Bu nedenle sizin için cinsellik de ikinci planda kalabilir. Siz bedenlerin aşkındansa zihinlerin aşkına önem veren bir yapıya sahip olabilirsiniz. Sevdiğinize son derece sadık olabilirsiniz. Aile, yuva sizin için kutsal bir beraberlik anlamına gelebilir. Bu nedenle ileride evine bağlı bir eş ve çocuklarıyla oyun oynayan bir ebeveyn olabilirsiniz.

İlişkilerinizdeki problemlerse olsa olsa sizin hep bir şeyleri ertelemeye yönelik tutumunuz ve sorumluk almama isteğiniz olabilir. Sizden istenilen bir şeyin defalarca tekrarlanması gerekir, bu durum karşı taraf için kolay olmayacaktır. Zaten temelde üzerinde çalışmanız gerekenler erteleme ve sorumluluk almama konularıdır.

Unutkan ve bazen de kişileri önemsemeyen davranış modellerinize dikkat etmelisiniz. Sevdiğinize verdiğiniz sözleri tutmalı, vaktinde yerine getirmeli, onun duygularını ve değer verdiği konuları veya tarihleri önemsemelisiniz. Çünkü bu durum eşinizin sabrını çok zorlayabilir.

Başkalarına iş yüklemeye bayılabilirsiniz bu nedenle hep talep eden taraf olmamaya dikkat etmelisiniz. Özellikle de bu yüzden paylaşmaya ve yardımlaşmaya açık olmalısınız.

Dediğim gibi bunlar öngörü analizlerim. En büyüğünüz henüz 13 yaşında olduğundan ya yeni yeni sevgilileriniz olmaya başlamış, ya da daha hiç sevgiliniz olmamıştır. Bilgisayar oyunları ve TV programları daha çok ilginizi çekiyor olabilir. Daha çok ilerleyen dönemlerde, cinsellik hakkında konuşmak sizin için çok daha anlamlı olabilir bu nedenle arkadaş gibi, sizi dinleyen, hoşgörülü bir eş seçmeniz ilişkide daha mutlu olmanızı sağlayabilir.

EĞİTİM VE OLASI KARİYER YAŞAMINIZ

1980'den 1999'un ikinci yarısına kadar, adına İndigo dediğimiz düzeni değiştirmeye gelen öncü bir nesil oldu. Şu anda onlar iş – kariyer hayatlarını sürdürüyor. 1999'un 2. yarısından sonra da konuşma ve farklı düşünce şeklinizle düzeni değiştirip dünyayı ışıklandırmaya siz geldiniz kristal çocuklar. Sizin DNA yapınız da zihninize yüklenen yazılım da bizlerinkinden çok çok farklı. Bu nedenle dünyaya ve özellikle ülkemizdeki eğitim sistemine uyum sağlamanız kolay olmadı ve hâlâ da sizler için kolay olmadığını düşünüyorum. Çünkü eğitim sistemini yürürlükte tutanlar eski zihinsel yapıya sahip. Bu yüzden onlar da henüz sizi anlayamadılar. Anlayamadıkları gibi bir de sizlere hiperaktivite, odaklanma bozukluğu gibi tanılar koydular. Üstelik bu muhteşem yazılıma kimyasal ilaçlarla müdahale etmeye devam ediyorlar. Siz eski sistem sahiplerinin dediklerine pek kulak asmayın, siz bizlerden çok daha sağlıklı ve güçlü bir zihne sahipsiniz.

Bu durum biraz daha böyle gidecek. Ta ki sizden önceki İndigolar bu işe el atana ve sizin sayısal olarak çoğalacağınız zamana kadar. Ne yazık ki elinizdeki eğitim sistemi şimdilik bu ve şu anda bunu değiştiremeyeceğinize göre akıllıca davranıp sisteme kısa bir süreliğine uyum sağlamaya çalışmalısınız.

Derslerinize odaklanamıyor sürekli hareket halinde olmayı istiyor olabilirsiniz. Aslında çok muhteşem bir hafızanız olduğu için ilginizi çeken bütün dersleri kolaylıkla hafızanıza yerleştirirsiniz. İlginizi çekmeyen konular canınızı sıktığı için zihninizde yarattığınız hayal dünyanıza kaçabilirsiniz.

Eğer durum böyleyse hayal dünyanıza kaçmamaya özen göstermelisiniz çünkü bir şekilde reel dünyaya uyum sağlamanız gerekiyor. Hep kafanızın içinde yaşayamayacaksınız ya ☺.

Eğitim sistemini bir şekilde olumlu atlatırsanız normal koşulda yaşamınızda çok başarılı olabilirsiniz. Güçlü hayal dünyanız, konuşma ve ikna yeteneğiniz olduğu için sevdiğiniz her alanda ünlenir ve herkese örnek gösterilirsiniz. Analiz yeteneğiniz öylesine yüksek ki genelin fark etmediğini fark eder ve fark yaratabilirsiniz.

Eğer sorumluklarınızı yüklenmez ve zihninizdeki hayal dünyasına kaçarsanız üzülerek söyleyeyim yaşamda kaybolursunuz. Lütfen yapmayın bunu. Size verilmiş ve herkeste olmayan o üstün zekâya ve yaratıcılığa yazık etmeyin.

MALİ DURUMUNUZ

Ailenizle yaşadığınız dönemlerde maddi anlamda konforunuz yerinde olabilir. Aileniz isteklerinizi karşılıyor olabilir.

Profesyonel hayata geçince yani para kazanma zamanı geldiğinde eğer ki siz planlı programlı çalışmayı, sabırlı olmayı, vaktinde yapmanız gerekenleri yapmayı, sorumluluklarınıza sahip çıkmayı yaşamınızda oturtmuş olursanız hem maddi hem de manevi anlamda çok zengin olursunuz. Çünkü bu sayede hem tatmin olma duygusuyla hem de en önemlisi huzurla yaşarsınız. Planlı programlı çalışmaz ve sorumluklarınızı yüklenmezseniz elbette bunun tam tersi olabilir ☺.

SAĞLIĞINIZ

Genellikle sağlıklı bir yapıya sahipsinizdir ama kemik, diş ve eklemler konusunda hassas da olabilirsiniz. Bu alanlara özen göstermeniz faydalı olacaktır. Biraz da alerjik bir yapınız olabilir. Zayıf, ilerleyen yaşta kilo almaya meyilli olabilirsiniz. Bu nedenle spor yapmalısınız ve istikrarlı bir şekilde yaşamınızda yer vermelisiniz. Dikkatsizlikten kaynaklanan kazalara da dikkat etmelisiniz. Yoga ve meditasyon yapmak da hızlı çalışan, sürekli düşünen zihninizi dinlendirecektir. Bu şekilde kendi söyleyeceklerinizi daha çok düşünmek yerine karşı tarafı da dinleyebileceksiniz ☺.

Ayrıca doğuştan şifacısınız. Bunu fark etmemiş olsanız bile deneyin göreceksiniz ellerinizde şifa enerjisi bulunmaktadır. Siz ellerinizle ya da sözlerinizle başkalarına moral vererek şifa verebilirsiniz. Başkalarına yaptığınız şifa enerjisini kendinize de uygulamalısınız. Daha sakin, hoşgörülü olmalısınız. Özellikle kendinize karşı daha hoşgörülü olmalısınız ve bilinçaltı düzlemde kendinizi cezalandırmaktan vazgeçmelisiniz.

Kendinize şifa vermenin yolu manevi bağınızı daha da güçlendirip, kendinize ve başkalarına olumlu enerjiler aktarmaktan geçecektir. Siz bu dünyaya bu alanda hizmet etmeye geldiniz. Siz bu spiritüel görevinizi yerine getirip hizmet ettikçe bolluk ve bereket enerjisi de maddi manevi size akacak ve her anlamda zenginleşeceksiniz.

Analizlerimde yer alan olumsuz davranış modellerini olumlu davranış modellerine çevirdiyseniz sizi bu tekâmülünüzden (gelişiminizden) dolayı yürekten tebrik ederim ☺.

EN TEMEL KORKULARINIZ

- Güvensizlik Korkusu ve Özgüven Eksikliği
- Güçsüzlük Korkusu
- Tercih Edilmeme Korkusu
- Küçük Düşme Korkusu
- Yetersizlik Korkusu
- Sorumluk Korkusu
- Başarı – Başarısızlık Korkusu
- Hastalanma Korkusu

Yaşamınızda genellikle yukarıda bahsi geçen konular hakkında deneyimler yaşarsınız. Çünkü sizin bu dünyada vermeniz gereken sınavlar belirttiğim davranışları düzenlemek ve korkulardan arınmanızla ilgilidir. Bu durumu düzenleyene kadar benzer sınavlardan geçmeye devam edebilirsiniz. Benden söylemesi ☺. Önerim aşağıdaki olumlamaları kullanmanız ve Esma çalışmalarıyla kendinizi güçlendirmeniz. Özenle ve bilinçli olarak bu konular üzerinde çalışma yapmalısınız. Eğer söz konusu durumlar ileri boyutta ise profesyonel destek almanızın çok faydası olacaktır.

RUHSAL TEKÂMÜLÜNÜZ İÇİN YAPMANIZ GEREKENLER

• Yaşamınızın sorumluluğunu üstlenmelisiniz. Yaşamı ve işlerinizi ertelememelisiniz. Hayatınızda sahip olduğunuz güzelliklere değer vermelisiniz ve bunu belli edip, şükretmelisiniz. İçinde bulunduğunuz olumsuz durumlar karşısında kimseyi suçlamayan, yargılamayan, eleştirmeyen bir dil kullanmalısınız. Muhalif olmak yerine uyum sağlamaya önem vermelisiniz.

- Allah'ın size armağan ettiği muhteşem parlak zekâyı yaşamınızda kendiniz ve insanlık için kullanmalısınız.

- Öz disiplin sahibi olup kendi yaşamınızı planlamalı ve verdiğiniz kararları iradenizi kullanarak uygulamalısınız.

- Yapılacak olan işleri ya da sorumlukları gözünüzde büyütmemeli, büyük hedeflerinizi küçük hedef parçalarına bölüp adım adım ilerlemelisiniz.

- Başarısız olmaktan korkup herhangi bir işe başlamaktan vazgeçmemeli, kendinize güvenmeli ve cesur olmalısınız. Ya da tam tersi sorumluluk almaktan kaçındığınız için başarılı olmayı reddetmemelisiniz.

- Allah'ın size bağışladığı aklınıza, zekânıza, yeteneklerinize güvenmelisiniz ve kendi öz değerinize sahip çıkmalısın.

- Kendi gücünüze sahip çıkarak yaşamınızda cesur olmalısınız.

- Hayal dünyanızı, sadece projelerinizde ve olmasını arzu ettiğiniz durumların canlandırılmasında kullanmalısınız, gerçek yaşamdan kaçıp hayal dünyasına sığınmamalısınız.

- Yaşamınızın sorumluluğunu elinize almalısınız ve yaşamınızı siz yönlendirmelisiniz.

- Başkalarına verdiğiniz öğütleri önce kendiniz uygulamalısınız.

- İnatçılık davranışınızdan vazgeçmelisiniz.

• Eleştirme, yargılama ve suçlama dilinden kendinizi çıkarmalısınız, kendinize ve başkalarına karşı hoşgörülü ve esnek olmalısınız. Siz de suçlanmaktan korkmamalısınız çünkü korktukça daha çok suçlanacağınız deneyimler yaşayabilirsiniz.

• Ertelemeyi bırakıp her şeyi zamanında yapmalısınız.

• Yaşamınızdaki kişileri ve olayları önemsemeli her şeye hak ettiği önemi ve değeri vermelisiniz.

OLUMLAMALARINIZ

Allah'ın bana verdiği parlak zekâyı kendim ve insanlık için verimli bir şekilde kullanıyorum. Dünyaya ışık saçıyorum.

• Ben çalışmalarıma rahatlıkla odaklanıyorum ve dikkatimi veriyorum.

• Benim çok güçlü bir zihnim var.

• Ben her şeyi kolaylıkla öğreniyor, hafızama kaydediyor ve rahatlıkla hatırlıyorum.

• Tüm sınavlarımda sakin ve kendimden eminim.

• Ben elimi attığım her işte kolaylıkla başarıyı yakalarım bunu biliyorum.

• İçinde bulunduğum dünyada kendimi güvende hissediyorum.

• Kendimi yaşadığım dünyaya ait hissediyorum, reel dünyamı seviyorum.

• Ben kendime, yeteneklerime, gücüme çok güveniyorum.

- Ben cesurum ve hayata cesaretle atılıyorum.

- Ne istediğimi biliyor ve cesaretle istediğime sahip oluyorum.

- Yaşadığım hayatı ve içinde bulunduğum dünyayı seviyorum.

- Kendimin ve zamanımın yöneticisi benim, zamanımı verimli kullanıyor her şeyi vaktinde yapıyorum ve kendimle gurur duyuyorum.

- Yaşamın sorumluluğumu elime alıyor ve sorumluklarımı kolaylıkla yerine getiriyorum. Bunun için de kendimi takdir ediyorum.

- Hem kendimi hem de başkalarını olduğu gibi kabul ediyorum.

- Artık hoşgörülü ve esnek bir bakış açısına sahibim.

- Ben geleceğime güvenle bakıyorum, içinde bulunduğum her an geleceğimi pırıl pırıl inşa ediyorum.

- Güçlü bir empati yeteneğine sahibim ve insanların duygu durumlarını rahatlıkla analiz ediyorum.

- Allah'ın bahşettiği güçlü sezgi enerjimi geliştiriyorum.

- Allah'ın bana bahşettiği şifa enerjisiyle hem kendime hem de başkalarına şifa veriyorum.

- Yaşadığım her an ve aldığım her nefes için, sahip olduklarım ve olacaklarım için Rabbime daima şükrediyorum.

Not: Gün içinde olumlama yapmayın çünkü o saatlerde ego görev başındadır ve değişiminize tepki gösterebilir.

Eğer olumlamaları gündüz yaparsanız, kullandığınız olumlamaların tam tersi deneyimler içerisine girebilirsiniz. Bu yüzden olumlamalarınızı sadece sabah uyandığınızda ve gece uykuya dalmadan hemen önce yapın. Bu dönemlerde beyin dalgalarınız Alfa frekansında olduğu için egonuz devre dışıdır.

ESMALARINIZ

Aşağıdaki Esmaları zikretmenizin size çok faydası olacaktır.

- Ya Aziym (1020 kere): Azim, güç ve iktidar kuvveti verir.
- Ya Kaviyy (116 kere): İradeyi Güçlendirir.
- Ya Cebbar (206 kere): Cesaret verir.
- Ya Muktedir (744 kere): Her şeyi yapma gücünü harekete geçirir.
- Ya Musavvir (336 kere): Yaratıcılık enerjisinin somut alanlara akmasını sağlar.
- Ya Selam (131 kere): İçinize huzur, rahatlık ve güven duygusu verir.
- Ya Muğni (1100 kere): Maddi ve manevi zenginlik sağlar.
- Ya Fettah (489 kere): Maddi ve manevi tüm kapıları açar ve zafer sağlar.
- Ya Mani (161 kere): Negatif enerjilerden korur.

Size uygun olabilecek Esmalardan birkaç örnek verdim. Esmalar ile ilgili daha detaylı bilgiye, telif gelirini yardım kuruluşlarına bağışladığım "Esmaların Gizli Hazinesi" isimli kitabımdan ulaşabilirsiniz. Ayrıca aynı kitapta kendi burcunuza ait olan Esmaları seçebilir ve mucizevi güzellikleri deneyimleyebilirsiniz.

KOD 5

Siz Yeni Kristal Çocuklardansınız

Örneğin 1.2.2000 tarihindeki gibi doğum tarihinizin sayı değerleri toplamı 5 çıkıyorsa sizin sayınız 5'tir.

GENEL ÖZELLİKLERİNİZ

Çok akıllı ve çok zekisiniz. Hemen her şeyi kolaylıkla kavrayıp öğrenirsiniz. Bu yetileriniz sizi başarıya taşıyacak en güzel yönlerinizdir.

Ailenizle ya da arkadaşlarınızla çatışmaya girmekten kaçınabilirsiniz. Bu nedenle özellikle ilişkilerinizde uyum sağlamak amacıyla bukalemun gibi davranabilirsiniz. Karşınızdaki kişiler de bu yüzden ne istediğinizi ya da hissettiğinizi anlayamayabilir.

Uyum sağlamak adına size ait olmayan tutumlar sergileyebilir, bu şekilde yaşayacağınız ilişkiler yaratabilir sonra da kendiniz olma özgürlüğüne sahip olmak isteyebilirsiniz. Kendinizi dönem dönem dağılmış, kaybolmuş ya da sıkışmış hissedebilirsiniz.

Ketum bir yapınız olabilir. İnsanlara gerçek duygularınızı ve düşüncelerinizi aktarmayabilir ya da hiçbir aktarımda bulunmamayı seçerek susabilirsiniz. Mutlu olmadığınız halde bir durum karşısında "her şey yolunda ben iyiyim," diyebilirsiniz. Analizimde isabetliysem, bu durum bilinçaltınızda ciddi bir rahatsızlık yaratabilir. Bu nedenle dürüst olmadığınızı düşünebilirsiniz.

Özgürlük sizin için çok önemlidir. Zaman zaman kendinizi özgür hissedemiyor olabilirsiniz. Gelecekte de kendinizi özgür hissedebilmek adına her zaman olduğunuz gibi davranmaya, başkalarına uyum sağlamak için kendiniz olmaktan vazgeçmemeye olduğunuz gibi kalmaya özen göstermelisiniz. Uyum sağlamak adına rollere girmeyin, maskeler takmayın. Neyseniz o olun. Kendiniz olma özgürlüğüne sahip olarak yetişirseniz yaşamda büyük başarılar yakalar, arzu ettiğiniz gibi bir yaşam sürersiniz. Gönlünüze göre bir iş seçer, gönlünüze göre biriyle evlenirsiniz.

Özgürlük anlayışınızı değiştirmeniz gerekiyor. Özgürlük, istediğinizi yapmak, kafanızın estiği gibi davranmaktan çok içsel korkularınızdan, endişelerinizden, düşünce kalıplarınızdan ve özellikle de kendinize duyduğunuz itimat eksikliğinden kurtulmanızdır. Ancak bu şekilde kendindiniz olursunuz ve gerçek anlamda özgürlüğünüze kavuşursunuz. Bu sayede de rol yapmaktan kurtulup maskelerinizi de atarsınız. Kısacası kendiniz olabilme özgürlüğüne sahip olmalısınız.

Önce birilerinin sizi yönlendirmesine izin verip daha sonra da "istediğim hayat bu değil," demek yerine kendi hayatınıza en başta sahip çıkmalısınız ve yaşamınızı da sadece siz yönlendirmelisiniz.

Yüksek enerjiye sahip olduğunuz için mutlaka fiziksel egzersiz yapmanız lazım. Sporla ilgilenebilir veya dans edebilirsiniz. Fiziksel ve ruhsal enerjinizi harekete geçirmeniz, üst enerji alanlarına çıkmanızı ve çok olumlu deneyimler yaşamanızı sağlayacaktır. Kendinizi güçlü, özgür, enerji dolu hissedeceksiniz.

Kendinize duyduğunuz özgüven düşük olabilir. Hem yaşamın akışına hem kendi içsel gücünüze güvenmeli ve yaşamda kendinizi olduğunuz gibi ortaya koyabilmelisiniz. Vasat olmayın. Farklı ve orijinal olun.

Pişman olmaktan korkarak yaşamı ıskalamamalısınız. Herkes bu dünyaya bir şeyler deneyimlemeye gelir ve hata da yapabilir. Aynı hataları yapmamaya özen göstererek daha cesur bir şekilde yaşamınıza sahip çıkmanız en doğru olanıdır.

Kendinize göre bir düzen oturtmak ve yaşamınızı disipline etmek de size içsel özgürlüğünüzü verecektir. Kendinize hâkim olabilmeniz ve iradenizin gücünü fark edip onu kullanabilmeniz sizi istediğiniz özgürlüğe eriştirecektir.

Bedensel ve dünyevi endişelerinizi bir yana bırakarak kendinizi spiritüel alanda geliştirmenizi öneririm.

Ayrıca gizli bir maceracı ruhunuz olduğu için her zaman yenilikler ve yeni kişiler size çok iyi gelecektir.

AŞK İLİŞKİLERİNİZ

Çok beğenilirsiniz hoş ve güzel bir enerjiniz olabilir. Bazen çekingen olsanız da girişken davranabildiğiniz rahat ortamlarda beğenilirsiniz. Sohbetiniz de güzel olabilir.

Zihninizde hayali olarak aşk ve sevgili imajı yaratabilir ve hep o aşkı arayabilirsiniz. Bulduğunuz zaman da çok güzel bir ilişki yaşarsınız. Zekânızla ilgi çekebilirsiniz.

İlişkilerinizde duygu ve düşüncelerinizi, ne isteyip istemediğiniz olumlu bir dil kullanarak karşı tarafa bildirmeniz hem sizin ruhsal sağlığınız hem de ilişkinizin sağlığı açısından çok faydalı olacaktır. Duygu ve düşünceleriniz konusunda açık ve samimi olursanız kendiniz olma özgürlüğüne de sahip olacaksınız.

EĞİTİM VE OLASI KARİYER YAŞAMINIZ

Kristal çocuklar, sizin DNA yapınız da zihninize yüklen yazılım da bizimkilerden çok çok farklı. Bu nedenle dünyaya ve özellikle de ülkemizdeki eğitim sistemine uyum sağlamanız kolay olmadı ve hala da sizler için kolay olmadığını düşünüyorum. Çünkü eğitim sistemini yürürlükte tutanlar eski zihinsel yapıya sahip. Bu yüzden onlar da henüz sizi anlayamadılar.

Bununla beraber sistem ne olursa olsun siz aklınıza koyduğunuzu yapar ve başarıyı yakalayabilirsiniz. Eğitim hayatında da başarıyı yakalayacağınıza inanıyorum. Gerçi sorumluk almamak adına orta seviyede ya da ortanın üstü bir seviyede notlar alsanız da siz aslında çok daha akıllısınız. Bu durum yaşamın ilerleyen alanlarında kendini daha iyi gösterecektir.

Çok yaratıcı, çok becerikli, çok yönlü bir yapıya sahipsiniz. Analiz edebilme, sentez yapabilme ve çözüm odaklı düşünebilme yeteneğiniz var.

Olayları ilişkilendirebilir yeni buluşlar ya da yeni çıkarımlar sunabilirsiniz. İş hayatında bu yetenekleriniz sayesinde güzel pozisyonlarda çalışma ihtimaliniz çok yüksektir. Ekonomi gibi matematiksel alanlar size daha uygun olabilir.

MALİ DURUMUNUZ

Parayı sever ve rahatlıkla birikim yapabilirsiniz. Akıllıca yatırımlarla mal-mülk sahibi olabilirsiniz. Para sizin için özgürlüğü temsil edebilir bu nedenle çok para kazanmaya çalışabilirsiniz ve kazanırsınız da.

SAĞLIĞINIZ

Çok sağlıklı bir bedene sahip olabilirsiniz. Genellikle de bir ömür boyu sağlıklı yaşarsınız. Kilo almaya meyilli olabilirsiniz bunun önüne geçmek için mutlaka dans, spor gibi fiziksel aktivitelerde bulunmalısınız.

Analizlerimde yer alan olumsuz davranış modellerinizi olumlu davranış modellerine çevirdiyseniz bu tekâmülünüzden dolayı sizi yürekten tebrik ederim ☺.

EN TEMEL KORKULARINIZ

- Güvensizlik Korkusu ve Özgüven Eksikliği
- Esaret Korkusu
- Değersizlik Korkusu
- Yetersizlik Korkusu ve Kaybetme Korkusu

Yaşamınızda genellikle yukarıda bahsi geçen konular hakkında deneyimler yaşarsınız. Çünkü sizin bu dünyada vermeniz gereken sınavlar belirttiğim davranışları düzenlemek ve korkulardan arınmanızla ilgilidir. Bu durumu düzenleyene kadar benzer sınavlardan geçmeye devam edebilirsiniz. Benden söylemesi ☺.

Önerim aşağıdaki olumlamaları kullanmanız ve Esma çalışmalarıyla kendinizi güçlendirmeniz. Özenle ve bilinçli olarak bu konular üzerinde çalışma yapmalısınız. Eğer söz konusu durumlar ileri boyutta ise profesyonel destek almanız çok faydalı olacaktır.

RUHSAL TEKÂMÜLÜNÜZ İÇİN YAPMANIZ GEREKENLER

- Kendiniz olabilme özgürlüğüne erişip takındığınız maskelerden kendinizi kurtarmalısınız.
- Duygu ve düşüncelerinizi her zaman olumlu dil kalıplarıyla ifade etmelisiniz.
- Yaşamın akışına güvenmelisiniz, her ne oluyorsa, sizin adınıza en hayırlı şekilde sonuçlanacağını bilerek yaşamalısınız.
- Özgüveninizi yükseltmeli ve yaratanın size verdiği yeteneklere, zekâya, akla güvenmelisiniz.
- Kendinizi yeterli hissetmeli ve elbette kendinizi geliştirmeye devam etmelisiniz.
- Şüpheciliği bırakıp hayatınızdaki insanlara güvenmeyi seçmelisiniz.

- Hayal kırıklığı deneyimlerine rağmen cesaretle yaşama dahil olmalısınız.
- Başkaları ne der, düşüncesinden çıkıp, doğru bildiğiniz değerlerle kendi yolunuzda yürümelisiniz.

OLUMLAMALARINIZ

- Ben kendimi her zaman ve her yerde güvende hissediyorum.
- Geleceğime güvenle bakıyorum.
- Ben her zaman ve her yerde kendimi özgür hissediyorum.
- Ben çok değerliyim ve kendi değerime sahip çıkıyorum.
- Yaşama her zaman cesurca katılıyorum. Ben cesurum.
- Kendim olabilme özgürlüğüne sahibim. Ben özgürüm.
- Duygu ve düşüncelerimi samimiyetle ve rahatlıkla olumlu dil kalıplarıyla aktarıyorum.
- Ben kendime ve yeteneklerime çok güveniyorum. Ben özgüven sahibiyim.
- Ben çalışmalarıma rahatlıkla odaklanıyorum ve dikkatimi veriyorum.
- Benim çok güçlü bir zihnim var.
- Ben her şeyi kolaylıkla öğreniyor, hafızama kaydediyor ve rahatlıkla hatırlıyorum.
- Tüm sınavlarımda sakin ve kendimden eminim.
- Ben elimi attığım her işte kolaylıkla başarıyı yakalarım bunu biliyorum .

- Yaşadığım her an ve aldığım her nefes için, sahip olduklarım ve olacaklarım için Rabbime daima şükrediyorum.

Not: Gün içinde olumlama yapmayın çünkü o saatlerde ego görev başındadır ve değişiminize tepki gösterebilir. Eğer olumlamaları gündüz yaparsanız, kullandığınız olumlamaların tam tersi deneyimler içerisine girebilirsiniz. Bu yüzden olumlamalarınızı sadece sabah uyandığınızda ve gece uykuya dalmadan hemen önce yapın. Bu dönemlerde beyin dalgalarınız Alfa frekansında olduğu için egonuz devre dışıdır.

ESMALARINIZ

Esmaları da zikretmenizin size çok faydası olacaktır.

- Ya Selam (131 kere): İçinize huzur, rahatlık ve güven duygusu verir.
- Ya Aziym (1020 kere): Size yüksek cesaret, azim katar.
- Ya Kaviyy (116 kere): İradenizi güçlendirir.
- Ya Vekil (66 kere): İşlerinizi yaptıktan sonra Allah'a vekil ederek güven ve eminlik enerjisine sahip olursunuz.

Size uygun olabilecek Esmalardan birkaç örnek verdim. Esmalar ile ilgili daha detaylı bilgiye, telif gelirini yardım kuruluşlarına bağışladığım "Esmaların Gizli Hazinesi" isimli kitabımdan ulaşabilirsiniz. Ayrıca aynı kitapta kendi burcunuza ait olan Esmaları seçebilir ve mucizevi güzellikleri deneyimleyebilirsiniz.

KOD 6

Siz Yeni Kristal Çocuklardansınız

Örneğin 2.2.2000 tarihindeki gibi doğum tarihinizin sayı değerleri toplamı 6 çıkıyorsa sizin sayınız 6'dır.

GENEL ÖZELLİKLERİNİZ

Yüce gönüllüsünüz ve insanlara güzel hizmetler verme arzusundasınız. Bu durumu harekete geçirmelisiniz ve yapmalısınız.

Yaşadığınız dünya ile anlaşamıyor, düzeni, ailenizi, herkesi eleştiriyor olabilirsiniz. Suçlama dilini kullanıyor, yargılıyor ve öfkeyle davranıyor olabilirsiniz.

Peki, soru şu: Bu davranışların sonucunda bir şey değişiyor mu? ☺ (Belki bu soruyu birkaç sene sonra daha iyi anlayacak ve yanıt vereceksiniz ☺)

Yanıt: Elbette değişmiyor çünkü bu davranış modelleriyle değişmesi imkânsızdır. Gerçek şu ki siz bu düzeni değiştirmeye ve güzelleştirmeye geldiniz.

Değişim için kullanacağınız yöntemlerinizin yumuşak olması gerekiyor. Sistemdeki hataları görün ve saptayın. Neler yapılabileceği üzerinde düşünün ve bu arada lütfen söylenip durmayın ☺.Yapılacak olan davranışı da katı olmadan yumuşaklıkla yapın. İşte sizin yaşamdaki göreviniz şu; sorunu sapta, yolu bul ve çöz.

Mükemmeliyetçi düşünce modeliniz olabilir ve bu nedenle hata yapmaktan, küçük düşmekten, mahcup olmaktan çok korkabilirsiniz. Güven ve özgüven eksikliği yaşayabilirsiniz. Kendi yeterliliklerinizden emin olmayabilir, başkalarından da olası tehlike bekleyebilir ve bu nedenle yaşamın akışına gerçek anlamda güvenmeyebilirsiniz. Şüpheci yaklaşımlarınız olabilir. Bu durum özellikle ikili ilişkilerinize yansıyabilir ve paranoya derecesinde kuşkular ve endişeler içerisinde yaşamı kendinize zaman zaman zehir edebilirsiniz ☺. Bu nedenle güven ve özgüven sorunlarınızın üstesinden gelmeniz en temel çözümlenmesi gereken konular olmalıdır.

Çok geç güvenip bağ kurarsınız ama güvendiğiniz, bağ kurdunuz kişilere de bağımlılık derecesinde bağlanabilirsiniz. Onları kaybetmekten de çok korkabilirsiniz.

Hayal kırıklığını çok yoğun yaşarsınız. İçinizde, kırılmaya, incinmeye, yatkın bir çocuk vardır. Bu yönünüzü ve duygularınızı göstermemek adına mesafeli davranabilirsiniz. Çok zekisiniz. Hemen her şeyi rahatlıkla öğrenir, idrak edersiniz. Analitik zekânız ve sentez yeteneğiniz de çok yüksektir. Analiz edebilme yeteneğiniz son derece hatta zihninizi yoracak kadar kuvvetlidir ☺.

Düşünmekten zihniniz o kadar yorulur ki sizin herkesten fazla uykuya ihtiyacınız olur. Eğer düzensiz bir uyku durumunuz varsa siz genellikle gergin ve öfkeli bir şekilde gezinirsiniz ☺.

Sorgulayan zihninizle kendinizi de çevrenize de eza etmekten vazgeçmeli bu yüksek yaratıcı ve vizyoner enerjiyi olumlu olayların oluşumuna aktarmalısınız. Kusursuzu aramayın olanı olduğu gibi sevmeye çalışın derim ben. Kendinize karşı da başkalarına karşı da esnek ve hoşgörülü olmakta fayda görüyorum.

Ayrıntılara takılı kalmayın olayın ya da durumun genelini görmeye özen gösterin Bazen çok detaylara takılı kalmak zihni ve ruhu çok yorabilir. Sizi meditasyon gibi zihni boşaltma çalışmaları yapmanız da sağlığınıza iyi gelecektir. Çok konuşan zihni biraz sakinleştirmekte son derece faydalı olacak sizin için.

Hayal kırıklığına uğrama, incinme ve alınma enerjiniz yüksek olduğu için karşı taraftan fazla bir şey beklememeyi herkesi olduğu gibi kabul etmek sizi bir ömür rahatlatacak ve yaşam başarısına ulaşmanızı sağlayacaktır.

İnsanlığa hizmet etmek sizin var oluş görevinizdir.

AŞK İLİŞKİLERİNİZ

Çok çekici ve güçlü bir manyetik alana sahip olduğunuz için karşı cins tarafından genellikle çok beğenilirsiniz. Bununla beraber ukalaca konuşmalar yapar karşınızdakileri küçük gören davranışlarda bulunursanız da hiç sevilmeyebilirsiniz. Yaşam iletişim alanıdır. Bu yaşamda insanlara olumlu ilişkiler kuranlar başarıyı yakalar, olumsuz ilişkiler kuranlarsa genelde yalnız kalır. Bu bilgilerin ışığında ilişkilerinizi ve özellikle ikili ilişkilerinizi değerlendirmenizde fayda görüyorum.

Ayrıca karşı taraftan ilgi bekleyen ben merkezli bir yapınız olabilir. Karşı taraftan beklediğiniz ilgiyi önce siz göstermeyi deneyin, bakın o zaman her şey nasıl da güzel ilerleyecek. Onun aramasını bekleyeceğinize siz onu arayın. Bununla beraber asla "beni neden aramıyorsun?" diye hesap sormayın. Sadece gündelik güzel konuşmalar yapın. Sizin planınızda almak için önce vermeyi öğrenmeniz gerekliliği vardır. Bu konu üzerine çalışabilirsiniz.

Eleştiren, yargılayan ve suçlayan dil kalıpları kullanmanız ve bazen kabalaşmanız ilişkilerinizi bozabilir. Hâlbuki siz çok çekici ve çok zekisiniz olumlu davranış modelleriyle herkesi kendinize hayran bırakabilir âşık edebilirsiniz. Bu konuyu düşünün.

Aile birliğine önem verdiğiniz için evlilik yaptığınızda büyük bir olasılıkla uzun yıllar süren kuvvetli bir ilişkiye imza atmış olacaksınız.

EĞİTİM VE OLASI KARİYER YAŞAMINIZ

Eğitim sistemine karşı tepkili davranışlar gösteriyor olabilirsiniz. Çalışmayı reddediyor olabilirsiniz. Ancak bu gün için değiştiremeyeceğimiz durumlara savaş açmak hiçbir işe yaramadığı gibi başarıya da ulaşamamanıza sebep olur. Çalışmamanıza bahane aramaktan sistemi, ailenizi ve diğer koşulları suçlamaktan vazgeçmelisiniz.

Eğer bu şekilde davranmayıp eğitiminize gereken önemi veriyorsanız bilin ki siz geleceğin önderlerinden olacaksınız. Bu sayede de gündelik yaşam içerisinde ve eğitimde hatalı bulduğunuz yapıların yenisini kurabileceğiniz makamlara erişeceksiniz. Yabancı dile yatkınlığınız yüksek bu nedenle yabancı dil üzerinde durmalısınız Yurtdışı ile bağlantılı işlerde çalışabilirsiniz.

MALİ DURUMUNUZ

Çok net bir analiz yapayım: Eğer çalışırsanız ve özgüveniniz de yerinde olursa ve bunun yanında birlikte çalıştığınız insanlarla olumlu ilişkiler kurarsanız gerçekten çok zengin ve de çok varlıklı olabilirsiniz. Tam tersi, çalışmaz, özgüven eksikliğinizden dolayı etrafınızı yargılar ve suçlarsanız parasızlık deneyimlerini yaşayabilirsiniz.

SAĞLIĞINIZ

Genel olarak sağlıklı olmakla beraber öfke ve isyan duygularını yoğun bir biçimde yaşayabilirsiniz. Bu nedenle sinir sisteminiz ve sindirim sisteminiz bu durumdan hayli olumsuz etkilenebilir. Sakin, hoşgörülü ve esnek olmalısınız. Depresif bir ruh haline girmeye yatkın olabilirsiniz. Duygusal durumunuz midenizi etkileyebilir, panikatak gibi rahatsızlıklara neden olabilir. Bu nedenle duygusal olarak güçlenmeniz gerekiyor. Meditasyon yaparak zihninizi boşaltmanızı spor gibi fiziksel aktiviteler de bulunarak da bedensel enerjinizi özgürleştirmenizi öneririm. Ayrıca mutlaka ama mutlaka içinde bulunduğunuz anının hakkını vererek yaşamın tadını çıkarmaya özen gösterin.

Analizlerimde yer alan olumsuz davranış modellerinizi olumlu davranış modellerine çevirdiyseniz bu tekâmülünüzden dolayı sizi yürekten tebrik ederim ☺.

EN TEMEL KORKULARINIZ

- Güvensizlik Korkusu ve Özgüven Eksikliği
- Suçlanma Korkusu
- Değersizlik Korkusu
- Güçsüzlük Korkusu
- Rezil Olma Korkusu
- Yetersizlik Korkusu
- Başarı – Başarısızlık Korkusu

Yaşamınızda genellikle yukarıda bahsi geçen konular hakkında deneyimler yaşarsınız. Çünkü sizin bu dünyada vermeniz gereken sınavlar belirttiğim davranışları düzenlemek ve korkulardan arınmanızla ilgilidir. Bu durumu düzenleyene kadar benzer sınavlardan geçmeye devam edebilirsiniz. Benden söylemesi ☺. Önerim aşağıdaki olumlamaları kullanmanız ve Esma çalışmalarıyla kendinizi güçlendirmeniz. Özenle ve bilinçli olarak bu konular üzerinde çalışma yapmalısınız. Eğer söz konusu durumlar ileri boyutta ise profesyonel destek almanız çok faydalı olacaktır.

RUHSAL TEKÂMÜLÜNÜZ İÇİN YAPMANIZ GEREKENLER

- Siz düzene karşı gelen ve değiştirmeye çalışan, mükemmeli arayan bir duygu durumuna sahip olabilirsiniz. Bu da sizin sürekli eleştiren ve yargılayan biri olmanıza sebep olabilir. Mükemmeliyetçi olduğunuz için hem kendinize hem de başkalarına karşı acımasız ve sert olabilirsiniz. Bu nedenle ilk önerim "mükemmeliyetçilikten istifa etmeniz" olacaktır ☺

• Hem kendinizi hem de başkalarını olduğu gibi kabul edin ve yine, kendinize ve başkalarına karşı esnek ve hoşgörülü olunuz. Başkalarını da kendinizi de yargılamayı ve eleştirmeyi bırakın. Siz yargılamayın, eleştirmeyin ve suçlamayın ki başkaları da sizi yargılamasın, suçlamasın ve eleştirmesin ☺. Ne başkalarının yaşamıyla kendi yaşamınızı kıyaslayın ne de kendinizi bir başkasıyla kıyaslayın başkalarının yaşamıyla kendi yaşamınızı. Kıyaslamayı bırakın. Çünkü kıyaslama yaptığınız sürece sahip olduğunuz hiçbir şeyden mutlu olamazsınız. Rahat, neşeli ve coşku dolu olamaya özen göstermelisiniz.

• Yaşamın akışına güvenmelisiniz, her ne oluyorsa, sizin adınıza en hayırlısının olacağını bilerek yaşamalısınız.

• Özgüveniniz tam olmalı. Kendi değerinizi bilmeli ve hak ettiğiniz değeri önce siz kendinize vermelisiniz.

• Sakin olmalısınız, içsel öfkenizi yönetmeli, iç enerjinizi yaratıcılığınızı kullanacağınız alanlara yönlendirmelisiniz. Olumlu alanlara yönlendirilmeyen iç öfke bağımlılık ya da kilo yapar, bu konuya dikkat etmelisiniz.

• Herkesin gittiği yoldan değil cesur olup kendi inandığınız yoldan gitmeli ve fark yaratmalısınız.

• İçinizde biriken olumsuz enerjiyi boşaltmak ve bağımlılık enerjisinden kurtulmak için de mutlaka dans, spor gibi fiziksel egzersizler yapmalısınız.

• Maneviyatınızı güçlendirmeli, kendinizi aydınlatıp şifalandırırken başkalarının yaşamına da ışık tutmalısınız.

OLUMLAMALARINIZ

• Ben kendimi her zaman ve her yerde güvende hissediyorum.

• Allah'ın bana verdiği parlak zekâyı kendim ve insanlık için verimli bir şekilde kullanıyorum. Dünyaya ışık saçıyorum.

• Ben çalışmalarıma rahatlıkla odaklanıyorum ve dikkatimi veriyorum.

• Benim çok güçlü bir zihnim var.

• Ben her şeyi kolaylıkla öğreniyor, hafızama kaydediyor ve rahatlıkla hatırlıyorum.

• Ben elimi attığım her işte kolaylıkla başarı yakalarım bunu biliyorum.

• Ben yaşamın akışına ve her ne oluyorsa benim adıma hayırlısı olacağına inanıyorum.

• Özgüvenim tam. Yaratanın bana bahşettiği aklıma, zekâma, yeteneklerime, yaratıcılığıma, sezgilerime, dış görünüşümün etkileyiciliğine ve yaydığım manyetik gücün etkisine çok güveniyorum.

• Ben kendime değer veriyor ve kendi değerime sahip çıkıyorum. Ben çok değerliyim.

• Ben kendime ve kendi yeteneklerime çok güveniyorum. Ben özgüven sahibiyim.

• Ben enerjimi faydalı alanlara yönlendiriyorum. Ben çok yaratıcı ve yetenekliyim.

• Tüm sınavlarımda sakin ve kendimden eminim.

- Her zaman ve her durumda sakin ve sağduyulu hareket ediyorum.
- Ben esnek bir yapıya sahibim ve yaşamda kendimi çok rahat hissediyorum.
- Yüksek manevi güçlerimi kolaylıkla harekete geçiriyorum.
- Yaşadığım her an ve aldığım her nefes için, sahip olduklarım ve olacaklarım için Rabbime daima şükrediyorum.

Not: Gün içinde olumlama yapmayın çünkü o saatlerde ego görev başındadır ve değişiminize tepki gösterebilir. Eğer olumlamaları gündüz yaparsanız, kullandığınız olumlamaların tam tersi deneyimler içerisine girebilirsiniz. Bu yüzden olumlamalarınızı sadece sabah uyandığınızda ve gece uykuya dalmadan hemen önce yapın. Bu dönemlerde beyin dalgalarınız Alfa frekansında olduğu için egonuz devre dışıdır.

ESMALARINIZ

Aşağıdaki Esmaları zikretmenizin de size çok faydası olacaktır.

- Ya Halim (88 kere): Sakinlik verir ve olaylara sağduyulu yaklaşmanızı sağlar.
- Ya Aziym (1020 kere): Azim, güç, iktidar kuvveti verir.
- Ya Kaviyy (116 kere): İradeyi güçlendirir.
- Ya Cebbar (206 kere): Cesaret verir.
- Ya Muktedir (744 kere): Her şeyi yapma gücünü harekete geçirir.

• Ya Selam (131 kere): İçinize huzur, rahatlık ve güven duygusu verir.

Yukarıda size uygun olabilecek Esmalardan birkaç örnek verdim. Esmalar ile ilgili daha detaylı bilgiye, telif gelirini yardım kuruluşlarına bağışladığım "Esmaların Gizli Hazinesi" isimli kitabımdan ulaşabilirsiniz. Ayrıca aynı kitapta kendi burcunuza ait olan Esmaları seçebilir ve mucizevi güzellikleri deneyimleyebilirsiniz.

KOD 7

Siz Yeni Kristal Çocuklardansınız

Örneğin 1.4.2000 tarihindeki gibi doğum tarihinizin sayı değerleri toplamı 7 çıkıyorsa sizin sayınız 7'dir.

GENEL ÖZELLİKLERİNİZ

Güven duygusu sizin için en önemli unsurdur. Buraya yaşamın akışına, başkalarına ve kendinize güvenmeyi öğrenmeye geldiniz. Bu nedenle ebeveynlerinizden biri yaşama duyduğu korkuyu size empoze ediyor olabilir. Sizi sürekli kendi güvensizlik korkusundan dolayı yaşamla ilgili korkutuyor olabilir. Bunu da kendince önlem aldığını düşünerek yapabilir. Niyeti iyi olsa da sonuç sizin adınıza olumsuz gelişecektir.

(Sevgili ebeveyn eğer bu analizin sahibi çocuğunuzsa ona sadece güven enerjisi verin. Çocuğunuzun zihnine olası tehlike ve güvensizlik senaryoları yaratmayın onun güvensizlik korkusunu beslemeyin lütfen)

Genellikle karşınızdaki kişilere kuşku ile yaklaşsanız da bazen son derece iyi niyetle çok güvendiğiniz ve beklentiye girdiğiniz durumlar da olabilir. Bilinçaltınızdaki güvensizlik korkusunun etkisiyle hayal kırıklığına uğrama, içerleme ve depresif ruh durumuna girme ihtimaliniz yüksek olabilir. Siz kendi yeteneklerinize de, iç gücünüze de yeterli derecede itimat etmiyor olabilirsiniz. Özgüven eksikliğinden dolayı çoğu zaman geri çekilebilir ve kendinizi ortaya koyamayabilirsiniz.

Kuşkuculuğunuz sizde paranoid duygular oluşturabilir. Sürekli aldatılmaktan, kandırılmaktan korkabilir ve bu korkunuzun yaydığı enerji sonrasında bu tarz olumsuz deneyimler yaşayabilirsiniz.Sezgileriniz çok güçlü olabilir. Sezgilerinize göre kararlar verip davranmak size yaşamda fayda sağlar. Başkalarının ne düşündüğünü anlayabilir ve onun iç dünyasını da çözebilirsiniz. Üstelik çok zeki ve akıllısınız. Kavrama yeteneğiniz de çok yüksek. Sanatta yetenekli proje üretmeye karşı yatkınsınız. Bunun yanı sıra matematik ya da mühendislik gibi teknik konularda da başarılı olabilirsiniz.

Spritüal alanlarda çok başarılı olabilirsiniz o yüzden çok fazla içinize kapanmadan, yaşamdan kopmadan manevi dünya ile bağlantılarınızı sürdürmelisiniz.

Paylaşıma açık olmalı ve güzellikleri başkalarıyla paylaşmaya özen göstermelisiniz.

Yapınızda kıskançlık duygusu çok yüksek olabilir. Kıskançlığı ve kıyaslamayı da bırakmalısınız. Hiçbir işe yaramayan ve özgüven enerjinizin düşüklüğünü gösteren bu davranışlar yaşamda sizi çok huzursuz edebilir.

İnsanlar sizi takdir eder ve size de bunu söyler. Ancak siz yeterli derece de kendinize güvenmediğiniz için onların söylediklerine inanmayabilirsiniz. Bazen de gereğinden fazla mütevazı davranabilirsiniz.

Mahremiyet sizin için çok önemli olduğundan çok yakınlarınız dışında insanları özel yaşamınıza almaya çekinebilirsiniz. Özgür olmak ve kişisel alanınıza kimseyi sokmamak istersiniz. Bu durum bazen ikili ilişkilerinizde karşı tarafa yabancılık duygusu hissettirebilir. Özelinizi bir başkasına açmanız için ona çok güvenmeniz gerekir.

Para enerjisi genellikle size akacak bir yol bulur. Ayrıca iş yaşamında da size yardımcılar atanır ve sizi yükseltirler. Gelecek konusunda boşuna endişeleniyorsunuz, yüreğiniz güzel olduğu için güzel bir yaşama sahip olabilirsiniz.

Yanlış yapmaktan, mükemmel olamamaktan, küçük düşmekten, eleştirilmekten, reddedilmekten ve en çok ihanete uğramaktan korktuğunuz için içe dönük bir yaşamı daha güvenli bulabilir ve incinmemek adına insanlarla kalpten bağlar kurmaktan kaçınabilir, yalnızlığı tercih edebilirsiniz.

Endişeler, kuşkular, güvensizlikler, korkular, pimpirikli takıntılar bırakın bunların hepsi çöpe gitsin. Yerini de yaşamın akışına güvenmek alsın. Her yerde kendinizi güvende hissedin ve geleceğinizin güzel olduğuna güvenerek yaşamın tadına varın derim.

Allah'a ve içinizdeki güce güvenip kendinizi akışa bıraktığınız zaman korkularınızın tamamen yok olduğunu ve evrenle uyum içerisinde aktığınızı göreceksiniz. Spritüal olarak size verilmiş özel yetenekler ve güçler de bu şekilde açığa çıkabilecek ve siz de maddi ve manevi zenginliğe ve güce bu şekilde sahip olabileceksiniz. Mükemmel olmak zorunda değilsiniz, başkalarının da mükemmel olmasını beklememelisiniz. Küçük düşmekten ve rezil olmaktan çok korkabilirsiniz. Bunları bırakmalı ve yaşamın tadına varmalısınız. Büyük bir ihtimalle ya geçmişe takılarak ya da gelecektekileri isteyerek sabırsızca yaşıyorsunuz. Bilmeliyiz ki yaşadığımız tek an içinde bulunduğumuz andır.☺

AŞK İLİŞKİILERİNİZ

İlişkinizde karşınızdaki kişiye güveniyorsanız ve kendinize duyduğunuz özgüven tamsa güzel bir ilişki inşa edebilirsiniz. İhanete uğrama korkusuyla sevgilinizi çok sıkabilirsiniz, şüpheci takipçi tavırlar ve kıskanç davranışlar sergileyerek ilişkinizi zedeleyebilirsiniz. Bu enerjiyi çok yayarsanız eşinizin size ihanet etmesine sebep olabilirsiniz. Bu nedenle bu konular üzerinde kendinizi olumlu anlamda yapılandırmanızı öneririm.

EĞİTİM VE OLASI KARİYER YAŞAMINIZ

Güven ve özgüven eksikliği yaşamadığınız takdirde eğitim, iş – kariyer yaşamınızda çok yükselir, alanınızda şan ve şöhret sahibi olabilirsiniz. İş – kariyer basamaklarında yükselirken sizin de (diğer pek çok planda olduğu gibi) maddi ve manevi olarak başkalarına destek vermeniz, sosyal sorumluluk projeleri içerisinde yer almanız gerekmektedir.

MALİ DURUMUNUZ

Para size gelmeye can atar ama gelmesi için bir şartı vardır. Sizin paylaşmayı ve vermeyi öğrenmeniz gerekmektedir. Aslında paylaşmayı istersiniz ve bunu da ifade edersiniz ancak iş vermeye, paylaşmaya geldiğinde bunu yapmaktan kaçınabilirsiniz. Sizden istenilen, paylaşımı gönüllü olarak yapmanızdır, başkalarına maddi desteklerde bulunmanız şarttır. Sizin bir şeyleri vermenize ve paylaşmanıza engel neden, gelecek kaygıları ve parasız kalma korkunuzdur. Ancak şunu bilin ki sınavınız da budur. Geleceğinize güvenmelisiniz, paranın size akacağına inanmalısınız ve gönülden de maddi desteklerde bulunmalısınız.

SAĞLIĞINIZ

Genel olarak sağlıklısınız bununla beraber korku ve endişeleriniz yoğun olursa sindirim ve sinir sisteminiz bu durumdan etkilenebilir. Güven enerjisiyle yaşadığınızda da çok sağlıklı bir ömür sürersiniz. Bunun yanı sıra meditasyon ve yoga yapmanız zihninize çok iyi gelecektir. Analizlerimde yer alan olumsuz davranış modellerini olumlu davranış modellerine çevirdiyseniz bu tekâmülünüzden dolayı sizi yürekten tebrik ederim☺

EN TEMEL KORKULARINIZ

- Güvensizlik Korkusu ve Özgüven Sorunu
- Aldatılma Korkusu
- Kaybetme Korkusu

- Hayal Kırıklığına Uğrama Korkusu
- Hastalık Korkusu
- Ölüm Korkusu

Yaşamınızda genellikle yukarıda bahsi geçen konular hakkında deneyimler yaşarsınız. Çünkü sizin bu dünyada vermeniz gereken sınavlar belirttiğim davranışları düzenlemek ve korkulardan arınmanızla ilgilidir. Bu durumu düzenleyene kadar benzer sınavlardan geçmeye devam edebilirsiniz. Benden söylemesi☺. Önerim aşağıdaki olumlamaları kullanmanız ve Esma çalışmalarıyla kendinizi güçlendirmeniz. Özenle ve bilinçli olarak bu konular üzerinde çalışma yapmalısınız. Eğer söz konusu durumlar ileri boyutta ise profesyonel destek almanız çok faydalı olacaktır.

RUHSAL TEKÂMÜLÜNÜZ İÇİN YAPMANIZ GEREKENLER

- Sahip olduklarınızı kaybetmekten, gelecekte parasız kalmaktan korkmamalı, geleceğe güvenle bakmalısınız.
- İçinizdeki güce ve yaşamın akışına güvenmelisiniz, her ne oluyorsa sizin adınıza en hayırlısının olacağını bilerek yaşamalısınız.
- Özgüveninizi yükseltmeli ve yaratanın size verdiği yeteneklere, zekâya, akla güvenmelisiniz. Kendinizi yeterli hissetmeli ve elbette kendiniz geliştirmeye devam etmelisiniz.
- Şüphecilikten istifa etmeli hayatınızdaki insanlara güvenmeyi seçmelisiniz.
- Sahip olduklarınızı sevgiyle paylaşmalısınız.

• Olası hayal kırıklığı deneyimlerine rağmen cesurca yaşama dâhil olmalısınız.

OLUMLAMALARINIZ

• Ben çok akıllıyım, çok zekiyim zekâma güveniyorum.

• Ben çok özelim ve değerliyim kendimi çok seviyorum.

• Ben sevilmeye layık olduğumu ve her şeyin en güzelini hak ettiğimi biliyorum.

• Ben çalışmalarıma rahatlıkla odaklanıp dikkatimi veriyorum.

• Benim çok güçlü bir zihnim var.

• Ben her şeyi kolaylıkla öğreniyor, hafızama kaydediyor ve rahatlıkla hatırlıyorum.

• Tüm sınavlarımda sakin ve kendimden eminim.

• Ben elimi attığım her işte kolaylıkla başarıya ulaşırım bunu biliyorum.

• Ben yaşamın akışına güveniyorum, her zaman ve her yerde kendimi güvende hissediyorum.

• Özgüvenim tam. Yaratanın bana bahşettiği aklıma, zekâma, yeteneklerime, yaratıcılığıma, sezgilerime, dış görünüşümün etkileyiciliğine ve yaydığım manyetik gücün etkisine çok güveniyorum.

• Ben kendime değer veriyor ve kendi değerime sahip çıkıyorum. Ben çok değerliyim.

• Kendimi olduğum gibi seviyor ve kendimi geliştirmeye devam ediyorum.

- Ben kendime ve kendi yeteneklerime çok güveniyorum. Ben özgüven sahibiyim.
- Ben esnek bir yapıya sahibim ve yaşamda kendimi çok rahat hissediyorum.
- Aldığım her nefeste sağlık enerjisini içime çekiyorum, çok sağlıklı uzun bir ömür sürüyorum.
- Yaşadığım her an ve aldığım her nefes için, sahip olduklarım ve olmaya devam ettiklerim için Rabbime daima şükrediyorum.

Not: Gün içinde olumlama yapmayın çünkü o saatlerde ego görev başındadır ve değişiminize tepki gösterebilir. Eğer olumlamaları gündüz yaparsanız, kullandığınız olumlamaların tam tersi deneyimler içerisine girebilirsiniz. Bu yüzden olumlamalarınızı sadece sabah uyandığınızda ve gece uykuya dalmadan hemen önce yapın. Bu dönemlerde beyin dalgalarınız Alfa frekansında olduğu için egonuz devre dışıdır.

ESMALARINIZ

Esmaları zikretmenizin size çok faydası olacaktır.

- Ya Vedud (20 kere): Sevgi enerjisi alıp vermenizi sağlar.
- Ya Halim (88 kere): Sakinlik verir ve olaylara sağduyulu yaklaşmanızı sağlar.
- Ya Selam (131 kere): İçinize huzur, rahatlık ve güven duygusu verecektir.
- Ya Mani (161 kere): Korktuklarınızın başınıza gelmesini engeller.

Yukarıda size uygun olabilecek Esmalardan birkaç örnek verdim. Esmalar ile ilgili daha detaylı bilgiye, telif gelirini yardım kuruluşlarına bağışladığım "Esmaların Gizli Hazinesi" isimli kitabımdan ulaşabilirsiniz. Ayrıca aynı kitapta kendi burcunuza ait olan Esmaları seçebilir ve mucizevi güzellikleri deneyimleyebilirsiniz.

KOD 8

Siz Yeni Kristal Çocuklardansınız

Örneğin 2.4.2000 tarihindeki gibi doğum tarihinizin sayı değerleri toplamı 8 çıkıyorsa sizin sayınız 8'dir.

GENEL ÖZELLİKLERİNİZ

İyi kalpli ve çevresine faydalı olmayı çok isteyen bir yapıya sahipsiniz. İnsanları kırmaktan ya da çatışmaya girmekten çekinirsiniz. Ancak bu davranışları gösterirken kendinize haksızlık edebilir ve kendinizi istemediğiniz şeyleri yaparken bulabilirsiniz. Sonra da derin bir öfke ve pişmanlık hissedebilirsiniz. Bu öfkeler sebebiyle bastırdığınız duygular, olmadık bir anda patlayabilir, asabi ve acımasız davranabilirsiniz hatta haklıyken haksız konumuna da düşebilirsiniz. En çok korktuğunuz şey pişmanlık olabilir. Bir diğer korkunuz da gücün ve kontrolün elinizden alınmasıdır. Daha derin korkular yaşadığınızı düşünmüyorum. Olsa bile sizin üstesinden gelebileceğiniz korkulardır. Pişman olmaktan korktuğunuz şeyleri yapabilirsiniz.

Bu tarz durumlar sizin canınızı yakabilir. İrade gücünüzü kaybedebilirsiniz. Bu nedenle manevi bağınızın çok kuvvetli olması şarttır. Pişman olmayacağınız davranışları seçmeye özen gösterin. Kaldı ki pişman olacağınız bir davranışta bulundunuz zaman da geçmişi geçmişte bırakın, ne öğrendiğinize bakın, kendinizi affedin ve daha güzel hizmetler vererek yolunuzda yürümeye devam edin. Yaşadığınız şeylere takılı kalmayın, geçin.

Sizden çok başarılı bir yazar, öğretmen ve eğitmen olur. Bu alanlarda büyük başarılar yakalayabilirsiniz. Sizin sağ ve sol beyin loplarınız dengeli çalıştığı için analiz yapabilir, konuları ilişkilendirebilir, sentez ve çıkarımlarda bulunabilir, bunları da başkalarına öğretebilirsiniz.

Kendinizi zaman zaman değersiz hissedebilir ve kendinize haksızlık edebilirsiniz. Kendinizi sevin ve kendinize değer verin. O zaman doğal olarak başkaları da sizi sevip sayıp değer verecektir.

Ayrıca başkalarının sizi onaylamasını ve takdir etmesini de beklemeyin. Önce siz kendinizi takdir edip onaylayın, bırakın başkalarını takdir etsin ya da etmesinler, bunlar önemli olmasın sizin için.

Dürüstlük sizin için önemlidir, verilen sözün tutulması da önemlidir. Bu konularda olumsuz deneyimler yaşarsanız ani ve sert tepkiler verebilirsiniz. Ancak bu konuda dikkatli olmanız gerekir çünkü kızdığınız ve tepki verdiğiniz konuları yaşam size deneyimletebilir ve siz yargıladığınız davranışları yapabilirsiniz... Sizin için paradan daha önemli değerler vardır. Ama parayı da istersiniz çünkü güçlü olmak istersiniz. Güç sahibi olmak sizin için çok önemli bir unsurdur. Siz güce ve güçlü insanlara hayran olursunuz. Bazen de güçlü insanlardan çekinir ve onlarla anlaşamayabilirsiniz. Güç ve iktidar sahibi olmak istersiniz. Bunu isterken amacınız başkalarına zarar vermek değil aksine başkalarına daha çok faydalı olabilmektir. Bolluk ve bereket enerjisine de sahipsiniz ancak kıtlık bilinciyle yetişmişseniz bolluğu ve bereketi yaşamınıza sokmak zaman alabilir. Maddi ve manevi bolluk ve bereketi yaşamınıza sokmanın yolu hizmet vermekten geçer. Başkalarına faydalı olacak gönüllü çalışmalar yapmalısınız.

Paranız varsa başka insanlara bolca maddi destekte bulunmalısınız. Paranız yoksa da güler yüzünüzle, ya da sahip olduğunuz başka değerlerle faydalı olmalısınız. O zaman yaşamınıza bolluğun ve bereketin nasıl nüfuz ettiğini görerek şaşıracaksınız. Elbette manevi bağınızın da çok güçlü olması gerekmektedir.

Siz bolluk ve bereket oluşturma potansiyeli ile gelmişsiniz dünyaya. Eğer güven ve özgüven korkularınızın üstesinden gelirseniz ve yargılayıcı, mükemmeliyetçi olmaktan vazgeçerseniz ve başkalarına gönülden faydalı davranışlar, hizmetler sunarsanız %100 maddi manevi bolluk ve bereket size akacaktır. Bu şekilde hem adaletli bir güce yani otoriteye hem de paranızın bereketi ve bolluğuyla çok büyük bir zenginliğe ulaşabileceksiniz. Manevi olarak da çok güçleneceksiniz.

Bazen hayatı çok fazla ciddiye alıp çok fazla iş odaklı olma ihtimaliniz de olabilir. Bu konuya dikkat etmelisiniz, işlerinizi yaparken eylenmeli ve yaşamın komik, eğlenceli yanlarını da görmelisiniz. Mükemmeliyetçi davranarak yaşamı hem kendinize hem de başkalarına zehir etmemelisiniz. Öncelikle kendinize sonra da başkalarına karşı esnek ve hoşgörülü olmalısınız.

Ebeveynlerinizle otorite konularında sorunlar yaşayabilirsiniz. OTORİTE ve GÜÇ sizin için çok önemlidir ve hep sahip olmak istediğinizdir. Bu nedenle güçlü görünen insanlara hayran olursunuz ve bazen de güçlü insanlarla çatışmaya girebilirsiniz. Siz otoriter olduğunuz zaman da başka otoriterlerle uyumlu bir iletişim kurmaya özen göstermelisiniz. Suçlan, yargılayan dil kullanmaktan kaçınmalısınız. Her zaman olumlu bir dil kullanmaya özen göstermelisiniz.

Öfke enerjisine sahip olabilirsiniz ve ani tepkiler göstererek bazen bir çuval inciri mahvedebilirsiniz. Yıkıp geçer sonra da pişman olabilirsiniz. Duygu ve düşüncelerinizi vaktinde olumlu bir dil kullanarak ifade ederek ani patlamalara engel olabilirsiniz. Bunun yanı sıra dans ya da sporla ilgilenmeniz sizin için son derece faydalı. Çünkü bu tür fiziksel aktiviteler içinizde sıkışan öfke enerjisini boşaltmanızı sağlar. Güç'e sahip olmanız başkalarına faydalı hizmetler vermekten geçmektir. Bu şekilde davrandığınız zaman size gücü sağlayacak, para, mevki ve nüfus zaten atanacaktır.

İnatlaşmayı ve güç savaşı yapmayı da bırakın…

Sizi güçlüsünüz. Gerçekten güçlüsünüz, kurban psikolojisine girdiyseniz silkelenin ve size bahşedilen özel enerjiyle arzu ettiğiniz yaşamı kurun. Siz bunu yapabilirsiniz. Size çok güzel bir şey söyleyeyim☺ Yukarıdaki konulara özen gösterirseniz eninde sonunda arzu ettiğiniz her şeye kavuşursunuz ☺☺ Elinizdekiler şükrederek tüm yollarınızı açın…

AŞK İLİŞKİLERİNİZ

Güven ve özgüven eksikliğiniz varsa ilişkide olduğunuz kişiyle yürekten bir bağ kurmamış olabilirsiniz. Güveniniz ve özgüveniniz yüksekse yürekten bağ kurduğunuz bu kişiyle güzel bir ilişkiniz olabilir. İlişkide güç savaşına girmediğiniz zaman eşinizle uyumunuz çok güzel olacaktır. İlişkinizde benmerkezci davranmamaya özen göstermelisiniz. Her iki tarafın da isteklerine göre ortak paylaşımda bulunabilmeyi, başarırsanız uzun soluklu ve köklü bir ilişkiye sahip olursunuz.

EĞİTİM VE OLASI KARİYER YAŞAMINIZ

Eğitim hayatınız genel olarak başarılı geçer çünkü siz genellikle çalışkan bir yapıya sahipsiniz. Üzerinizde güç kullanmaya çalışan öğretmenleriniz varsa ya onlardan çok korkar ya da çatışmaya girebilirsiniz. Rezil olmaktan ve haksızlığa uğramaktan çok korkabilirsiniz. Bu nedenle derslerinize titizlik gösterirsiniz. Matematik zekânız ve sanatsal yeteneğinizde gelişmiştir. Yani beyninizin hem sağ hem sol lobunu kullanabilirsiniz.

İş hayatınıza önem verir ve iş odaklı bir yaşam sürebilirsiniz. Tabi bu esnada sevdiklerinizi de ihmal etme durumunuz söz konusu olabilir. Eğer hâl böyleyese ve yaşlılığınızda sevdikleriniz yanınızda olsun istiyorsanız onlara kaliteli zaman ayırmanızı öneririm.

Siz idealist ve başarı odaklı biri olduğunuz için genellikle iş – kariyer hayatınızda çok başarılı olabilirsiniz. Önünüze çıkan tek engel kendinize duyduğunuz özgüven eksikliği olur. Eğer özgüveniniz tam olursa hem çok başarılı hem de örnek bir kişi olabilirsiniz. Özgüven eksikliği içsel öfke yaratabilir ve iş yerindeki kişilerle özellikle de otoriter kişilerle sorun yaşayabilirsiniz.

Güç savaşını hayatınızın her alanında olduğu gibi iş hayatınızda da bırakmanızı öneririm. Açık ve net olmak, duygu ve düşünceleri olumlu dil kalıplarıyla aktarmak yaşamda başarıyı sağlayan en temel davranış modelleridir.

Çok güzel projeler ortaya koyabilir ve yaşama geçirebilirsiniz. Bilgeliğiniz, yüksek manyetik enerjinizle ve analiz – sentez yeteneğiniz, insanlar üzerinde hayranlık uyandıran bir etki yapabilirsiniz. Bilgelik enerjiniz, konuşmalarınız ve hitap şeklinizle de insanlar üzerinde muhteşem bir etki yaratabilirsiniz. Yazarlık yeteneğiniz olduğu için bu alanda da büyük başarılar sağlayabilirsiniz.

MALİ DURUMUNUZ

Yaşamda paylaşmayı öğrendiğiniz ve güç savaşını bıraktığınız gün para size oluk oluk akacaktır. Zihninizde paylaşmayı istersiniz ancak eyleminizde bunu pek gerçekleştiremeyebilirsiniz, hayır için vereceğiniz para birden sizin için çok değerli olur. Gönülden verdiğiniz gün itibariyle para muslukları daha çok açılır.

Parayı güç için istersiniz böylelikle başkalarını daha çok yönetebilecek otoriteye ve nüfusa sahip olacağınızı düşünürsünüz. Para sahibi olduğunuzda bu gücünüzü nasıl kullanacağınız sizin gelecekteki ekonomik durumunuzu belirler.

Çalışanlarınıza karşı ve parası olmayanlara karşı sevgi dolu ve hoşgörülü davranıp onları ezmezseniz para size gelmeye devam edecektir. Aksi durumunda ise para akışı birden kesilebilir. Özetle sahip olduklarınızı hakkaniyetle paylaşmalı ve sizden para alan çalışanlarınıza saygı duyan bir yönetici olmalısınız. Bu şekilde olumlu davranışlar gösterirseniz çok zengin ve varlıklı olursunuz.

SAĞLIĞINIZ

Bol bol fiziksel aktivitede bulunduğunuz sürece son derece sağlıklı bir yaşam sürersiniz. Sizin mutlaka spor, dans gibi fiziksel bir aktivitede bulunmanız gerekir. Böylece daha sakin, sağduyulu ve huzurlu olursunuz. Statik enerjiyi biriktiren bir yapınız olduğu için çıplak ayakla çimende yürümenizi, meditasyon ya da içe dönüş çalışması yapmanızı öneririm.

Analizlerimde yer alan olumsuz davranış modellerinizi olumlu davranış modellerine çevirdiyseniz bu tekâmülünüzden dolayı sizi yürekten tebrik ederim☺

EN TEMEL KORKULARINIZ

- Pişman Olma Korkusu
- Değersizlik Korkusu
- Otorite Korkusu
- Güçsüzlük Korkusu
- Rezil Olma Korkusu

Yaşamınızda genellikle yukarıda bahsi geçen konular hakkında deneyimler yaşarsınız. Çünkü sizin bu dünyada vermeniz gereken sınavlar belirttiğim davranışları düzenlemek ve korkulardan arınmanızla ilgilidir. Bu durumu düzenleyene kadar benzer sınavlardan geçmeye devam edebilirsiniz. Benden söylemesi ☺. Önerim aşağıdaki olumlamaları kullanmanız ve Esma çalışmalarıyla kendinizi güçlendirmeniz. Özenle ve bilinçli olarak bu konular üzerinde çalışma yapmalısınız. Eğer söz konusu durumlar ileri boyutta ise profesyonel destek almanızın çok faydası olacaktır.

RUHSAL TEKÂMÜLÜNÜZ İÇİN YAPMANIZ GEREKENLER

- Otoriter, güçlü kişilerle arkadaşınızmış gibi anlaşmalısınız.
- Başkalarını kendinizden üstün görmemelisiniz. Kendinizi hiçe saymamalı kendinize değer vermelisiniz.
- Bir gün siz güç ve nüfus sahibi olduğunuzda baskıcı bir tutum sergilemeyip adaletli bir yönetici, lider olmalısınız.
- Otorite ile anlaşmalı ve otorite konumuna geldiğinizde adaletli ve hoşgörülü bir yönetici olmalısınız.
- Herkesin gittiği yoldan değil cesur olup kendi inandığınız yoldan gitmeli ve fark yaratmalısınız.
- Yaratıcılık enerjinizi kullanmalı sanatla, dansla ve sporla ilgilenmelisiniz. Böylelikle bağımlılık enerjisinden kurtulup özgürlüğünüze sahip olabilirsiniz.
- Maneviyatınızı güçlendirmeli, kendinizi aydınlatırken başkalarının da yaşamlarına ışık tutmalısınız.

OLUMLAMALARINIZ

- Ben kendime, yeteneklerime çok güveniyorum.
- Ben özgüven sahibiyim.
- Ben yaşamın akışına güveniyorum her ne oluyorsa benim adıma en hayırlı şekilde geliştiğini biliyor ve buna inanıyorum.
- Hem kendime hem de başkalarına karşı esnek ve hoşgörülüyüm.
- Ben insanlarla olumlu konuşuyor ve kaliteli ilişkiler kuruyorum.
- Her zaman ve her durumda sakin ve sağduyulu hareket ediyorum.
- Ben insanlara örnek olan hakkaniyetli bir liderim.
- Ben hoşgörülüyüm, herkesi olduğu gibi kabul ediyorum.
- Ben esnek bir yapıya sahibim ve yaşamda kendimi çok rahat hissediyorum.
- Otorite ile uyum içerisindeyim.
- Yüksek manevi güçlerimi kolayca harekete geçiriyorum.
- Ben çalışmalarıma rahatlıkla odaklanıyorum ve dikkatimi veriyorum.
- Benim çok güçlü bir zihnim var.
- Ben her şeyi kolaylıkla öğreniyor, hafızama kaydediyor ve rahatlıkla hatırlıyorum.
- Tüm sınavlarımda sakin ve kendimden eminim.

- Ben elimi attığım her işte kolaylıkla başarı yakalarım bunu biliyorum.
- Yaşadığım her an ve aldığım her nefes için, sahip olduklarım ve olmaya devam ettiklerim için Rabbime daima şükrediyorum.

Not: Gün içinde olumlama yapmayın çünkü o saatlerde ego görev başındadır ve değişiminize tepki gösterebilir. Eğer olumlamaları gündüz yaparsanız, kullandığınız olumlamaların tam tersi deneyimler içerisine girebilirsiniz. Bu yüzden olumlamalarınızı sadece sabah uyandığınızda ve gece uykuya dalmadan hemen önce yapın. Bu dönemlerde beyin dalgalarınız Alfa frekansında olduğu için egonuz devre dışıdır.

ESMALARINIZ

Esmaları zikretmenizin size çok faydası olacaktır.

- Ya Halim (88 kere): Sakinlik verir ve olaylara sağduyulu yaklaşmanızı sağlar.
- Ya Kuddüs (170 kere): Bağımlılık enerjisinden sizi kurtaracaktır.
- Ya Selam (131 kere): İçinize huzur, rahatlık ve güven duygusu verecektir.
- Ya Kaviyy (116 kere): İradenizi güçlendirir ve sağlık enerjisi verir.
- Ya Âlim (150 kere): Bilgelik enerjinizi yükseltecektir.
- Ya Melik (90 kere): Güçlü ve müşfik davranan bir lider ve yönetici olmanızı sağlayacaktır.

- Ya Aziz (94 kere): Saygınlığınızı arttıracaktır.

Yukarıda size uygun olabilecek Esmalardan birkaç örnek verdim. Esmalar ile ilgili daha detaylı bilgiye, telif gelirini yardım kuruluşlarına bağışladığım "Esmaların Gizli Hazinesi" isimli kitabımdan ulaşabilirsiniz. Ayrıca aynı kitapta kendi burcunuza ait olan Esmaları seçebilir ve mucizevi güzellikleri deneyimleyebilirsiniz.

KOD 9

Siz Yeni Kristal Çocuklardansınız

Örneğin 2.5.2000 tarihindeki gibi doğum tarihinizin sayı değerleri toplamı 9 çıkıyorsa sizin sayınız 9'dur.

GENEL ÖZELLİKLERİNİZ

Çok zeki ve akıllı bir zihniniz var. Çok çalışan bir zihne sahip olabilirsiniz, renkli ve değişken bir kişiliğiniz olabilir. Yüksek yaratıcılık enerjiniz, ancak onunla işbirliği yaptığınız zaman ortaya çıkar. Bu nedenle ortaklaşa yapılan projelerde büyük başarı gösterebilirsiniz. Büyük ihtimalle de tek başınıza çalışmayı sevmeyebilirsiniz.

Sizin üstesinden gelmeniz gereken kavram güvendir. Yaşamın akışına, başka insanlara güvenmeniz gerekiyor. En çok da kendi gücünüze ve yeteneklerinize güvenmelisiniz. Özgüveninizin yüksek olduğu zamanlarda muhteşem işler çıkarabilirs, yorulmadan çalışabilirsiniz ve çevrenize aynı zaman da çok güzel ışıklar saçarsınız. Pozitif ve neşeli olursunuz. Özgüveniniz düşük olduğunda da yaşamınızı kâbusa dönüştürebilir, öfkeli olabilirsiniz. Genelde de çevrenizdekileri suçlarsınız. İletişimle ilgili problemler yaşayabilirsiniz. Bazen son derece katı ve acımasız davranabilirsiniz sonra pişman olsanız bile özür dilemeyebilirsiniz. Biraz kibirli olabilirsiniz☺ Bu nedenle mutlaka özgüven enerjinizi yükseltmeniz gerekir.

Bazen hayatı çok fazla ciddiye alıp iş odaklı yaşama ihtimaliniz de olabilir. Bu konuya dikkat etmelisiniz, işlerinizi yaparken eğlenmeli ve yaşamın komik, eğlenceli yanlarını görmelisiniz. Mükemmeliyetçi davranarak yaşamı kendinize de başkalarına zehir etmemelisiniz. Öncelikle kendinize sonra başkalarına karşı esnek ve hoşgörülü olmalısınız.

Bilge bir kişiliğiniz var. Olaylara herkesten farklı bakabilirsiniz. Ancak mantıklı olmak ya da mantıklı davranmak uğruna yaşamdan zevk almayabilirsiniz. Hâlbuki duygusal bir yanınız var. Duygularınızdan kaçmamalı ve onlarla yüzleşmelisiniz. Duygusallığınızın size acı vermesinden korkmayın duygusal derinliğinizle barışın ve daha yüksek enerji alanlarına çıkın.

Empati özelliğinizi arttırmalısınız. Çünkü başkalarının ne hissettiği ya da ne düşündüğünden çok sizin ne hissettiğiniz ve düşündüğünüz sizin için önemli olabilir. Hep kendinizi anlatmaya çalışıyor olabilirsiniz bu arada karşı tarafın duygularını ve hislerini atlayarak bencilce yaklaşıyor olabilirsiniz. Bu durum ikili ilişkilerinizde problem yaratabilir. Başkalarını da düşündüğünüzü sanırsınız aslında gerçek anlamda onların hislerini incelemediğiniz için, odağınız çok fazla kendinizde olduğu için karşı tarafı düşünmeyebilişiniz. Bu konuya itiraz edebilirsiniz ancak bu konu üzerinde kendinize bakmaya dikkat edin derim çünkü bu durum sizin yaşamdaki tekâmül yolculuğunuzdaki kör noktanız olabilir☺

Mükemmeliyetçi, eleştirici bir yapınız olabilir, suçlama dilini çok kullanabilirsiniz bu durum ilişkilerinizde problemler yaşamanıza sebep olur. Ne siz ne de başkaları mükemmel olmak zorunda değil. Şu an itibariyle mükemmeliyetçi olmaktan istifa edin. Suçlama dilini kullanmayın. "Senin yüzünden üzüldüm," demeyin, "Bu durum yüzünden üzüldüm," deyin. Olay ve durum odaklı konuşun, egonuzun tatmini için can yakmaya çalışmak yerine olumlu bir orta yol bulmaya gitmek yaşamda başarı getirecek bir davranış modelidir.

Liderlik özelliğiniz çok yüksek. Bu nedenle genellikle kendi istekleriniz olsun ister hatta bu konuda ısrarcı davranabilirsiniz. Başkalarının sizin kadar iyi düşünemediğini düşünebilirsiniz. Evet, belki başkaları sizin kadar iyi düşünemiyor olabilir ancak yine de uzlaşmak her zaman doğru yoldur. Unutmayın sizin doğrularınız da karşınızdakiler için doğru olmayabilir. Eğer analizimde isabetliysem ve eğer kendi isteğinizi dikte ettirmeye çalışıyorsanız ya da yakınlarınızın yaşamlarına kendi doğrularınızca müdahale ediyorsanız bu durumdan istifa etmenizi öneririm.

Karizmanız, renkli kişiliğiniz insanları çok etkiler, bu nedenle olumlu davranış modelleri seçerek ve özgüveninizi yüksel tutarak şan ve şöhret sahibi olabilirsiniz.

Size en büyük tatmini büyük bir amacın peşinden gitmek verecektir. Büyük bir amacın peşinden gitmeden sıradan bir hayat sürerseniz içsel enerji blokajları yaşar ve tatminsizlik hissedebilirsiniz. Sizi aslında yüksek amaçlara hizmet etmek tatmin eder.

Sıkışan enerji psikolojik sorunlar yaşamınıza sebebiyet verebilir. Bu nedenle sizin kesinlikle spor, dans gibi fiziksel bir aktivitede bulunmanız şarttır.

Özgüven enerjinizi yükseltin, mükemmeliyetçilikten istifa edin, esnek olun, empati kurun, fiziksel aktivitede bulunun, yüksek bir amaç belirleyin, başkalarına gönülden hizmet verin. Eğer bunları yaparsanız içsel huzuru yakalayabilirsiniz. Yoksa hep huzursuz ve hiçbir şeyden tatmin olmadan yaşarsınız.

AŞK İLİŞKİLERİNİZ

Siz manyetik alanı çok güçlü, son derece çekici, karizmatik bir yapıya sahipsiniz. Girdiğiniz her ortamda ilgi çekersiniz. Başkalarının kıskanacağı güçlü ve özel bir enerjiye sahipsiniz. Bu yüzden kendinizi her zaman dualarla korumalısınız.

İlişkilerinizde biraz benmerkezci olabilir ve kendi duygu ve düşüncelerinize sevgilinizin duygu ve düşüncelerinden daha fazla önem verebilirsiniz. Bu sebeplerden dolayı ilişkilerinizde problem yaşayabilirsiniz. Kesinlikle empati yeteneğinizi geliştirmelisiniz. Olaylara hakkaniyetli yaklaşmayı ve objektif bakabilmeyi öğrenmelisiniz.

Özgüven eksikliğinizden dolayı sevdiğiniz kişiye olumsuz davranışlarda bulunabilirsiniz. Hükmedici sözlerle emir verircesine konuşabilirsiniz. Yargılayabilir, eleştirebilir ve küçümseyebilirsiniz. Bazen de çok kıskanır, kıskandığınız için de eziyet edercesine davranabilirsiniz. Karşınızdaki kişiye kendisini değersiz hissettirebilirsiniz. Genellikle de ilişkileri siz bitirebilir ve karşınızdakinin aşk acısı çekmesini sağlarsınız. Bu durum sizin egonuzu geçici olarak güçlendirir. Şayet bahsettiğim gibi davranıyorsanız üstüne üstlük bir de sevgi ve güven dolu bir ilişki istiyorsanız olumsuz davranışlar sergilemekten vazgeçmelisiniz. Yoksa yalnız kalma olasılığınızı yükseltebilirsiniz.

EĞİTİM VE OLASI KARİYER YAŞAMINIZ

Bilgelik enerjisine sahip olduğunuz için ve yeni bilgiler öğrenmeyi sevdiğiniz için derslerinizde genellikle başarılı olursunuz. Hırslı bir yapıya sahipsiniz. Başkalarının başarılarını kıskanabilirsiniz. Bu kıskançlığın dozu yerinde olduğunda faydalı bile olabilir ve sizin daha da azimle ders çalışmanızı sağlayabilir.

İşinize önem veren bir yapıya sahip olabilirsiniz. Bazen bu yüzden sevdiklerinizi ihmal edebilirsiniz. Yaşlılığınızda sevdikleriniz yanınızda olsun istiyorsanız onlara zaman ayırmalısınız. Çalışkan, akıllı, zeki ve bilge olduğunuz için kariyer basamaklarını hızla tırmanabilirsiniz. Liderlik özelliklerine sahip olduğunuz için yönetici pozisyonlarında yer alabilirsiniz.

Çalışanlarınıza hoşgörüyle yaklaşan, tatlı-sert bir yönetici olmaya özen göstermelisiniz. Bastırdığınız öfkelerin yerli yersiz patlamasına ve ilişkilerinize zarar vermesine engel olmalısınız. Akademik alanda da yüksek başarılar gösterecek enerjiniz var.

MALİ DURUMUNUZ

Çalışkan bir yapıya sahip olduğunuz için sizi tatmin edecek kadar para kazanırsınız. Paranız çok değerli olabilir hatta biraz cimri bile olabilirsiniz☺ Yaşamdaki temel görevlerinizden biri insanlığa hizmet etmektir. Bu yüzden bir beklentiye girmeden gönülden maddi ve manevi desteklerde bulunmanız gerekiyor. Sizin ödeviniz budur. Bu ödevi yerine getirdiğinizde öngördüğünüz ya da görmediğiniz kaynaklardan maddi manevi bolluk-bereket size akacak ve her anlamda çok zenginleşebileceksiniz.

SAĞLIĞINIZ

İş sizin için her şeyden önemli olduğu için kendinizi hırpalayarak çok çalışabilir ve stres yüzünde çeşitli kronik rahatsızlıklara yakalanabilirsiniz. Bu nedenle sık sık toprakta çıplak ayak yürümeli, sakin ortamlarda dinginleştiren müzikler dinlemelisiniz. Bunun dışında yaratıcılık enerjinizi sanat ya da proje alanlarına yönlendirmeniz gerekir. Fiziksel aktivitelerde bulunursanız da çok faydası olur. Aksi takdirde kilo alma ihtimalinizi yükseltebilirsiniz.

Analizlerimde yer alan olumsuz davranış modellerinizi olumlu davranış modellerine çevirdiyseniz bu tekâmülünüzden dolayı sizi yürekten tebrik ederim☺

EN TEMEL KORKULARINIZ

- Pişman Olma Korkusu
- Değersizlik Korkusu

- Otorite Korkusu
- Güçsüzlük Korkusu
- Rezil Olma Korkusu

Yaşamınızda genellikle yukarıda bahsi geçen konular hakkında deneyimler yaşarsınız. Çünkü sizin bu dünyada vermeniz gereken sınavlar belirttiğim davranışları düzenlemek ve korkulardan arınmanızla ilgilidir. Bu durumu düzenleyene kadar benzer sınavlardan geçmeye devam edebilirsiniz. Benden söylemesi ☺. Önerim aşağıdaki olumlamaları kullanmanız ve Esma çalışmalarıyla kendinizi güçlendirmeniz. Özenle ve bilinçli olarak bu konular üzerinde çalışma yapmalısınız. Eğer söz konusu durumlar ileri boyutta ise profesyonel destek almanız çok faydalı olacaktır.

RUHSAL TEKÂMÜLÜNÜZ İÇİN YAPMANIZ GEREKENLER

- İnsanlara maddi ve manevi desteklerde bulunarak yaşamınızı her anlamda zenginleştirmelisiniz.
- Sakin olmalısınız. Öfkenizi yönetmeli, enerjinizi yaratıcılığınızı kullanacağınız alanlara yönlendirmelisiniz. Olumlu alanlara yönlendirilmeyen öfkeler bağımlılık ya da kilo yapar, bu konuya dikkat etmelisiniz.
- Tüm ilişkilerinizde güvene dayalı samimi bir bağ kurmalısınız. Saygılı davranmaya özen göstermelisiniz. Bunu da rol kimliğine bürünerek değil samimiyetle yapmalısınız.
- İkili ilişkilerinizde olumlu davranışlar göstermeli, eşinizi küçümsemek yerine onu yüceltmelisiniz.

- Başkalarına yardım etmek isteyen yönünüz olduğu kadar yardım etmenizi engelleyen bir yönünüz de var. Siz yardımı ve merhameti seçmelisiniz.

- İlişkileriniz kurarken maddi ya da manevi çıkar beklentisi içinde olmamalısınız.

- Sevdiklerinizin yaşamına, onların iyiliği adına bile olsa müdahale etmemeli, onların yaşamlarını da kontrol etmemelisiniz.

- Yaratıcılık enerjinizi kullanmalı sanatla, dansla ve sporla ilgilenmelisiniz. Ancak o zaman bağımlılık enerjisinden kurtulup özgürlüğünüze sahip olabilirsiniz.

- Sezgilerinizi dinlemeli ona göre kararlar alıp sağduyunuzla hareket etmelisiniz.

- Maneviyatınızı güçlendirmeli, kendinizi aydınlatıp şifalandırırken başkalarının yaşamına da ışık tutmalısınız.

OLUMLAMALARINIZ

- Ben insanlarla olumlu ilişkiler kuruyor ve onlara yüceltici ifadelerde bulunuyorum.

- Ben dünyayla, yaşamla uyum içerindeyim.

- Ben yaşama faydalı hizmetlerde bulunuyor ve kendimle gurur duyuyorum.

- Maddi ve manevi sahip olduklarımı sevgiyle paylaşıyor ve her anlamda daha da zenginleşiyorum.

- Ben kendime ve yeteneklerime çok güveniyorum. Ben özgüven sahibiyim.

- Ben yaratıcı enerjimi faydalı alanlara yönlendiriyorum. Ben çok yaratıcı ve yetenekliyim.
- Her zaman, her durumda sakin ve sağduyulu hareket ediyorum.
- Ben insanlara örnek olan, hakkaniyetli bir liderim.
- Ben hoşgörülüyüm, herkesi olduğu gibi kabul ediyorum.
- Ben esnek bir yapıya sahibim ve yaşamda kendimi çok rahat hissediyorum.
- Manevi güçlerimi kolaylıkla harekete geçiriyorum.
- Yaşadığım her an ve aldığım her nefes için, sahip olduklarım ve olmaya devam ettiklerim için Rabbime daima şükrediyorum.

Not: Gün içinde olumlama yapmayın çünkü o saatlerde ego görev başındadır ve değişiminize tepki gösterebilir. Eğer olumlamaları gündüz yaparsanız, kullandığınız olumlamaların tam tersi deneyimler içerisine girebilirsiniz. Bu yüzden olumlamalarınızı sadece sabah uyandığınızda ve gece uykuya dalmadan hemen önce yapın. Bu dönemlerde beyin dalgalarınız Alfa frekansında olduğu için egonuz devre dışıdır.

ESMALARINIZ

Esmaları zikretmenizin size çok faydası olacaktır.

- Ya Rahim (258 kere): Merhamet enerjinizi yükseltir.
- Ya Halim (88 kere): Sakinlik verir ve olaylara sağduyulu yaklaşmanızı sağlar.

- Ya Vedud (20 kere): Sevgiyi alıp vermenizi sağlar.
- Ya Kuddüs (170 kere): Bağımlılık enerjisinden kurtarır.
- Ya Selam (131 kere): İçinize huzur, rahatlık ve güven duygusu verir.
- Ya Âlim (150 kere): Bilgelik enerjinizi yükseltir.
- Ya Melik (90 kere): Güçlü ve müşfik davranan bir lider ve yönetici olmanızı sağlayacaktır.
- Ya Aziz (94 kere): Saygınlığınızı arttırır.

Size uygun olabilecek Esmalardan birkaç örnek verdim. Esmalar ile ilgili daha detaylı bilgiye, telif gelirini yardım kuruluşlarına bağışladığım "Esmaların Gizli Hazinesi" isimli kitabımdan ulaşabilirsiniz. Ayrıca aynı kitapta kendi burcunuza ait olan Esmaları seçebilir ve mucizevi güzellikleri deneyimleyebilirsiniz.

KOD 10

Siz Yeni Kristal Çocuklardansınız

Örneğin 3.5.2000 tarihindeki gibi doğum tarihinizin sayı değerleri toplamı 10 çıkıyorsa sizin sayınız 10'dur.

GENEL ÖZELLİKLERİNİZ

Öncelikle belirtmek isterim ki bazı insanlar özel enerjilerle doğar. Siz özel bir enerji ile dünyaya gelenlerdensiniz. Böylesine özel doğan kişilerin daima enerjilerini koruması gerekir. Çünkü negatif enerjiler bu enerjiye sahip çıkmaya çalışır. Siz bu enerjiye hâkim olabilirseniz muhteşem bir yaşamınız olur. Bu enerjiler size doğumunuzla verilen bir armağandır. Sizin manevi alanla bağlantıda olmanız şarttır. Manevi alanla bağlantıda yaşamadığınız takdirde yaşam size bu yola girmeniz için olumsuz deneyimler yaşatabilir. Bu durum aslında değerli olduğunuz içindir ve rahmani alanın sizi kaybetmek istemediğindedir.

Çok yaratıcı, çok becerikli, çok yönlü bir yapınız var. Analiz ve sentez yapabilme, çözüm odaklı düşünebilme yeteneğine sahipsiniz. Olayları ilişkilendirebilir, buluşlar ya da yeni çıkarımlar yapabilirsiniz. Yaşadığımız hayatın geleneksel kuralları ve düşünce sistemine yeni bakış açıları kazandırabilecek bir gücünüz var. Siz başka insanların düşünemediklerini düşünebilir, çok güzel projeler, eserler ortaya koyabilirsiniz. Bu güç ve enerji size doğumunuzla hediye edilmiştir. Bu muhteşem enerjinizin ortaya çıkabilmesi için aşağıdaki çalışmaları yapmalısınız.

Sanat alanında ve projeler üretebileceğiniz işlerde çok başarılı olabilirsiniz. Bu enerjinizin mutlaka bir alana kanalize olması gerekir. Ortaya bir eser koymalısınız. Planlanan bir projeyi hayata geçirmek ya da kitap yazmak, resim yapmak gibi sanatsal bir alanla ilgili olabilir. Yüksek enerjiye sahip olduğunuz için mutlaka fiziksel egzersiz de yapmanız gerekiyor. Sporla ilgilenebilir ve ya dans edebilirsiniz. Bu şekilde fiziksel ve ruhsal enerjinizi harekete geçirmeniz üst enerji alanlarına çıkmanıza ve olumlu deneyimler yaşamanıza olanak sağlayacaktır. Kendinizi güçlü, özgür, enerji dolu hissedeceksiniz.

Eğer bu yaratıcı enerjiyi bir alana yoğunlaştırmazsanız ve fiziksel aktivitelerde bulunmazsanız o zaman bu enerji bloke olabilir ve siz de bu yüzden bağımlılık enerjisiyle yaşamaya başlayabilirsiniz. Bu bağımlılık sigara ve içki türü maddelere olabileceği gibi, bir kişiye ya da r duyguya da olabilir. Daha ziyade öfke enerjisine bağımlı olabilirsiniz. İçsel bir öfke yaşayabilir, öfkeleneceğiniz deneyimleri yaşamınıza getirebilirsiniz. Dışarıya karşı son derece sevecen ve sevimli görünseniz de eğer bağımlılık enerjisi geliştirdiyseniz yakınlarınıza karşı öfkeli ve ters davranışlar sergileyebilirsiniz.

Liderlik özelliğine sahipsiniz ve bu yüzden de hep sizin istediğiniz olsun istersiniz. Söylediğiniz bir şeyi karşı taraf yapmazsa çok öfkelenebilirsiniz. Esnek, rahat ve sakin olmakta fayda var. Siz yine liderlik özelliklerinizi kullanın ama daha sakin olmaya çalışarak.

Özgüveniniz yükselttiğiniz zaman kendinizi ortaya koyacak şekilde duygu ve düşüncelerinizi çok güzel bir içimde ifade edebilir ve insanları konuşmalarınızla etkileyebilirsiniz. İkna yeteneğiniz çok yüksek olacağı için insanlar size inanırlar ve güvenir.

Cazibeniz de çok yüksek olduğu için de insanları rahatlıkla etkiniz altına alabilirsiniz. Çok iyi bir konuşmacı çok iyi bir öğretmen olabilirsiniz. Kısaca konuşmayı içeren her meslek dalında rahatlıkla büyük başarılar elde edersiniz.

Sahnede olmayı da seversiniz. Çünkü insanların size duyduğu ilgi çok hoşunuza gider. Herkesin sizi takdir etmesini ve beğenmesini istersiniz. Bu yüzden Sinema-TV oyuncusu olabilirsiniz. Özetle sahne sanatlarında da kesinlikle başarılı olabilirsiniz. Eleştirilmeye karşı çok fazla tepki gösterebilirsiniz. Sivri bir dil kullanarak savunma mekanizmanızı harekete geçirebilirsiniz. Bu durum sıkışmış enerjinizin varlığının dışavurumudur. Bu nedenle sizin de düzenli spor ya da dans gibi fiziksel aktivitelerde bulunmanız şart. Yoksa içinizde bastırılmış bir öfke enerjisi oluşur ve bu durum hemen hemen tüm ilişkilerinizi ve işlerinizi olumsuz etkiler.

Bu arada savunma mekanizmanız dışarıdan duygusuz biri olarak algılanmanıza sebep olabilir. Aslında duygusalsınızdır bunun anlaşılmasını istemediğinizden bu şekilde davranırsınız.

Mantıklı davranmaya önem verirsiniz ancak bunu yaparken size doğumunuzla verilen sezgi yeteneğini göz ardı etmemeniz gerekir. Sezgilerinizi de dinlemeli sağduyulu bir şekilde mantığınızla hareket etmelisiniz. Önce sezgiler gelmelidir sizin için. Buna özen gösterirseniz daima doğru kararlar verip doğru adımlar atarsınız.

Kararlı bir yapınız olabilir. Kararlarınızda kararlı kalmayı da başarıyor olabilirsiniz. Genellikle ne istediğinizi biliyorsunuz. Bu çok güzel ancak değişen durumlar karşısında hem kendinize hem de çevrenizdekilere karşı esnek olmanızda fayda var. Olaylar, durumlar değişebilir. Bu yüzden çözüm odaklı düşünerek karalarınızı da rahatlıkla değiştirebilmeniz gerekir.

AŞK İLİŞKİLERİNİZ

İlişkilerinizde dikkat etmeniz gereken en önemli konu empatidir. Duygu ve düşüncelerinizi anlamak ve ifade etmekle o kadar çok meşgul olursunuz ki karşınızdakinin ne hissettiğini, ne düşündüğünü fark etmeyebilirsiniz. Bu şekilde benmerkezci davranmak yerine biraz dinlemeye ve anlamaya özen göstermeniz gerekir. Sizin istekleriniz ne kadar önemliyse karşınızdaki kişinin istekleri de kendi adına o kadar önemli olacaktır.

İlişkilerde genellikle kendinizi haklı görebilirsiniz. Ama olaylara dışarıdan bakmaya özen göstermelisiniz. Her zaman kendini karşınızdaki kişinin yerine koyarak, düşünmeli ve ona göre davranmalısınız.

İlgiyi hep karşıdan bekleyebilirsiniz, beklediğiniz ilgiyi göremeyince de çok üzülebilirsiniz. O zaman da önce öfkeli davranır sonra da karşınızdaki kişiden, aranıza duvar örerek uzaklaşabilirsiniz.

Çok iyi bir konuşmacı olmanıza rağmen duygularınızı ifade edemeyebilir, kendinizi sıkışmış ve esaret altında hissedebilirsiniz. Duygularınızı olumlu dil kalıplarıyla ifade etmeyi öğrenmediğiniz takdirde öfkeyle ani patlamalar yaşayarak ilişkiyi zedeleyebilir ya da duygularınız ifade etmek yerine içinize kapanıp ilişkiyi kesebilirsiniz.

İlişkileriniz çok heyecanlı, hareketli ve renkli başlayabilir ancak duygu paylaşımını yapmayıp ilgi beklentisi içerisine girerseniz ilişkinin yararından çok zararı dokunmaya başlar ve birbirinizi tüketebilirsiniz. Başlangıçta ilişkinize özen gösterebilir sonraları eşinizi ya da sevgilinizi ihmal etmeye başlayabilirsiniz. İlişkiyi canlı tutmaya özen göstermeniz çok faydalı olacaktır.

Aslında siz genellikle sadık ve güvenilir bir eş olabilirsiniz. Bu yönünüz sayesinde ve eşiniz de sizin benmerkezci davranışlarınıza hoşgörülüyse ilişkileriniz genellikle uzun ömürlü olabilir. Evlilik size güvenli bir alan gelebilir. Alışkanlıklarınızdan da kolay kolay vazgeçmek istemediğiniz için bir şekilde ilişkinizi yürütebilirsiniz. Bununla beraber siz çocuklarınıza karşı iyi ve ilgili bir ebeveyn olursunuz.

EĞİTİM VE OLASI KARİYER YAŞAMINIZ

İş hayatınızda başarıyı yakalayabilecek bir potansiyele sahipsiniz. Erteleme huyunuzu devre dışı bırakmışsanız ve her şeyi zamanında yapmayı prensip olarak belirleyebilmişseniz alanında isim yapan çok başarılı biri olursunuz.

Dönem dönem bir özgüven eksikliği ve yetersiz olma duygularını yaşarsanız. Bununla beraber ruh durumunuzu çok güzel maskeleyebilir ve dışarıdan özgüvenli görünebilirsiniz. Özgüvenli görünmek adına da soğuk, mesafeli ve ciddi bir tavır takınabilirsiniz. İçinizde de komik bir çocuk vardır aslında ve çok nadir de olsa ortaya çıkabilir. Çevreniz sizin bu eğlenceli yönünüzü görünce şaşırabilirler. Yaratıcılığınızı da aslında içinizdeki bu gizli çocuktan alırsınız.

Yaratıcılık ve yönetim konusunda son derece başarılı olabilirsiniz. Liderlik özellikleriniz ve organizasyon yeteneğiniz sizi kariyer basamaklarında yükseltir. Kafanız arada bir karışır ve dengenizi kaybetmiş gibi hissedebilirsiniz. Böyle durumlarda sakin bir şekilde dinlenmenizi ve işlere tekrar sarılmanızı öneririm.

İş odaklı bir yaşam sürerekken kendinize de zaman ayırırsınız. Bu nedenle çabuk stres atabilirsiniz. Konuşma ve hitabet yeteneğiniz yüksek olduğu için, başarılı olduğunuz iş hayatında sayılıp takdir edilirsiniz. Hemen hemen pek çok çalışan tarafından da sevilirsiniz. Saygınlık sizin için önemlidir. Sayıldığınızı ve güvenildiğinizi hissettiğiniz yerlerde yüksek performans gösterebilirsiniz.

MALİ DURUMUNUZ

Çalışmalarınızın karşılığında paranızı kazanırsınız. Keyfinize ve zevklerinize düşkün olduğunuz için para biriktiremeyebilirsiniz. Bununla beraber her zaman size bir şekilde para gelir.

SAĞLIĞINIZ

Çok stresli ortamlarda bulunmadığınız sürece çok sağlıklı sayılırsınız. Gergin ortamlarda sinir siteminiz olumsuz etkilenebilir. Bedeniniz sizi korumaya almak için grip gibi bir hastalığı ortaya çıkarak gerginlikten uzaklaşıp dinlenmenizi sağlayabilir. Etli gıdaları çok sevebilirsiniz bu nedenle kolesterol seviyeniz yükselebilir. Tüm bunlara rağmen sağlıklı bir bünyeye sahip olabilirsiniz.

Analizlerimde yer alan olumsuz davranış modellerinizi olumlu davranış modellerine çevirdiyseniz bu tekâmülünüzden dolayı sizi yürekten tebrik ederim☺

EN TEMEL KORKULARINIZ

- Güvensizlik Korkusu Ve Özgüven Eksikliği
- Güçsüzlük Korkusu
- Esaret Korkusu
- Rezil Olma Korkusu

Yaşamınızda genellikle yukarıda bahsi geçen konular hakkında deneyimler yaşarsınız. Çünkü sizin bu dünyada vermeniz gereken sınavlar belirttiğim davranışları düzenlemek ve korkulardan arınmanızla ilgilidir. Bu durumu düzenleyene kadar benzer sınavlardan geçmeye devam edebilirsiniz. Benden söylemesi ☺. Önerim aşağıdaki olumlamaları kullanmanız ve Esma çalışmalarıyla kendinizi güçlendirmeniz. Özenle ve bilinçli olarak bu konular üzerinde çalışma yapmalısınız. Eğer söz konusu durumlar ileri boyutta ise profesyonel destek almanızın çok faydası olacaktır.

RUHSAL TEKÂMÜLÜNÜZ İÇİN YAPMANIZ GEREKENLER

- Sakin olmalısınız, içsel öfkenizi yönetmeli, iç enerjinizi yaratıcılığınızı kullanacağınız alanlara yönlendirmelisiniz.

- Olumlu alanlara yönlendirilmeyen iç öfke bağımlılık ya da kilo yapar bu konuya dikkat etmelisiniz.

- Herkesin gittiği yoldan değil cesur olup kendi inandığınız yoldan gitmeli ve fark yaratmalısınız.

- Yaratıcılık enerjinizi kullanmalı sanatla, dansla ve sporla ilgilenmelisiniz. Böylelikle bağımlılık enerjisinden kurtulup özgürlüğünüze sahip olabilirsiniz.

- Manevi alanla bağınızı güçlendirmelisiniz. Çok dua ve ibadet etmelisiniz.

- Her şeyi mantıkla değerlendirmek yerine sezgilerinizin ışığında sağduyu ile değerlendirmelisiniz.

- İçerleyip kırılmak, mesafe koyup uzaklaşmak ya da öfkeyle patlamak yerine duygularınızı olumlu bir dil kalıbı kullanarak ifade etmelisiniz.

- Özgüveninizi yükseltmeli ve her zaman kendinizi yeterli hissetmelisiniz.

- Liderlik ve yöneticilik vasıflarınızı harekete geçirmeli, adil ve yapıcı bir lider olmalısınız.

- Sezgilerinize çok güvenmelisiniz ve sezgilerinizi güçlendirecek çalışmalar yapmalısınız.

OLUMLAMALARINIZ

- Ben çok yetenekli ve yaratıcıyım. Bu yeteneklerimi kolaylıkla yaşama geçirip muhteşem bir yaşam inşa ediyorum.
- Ben kendime güveniyorum, özgüvenim çok yüksek.
- Ben kendimi her zaman yeterli hissediyorum.
- Liderlik özelliklerimi yapıcı bir şekilde kullanıyor hem kendimi hem de çevremdekileri aydınlatıyorum.
- Ben hoşgörülü ve esnek biriyim.
- Ben başkalarına faydalı hizmetlerde bulunmaktan mutluluk duyuyorum.
- Ben sakinim ve duygularımı olumlu alanlara rahatlıkla yönlendiriyorum.
- Ben kendi duygularımı olumlu dil kalıpları kullanarak ifade ediyorum.
- Sezgilerime çok güveniyorum.
- Ben yüzümü Allaha dönüyor onun ışığında muhteşem bir yaşam inşa ediyorum.
- Ben çalışmalarıma rahatlıkla odaklanıyorum ve dikkatimi veriyorum.
- Benim çok güçlü bir zihnim var.
- Ben her şeyi kolaylıkla öğreniyor, hafızama kaydediyor ve rahatlıkla hatırlıyorum.
- Tüm sınavlarımda sakin ve kendimden eminim.
- Ben elimi attığım her işte kolaylıkla başarıyı yakalarım bunu biliyorum.

- Yaşadığım her an ve aldığım her nefes için, sahip olduklarım ve olmaya devam ettiklerim için Rabbime daima şükrediyorum.

Not: Gün içinde olumlama yapmayın çünkü o saatlerde ego görev başındadır ve değişiminize tepki gösterebilir. Eğer olumlamaları gündüz yaparsanız, kullandığınız olumlamaların tam tersi deneyimler içerisine girebilirsiniz. Bu yüzden olumlamalarınızı sadece sabah uyandığınızda ve gece uykuya dalmadan hemen önce yapın. Bu dönemlerde beyin dalgalarınız Alfa frekansında olduğu için egonuz devre dışıdır.

ESMALARINIZ

Esmaları zikretmenizin de size çok faydası olacaktır.

- Ya Halim (88 kere) Sakinlik verir ve olaylara sağduyulu yaklaşmanızı sağlar
- Ya Kuddüs (170 kere) Bağımlılık enerjisinden kurtarır.
- Ya Selam (131) İçinize huzur, rahatlık, güven duygusu verir.
- Ya Batın (62) Sezgilerinizi güçlendirir.
- Ya Vedud (20) İçinize sevgi enerjisi verir.
- Ya Rahim (258) İçinize merhamet enerjisi verir ve varsa kibir enerjisinde uzaklaştırır.
- Ya Mukaddim (184) Yaptığınız her işte sizi başarıya taşır.
- Ya Kaviyy (166) İradenizi güçlendirir.
- Ya Musavvir (336) Yaratıcılık enerjinizi kullanarak yaşamda somut, çok güzel oluşumlar ortaya koymanızı sağlar.

Yukarıda size uygun olabilecek Esmalardan birkaç örnek verdim. Esmalar ile ilgili daha detaylı bilgiye, telif gelirini yardım kuruluşlarına bağışladığım "Esmaların Gizli Hazinesi" isimli kitabımdan ulaşabilirsiniz. Ayrıca aynı kitapta kendi burcunuza ait olan Esmaları seçebilir ve mucizevi güzellikleri deneyimleyebilirsiniz.

KOD 11

Siz Yeni Kristal Çocuklardansınız

Örneğin 3.6.2000 tarihindeki gibi doğum tarihinizin sayı değerleri toplamı 11 çıkıyorsa sizin sayınız 11'dir.

GENEL ÖZELLİKLERİNİZ

Çok çok yüksek bir manyetik enerjiye sahipsiniz ve bu size doğumunuzla armağan edildiği için çok şanslısınız. İnsanlar sizi beğenir, âşık olur, sizden etkilenirler ancak siz kendi değerinizi bilmezseniz önce baş tacı yapar sonra da bilinçaltı kıskançlıkları sebebiyle sizi bir anda yere bırakabilirler. Bu enerjinizin farkında olup kendi değerinize sahip çıkmalısınız.

Sizin enerjiniz son derece güçlü bir enerjidir. Olumlu şekilde kullanırsanız muhteşem bir yaşam inşa edersiniz. Olumsuz şekilde kullanırsanız da yakıp yıkabilirsiniz. Çok çok yüksek bir yaratıcılık enerjisine sahipsiniz, içinizde muhteşem bir potansiyel biriktiriyorsunuz. Bu enerjinizi olumlu alanlarda kullanırsanız son derece yapıcı sonuçlar alırsınız, eğer olumsuz alanlarda kullanıyorsanız çok yıkıcı, hem kendinize hem de başkalarına zarar verici durumlara sebep olabilirsiniz.

Sizin yaratıcılığınız daha çok zihinsel alandadır. Proje üretme alanında çok başarılı olabilirsiniz. Bu enerjinizin mutlaka bir alana kanalize olması gerekmektedir. Yani bir eser ortaya koymalısınız, bu planlanan bir projeyi hayata geçirmek olduğu gibi, tasarım alanlarında, organizasyon alanlarında da olabilir.

Yüksek enerjiye sahip olduğunuz için mutlaka fiziksel egzersiz yapmanız lazım. Sporla ilgilenebilir veya dans edebilirsiniz. Bu şekilde fiziksel ve ruhsal enerjinizi harekete geçirmeniz üst enerji alanlarına çıkmanızı ve çok olumlu deneyimler yaşamanızı sağlayacaktır. Kendinizi güçlü, özgür, enerjik hissedeceksiniz. Eğer bu yaratıcı enerjiyi bir alana kanalize etmezseniz ve fiziksel aktivitelerde bulunmazsanız o zaman bu enerji bloke olabilir ve siz bağımlılık enerjisiyle yaşamaya başlayabilirsiniz.

Bu bağımlılık sigara, içki gibi bir maddeye olabileceği gibi, bir kişiye ya da bir duyguya da olabilir. Daha ziyade öfke enerjisine bağımlı olabilirsiniz. İçsel bir öfke yaşayabilir, öfkeleneceğiniz deneyimleri yaşamınıza getirebilirsiniz. Enerjiniz çok güçlü olduğu için zihniniz çok yüksek oranda statik elektrik üretir. Bu statik elektrik sizin bedeninize ve yaşamınıza hasar verebilir. Bu nedenle sıklıkla statik enerjinizi boşaltmak için yıkanmalı, çıplak ayakla toprakta yürümelisiniz. Bazen o kadar yüksek olabilir ki elektrikli cihazları bile bozabilir, prizlere dokunduğunuzda ampulleri patlatabilirsiniz. İnanç konusunda içsel gelgitler yaşayabilirsiniz. Gerçek anlamda Allah'a inandığınızda her şeyin harikulade ilerlediğini, arzularınızın tam da istediğiniz gibi gerçekleştiğini görürsünüz. Sizin için kolay olmasa bile sıklıkla dua etmeli, meditasyon, yoga vs. gibi içe dönüş çalışmaları yapmalısınız.

Mutlaka başka insanlara maddi ve manevi hizmet etmeniz gerekiyor, tekâmülünüz buradan geçiyor. Bu yardımı da belli bir beklentiyle değil, sadece kendi mutluluğunuz için yapmanız gerekiyor.

Yaşamdaki en önemli etkinliğiniz, bir alma-verme dengesi kurmak olmalı. Bu dengeyi kurmakla, adil ve uzlaşmacı davranmakla hem kendi mutluluğunuza hem de başkalarınınkine katkıda bulunmuş olursunuz.

Bir alma-verme dengesi kurmanız zaman alabilir, ama bunu dengelemekle yükümlüsünüz. Fazla verici, fedakâr ve iyi niyetli olabilirsiniz, ancak bu durum kendinize haksızlık etmenize sebep olmamalı. İnsanlara destek olmak uğruna kendinizden çok verir, hayal kırıklığına uğrar, incinebilir sonra da bıçak kemiğe dayandığında birden tüm desteğiniz çekebilirsiniz. O zaman da fazla alıcı olma tarafına geçip her isteğinizin yerine getirilmesi için kapris yapabilirsiniz. İkisi de doğru değildir. Dengeyi kurmak ve sınırları çizmek gereklidir.

Dinlerde "Kul hakkı" denen bir durum vardır. Kul hakkı sadece karşınızdakine ait bir hak değildir, hatta ilkin sizin hakkınızdır. Çok fazla fedakâr, verici davranarak kendinizden veriyorsanız, kendi kul hakkınızı çiğnemiş olursunuz.

Sizin –meli, –malı'larınız olabilir. Yani "Bu iş böyle olmalı" , "Arkadaşlıkta bunlar yapılmalı," gibi cümle kalıplarınız olabilir. Sizi sınırlayan bu kalıplardan kendinizi kurtarmalısınız, herkesi ve her durumu olduğu gibi kabul etmelisiniz. Bazen etik değerleri olmayan kişiler karşınıza çıkabilir bu kişilerle sınanıyorsunuz. "Böyle de oluyormuş demek ki," deyip geçmeyi öğrenmelisiniz.

Hak hukuk konularında da aynı hassasiyeti gösterdiğinizi düşünüyorum. İnsanlara haddini bildirip, hak hukuk savaşına girmekten biraz daha uzak durmanızda fayda var. Allah'a güvenin ki güveniyorsunuzdur, onun adalet sistemi bizim öngöremediğimiz şekillerde muhteşem işler.

Size armağan olarak verilmiş olan bu güç, özel bir güç olduğu için onu doğru yönlendirmeniz, insanlığın hizmetine sunmanız gerekebilir. Kibir, gurur gibi davranışlardan vazgeçmelisiniz. Rekabet etmekten, mükemmeliyetçi olmaktan da vazgeçmeniz gerekir. Bu davranış modellerinizi törpülemelisiniz.

Özgüvenli bir görünüm sergilersiniz. Kimi zaman kendinize gerçekten çok güvenirsiniz ve çevrenize olumlu ışınlar saçarsınız. Bazen de özgüveninizi yitirirsiniz. Bu durumunuzu belli etmemek için uzak, katı veya soğuk bir görünüm sergileyebilirsiniz. Ancak böyle durumlarda kendi kendinizi yer bitirirsiniz. Böyle durumlar hücrelerinize zarar verebilir.

Hoşgörüyü öğrenmeniz gerekli. Hem kendinize hem de başkalarına karşı hoşgörülü olmalısınız. Herkesi olduğu gibi kabul etmelisiniz. İnsanları baskıcı tavırlarla yönlendirmekten, onların üzerinde otorite kurmaya çalışmaktan vazgeçmelisiniz. Eğer size armağan olarak verilen bu muhteşem gücü olumlu alanlarda, başkalarına hizmet ederek, hoşgörülü ve esnek olarak kullanırsanız her anlamda maddi ve manevi bolluk ve berekete ulaşır, herkes tarafından örnek gösterilir, sayılırsınız. En önemlisi varlığınızdan ve yaşamınızdan gerçekten zevk alırsınız.

Liderlik özelliğine sahipsiniz ve sizin istediğiniz olsun istersiniz. Söylediğiniz bir şeyi karşı taraf yapmazsa çok öfkelenebilirsiniz. Esnek, rahat ve sakin olmakta fayda var. Siz yine liderlik özelliklerinizi kullanın ama daha sakin olmaya çalışarak ve baskıcı olmadan.

AŞK İLİŞKİLERİNİZ

Manyetik enerjiniz yüksek olduğu için her zaman, girdiğiniz her ortamda ilgi çekersiniz. Beğenilen cazibeli bir görünüme sahipsiniz. Son derece hareketli, tutkulu aynı zamanda da biraz hırçın ilişkiler kurabilirsiniz. Hayatınıza giren kişiler hayat boyu sizi unutamaz, onların yaşamlarına imza atarsınız. Bu arada kıskanç ve şüpheci olabilir, eşinizin sabrını bu konuda zorlayabilirsiniz. Aşk ve tutku hayatınızdaki en önemli unsurlardır. İlişkilerinizde de – meli, –malı gibi kalıplarınız olabilir ve eşinizi bu kalıplara uydurmaya çalışabilirsiniz. Suçlayıcı dil kalıpları kullanabilirsiniz. Eğer durum böyleyse ilişkinizin bitişini hazırlamış olursunuz. Bu konuya özen göstermeli ve ilişkinizin sağlığı için bu davranış modellerinizi değiştirmelisiniz.

EĞİTİM VE OLASI KARİYER YAŞAMINIZ

İş yaşamı sizin için çok önemli olabilir ve gerçekten de iş yaşamında çok başarılı olursunuz. Yüksek yaratıcılığınızla ortaya koyduğunuz iş ve projelerle ve/veya sanat alanlarıyla şan ve şöhret sahibi olabilirsiniz. Ödüller alabilir, yüksek mevkilere gelebilirsiniz. İş konusunda sizi kıskanan düşmanlarınız olabilir, fakat sizi uğraştırsalar da başarıya ulaşamazlar.

MALİ DURUMUNUZ

İş yaşamınızda başarılı olarak gerçekten çok para kazanırsınız. Mal mülk sahibi olabilirsiniz. Paranızı da kıskananlar olabilir, dualarla kendinizi korumalısınız. Paranızla da her zaman ihtiyacı olanlara bolca destek vermelisiniz.

Böylelikle hem kazancınızı koruma altına almış olacaksınız hem de bereketini arttıracaksınız.

SAĞLIĞINIZ

Gergin bir ruh halinde olmamaya özen göstermelisiniz. Sakin olmadığınız durumlarda sinir ve endokrin sisteminiz bundan çok etkilenir. Zihniniz statik elektrik biriktirdiği için bol bol duş almalı, çıplak ayakla toprakta ve çimende yürümelisiniz.

Bağımlılık enerjisine yatkın olduğunuz için mutlaka dans, spor gibi fiziksel aktivitelerde bulunmalısınız. Bu negatif enerjilerin bedende birikmesi kilo problemleri yaratabilir, bu konulara karşı dikkatli olmalısınız.

Analizlerimde yer alan olumsuz davranış modellerinizi, olumlu davranış modellerine çevirdiyseniz bu tekâmülünüzden dolayı sizi yürekten tebrik ederim☺

EN TEMEL KORKULARINIZ

- Güvensizlik Korkusu ve Özgüven Eksikliği
- Güçsüzlük Korkusu
- Değersizlik Korkusu
- Haksızlığa Uğrama Korkusu
- Rezil Olma Korkusu

Yaşamınızda genellikle yukarıda bahsi geçen konular hakkında deneyimler yaşarsınız. Çünkü sizin bu dünyada vermeniz gereken sınavlar belirttiğim davranışları düzenlemek ve korkulardan arınmanızla ilgilidir.

Bu durumu düzenleyene kadar benzer sınavlardan geçmeye devam edebilirsiniz. Benden söylemesi☺.

Önerim aşağıdaki olumlamaları kullanmanız ve Esma çalışmalarıyla kendinizi güçlendirmeniz. Özenle ve bilinçli olarak bu konular üzerinde çalışmalısınız.

Eğer söz konusu durumlar ileri boyutta ise profesyonel destek almanız çok faydalı olacaktır.

RUHSAL TEKÂMÜLÜNÜZ İÇİN YAPMANIZ GEREKENLER

• Yaratıcılık enerjinizi mutlaka bir sanat alanına ya da proje üretmeye aktarmalısınız. Yaratıcılık enerjisi bir armağandır, bu armağanın hakkını vermediğinizde içinizde bastırılmış öfke enerjisi, sıkışmışlık hissi oluşur.

• Liderlik özelliklerinizi adil ve hoşgörülü bir şekilde kullanmalısınız. Adil bir lider olmakla, öncülük yaparken başkalarına da faydalı olmakla yükümlüsünüz.

- Alma-verme dengesini korumalısınız. Ne çok alıcı ne çok verici olmalısınız. Başkalarının hak ve sınırlarına da kendi hak ve sınırlarınıza da saygılı olmalısınız.

- İnsanlığa ve yaşama gönülden, karşılıksız hizmet etmelisiniz, bu şekilde maddi ve manevi bolluk ve bereket yaşamınıza akacaktır.

- -meli,-malı gibi katı kurallarınızı esnetmelisiniz. Hoşgörülü, esnek olup, herkesi olduğu gibi kabul eden bir davranış modeline geçmelisiniz.

- Suçlama dilinden uzak durmalısınız.

- Bağımlılık enerjiniz çok yüksek olduğu için mutlaka dans, spor gibi fiziksel aktivitelerde bulunmalısınız.

- Olumlu bir lider olarak yaşamda fark yaratmalı ve başkalarına örnek olmalısınız.

- Maneviyatınızı güçlendirmeli, kendinizi aydınlatıp şifalandırırken başkalarının da yaşamlarına ışık tutmalısınız.

OLUMLAMALARINIZ

- Ben kendime ve yeteneklerime çok güveniyorum. Ben özgüven sahibiyim.

- Ben yaratıcı enerjimi faydalı alanlara yönlendiriyorum. Ben çok yaratıcı ve yetenekliyim.

- Her zaman ve her durumda sakinim ve sağduyulu hareket ediyorum.

- Duygularımın farkındayım ve duygularımı olumlu bir şekilde rahatlıkla ifade edebiliyorum.

- Ben insanlara örnek olan hakkaniyetli bir liderim.

- Ben hoşgörülüyüm ve kendimi de başkalarını da olduğu gibi kabul ediyorum.

- Ben esnek bir yapıya sahibim ve yaşamda kendimi çok rahat hissediyorum.

- Sakinim ve çok huzurluyum.

- Kendimi her zaman ve her yerde özgür hissediyorum.

- Bana armağan olarak verilen şifa enerjimi hem kendim için hem de başkaları için rahatlıkla kullanıyorum. Ben güçlü bir şifacıyım.

- Benim güçlü sezgilerim var ve güzel mesajlar alıyor, doğru yorumluyorum.

- Yüksek manevi güçlerimi kolayca harekete geçiriyorum.

- Ben çalışmalarıma rahatlıkla odaklanıyorum ve dikkatimi veriyorum.

- Benim çok güçlü bir zihnim var.

- Ben her şeyi kolaylıkla öğreniyor, hafızama kaydediyor ve rahatlıkla hatırlıyorum.

- Tüm sınavlarımda sakinim ve kendimden eminim.

- Ben elimi attığım her işte kolaylıkla başarı yakalarım, bunu biliyorum.

- Yaşadığım her an ve aldığım her nefes için, sahip olduklarım ve olmaya devam ettiklerim için Rabbime daima şükrediyorum.

Not: Gün içinde olumlama yapmayın çünkü o saatlerde ego görev başındadır ve değişiminize tepki gösterebilir.

Eğer olumlamaları gündüz yaparsanız, kullandığınız olumlamaların tam tersi deneyimler içerisine girebilirsiniz. Bu yüzden olumlamalarınızı sadece sabah uyandığınızda ve gece uykuya dalmadan hemen önce yapın. Bu dönemlerde beyin dalgalarınız Alfa frekansında olduğu için egonuz devre dışıdır.

ESMALARINIZ

Esmaları zikretmeniz de size çok faydalı olacaktır.

- Ya Halim (88 kere): Sakinlik verir ve olaylara sağduyulu yaklaşmanızı sağlar.
- Ya Kuddüs (170 kere): Bağımlılık enerjisinden kurtarır.
- Ya Selam (131 kere): İçinize huzur, rahatlık ve güven duygusu verir.
- Ya Musavvir (336 kere): Yaratıcılık enerjinizi kullanarak yaşamınızda somut ve çok güzel oluşumlar ortaya koymanızı sağlar.
- Ya Vedud (20 kere): Sevilmenizi sağlar.
- Ya Aziz (94 kere): Saygınlığınızı arttırır.
- Ya Batın (62 kere): Sezgilerinizi güçlendirir.

Yukarıda size uygun olabilecek Esmalardan birkaç örnek verdim. Esmalar ile ilgili daha detaylı bilgiye, telif gelirini yardım kuruluşlarına bağışladığım "Esmaların Gizli Hazinesi" isimli kitabımdan ulaşabilirsiniz. Ayrıca aynı kitapta kendi burcunuza ait olan Esmaları seçebilir ve mucizevi güzellikleri deneyimleyebilirsiniz.

KOD 12

Örneğin 4.6.2000 tarihindeki gibi doğum tarihinizin sayı değerleri toplamı 12 çıkıyorsa sizin sayınız 12'dir.

GENEL ÖZELLİKLERİNİZ

Çok yaratıcı, çok becerikli, çok yönlü bir yapıya sahipsiniz. Analiz etme, sentez yapabilme ve çözüm odaklı düşünme yeteneğiniz size yaşamda büyük başarılar sağlayacaktır. Olayları ilişkilendirebilir, yeni buluşlar yapabilir, ya da yeni çıkarımlarda bulunabilirsiniz. Hayata yenilik ya da yeni bakış açısı getirebilecek bir gücünüz olduğu için kimsenin öngöremediği muhteşem yeniliklere, gelişmelere, icatlara, projelere imza atabilirsiniz. Başka insanların düşünemediklerini düşünebilmenizin, çok güzel projeler ya da eserler ortaya koyabilmenizin güçlü enerjisi size doğumunuzla hediye edilmiştir. Henüz bunları gerçekleştiremediyseniz aşağıdaki önerilerim üzerinde çalışma yapmanız sizi hedef ve arzularınıza taşıyacaktır. Kendiniz üzerinde bazı çalışmalar yapmalısınız.

Siz yüksek yaratıcılık enerjisine sahipsiniz. Sanat alanında ya da proje üretmede çok başarılı olabilirsiniz. Bu enerjinizin mutlaka bir alana kanalize olması gerekmektedir. Yani bir eser ortaya koymalısınız, bu planlanan bir projeyi hayata geçirmek olduğu gibi, kitap yazmak, resim yapmak gibi sanat dalları da olabilir.

Yüksek enerjiye sahip olduğunuz için mutlaka fiziksel egzersiz yapmanız lazım. Sporla ilgilenebilir veya dans edebilirsiniz. Bu şekilde fiziksel ve ruhsal enerjinizi harekete geçirmeniz sizin üst enerji alanlarına çıkmanızı ve çok olumlu deneyimler yaşamanızı sağlayacaktır. Böylelikle kendinizi güçlü, özgür, enerji dolu hissedeceksiniz.

Eğer bu yaratıcı enerjiyi belli bir alana kanalize etmez ve fiziksel aktivitelerde bulunmazsanız, o zaman bu enerji bloke olabilir ve böylece bir duyguya, kişiye ya da maddeye bağımlılık durumu ortaya çıkabilir. Daha ziyade öfke enerjisine bağımlı olabilirsiniz. İçsel bir öfke yaşayabilir ve bu sebeple öfkeleneceğiniz deneyimleri yaşamınıza getirebilirsiniz. Dışarıya karşı son derece sevecen ve sevimli bir görüntünüz olsa da, eğer bağımlılık enerjisi geliştirdiyseniz yakınlarınıza karşı öfkeli ve ters davranışlar gösterebilirsiniz.

Liderlik özelliğine sahipsiniz ve sizin istediğiniz olsun istersiniz. Söylediğiniz bir şeyi karşı taraf yapmazsa çok öfkelenebilirsiniz. Yaşamda her zaman esnek, rahat ve sakin olmakta fayda var. Öfke anlık egosal bir haz verir ve sizi yaşam başarısına taşımaz, üstelik hiç de işe yaramaz. Akıllıca olan davranış modeli; olaylara dışarıdan bakarak sağduyulu hareket etmek ve daima sakin olmaktır. İşte bu tarz bir davranış, çözüm odaklı olduğu için daima sizi başarıya taşıyacaktır. Daha sakin olmaya çalışmak ve çalışanlarınıza baskıcı davranışlar göstermeden liderlik özelliklerinizi kullanmak sizi sayılan ve sevilen bir kişi yapacaktır.

Dönem dönem yaşadığınız özgüven eksikliğiniz olabilir. Kendi yeteneklerinize ve kendi iç gücünüze yeterli derecede inanmıyor ve güvenmiyor olabilirsiniz. Bu nedenle özgüveninizi güçlendirme konusunda çalışmalar yapmalısınız. Hata yapmaktan ya da rezil olmaktan korkmamalı, cesaretle yaşama atılmalı ve yapmak istediklerinize odaklanmalısınız. Bu durumu gerçekleştirebilecek yüksek güce sahipsiniz. Kimsenin ne de düşüneceğine ya da ne söyleyeceğine aldırmadan doğru bildiğiniz yolda yürümeniz gerek. Herkesin hata yapma hakkı vardır. Hata yapmak önemli değil. Önemli olan aynı hatayı tekrar etmemek. Hata yapma hakkınızı kullanın; hedef, arzu ve amaçlarınız doğrultusunda yolunuzda yürüyün.

Dönem dönem depresif ruh haline girebilir kendinizi çaresiz hissedebilirsiniz bu aşamada kendi iç gücünüze güvenin ve silkelenip ayağa kalkın, yaşama coşkuyla sarılmaya devam edin.

Siz dünyaya hizmet vermeye ve ışık tutmaya geldiniz; depresif ruh halinde olma hakkına sahip değilsiniz☺

Üstesinden gelmeniz gereken bir diğer durum duygularınızı ifade etme zorunluluğudur. Kırılmamak için ya da kırıldığınızda bunu belli etmemek için sert ve soğuk davranışlarda bulunmamalı, kalbinizi katılaştırmamalısınız. İncinme ihtimaline, hatta en derin korkunuz olan reddedilme ihtimaline rağmen her tür duygu ve düşüncenizi, cesaretle, güvenle ifade etmelisiniz. Kırıldığınızda bunu dile getirmelisiniz.

Tabii bunu yaparken ifade şekline dikkat etmelisiniz. Karşı tarafın egosuna zarar verecek şekilde suçlama dilini kullanmadan, bilgece ve açıkça kırıldığınızı ya da hissettiklerinizi söylemelisiniz. Yani "Senin yüzünden kendimi değersiz hissediyorum," demek yerine "Bu durum içinde kendimi değersiz hissettim" demelisiniz. Eğer bu tespitim isabetliyse, suçlama dilini bugün itibariyle yaşamınızdan çıkarmanızı öneririm.

Konuşmalarınız sadece durumlar ve duygular üzerine olursa tüm ilişkilerinizde uyum ve başarı yakalarsınız. Böylesine bir duygusal samimiyet gerçekten cesaret ister ve siz cesursunuz. Bu şekilde davrandığınızda tüm yaşamınızı sevgi enerjisi kuşatacaktır. Böylelikle yaşamınıza sihirli bir değnek değmişçesine sevgi çemberi içerisine girdiğiniz gibi, duygularınız rahatlıkla akışa geçtiği için blokajlarınız da kalkacaktır. Bu davranışların ödülü olarak da maddi ve manevi bolluk, bereket yaşamınızın her alanına nüfuz edecektir.

Tüm ilişkilerinizde alma-verme dengesini tutturmalısınız. Karşınızdaki kişiye haddinden fazla verici, fedakâr davranır ve ondan karşılık göremezseniz çok incinebilir, içerleyebilir, kırılabilirsiniz. İlişkide kendinizi geri çekerek karşı tarafa duvar örebilirsiniz. Böylesi durumlar yaşama ve kişilere karşı güveninizin yıkılmasına sebep olabilir. Verici olmanın dozunu ayarlamalısınız; bunun kıstası da kendi sınırlarınızı çiğnememeniz olmalıdır. Kesinlikle sizden bir şey istenmeden yardım etmeye kalkmamalısınız. Bırakın karşınızdakiler önce sizden talepte bulunsun, talepten sonra yapacağınız yardım ya da destekler hak ettikleri değeri bulacaktır.

Birisi sizden yardım istediğinde önce kendinize "Ben bu yardımı yaparsam ve karşımdaki nankörce davranırsa kırılır mıyım?" diye sorun. Sevilmek de dâhil olmak üzere bir beklenti halindeyseniz size destekte bulunmamanızı öneririm. "Ben bu yardımı sadece kendimi mutlu etmek için yapıyorum, ister takdir etsin ister etmesin," diyebildiğiniz güne kadar yardım etmeyin. Karşınızdaki kırılacak diye istemediğiniz bir şeyi yapmayın. İstediğinize "evet", istemediğinize " hayır" deyin.

Aşırıya kaçmamak şartıyla başkalarından siz de bir şeyler isteyin. Reddedilme riskine rağmen bunu mutlaka yapın. Başta reddedilseniz de bir süre sonra herkes her istediğinizi yerine getirmeye başlayacaktır. Deneyin göreceksiniz.

Bununla beraber yaşamda hizmet etmekle de yükümlüsünüz ancak bu hizmet yaşam alanı için olmalıdır. Sosyal sorumluk projelerinde çalışabilirsiniz, bilgileriniz başkalarına anlatabilirsiniz. İhtiyacı olanlara ya da yardım kuruluşlarına maddi destek sağlayabilirsiniz. İçerlemeyeceğiniz, kırılmayacağınız yani beklenti içerisinde olmayacağınız kişilere destekte bulunmalısınız. Beklentisiz şekilde bol bol başkalarına destekte bulunmalısınız. Böylelikle maddi ve manevi bolluk ve bereket yaşamınızın her alanına nüfuz edecektir.

Reddedilme, istenmeme ve tercih edilmeme korkunuzun üstesinden gelmelisiniz. Yaşamınızda özgüveninizi yüksek tutmalı ve alma-verme dengesini koruyarak yaşamda başkalarının hayatına ışık tutacak hizmetlerde bulunmalısınız.

Siz dünya için özel bir ışık ve renksiniz, bunu yaşama geçirmelisiniz.

AŞK İLİŞKİLERİNİZ

Genellikle ilişkiyi siz yönetmek istersiniz. Aşk ilişkilerinde başlangıçta daha çok alıcı olabilirsiniz. Kendi isteklerinizin yerine getirilmesini isteyebilir ve empati kuramayabilirsiniz. Siz daha çok size gösterilen ilgiye âşık olursunuz. Zamanla siz de karşınızdakini daha çok önemseyebilirsiniz.

Başlangıçta bağ kurmak sizin için kolay olmasa da zamanla karşınızdaki bağlanırsınız. İlişkinizde karşı taraf size olan ilgisini azaltır ya da ilgisini eskisi kadar özenli göstermezse, eski ilgiyi tekrar almak için daha çok verici olmaya başlayabilirsiniz. Durum düzelmezse önceleri ilgisizliğinden şikâyetçi olduğunuzu söyleyebilir ve eleştirel davranabilirsiniz. Durum bu şekilde de düzelmediğinde öfkelenebilir, içerleyebilir ve o kişiden uzaklaşabilirsiniz.

İlişkilerinizde beklenti içinde olabilirsiniz. Hep ilgi görmek isteyen taraf olursunuz; aslında bu aşamada kendinize şunları sormalısınız: "Ben karşımdaki kişiye yeterli derecede ilgi gösteriyor muyum? Ona, bana davranmasını beklediğim gibi mi davranıyorum?" Başta ilgi göstermeyip sonradan fazla ilgi göstermek de alma-verme dengesini bozmaktır.

İlişkilerde uymanız gereken en önemli davranış kalıbı öncelikle karşı taraftan beklenti içerisinde olmaktan vazgeçmek olmalıdır. İkincisi karşınızdaki kişiyi istekleriniz doğrultusunda şekillendirmeye çalışmaktan da vazgeçmelisiniz. Onu olduğu gibi kabul edin, çünkü siz onu başlangıçta öyle olduğu için sevmiştiniz, değiştirirseniz o kişi sevdiğiniz kişi olmaktan çıkacaktır.

Bir diğer önemli konu da; ne hissediyorsanız olumlu dil kalıpları kullanarak, asla karşınızdaki suçlamadan, sorunu çözmeye odaklı bir şekilde duygularınızı ifade etmenizdir. Hisleriniz hakkında konuşun ve karşı taraftan bu konuda destek isteyin.

İlişkiniz olan kişiyi hiçbir zaman yargılamayın, eleştirmeyin, suçlamayın. Öfke duygusu yaşarsanız bu durum hakkında konuşun, içinize atıp da olmadık bir noktada bardağı taşırmayın ve yıkıcı davranmayın.

Bunların üzerinden gelmişseniz ne âlâ, gelmemişseniz uzun süreli, kalıcı, güven ve sevgi dolu bir ilişkiye sahip olmak için bu davranış modelleriniz üzerinde çalışın. "Ben böyleyim" demek de bir seçim elbette, ancak bu seçimle kısa süreli ve hırpalayıcı ilişkiler yaşamaya devam etmeniz de mümkün. Durum böyleyse, olumlu davranış modellerine sahip olmayı seçmek ve değişmek, size ilişkilerinizde tatmin duygusunu yaşatacaktır.

Bu duruma ek olarak da -meli, -malı'larınızı, yani kendinize ve ilişkiye koyduğunuz kuralları bir kenara bırakmanız gerekmektedir. Bu konular üzerine çalışıp, değişiminizi gerçekleştirdiğinizde gerçek bir ilişki yaşayacaksınız, ilişkimsi bir ilişki değil☺

İŞ – KARİYER YAŞAMINIZ

Genellikle iş odaklı bir yaşamınız olabilir. Önceliğiniz hep işiniz ve kariyeriniz olabilir ve bu sebeple aile gibi yaşamın diğer alanları ikinci planda kalabilir. Bu konuda hep haklı sebepleriniz de vardır. Ancak yaşlılığınızda işinizin değil de sevdiklerinizin yanında olmasını arzu ediyorsanız şimdiden onları da ihmal etmemeyi düşünmeniz gerekmektedir.

Liderlik özelliklerine, yöneticilik vasıflarına ve yüksek yaratıcılık enerjisine sahip olduğunuz için genellikle iş hayatınızda çok başarılı olabilir ve kariyerinizde yükselebilirsiniz. Muhteşem projeler düşünüp bunları hayata geçirebilirsiniz ve genellikle iş hayatınızda şan ve şöhrete sahip olursunuz.

Dönem dönem yaşadığınız özgüven eksikliği sebebiyle bazen kendinizi geri planda bıraksanız da bir şekilde özgüveniniz yerine geldiğinde yükselişe doğru hızlı bir ivme kazanabilirsiniz.

Adaleti gözettiğiniz takdirde daima sayılan ve sözü dinlenen bir yönetici olabilirsiniz. Saygınlık sizin için önemli bir değerdir ve genellikle sayılan bir kişi olursunuz. Bununla beraber içsel öfkenizi bertaraf edemezseniz insanların çekindiği hatta dengesiz bulduğu bir yönetici konumuna da gelebilirsiniz. Bu durum iş ilişkilerinizi olumsuz etkileyebilir.

İş hayatında kurallar genellikle faydalı olabilir, -meli, -malı'larınız burada işe yarayabilir ancak bu davranış modelleriniz çok katı kurallar olmadığı sürece olumlu sonuç verecektir.

Sonuç olarak iş yaşamınızda yüksek başarılar yakalama, kariyerde yükselme potansiyeline sahip olduğunuzu rahatlıkla söyleyebilirim.

MALİ DURUMUNUZ

Para sizin için önemli bir değerdir. Konforlu bir yaşam sürebilmeniz ve kendinizi özgüvenli hissedebilmeniz adına paraya çok değer verir ve seversiniz. Genellikle de para size gelir.

Paranın akışının dönem dönem ciddi bir şekilde kesildiği deneyimler de yaşayabilirsiniz; böyle durumlara gelmemek için maddi anlamda başka insanlara mutlaka destekte bulunmanız şarttır. Bu şekilde paranın daima gelişini ve artışını, bereketini sağlamış olursunuz.

Buradaki kritik nokta maddi yardımları beklentisiz yapmanızdır. Beklenti ile yaptığınız ya da Yaradan'la bu konuda pazarlığa girdiğiniz zaman da para akışınız sekteye uğrayabilir. Beklentisiz olarak maddi hizmetlerde bulunduğunuzda öngördüğünüz ve öngörmediğiniz çeşitli kaynaklardan size paranın aktığını göreceksiniz.

SAĞLIĞINIZ

Yüksek yaratıcılık enerjisi çok güzeldir, ancak bir sanat alanına ya da bedensel egzersiz alanına aktarılmadığı zaman yüksek oranda bağımlılık enerjisi yaratır. Bu nedenle sigara, alkol gibi bir maddeye olduğu gibi öfke, endişe gibi bir duyguya da bağımlı olma potansiyeline sahipsiniz.

Eğer spor, dans gibi fiziksel bir egzersiz yapar ve sanat alanlarıyla da ilgilenirseniz kendinizi çok özgür, özgüvenli, güçlü ve sağlıklı hissedersiniz. Uzun yıllar boyunca da sağlıklı bir ömür sürersiniz. Bastırılmış öfke enerjisine de sahip olduğunuz için sinir sisteminiz çok hassastır, düzenli egzersiz yapmanız size gerçekten çok iyi gelecektir. Duygularınızı da mutlaka olumlu dil kalıpları kullanarak ifade etmelisiniz. Kendinizi ifade edemeyip duygularınızı bastırırsanız ya da duygularınızı hiçe sayarsanız baskılanmış enerji sebebiyle ciddi kilo alabilirsiniz.

Analizlerimde yer alan olumsuz davranış modellerinizi, olumlu davranış modellerine çevirdiyseniz bu tekâmülünüzden dolayı sizi yürekten tebrik ederim☺

EN TEMEL KORKULARINIZ

- Güvensizlik Korkusu ve Özgüven Eksikliği
- Güçsüzlük Korkusu
- Değersizlik Korkusu
- Tercih Edilmeme Korkusu
- Kendini İfade Edememe, Anlaşılmama ya da Yanlış Anlaşılma Korkusu

Yaşamınızda genellikle yukarıda bahsi geçen konular hakkında deneyimler yaşarsınız. Çünkü sizin bu dünyada vermeniz gereken sınavlar belirttiğim davranışları düzenlemek ve korkulardan arınmanızla ilgilidir. Bu durumu düzenleyene kadar benzer sınavlardan geçmeye devam edebilirsiniz. Benden söylemesi☺. Önerim aşağıdaki olumlamaları kullanmanız ve Esma çalışmalarıyla kendinizi güçlendirmeniz. Özenle ve bilinçli olarak bu konular üzerinde çalışma yapmalısınız. Eğer söz konusu durumlar ileri boyutta ise profesyonel destek almanız çok faydalı olacaktır.

RUHSAL TEKÂMÜLÜNÜZ İÇİN YAPMANIZ GEREKENLER

- Yaratıcılık enerjinizi mutlaka bir sanat alanına ya da proje üretmeye aktarmalısınız. Yaratıcılık enerjisi bir armağandır, bu armağanın hakkını vermediğinizde içinizde bastırılmış öfke enerjisi, sıkışmışlık hissi oluşur.

- Liderlik özelliklerinizi adil ve hoşgörülü bir şekilde kullanmalısınız. Adil bir lider olmakla, öncülük yaparken başkalarına da faydalı olmakla yükümlüsünüz.

- Alma-verme dengesini korumalısınız. Ne çok alıcı ne çok verici olmalısınız. Başkalarının hak ve sınırlarına da kendi hak ve sınırlarınıza da saygılı olmalısınız.

- İnsanlığa ve yaşama gönülden, karşılıksız hizmet etmelisiniz bu şekilde maddi ve manevi bolluk ve bereket yaşamınıza akacaktır.

- -meli,-malı gibi katı kurallarınızı esnetmelisiniz. Hoşgörülü, esnek olup ve herkesi olduğu gibi kabul eden bir davranış modeline geçmelisiniz.

- Özellikle ilişkilerde hep karşıdan ilgi beklemekten vazgeçmelisiniz. Size gösterilmesini istediğiniz ilgiyi karşı tarafa siz göstermelisiniz.

- Olumlu bir lider olarak yaşamda fark yaratmalı ve başkalarına örnek olmalısınız.

- Duygularınızı olumlu dil kalıplarıyla mutlaka ifade etmelisiniz. Böylelikle içinizde öfke enerjisi birikmemiş olacak.

- Yanlış anlaşılmaktan anlaşılamamaktan korkmayıp ne düşünüyorsanız olumlu dil kalıplarıyla açıklamalısınız.

OLUMLAMALARINIZ

• Ben kendime ve yeteneklerime çok güveniyorum. Ben özgüven sahibiyim.

• Ben yaratıcı enerjimi faydalı alanlara yönlendiriyorum. Ben çok yaratıcı ve yetenekliyim.

• Her zaman ve her durumda sakinim ve sağduyulu hareket ediyorum.

• Duygularımın farkındayım ve duygularımı olumlu bir şekilde rahatlıkla ifade edebiliyorum.

• Ben insanlara örnek olan hakkaniyetli bir liderim.

• Ben hoşgörülüyüm ve kendimi de başkalarını da olduğu gibi kabul ediyorum.

• Ben esnek bir yapıya sahibim ve yaşamda kendimi çok rahat hissediyorum.

• Sakinim ve çok huzurluyum.

• Yaşadığım her an ve aldığım her nefes için, sahip olduklarım ve olmaya devam ettiklerim için Rabbime daima şükrediyorum.

Not: Olumlamaları sadece sabah uyandığınızda ve gece uykuya dalmadan önce yapın. Bu dönemlerde beyin dalgalarınız Alfa frekansında olduğu için egonuz devre dışıdır. Gün içerisinde olumlama yapmayın çünkü egonuz görev başındadır ve değişiminize tepki verir. Bu nedenle olumlamaları gündüz yaparsanız, kullandığınız olumlamaların tam tersi deneyimler yaşayabilirsiniz.

ESMALARINIZ

Esmaları zikretmeniz de size çok faydalı olacaktır.

- Ya Halim (88 kere): Sakinlik verir ve olaylara sağduyulu yaklaşmanızı sağlar.
- Ya Kuddüs (170 kere): Bağımlılık enerjisinden kurtarır.
- Ya Selam (131 kere): İçinize huzur, rahatlık ve güven duygusu verir.
- Ya Musavvir (336 kere): Yaratıcılık enerjinizi kullanarak yaşamınızda somut ve çok güzel oluşumlar ortaya koymanızı sağlar.
- Ya Vedud (20 kere): Herkes tarafından sevilmeniz sağlar.
- Ya Aziz (94 kere): Saygınlığınızı arttırır.

Yukarıda size uygun olabilecek Esmalardan birkaç örnek verdim. Esmalar ile ilgili daha detaylı bilgiye, telif gelirini yardım kuruluşlarına bağışladığım "Esmaların Gizli Hazinesi" isimli kitabımdan ulaşabilirsiniz. Ayrıca aynı kitapta kendi burcunuza ait olan Esmaları seçebilir ve mucizevi güzellikleri deneyimleyebilirsiniz.

KOD 13

Örneğin 3.3.2005 tarihindeki gibi doğum tarihinizin sayı değerleri toplamı 13 çıkıyorsa sizin sayınız 13'tür.

GENEL ÖZELLİKLERİNİZ

Çok yaratıcı, çok becerikli, çok yönlü bir yapınız olduğunu görüyorum. Analiz etme, sentezleme ve çözüm odaklı düşünme yeteneğine sahipsiniz. Olayları ilişkilendirebilir yeni buluşlar ya da çıkarımlarda bulunabilirsiniz. Geleneksel kurallar ve düşünce sistemlerinin yerine yeni bakış açıları getirebilecek bir gücünüz var. Siz başka insanların düşünemediklerini düşünebilir çok güzel projeler ya da eserler ortaya koyabilirsiniz. Bu güç ve enerji size doğumunuzla hediye edilmiştir. Bu muhteşem enerjinizin ortaya çıkabilmesi için aşağıdaki çalışmaları yapmalısınız.

Öncelikle siz yüksek yaratıcılık enerjisine sahipsiniz. Sanatsal alanlar ve proje üretip geliştirme konusunda çok başarılı olabilirsiniz. Bu enerjinizin mutlaka bir alana kanalize olması gerekir. Yani bir eser ortaya koymalısınız, bu planlanan bir projeyi hayata geçirmek olduğu gibi, kitap yazmak, resim yapmak gibi sanat alanda olabilir.

Yüksek enerjiye sahip olduğunuz için mutlaka fiziksel egzersiz yapmanız önemli. Sporla ilgilenebilir ve ya dans edebilirsiniz. Bu şekilde fiziksel ve ruhsal enerjinizi harekete geçirmeniz sizin üst enerji alanlarına çıkmanızı ve çok olumlu deneyimler yaşamanızı sağlayacaktır. Kendinizi güçlü, özgür, enerji dolu hissedeceksiniz.

Eğer bu yaratıcı enerjiyi bir alana kanalize etmezseniz ve fiziksel aktivitelerde bulunmazsanız o zaman bu enerji bloke olabilir ve bağımlılık enerjisiyle yaşamaya başlayabilirsiniz. Bu bağımlılık sigara, içki gibi bir maddeye olabileceği gibi, bir kişiye ya da bir duyguya da olabilir. Daha ziyade öfke enerjisine bağımlı olabilirsiniz. İçsel bir öfke yaşayabilir, öfkeleneceğiniz deneyimleri yaşamınıza getirebilirsiniz.

Dışarıya karşı son derece sevecen ve sevimli bir görüntünüz olsa da eğer bağımlılık enerjisi geliştirdiyseniz yakınlarınıza karşı öfkeli ve ters davranışlar gösterebilirsiniz.

Liderlik özelliğine sahipsiniz ve sizin istediğiniz olsun istersiniz. Söylediğiniz bir şeyi karşı taraf yapmazsa çok öfkelenebilirsiniz. Esnek, rahat ve sakin olmakta fayda var. Siz yine liderlik özelliklerinizi kullanın ama daha sakin olmaya çalışarak ve baskıcı olmadan.

Sizin mutlaka duygu ve düşüncelerinizi ifade etmeniz gerekir. Eğer duygu ve düşüncelerinizi ifade edemezseniz iç dünyanızda huzursuzluk, bastırılmış öfke, hayal kırıklığı yaşayabileceğiniz gibi ifade merkezi olan boğazınızla ilgili ya da tiroit bezlerinizle ilgili problemler yaşayabilirsiniz.

Duygu ve düşüncelerinizi ifade edebilmeniz için önce özgüven ve güven enerjisinin yaşamınıza girmesine izin vermeniz gerekmektedir. Yaşamın akışında her ne oluyorsa sizin için en hayırlı şekilde geliştiğine inanmalısınız. Böylelikle yaşam karşınıza güvenilir insanları ve güvenilir deneyimleri getirecektir.

En önemlisi kendi yeteneklerinize ve iç gücünüze güvenmelisiniz. Bu özgüven balon gibi değil gerçek özgüven olmalı. Çünkü zaman zaman kendinize çok güvenip sonra bir anda güveninizi kaybediyor olabilirsiniz, tam başarıya ulaşacakken kendinizi sabote ediyor olabilirsiniz. Bazen "Ben her şeyi yapabilirim," derken. Bazen de "Benim bunu yapacak gücüm yok," diyebilirsiniz.

Özgüveninizi yükselttiğiniz zaman, duygusal derinliğinizi ortaya koyacak şekilde duygu ve düşüncelerinizi çok güzel ifade edebilir ve insanları konuşmalarınızla etkileyebilirsiniz.

Sizden arkasından kitleleri sürükleyebilecek çok iyi bir hatip olabileceği gibi. Çok iyi bir eğitmen, öğretmen de olur. Grup lideri olabilirsiniz. Sinema-TV oyuncusu olabilirsiniz. Etkili bir satışçı da olabilirsiniz. Kısaca konuşmayı içeren her meslek dalında büyük başarılar elde edersiniz.

İkna yeteneğiniz de çok yüksek olacağı için insanlar size inanır ve güvenirler. Cazibeniz çok yüksek olduğu için de insanları rahatlıkla etkiniz altına alabilirsiniz.

Başkalarından çok fazla ilgi görmek isteyebilirsiniz, kıskandığınız tek şey size değil de başkasına gösterilen ilgi olabilir. Ancak öğrenmeniz gereken şey, almadan önce verme zorunluluğudur. Önce siz ilgi göstermeli ve bu konuda da içten olmalısınız, o zaman yaşamınıza size gerçekten ilgi gösteren insanlar akacaktır.

Eleştirilmeye karşı tepkisel davranabilir ve sivri bir dil kullanarak savunma mekanizmanızı harekete geçirebilirsiniz. Eleştirileri olumlu değerlendirmeye çalışmakta fayda vardır. Suçlama ve yargılama dili kullanabilir, başkalarını çok eleştirebilirsiniz, içinde bulunduğunuz durumdan sürekli şikâyet edebilir çevrenizdekilerin kafasını da şişirebilirsiniz☺

Bu durum sıkışmış enerjinizin varlığının dışavurumudur. Bu nedenle düzenli bir şekilde spor ya da dans gibi fiziksel bir aktivitede bulunmanız şarttır. Yoksa içinizde bastırılmış bir öfke enerjisi oluşur ve bu durum hemen hemen tüm ilişkilerinizi ve işlerinizi olumsuz etkileyebilir.

Savunma mekanizmanız sizin dışarıdan duygusuzmuş gibi algılanmanıza sebep olabilir. Aslında derinliği olan duygulara sahip olduğunuz için ve dışarıdan bu duyguların anlaşılmasını istemediğiniz zaman bu şekilde davranırsınız. Güçlü bir duygusal derinliğiniz olduğundan başarılı bir yazar ya da şair de olabilirsiniz.

Sahnede olmayı seversiniz, insanların size duyduğu ilgi çok hoşunuza gider, sahne alanında da kesinlikle başarılı olursunuz. Herkesin sizi takdir etmesini ve beğenmesini istersiniz. Bu konuda takıntılı bile olabilirsiniz.

Mantıklı davranmaya önem verirsiniz ancak bunu yaparken size doğumunuzla verilen sezgi yeteneğini göz ardı etmemeniz gerekmektedir. Sezgilerinizi dinlemeli sağduyuyla, mantıklı hareket etmelisiniz. Önce sezgiler gelmelidir, buna özen gösterirseniz daima doğru kararlar verir ve doğru adımlar atarsınız.

Sıklıkla kafanız karışabilir. Zihniniz fazla çalıştığı için herkesten daha çok uykuya ihtiyaç duyabilirsiniz. Ancak zihninizin dinlenmesi gerekmektedir; bu nedenle içki gibi bir zihin yavaşlatıcı yerime meditasyon yapmaya çalışmalısınız.

Depresif olmaya yatkınsınız ancak sevindirici durum şu ki depresif ruh halinden çabucak çıkabilirsiniz.

İşinize ve aldığınız sorumluluklara önem verir ve bunların çoğunu gerçekleştirirsiniz; gerçi bunları yaparken söylenmeyi de ihmal etmeyebilirsiniz☺

Çok güzel projeler ortaya koyabilirsiniz; projeleri hayata geçirirseniz çok da başarılı olursunuz. Projenin yöneticisi olur, başkalarını da yönlendirirsiniz. 09:00–17:00 çalışma saatleri pek size göre değildir. Geç uyanmak istediğiniz için işinize gecikebilirsiniz ancak iş sonuçlanıncaya kadar da geç saatlere kadar da çalışabilirsiniz. Bu nedenle size esnek çalışma saatleri olan işler uygun olabilir.

Çevrenizin geniş olmasını istersiniz çünkü konuşacak ve kendinizi anlatacak çok kişiye ihtiyacınız vardır☺

Sosyal sorumluluk projeleriyle ilgilenmeniz şarttır, size paranın akışı bu yolla olacaktır.

İşe başlamanız zaman alabilir, yapacaklarınızı gözünüzde büyütmemelisiniz. İşi küçük parçalara ayırarak adım adım, sabırla ilerlemelisiniz. Planlı ve programlı olarak başladığınız her işi yüksek başarıyla bitirebilirsiniz. Bazen tembelliğiniz tutabilir çünkü konfor sizin için çok önemlidir. Bu durumlarda kendinizi hoş görün ancak sürenin uzamasına da izin vermeyin.

Kararlı bir yapınız olabilir, böylelikle kararlarınızda karalı kalmayı da başarabilirsiniz. Genellikle ne istediğinizi biliyorsunuz. Bu çok güzel bir şey, ancak değişen durumlar karşısında biraz daha esnek olmakta da fayda var, hem kendinize hem de çevrenizdekilere karşı. Durum değişmişse çözüm odaklı düşünerek gerekli durumlarda karalarınızı da rahatlıkla değiştirebilmelisiniz.

Bir tarafınızla manevi bir gücün varlığını kabul etmekle beraber manevi alanları yok sayan bir düşünce yapısına sahip olabilirsiniz. Her şeyi mantık çerçevesinde ya da bilimsel olarak değerlendirebilir ve manevi alandan uzaklaşabilirsiniz. Eğer durum böyleyse, yaşadığınız deneyimler sizi manevi alan yönelmeniz için zorlayacaktır. Ne kadar erken bu alana geçerseniz o kadar çabuk içsel huzura kavuşabilirsiniz.

Özetle yaşama güvenmeniz, yüksek özgüvene sahip olmanız, olumlu bir lisanla duygu ve düşüncelerinizi aktarmanız, başkalarının duygu ve düşüncelerine önem vermeniz, ilgi görmeden önce ilgi göstermeniz, yaratıcı enerjinizi hayata geçirmeniz, katı değil daha esnek olmanız ve sosyal hizmetlerde bulunmanız gerekmektedir.

AŞK İLİŞKİLERİNİZ

İkili ilişkilerinizde dikkat etmeniz gereken en önemli konu empati kurma gerekliliğidir. Kendi duygu ve düşüncelerinizi ifade etmekle o kadar çok meşgul olursunuz ki, karşınızdakinin ne hissettiğini veya ne düşündüğünü fark etmeyebilirsiniz. Bu şekilde ben merkezli davranmak yerine biraz dinlemeye ve anlamaya özen göstermeniz gerekebilir. Sizin istekleriniz ne kadar önemliyse, karşınızdakinin istekleri de onun için o kadar önemlidir.

İlişkilerde genellikle kendinizi haklı görebilirsiniz bu nedenle olaylara dışarıdan bakmaya özen göstermelisiniz. Kendinizi karşınızdakinin yerine koymalısınız.

İlişkide genellikle karşıdan ilgi bekleyebilirsiniz, beklediğiniz ilgi size sunulmazsa içerleyip önce öfkeli davranabilir sonra da karşınızdaki kişiyle aranıza duvar örerek uzaklaşabilirsiniz. İlişkide duygularınızı ifade edemeyebilir, kendinizi sıkışmış ve esaret altında hissedebilirsiniz. Duygularınızı olumlu dil kalıplarıyla ifade etmeyi öğrenmediğiniz takdirde öfkeli davranışlarla ani patlamalar yaşayarak ilişkiyi zedeleyebilirsiniz. Ya da duygularınız ifade etmek yerine içinize çekilebilir ve ilişkiyi kesebilirsiniz.

İlişkileriniz çok heyecanlı, hareketli ve renkli başlayabilir, ancak duygu paylaşımını yapmayıp ilgi beklentisinc girerseniz sonra ilişkiniz sizlere zarar vermeye başlar ve birbirinizi tüketebilirsiniz.Başlangıçta ilişkinize özen gösterebilir sonraları eşinizi ya da sevgilinizi ihmal etmeye başlayabilirsiniz. İlişkiyi canlı tutmaya özen göstermeniz çok faydalı olacaktır.

Aslında siz genellikle sadık ve güvenilir bir eş olabilirsiniz. Bu yönünüz sayesinde ve eşiniz de sizin ben merkezli davranışlarınıza karşı hoşgörülüyse ilişkileriniz genellikle uzun ömürlü olabilir.

Evlilik size güvenli bir alan getirebilir. Alışkanlıklarınızdan da kolay kolay vazgeçmek istemediğiniz için bir şekilde ilişkinizi yürütebilirsiniz. Bununla beraber çocuklarınıza karşı iyi ve ilgili bir ebeveyn olursunuz.

İŞ – KARİYER YAŞAMINIZ

İş ve kariyer hayatınızda başarıyı yakalayabilecek bir potansiyele sahipsiniz. Erteleme huyunuzu devre dışı bırakmışsanız ve her şeyi zamanında yapmayı prensip olarak belirleyebilmişseniz çok başarılı alanında isim yapan biri olur ve kariyer basamaklarında sağlam adımlarla yükselebilirsiniz. Dönem dönem içinizde derin bir özgüven eksikliği ve yetersizlik yaşasanız da ruh durumunuzu çok güzel maskeleyebilir ve dışarıya karşı çok özgüvenli görünebilirsiniz.

Kendinizi özgüvenli göstermek için soğuk, mesafeli ve ciddi bir tavır takınabilirsiniz. İçinizde de komik bir çocuk vardır, çok nadir de olsa dönem dönem yüzeye çıkabilir ve insanlar sizin bu yönünüzü görünce şaşırabilirler. Yaratıcılığınızı aslında içinizdeki bu gizli çocuktan alırsınız.

Yaratıcılık ve yönetim konusunda son derece başarılı olabilirsiniz. Liderlik özellikleriniz ve organizasyon yeteneğiniz sizi kariyer basamaklarında yükseltir. Kafanız arada bir karışır ve dengenizi kaybetmiş gibi hissedebilirsiniz. Böyle durumlarda sakin bir şekilde dinlenmenizi ve işlere tekrar sarılmanızı öneririm. İş odaklı bir yaşam sürerken keyfinize de zaman ayırışınız sayesinde daha çabuk stres atabilirsiniz. Konuşma ve hitabet yeteneğiniz yüksek olduğu için, ikna etme konusunda da çok başarılı olduğunuz iş hayatında sayılır ve takdir görürsünüz. Pek çok çalışan tarafından da sevilirsiniz. Saygınlık sizin için önemlidir. Sayıldığınızı ve size güvenildiğini hissettiğiniz yerlerde yüksek performans gösterebilirsiniz.

MALİ DURUMUNUZ

Çalışmalarınızın karşılığında paranızı kazanırsınız bununla beraber keyif ve zevklerinize düşkün olduğunuz için para biriktiremeyebilirsiniz. Yine de her zaman size bir şekilde para gelir.

SAĞLIĞINIZ

Çok stresli ortamlarda bulunmadığınız sürece genellikle çok sağlıklı sayılırsınız. Gergin ortamlarda sinir siteminiz çok olumsuz etkilenebilir, bedeniniz sizi korumaya almak için grip gibi bir hastalığı ortaya çıkarak gerginlikten uzaklaşıp dinlenmenizi sağlayabilir. Eti çok sevebilirsiniz, bu nedenle kolesterol seviyeniz yükselebilir. Tüm bunlara rağmen sağlıklı bir bünyeye sahip olabilirsiniz.

Analizlerimde yer alan olumsuz davranış modellerinizi olumlu davranış modellerine çevirdiyseniz bu tekâmülünüzden dolayı sizi yürekten tebrik ederim☺

EN TEMEL KORKULARINIZ

- Güvensizlik Korkusu ve Özgüven Eksikliği
- Sorumluluk alma Korkusu

- Güçsüzlük Korkusu
- Tercih Edilmeme Korkusu
- Kendini İfade Edememe, Anlaşılmama ya da Yanlış Anlaşılma Korkusu

Yaşamınızda genellikle yukarıda bahsi geçen konular hakkında deneyimler yaşarsınız, çünkü bu dünyada geçmeniz gereken dersleriniz bu davranışlarınızı düzenlemek ve korkularınızdan arınmaktır. Bu durumu düzenleyene kadar benzer sınavlardan geçmeye devam edebilirsiniz. Benden söylemesi☺ Önerim aşağıdaki olumlamaları kullanmanız, esma çalışmasıyla kendinizi güçlendirmenizdir. Farkındalıkla ve bilinçli olarak bu konular üzerinde de çalışma yapmalısınız. Eğer söz konusu durumlar ileri boyutta ise profesyonel destek almanız çok faydalı olacaktır.

RUHSAL TEKÂMÜLÜNÜZ İÇİN YAPMANIZ GEREKENLER

- Sakin olmalısınız, içsel öfkenizi yönetmeli, enerjinizi yaratıcılığınızı kullanacağınız alanlara yönlendirmelisiniz. Olumlu alanlara yönlendirilmeyen iç öfke bağımlılık ya da kilo yapar, bu konuya dikkat etmelisiniz.
- Herkesin gittiği yoldan değil, cesur olup kendi inandığınız yoldan gitmeli ve fark yaratmalısınız.
- Yaratıcılık enerjinizi kullanmalı, sanatla, dansla ve sporla ilgilenmelisiniz. Böylelikle bağımlılık enerjisinden kurtulup özgürlüğünüze sahip olabilirsiniz.
- Manevi alanla bağınızı güçlendirmelisiniz.

- Her şeyi mantıkla değerlendirmek yerine sezgilerinizin ışığında sağduyu ile değerlendirmelisiniz.
- İşlerinizi ertelememeli, yapılması gerekenleri vaktinde yapmalısınız.
- İlişkilerde beklenti içinde olmak yerine önce siz kendi beklediğiniz davranışları karşı tarafa göstermelisiniz.
- İçerleyip kırılmak ve mesafe koyup uzaklaşmak, ya da öfkeyle patlamak yerine duygularınızı olumlu bir dil kalıbı kullanarak ifade etmelisiniz.
- Yargılayıcı, eleştirici ve bazen de küçümseyen tavırlarınızdan uzaklaşmalı, iletişimde hoşgörüyü ve herkesi olduğu gibi kabul etmeyi öncelik olarak almalısınız.
- Özgüveninizi yükseltmeli ve her zaman kendinizi yeterli hissetmelisiniz.

OLUMLAMALARINIZ

- Ben çok yetenekli ve yaratıcıyım. Bu yeteneklerimi kolaylıkla yaşama geçiriyor ve muhteşem bir yaşam inşa ediyorum.
- Ben kendime çok güveniyorum, özgüvenim yüksek.
- Ben kendimi her zaman yeterli hissediyorum.
- Ben her işime zamanında kolaylıkla başlıyorum.
- Ben hoşgörülü ve esnek bir yapıya sahibim.
- Ben başkalarına faydalı hizmetlerde bulunmaktan mutluluk duyuyorum.

- Ben sakinim ve duygularımı olumlu alanlara rahatlıkla yönlendiriyorum.
- Benim zihnim her zaman net ve sakin.
- Ben kendi duygularımı olumlu dil kalıpları kullanarak ifade ediyorum.
- Yaşadığım her an ve aldığım her nefes için, sahip olduklarım ve olmaya devam ettiklerim için Rabbime daima şükrediyorum.

Not: Gün içinde olumlama yapmayın çünkü o saatlerde ego görev başındadır ve değişiminize tepki gösterebilir. Eğer olumlamaları gündüz yaparsanız, kullandığınız olumlamaların tam tersi deneyimler içerisine girebilirsiniz. Bu yüzden olumlamalarınızı sadece sabah uyandığınızda ve gece uykuya dalmadan hemen önce yapın. Bu dönemlerde beyin dalgalarınız Alfa frekansında olduğu için egonuz devre dışıdır.

ESMALARINIZ

Esmaları zikretmeniz de size çok faydalı olacaktır.

- Ya Halim (88 kere): Sakinlik verir ve olaylara sağduyulu yaklaşmanızı sağlar.
- Ya Kuddüs (170 kere): Bağımlılık enerjisinden kurtarır.
- Ya Selam (131 kere): İçinize huzur, rahatlık ve güven duygusu verir.
- Ya Batın (62 kere): Sezgilerinizi güçlendirir.
- Ya Vedud (20 kere): İçinize sevgi enerjisi verir.

- Ya Rahim (258 kere): İçinize merhamet enerjisi veri ve varsa kibir enerjisini uzaklaştırır.
- Ya Mukaddim (184 kere): Yaptığınız her işte sizi başarıya taşır.
- Ya Kaviyy (166 kere): İradenizi güçlendirir.
- Ya Musavvir (336 kere): Yaratıcılık enerjinizi kullanarak yaşamınızda somut ve çok güzel oluşumlar ortaya koymanızı sağlar.

Size uygun olabilecek Esmalardan birkaç örnek verdim. Esmalar ile ilgili daha detaylı bilgiye, telif gelirini yardım kuruluşlarına bağışladığım "Esmaların Gizli Hazinesi" isimli kitabımdan ulaşabilirsiniz. Ayrıca aynı kitapta kendi burcunuza ait olan Esmaları seçebilir ve mucizevi güzellikleri deneyimleyebilirsiniz.

KOD 14

Örneğin 3.2.2007 tarihindeki gibi doğum tarihinizin sayı değerleri toplamı 14 çıkıyorsa sizin sayınız 14'tür.

GENEL ÖZELLİKLERİNİZ

Hemen her şeyi rahatlıkla öğrenir ve idrak edersiniz. Çok zekisiniz. zihninizi yoracak kadar ☺ analitik zekânız ve sentez yeteneğiniz çok yüksektir

İlgi alanınıza girmeyen konularda ise konsantrasyon eksikliği yaşayabilirsiniz. Hareketli, sabırsız ve aceleci davranışlar gösterebilirsiniz. İlginizi bir yere odaklayamayabilirsiniz. Bir anda farklı uyaranlar tarafından etki altına girebilirsiniz. Bu durum sizi biraz kazalara açık yapabilir bu nedenle konsantrasyon çalışmaları yaparak zihninizi eğitmeye özen göstermelisiniz.

Siz yüksek yaratıcılık enerjisine sahipsiniz. Sanat ya da proje alanında çok başarılı olabilirsiniz. Bu enerjinizin mutlaka bir alana kanalize olması gerekiyor. Mesela planlanan bir projeyi hayata geçirebilir, , uzmanlığınız ya da ilgi alanınızla ilgili kitap yazabilirsiniz. Yüksek enerjiye sahip olduğunuz için mutlaka fiziksel egzersiz yapmanız lazım. Sporla ilgilenebilir ve ya dans edebilirsiniz. Bu şekilde fiziksel ve ruhsal enerjinizi harekete geçirmeniz sizin üst enerji alanlarına çıkmanızı ve çok olumlu deneyimler yaşamanızı sağlayacaktır. Bu şekilde kendinizi güçlü, özgür, enerji dolu hissedeceksiniz. Ama bu yaratıcı enerjiyi bir alana kanalize etmez ve fiziksel aktivitelerde bulunmazsanız o zaman bu enerji bloke olacak ve siz bağımlılık enerjisiyle yaşamaya başlayacaksınız.

Bu bağımlılık sigara, içki vb. maddeye olabileceği gibi, bir kişiye ya da bir duyguya da olabilir. Daha ziyade öfke enerjisine bağımlı olabilirsiniz. İçsel bir öfke yaşayabilir öfkeleneceğiniz deneyimleri yaşamınıza getirebilirsiniz. Dışarıya karşı son derece sevecen ve sevimli bir görüntünüz olsa da eğer bağımlılık enerjisi geliştirdiyseniz yakınlarınıza karşı öfkeli ve agresif davranışlar gösterebilirsiniz.

Liderlik özelliğine sahipsiniz ve sizin istediğiniz olsun istersiniz. Söylediğiniz bir şeyi karşı taraf yapmazsa çok öfkelenebilirsiniz

Eleştirilmeye karşı olumsuz tepkiler gösterebilir ve sivri bir dil kullanarak savunma mekanizmanızı harekete geçirebilirsiniz. Eleştirileri olumlu değerlendirmeye çalışmakta fayda vardır. Suçlama dili ve yargılama dili kullanabilirsiniz ve başkalarını çok eleştirebilirsiniz, içinde bulunduğunuz durumdan sürekli şikâyet edebilir çevrenizdekilerin kafasını da şişirebilirsiniz☺ Bu durum sıkışmış enerjinizin varlığının dışavurumudur.

Bu nedenle sizin düzenli bir şekilde spor ya da dans gibi fiziksel bir aktivitede bulunmanız şarttır. Aksi halde içinizde bastırılmış bir öfke enerjisi oluşur ve bu durum hemen hemen tüm ilişkilerinizi ve işlerinizi olumsuz etkileyebilir.

Savunma mekanizmanız, dışarıdan duygusuz biri olarak algılanmanıza sebep olabilir. Aslında çok duygusalsınızdır ve dışarıdan bu duyguların anlaşılmasını istemediğiniz için bu şekilde davranırsınız. Güçlü bir duygusal derinliğiniz olduğu için başarılı bir yazar ya da şair de olabilirsiniz.

Özgürlük sizin için çok önemli olabilir. Kendinizi özgür hissedemiyor olabilirsiniz. Özgürlüğü istemekle beraber bilinçaltınızın etkisiyle kendinizi özgür hissedemeyeceğiniz meslekler ya da eşler seçebilir bu tip durumları aslında kendiniz oluşturabilirsiniz. Büyük ihtimalle hem sorumluluk istemiyor hem de sorumlulukları kendi üzerinize aslında siz alıyor olabilirsiniz.

Bu durumlar içsel öfke oluşturmanıza sebep olabilir. Önce kendinizi başkalarına bağımlı kılıp sonra da özgürlüğünüz için mücadele etmeye kalkabilirsiniz. Sonra da özgürlüğünüzü kısıtladığını düşündüğünüz kişileri suçlayabilirsiniz.

Özgürlük anlayışınızı değiştirmeniz gerekir. Özgürlük kafanızın estiği gibi davranmaktan çok içsel korkularınızdan, endişelerinizden, düşünsel kalıplarınızdan ve özellikle kendinize duyduğunuz özgüven eksikliğinden kurtulmanızdır. Bu şekilde kendindiniz olursunuz ve gerçek anlamda özgürlüğünüze kavuşursunuz. Rol yapmaktan kurtulur ve maskelerinizi de atarsınız.

Hak hukuk konuları da sizin için çok önemlidir. Adalete öne verirsiniz ve haksızlıklara karşı ciddi tepki gösterebilirsiniz. Hakkınızı sonun kadar savunursunuz bu anlamda avukatlık ya da hâkimlik sizin için uygun meslekler olabilir.

Siz size verilen sözler tutulmadığında olumsuz davranabilirsiniz. Ancak beklediğiniz hassasiyeti kendiniz de göstermelisiniz. Söz verdiğinizde ertelemeden, zamanında yerine getirmelisiniz. Aksi durumlarda insanların size duyduğu güveni kaybedersiniz.

Hedeflerinizi küçük planlar halinde ele almalısınız. İşin genelini görüp gözünüzün korkmaması veya hedeften vazgeçmemeniz için, olayın geneline bakmadan ilk adım üzerine yoğunlaşmalı onu atladıktan sonra bir sonrasına geçmelisiniz. Bu şekilde yaşamınızı planlamanız size daha kolay gelecektir.

Çok yaratıcı, çok becerikli, çok yönlü ve çözüm odaklı bir yapınız var. Olayları ilişkilendirebilir yeni buluşlar ya da çıkarımlarda bulunabilirsiniz. Mevcut sistem yerine yeni bakış açısı getirebilecek bir gücünüz var. Siz başka insanların düşünemediklerini düşünebilir çok güzel projeler ya da eserler ortaya koyabilirsiniz. Bu güç ve enerji size doğumunuzla hediye edilmiştir. Bu muhteşem enerjinizin ortaya çıkabilmesi için üzerinizde bazı çalışmalar yapmalısınız.

AŞK İLİŞKİLERİNİZ

İlişkilerde istikrar istersiniz, düzenli bir yuvanız ve yaşamınız olsun istersiniz ancak bazen bu düzeni yine bilinçaltı itilimiyle siz bozabilirsiniz. Çünkü sıkılırsınız. İç sıkıntısını yenmeniz için daima yeni hobiler, ilgi alanları keşfetmelisiniz.

İlgi çekici bir görünüme sahipsiniz. Yaydığınız enerjiden karşı cins çok etkilenebilir. İlişkilerde duygusal değişim gösterebilirsiniz. Bazen çok sıcak ve yakın olup bazen araya mesafe koyup uzaklaşabilirsiniz. Düşüncelerinizi ve hislerinizi karşı taraf pek anlayamaz bu nedenle karşı taraf kurgu yapmak durumunda kalabilir. Sizin açık olmamanız ilişkilerde problem yaşamanıza sebep olabilir. İnatçı bir yapınız olduğu için bazen bu konuda çatışmalar yaşayabilirsiniz ya da geri çekilebilirsiniz. İlişkide özgür olmayı isteyebilir ve sorumluluklardan kaçabilirsiniz. Evlenip de çocuklarınız olunca daha sorumlu davranışlar gösterebilirsiniz. Çocuklarınıza düşkün olursunuz.

İŞ – KARİYER YAŞAMINIZ

Keskin bir zekâya ve harika analiz yapabilme gücüne sahip olduğunuz için isterseniz iş hayatında çok başarılı olabilirsiniz. Siz isterseniz diyorum çünkü rahatınıza düşkünlüğünüz, erteleme davranış modeliniz sizin tembel davranışlar sergilemenize sebep olabilir. Böyle olmamasına özen göstermenizde yaşam başarısına sahip olmak adına fayda var. Çünkü size armağan olarak verilmiş olan bu yüksek zekâ ve analiz yapabilme yeteneğinizin potansiyelini kullanmamanız hem kendinize hem de topluma bir haksızlık olur düşüncesindeyim. Eğer erteleme ve bazen de işi önemsememe gibi davranışlarınızın önüne geçerseniz siz muhteşem başarılara imza atacaksınız. Kariyer anlamında da çok yükseleceksiniz ön görüsündeyim.

MALİ DURUMUNUZ

Çalıştığınız zaman yüksek oranda para kazanma potansiyeline sahipsiniz. Farklı şekillerde de size para gelir. Miras yoluyla da çok paraya sahip olabilirsiniz. Geleceğe dair parasız kalma korkusu yaşasanız da size bir şekilde para gelir. Belki çok çok zengin olmazsınız ama konforlu yaşayacak paraya sahip olursunuz. Yatırım yapmanızı tavsiye ederim. Ancak borsa gibi alanlardan uzak durmanızı şiddetle öneririm. Çünkü bu tarz alanlarda para kaybetme riskiniz yüksek olabilir.

SAĞLIĞINIZ

Sağlık enerjisini çok güzel çekersiniz. Pek çok kişiye oranla sağlıklı ve kuvvetli bir bünyeye sahip olursunuz. Bununla beraber bağımlılık enerjisi taşıdığınız için sigara-alkol gibi maddelere bağımlılık geliştirebilirsiniz. Sizin mutlaka düzenli fiziksel egzersiz yapmanız ve içinizde biriken bağımlılık ve öfke enerjisini bu şekilde boşaltmanız gerekir. Etli ve yağlı yemeklerle beslenmeyi sevebilirsiniz bu nedenle kolesterolünüzü sıklıkla takip etmelisiniz.

Analizlerimde yer alan olumsuz davranış modellerinizi olumlu davranış modellerine çevirdiyseniz bu tekâmülünüzden dolayı sizi yürekten tebrik ederim☺

EN TEMEL KORKULARINIZ

- Güvensizlik Korkusu ve Özgüven Eksikliği
- Esaret Korkusu (Kendinizi Özgür Hissedememe)

- Sorumluluk Alma Korkusu
- Güçsüzlük Korkusu

Yaşamınızda genellikle yukarıda bahsi geçen konular hakkında deneyimler yaşarsınız. Çünkü sizin bu dünyada vermeniz gereken sınavlar belirttiğim davranışları düzenlemek ve korkulardan arınmanızla ilgilidir. Bu durumu düzenleyene kadar benzer sınavlardan geçmeye devam edebilirsiniz. Benden söylemesi ☺. Önerim aşağıdaki olumlamaları kullanmanız ve Esma çalışmalarıyla kendinizi güçlendirmeniz. Özenle ve bilinçli olarak bu konular üzerinde çalışma yapmalısınız. Eğer söz konusu durumlar ileri boyutta ise profesyonel destek almanızın çok faydası olacaktır.

RUHSAL TEKÂMÜLÜNÜZ İÇİN YAPMANIZ GEREKENLER

- Sakin olmalısınız, içsel öfkenizi yönetmeli, iç enerjiniz yaratıcılığınızı kullanacağınız alanlara yönlendirmelisiniz. Olumlu alanlara yönlendirilmeyen iç öfke bağımlılık ya da kilo yapar bu konuya dikkat etmelisiniz.
- Yaratıcılık enerjinizi kullanmalı sanatla, dansla ve sporla ilgilenmelisiniz. Böylelikle bağımlılık enerjisinden kurtulup özgürlüğünüze sahip olabilirsiniz.
- Erteleme huyunuzdan vazgeçmeli, her şeyi zamanında yapmalısınız. Yapılacak işleri gözünüzde büyütmemelisiniz.
- İşleri gözünüzde büyütmemeli hedefleri küçük planlara ayırmalısınız.

- Kendi duygu ve düşüncelerinizi rahatlıkla ifade edebilmeli, açık ve samimi olmayı seçmelisiniz.
- Kendiniz olmalısınız büründüğünüz rollerden sıyrılmalısınız.

OLUMLAMALARINIZ

- Rahatlıkla bir işe başlıyor ve zamanında yapıyorum.
- Elimi attığım her işte başarıyı yakalıyorum.
- Ben sabırlıyım, sakinim ve dikkatliyim.
- Ben yaptığım her işe rahatlıkla odaklanıyorum.
- Ben kendime ve yeteneklerime çok güveniyorum. Ben özgüven sahibiyim.
- Ben yaratıcı enerjimi faydalı alanlara yönlendiriyorum. Ben çok yaratıcı ve yetenekliyim.
- Her zaman ve her durumda sakin ve sağduyulu hareket ediyorum.
- Ben kendimi her zaman ve her yerde özgür hissediyorum. Ben özgürüm.
- Kendi duygularımın farkındayım ve duygularımı samimiyetle ve rahatlıkla ifade ediyorum.
- Yaşadığım her an ve aldığım her nefes için, sahip olduklarım ve olmaya devam ettiklerim için Rabbime daima şükrediyorum.

Not: Gün içinde olumlama yapmayın çünkü o saatlerde ego görev başındadır ve değişiminize tepki gösterebilir.

Eğer olumlamaları gündüz yaparsanız, kullandığınız olumlamaların tam tersi deneyimler içerisine girebilirsiniz. Bu yüzden olumlamalarınızı sadece sabah uyandığınızda ve gece uykuya dalmadan hemen önce yapın. Bu dönemlerde beyin dalgalarınız Alfa frekansında olduğu için egonuz devre dışıdır.

ESMALARINIZ

Aşağıdaki Esmaları zikretmenizin size çok faydası olacaktır.

- Ya Halim (88 kere): Sakinlik verir ve olaylara sağduyulu yaklaşmanızı sağlar.
- Ya Kuddüs (170 kere): Bağımlılık enerjisinden kurtarır.
- Ya Selam (131 kere): İçinize huzur, rahatlık ve güven duygusu verir.
- Ya Kaviyy (116 kere): Yüksek irade gücü sağlar.
- Ya Musavvir (336 kere): Yaratıcılık enerjinizi kullanarak yaşamınızda somut ve çok güzel oluşumlar ortaya koymanızı sağlar.
- Ya Cabbar (206 kere): Cesaret verir ve işe başlamayı kolaylaştırır.

Yukarıda size uygun olabilecek Esmalardan birkaç örnek verdim. Esmalar ile ilgili daha detaylı bilgiye, telif gelirini yardım kuruluşlarına bağışladığım "Esmaların Gizli Hazinesi" isimli kitabımdan ulaşabilirsiniz. Ayrıca aynı kitapta kendi burcunuza ait olan Esmaları seçebilir ve mucizevi güzellikleri deneyimleyebilirsiniz.

KOD 15

Örneğin 3.3.2007 tarihindeki gibi doğum tarihinizin sayı değerleri toplamı 15 çıkıyorsa sizin sayınız 15'tir.

GENEL ÖZELLİKLERİNİZ

Kavrayışınız ve hafızanız çok güçlüdür. Zekisiniz. Hemen her şeyi rahatlıkla öğrenir ve idrak edersiniz. Analitik zekânız ve sentez yeteneğiniz çok yüksek. Analiz etme yeteneğiniz de çok zihninizi yoracak kadar☺ yüksek.

Çok yaratıcı, çok becerikli, çok yönlü bir yapıya sahipsiniz. Çözüm odaklı düşünme yeteneğiniz var. Olayları ilişkilendirebilir buluş ya da yeni çıkarımlar yapabilirsiniz. Eski sistemlerin yerine yenilik getirecek bir güce sahip olabilirsiniz. Başka insanların düşünemediklerini düşünebilir çok güzel projeler ya da eserler ortaya koyabilirsiniz. Bu güç ve enerji size doğumunuzla hediye edilmiştir. Siz yüksek yaratıcılık enerjisine sahipsiniz. Sanat ya da proje üretme konusunda çok başarılı olabilirsiniz. Bu enerjinizin mutlaka bir alana kanalize olması gerekir. Önemli bir eser ortaya koymalısınız. Bu planlanan bir projeyi hayata geçirmek de olabilir kitap yazmak, resim yapmak gibi sanatsal alanlarla da ilgili olabilir. Yüksek enerjiye sahip olduğunuz için mutlaka fiziksel egzersiz yapmanız lazım. Sporla ilgilenebilir ve ya dans edebilirsiniz. Bu şekilde fiziksel ve ruhsal enerjinizi harekete geçirmeniz sizin üst enerji alanlarına çıkmanızı ve çok olumlu deneyimler yaşamanızı sağlayacaktır. Kendinizi bu şekilde güçlü, özgür, enerji dolu hissedeceksiniz.

Eğer bu yaratıcı enerjiyi bir alana kanalize etmezseniz ve fiziksel aktivitelerde bulunmazsanız o zaman bu enerji bloke olabilir ve siz bağımlılık enerjisiyle yaşamaya başlayabilirsiniz. Bu bağımlılık sigara, içki gibi bir maddeye olabileceği gibi, bir kişiye ya da bir duyguya da olabilir. Daha ziyade öfke enerjisine bağımlı olabilirsiniz. İçsel bir öfke yaşayabilir öfkeleneceğiniz deneyimleri yaşamınıza getirebilirsiniz. Dışarıya karşı son derece sevecen ve sevimli bir görüntünüz olsa da eğer bağımlılık enerjisi geliştirdiyseniz yakınlarınıza karşı öfkeli ve ters davranışlar gösterebilirsiniz.

Liderlik özelliğine sahipsiniz ancak hep kendi fikirleriniz kabul edilsin isteyebilirsiniz. Esnek, rahat ve sakin olmakta fayda var. Yüksek yaratıcı enerjinizi olumlu olayların oluşumuna aktarmalısınız. Olanı olduğu gibi sevmeye çalışın derim ben. Kendinize de başkalarına da esnek, hoşgörülü olmanızda fayda var.

Siz dünyanın mükemmel ve adil olmasını isteyenlerdensiniz. Yaşamı ve dünya düzenini olduğu gibi kabul etmekte zorlanabilirsiniz. Dünyanın daha adil bir yer olmasına dair hayaller kurabilir hatta bunun için savaş verebilirsiniz. Düzeni beğenmemeniz ve mükemmeliyetçi tavrınız sizi eleştirici, yargılayıcı bir davranış modeline itebilir. Bu davranışlarınız çevrenizle olan ilişkilerinizi de yansıyabilir. Sizin kimseyi beğenmeme tavrınız ve eleştiren yaklaşımınız ilişkilerinizde problem yaratabilir.

Özgürlük sizin için çok önemli olabilir. Zaman zaman kendinizi özgür hissedemiyor olabilirsiniz. Özgürlük hissini yaşamayı istemekle beraber kendinizi özgür hissedemeyeceğiniz meslek yahut eş seçebilir ya da bu tip durumları aslında siz oluşturabilirsiniz. Hem sorumluluk istemiyor hem de sorumlulukları kendi üzerinize siz alıyorsunuz. Bu durum içsel öfke oluşturmanıza sebep olabilir. Önce kendinizi başkalarına bağımlı kılıp sonra da özgürlüğünüz için mücadele etmeye kalkabilirsiniz. Hatta özgürlüğünüzü kısıtladığını düşünüp çevrenizdekileri suçlayabilirsiniz.

Özgürlük anlayışınızı değiştirmeniz gerekir. Özgürlük istediğinizi yapmak, kafanızın estiği gibi davranmaktan çok içsel korkularınızdan, endişelerinizden, düşünsel kalıplarınızdan ve özellikle kendinize duyduğunuz itimat eksikliğinden kurtulmanızdır. Ancak bu şekilde kendiniz olursunuz ve gerçek anlamda özgürlüğünüze kavuşursunuz.

Kendinizi dönem dönem dağılmış, kaybolmuş ya da sıkışmış hissedebilirsiniz. İçinde bulunduğunuz durum ya da içinde bulunduğunuz gerçekliği reddetme arzusu sizi bağımlık yapacak madde kullanımına itebilir. Bu nedenle dikkatli olmanız gerekir. Bu duygulardan arınmak için dünya gerçekliğini beğenmeseniz bile kabul etmeniz, yapabileceğiniz bir şey varsa bunu yapmanız daha doğru olacaktır. Sabırsız bir yapınız olabilir ve hemen her şey olsun isteğiyle bazen daha kazançlı olacağınız durumları kaybedebilirsiniz. Sabırsız davranışlar dikkatsizliği getirdiği için ufak tefek kazalara ve sakarlıklara da yol açabilirsiniz. Hatalar yapma olasılığınız bu yüzden çok yüksek. Sabırlı, sakin, istikrarlı olmayı yaşamınıza geçirmenizde çok büyük fayda olacaktır.

Eleştirilmeye karşı tepki gösterebilir ve sivri bir dil kullanarak savunma mekanizmanızı harekete geçirebilirsiniz. Eleştirileri olumlu değerlendirmeye çalışmakta fayda vardır. Suçlama ve yargılama dili kullanabilir, başkalarını çok eleştirebilir, içinde bulunduğunuz durumdan sürekli şikâyet edebilir ve çevrenizdekilerin kafasını şişirebilirsiniz.

Bu durum sıkışmış enerjinizin varlığının dışavurumudur. Bu nedenle sizin düzenli bir şekilde spor ya da dans gibi fiziksel bir aktivitelerde bulunmanız şarttır. Yoksa içinizde bastırılmış bir öfke enerjisi oluşur ve bu durum hemen hemen tüm ilişkilerinizi ve işlerinizi olumsuz etkileyebilir. Savunma mekanizmanız sizin dışarıdan duygusuz algılanmanıza sebep olabilir. Aslında derin duygulara sahip olduğunuz için dışarıdan da anlaşılmasını istemediğinizden bu şekilde davranırsınız. Güçlü bir duygusal derinliğiniz olduğu için başarılı bir yazar ya da şair de olabilirsiniz.

AŞK İLİŞKİLERİNİZ

Sizin için mükemmel bir aşk formu olması gerekebilir ve siz zihninizdeki aşka aşık olup hep onu arayabilirsiniz Eş seçiminde kendi zihninizdeki mükemmel eşi arayabilirsiniz. Mükemmeliyetçi duygularla istediğiniz gibi bir eş bulamayabilirsiniz. Zihninizde yarattığınız eşe aşık olabilirsiniz. Eşinizin zihninizde yarattığınız kişi olmadığını fark ettiğinizde de hayal kırıklığına uğrayabilirsiniz.

Sizin için özgürlük ağır bastığından kendinizi özgür hissedeceğiniz bir evlilik ararsınız. Ancak sizin planınızdaki kişilerin çoğunda olduğu gibi ya evlenmeyebilir ya da özgür olmak istemenize rağmen özgür hissetmeyeceğiniz bir evlilik inşa edebilirsiniz.

Cinsellik yaşantınızda önemli bir yer tutabilir. Hayal gücünüzün genişliği fantezilerinize de yansıyabilir.

İlişkilerde benmerkezci bir tavır takınabilirsiniz ve olaylarda genellikle kendinizi haklı görebilirsiniz.

İŞ – KARİYER YAŞAMINIZ

Hayal gücünüzü ve üstün yaratıcılık yeteneklerinizi kullanacağınız ve çalışırken de kendinizi özgür hissedeceğiniz bir işe sahip olursanız hem çok mutlu hem de çok verimli olursunuz.

Mükemmeliyetçi, eleştirici, yargılayıcı ve suçlayıcı tavırlarınızı bertaraf etmişseniz ve öfkenizin yerini sakinlik, anarşist ruhumunuz yerini de olayları kabul almışsa bu dünyanın sayılı başarılı ve ünlü kişilerinden biri olabilecek güce sahipsiniz.

Bu plan sahipleri genellikle pek çok şeyle ilgilenir, daldan dala geçebilir, istedikleri işi ya bulamaz ya da bulmakta gecikebilir. Bu nedenle yaşamda başarıyı yakalayabilmek adına esnek ve çözüm odaklı, hareket etmekte fayda olduğunu düşünüyorum. Siz yine bu düzende aksaklık gördüğünüz yerleri değiştirin çünkü bu dünyanın sizin gibi ileri görüşlülere gereksinimi var. Ancak bunu yaparken sakin ve yumuşak olmayı seçin agresif ya da sürekli söylenen, eleştiren değil☺ Kısacası söylenmek yerine akıllıca stratejik eylemlerde bulunun derim.

MALİ DURUMUNUZ

Tam da arzu ettiğiniz gibi bir işe sahip olduğunuzda para size çok rahatlıkla akacaktır. Sizin için para, plan ve hayallerinizi gerçekleştirmenizi sağlayan bir araç olduğundan size sürekli akmasını istersiniz. Bununla beraber yeterli paranız yoksa parası olanlara gizliden gizleye (bazen de söylemlerinizde açık ederek) öfke duyabilirsiniz. Yaşama öfke duyabilirsiniz. Hatta bazen isyan edebilir ve yaratana sırtınız dönebilirsiniz. Hâlbuki bu durum sizin sınavınızdır. Bunu fark ederseniz isyan etmeden yüzünüzü yaratana dönerseniz muhteşem bir bolluk- bereket içerisinde yaşarsınız.

SAĞLIĞINIZ

Öfkeli ve gergin bir yapınız olabilir bu durum sinir sisteminizi olumsuz etkileyebilir. Depresif ruh haline yatkın olabilirsiniz. Bağımlılık enerjiniz de yüksek olduğundan sakinleşmek ve hayattan kaçmak adına içki gibi maddelere bağımlılık geliştirebilirsiniz. Yaşamla ve kendi iç dünyanızla barışmalısınız. Ayrıca yaratıcılık enerjinizi sanat ya da proje alanına aktaramıyorsanız duygusal sıkışmışlık yaşayabilirsiniz. Bu nedenle sizin kesinlikle düzenli fiziksel egzersiz yapmanız gerekir. Sinir ve stresi kontrol edebildiğiniz takdirde sağlık enerjisini çeken kuvvetli bir bünyeniz vardır.

Analizlerimde yer alan olumsuz davranış modellerinizi olumlu davranış modellerine çevirdiyseniz bu tekâmülünüzden dolayı sizi yürekten tebrik ederim☺

EN TEMEL KORKULARINIZ

- Güvensizlik Korkusu ve Özgüven Eksikliği
- Güçsüzlük Korkusu
- Çaresizlik Korkusu
- Esaret Korkusu

Yaşamınızda genellikle yukarıda bahsi geçen konular hakkında deneyimler yaşarsınız. Çünkü sizin bu dünyada vermeniz gereken sınavlar belirttiğim davranışları düzenlemek ve korkulardan arınmanızla ilgilidir. Bu durumu düzenleyene kadar benzer sınavlardan geçmeye devam edebilirsiniz. Benden söylemesi ☺. Önerim aşağıdaki olumlamaları kullanmanız ve Esma çalışmalarıyla kendinizi güçlendirmeniz. Özenle ve bilinçli olarak bu konular üzerinde çalışma yapmalısınız. Eğer söz konusu durumlar ileri boyutta ise profesyonel destek almanızın çok faydası olacaktır.

RUHSAL TEKÂMÜLÜNÜZ İÇİN YAPMANIZ GEREKENLER

- İçinizdeki muhteşem enerjinizi ortaya çıkarmaya özen göstermelisiniz. İçinizdeki güçle herkesin gittiği yoldan gitmemeli bu dünyaya yenilik getirmelisiniz ancak bunu yaparken yargılamamaya, eleştirmemeye, öfkelenmemeye, söylenmemeye ve başkalarını küçük görmemeye özen göstermelisiniz.

- Yaratıcılık enerjinizi mutlaka sanatsal bir alana ya da proje üretmeye aktarmalısınız. Yaratıcılık enerjisi bir armağandır bu armağanın hakkını vermediğinizde içinizde bastırılmış öfke enerjisi, sıkışmışlık hissi oluşur.

- Liderlik özelliklerinizi adil ve hoşgörülü bir şekilde kullanmalısınız. Adil bir lider olmakla, öncülük yaparken başkalarına da faydalı olmakla yükümlüsünüz.

- İnsanlığa ve yaşama gönülden, karşılıksız hizmet etmelisiniz bu şekilde maddi ve manevi bolluk ve bereket yaşamınıza akacaktır.

- Olumlu bir lider olarak yaşamda fark yaratmalı ve başkalarına örnek olmalısınız.

- Duygularınızı olumlu dil kalıplarıyla mutlaka ifade etmelisiniz. Böylelikle içinizde öfke enerjisi birikmemiş olacak.

- Sakin olmalısınız, hoşgörülü ve esnek olmalısınız. Gerginliği ve öfkeyi çöpe atmalısınız.

- Size olumsuz gibi gözüken deneyimlerin birer sınav olduğunu fark etmeli, isyan etmeden sınavlarınızı başarıyla geçmelisiniz.

- İlişkilerde benmerkezci davranmak yerine empati yeteneğinizi kullanarak "ben" değil "biz" olmayı öğrenmelisiniz.
- Gerçekleştirilebilecek hayallerin peşinden gitmelisin, ütopik düşüncelerden zihninizi uzak tutmalısınız.
- Yaşam sizin istediğiniz gibi gözükmüyor diye yaşamdan kaçmamalı ve hayal dünyasına sığınmamalısınız.
- Kendiniz olma özgürlüğünü yaşamalısınız.

OLUMLAMALARINIZ

- Hem iç dünyamla hem de yaşamla barış içerisindeyim.
- Ben her olayın olumlu tarafını görüyorum. Olumlu konuşuyor ve olumlu davranıyorum.
- Kendimi her zaman ve her yerde özgür hissediyorum.
- Ben özgürüm.
- Kendim olabilme özgürlüğünü yaşıyor ve kendimi olumlu anlamda geliştiriyorum.
- Ben kendime ve yeteneklerime çok güveniyorum.
- Ben özgüven sahibiyim.
- Ben yaratıcı enerjimi faydalı alanlara yönlendiriyorum. Ben çok yaratıcı ve yetenekliyim.
- Her zaman ve her durumda sakinim ve sağduyulu hareket ediyorum.
- Duyularımın farkındayım ve duygularımı olumlu bir şekilde rahatlıkla ifade edebiliyorum.

• Ben hoşgörülüyüm ve kendimi de başkalarını da olduğu gibi kabul ediyorum.

• Ben esnek bir yapıya sahibim ve yaşamda kendimi çok rahat hissediyorum.

• Sakinim ve çok huzurluyum.

• Yaşadığım her an ve aldığım her nefes için, sahip olduklarım ve olmaya devam ettiklerim için Rabbime daima şükrediyorum.

Not: Gün içinde olumlama yapmayın çünkü o saatlerde ego görev başındadır ve değişiminize tepki gösterebilir. Eğer olumlamaları gündüz yaparsanız, kullandığınız olumlamaların tam tersi deneyimler içerisine girebilirsiniz. Bu yüzden olumlamalarınızı sadece sabah uyandığınızda ve gece uykuya dalmadan hemen önce yapın. Bu dönemlerde beyin dalgalarınız Alfa frekansında olduğu için egonuz devre dışıdır.

ESMALARINIZ

Esmaları zikretmenizin size çok faydası olacaktır.

• Ya Halim (88 kere): Sakinlik verir ve olaylara sağduyulu yaklaşmanızı sağlar.

• Ya Kuddüs (170 kere): Bağımlılık enerjisinden kurtarır.

• Ya Selam (131 kere) :İçinize huzur, rahatlık ve güven duygusu verir.

• Ya Musavvir (336 kere): Yaratıcılık enerjinizi kullanarak yaşamınızda somut ve çok güzel oluşumlar ortaya koymanızı sağlar.

- Ya Rahim (258 kere): Sert, yakıcı duyguları yumuşatır.

Yukarıda size uygun olabilecek Esmalardan birkaç örnek verdim. Esmalar ile ilgili daha detaylı bilgiye, telif gelirini yardım kuruluşlarına bağışladığım "Esmaların Gizli Hazinesi" isimli kitabımdan ulaşabilirsiniz. Ayrıca aynı kitapta kendi burcunuza ait olan Esmaları seçebilir ve mucizevi güzellikleri deneyimleyebilirsiniz.

KOD 16

Örneğin 4.3.2007 tarihindeki gibi doğum tarihinizin sayı değerleri toplamı 16 çıkıyorsa sizin sayınız 16'dır.

GENEL ÖZELLİKLERİNİZ

Yüce gönüllüsünüz ve insanlığa hizmet etme arzusundasınız. Ancak güven ve özgüven eksikliğiniz bazen bu yüce idealinizi gerçekleştirmenize engel olabilir. Zaten sizin bu yaşamda dönüştürmeniz gereken en büyük sınavınız da güven ve özgüven sorunlarınızdır. Yaşamın akışışına güvenir ve özgüven duygusuyla yaşarsanız bu dünyaya ışık tutan hem kendini hem de başkalarının hayatını aydınlatan muhteşem bir birey olursunuz.

Hayal gücünüz muhteşemdir. Çok yaratıcı, çok becerikli, çok yönlü bir yapınız var. Analiz etme, sentez yapabilme ve çözüm odaklı düşünme yeteneğiniz çok güçlüdür. Olayları birbirleriyle ilişkilendirebilir buluşlar ya da yeni çıkarımlarda bulunabilirsiniz. İçinde bulunduğumuz dünyanın kalıplaşmış kuraları yerine yenilik getirebilecek bir güce sahipsiniz. Siz başka insanların düşünemediklerini düşünebilir çok güzel projeler ya da eserler ortaya koyabilirsiniz. Bu güç ve enerji size doğumunuzla hediye edilmiştir. Bu muhteşem enerjinizin ortaya çıkabilmesi için kendiniz üzerinde bazı çalışmalar yapmalısınız.

Siz yüksek yaratıcılık enerjisine sahipsiniz. Sanat alanında ya da proje üretmede çok başarılı olabilirsiniz. Bu enerjinizin mutlaka bir alana kanalize olması gerekmektedir. Yani bir eser ortaya koymalısınız, bu planlanan bir projeyi hayata geçirmek olduğu gibi, kitap yazmak, resim yapmak gibi sanat alanla ilgili de olabilir.

Yüksek enerjiye sahip olduğunuz için mutlaka fiziksel egzersiz yapmanız gerekir. Sporla ilgilenebilir veya dans edebilirsiniz. Bu şekilde fiziksel ve ruhsal enerjinizi harekete geçirmeniz sizin üst enerji alanlarına çıkmanızı ve çok olumlu deneyimler yaşamanızı sağlayacaktır. Kendinizi güçlü, özgür, enerji dolu hissedeceksiniz.

Eğer bu yaratıcı enerjiyi bir alana kanalize etmez ve fiziksel aktivitelerde bulunmazsanız o zaman bu enerji bloke olabilir ve siz bağımlılık enerjisiyle yaşamaya başlayabilirsiniz. Bu bağımlılık sigara, içki vb. bir maddeye olabileceği gibi, bir kişiye ya da bir duyguya da olabilir. Daha ziyade öfke enerjisine bağımlı olabilirsiniz. İçsel bir öfke yaşayabilir öfkeleneceğiniz deneyimleri yaşamınıza getirebilirsiniz.

Dışarıya karşı son derece sevecen ve sevimli bir görüntünüz olsa da bağımlılık enerjisi geliştirdiyseniz yakınlarınıza karşı öfkeli ve ters davranışlar sergileyebilirsiniz. Liderlik özelliğine sahipsiniz ve hep sizin istediğiniz olsun istersiniz. Söylediğiniz bir şeyi karşı taraf yapmazsa çok öfkelenebilirsiniz. Esnek, rahat ve sakin olmakta fayda var. Siz yine liderlik özelliklerinizi kullanın ama otoriter tavır yerine daha sakin olmaya çalışarak.

Çok zekisiniz. Hemen her şeyi rahatlıkla öğrenir ve idrak edersiniz. Analitik zekânız ve sentez yeteneğiniz çok yüksektir. Analiz etme yeteneğiniz çok yüksektir hatta zihninizi yoracak kadar☺ Düşünmekten zihniniz o kadar yorulur ki sizin herkesten fazla uykuya ihtiyacınız olur. Eğer düzensiz bir uyku durumunuz varsa genellikle gergin ve öfkeli bir şekilde gezinirsiniz☺ Kontrolcü, mükemmeliyetçi düşünce modeliniz olabilir ve bu nedenle hata yapmaktan, küçük düşmekten, mahcup olmaktan çok korkabilirsiniz. Güven ve özgüven eksikliği yaşayabilirsiniz. Kendi yeterliliklerinizden emin olmayabilir, başkalarından da olası tehlike bekleyebilir ve bu nedenle yaşamın akışına gerçek anlamda güvenmeyebilirsiniz.

Şüpheci yaklaşımlarınız olabilir. Bu durum özellikle ikili ilişkilerinize yansıyabilir ve paranoya derecesindeki kuşku ve endişelerle zaman zaman yaşamı kendinize zehir edebilirsiniz☺ Güven ve özgüven sorunlarınızın üstesinden gelmek temel amaçlarınızdan biri olmalıdır.

Çok geç güvenir ve bağ kurarsınız. Güvenip bağ kurdunuz kişilere bağımlılık derecesinde bağlanabilirsiniz. Onları kaybetmekten de çok korkabilirsiniz. Bağımlılık enerjiniz yüksek olabilir bu içki, sigara vb. bir maddeye olduğu gibi bir kişiye ya da korku, endişe, öfke gibi bir duyguya da olabilir. İçinizde kırılmaya, incinmeye, hayal kırıklığı yaşamaya yatkın bir çocuk vardır bu duygularınızı göstermemek adına mesafeli davranabilirsiniz. Siz düzene karşı gelen ve değiştirmeye çalışan, mükemmeli arayan bir duygu durumuna sahip olabilirsiniz. Bu da sizin sürekli eleştirici ve yargılayıcı olmanıza sebep olabilir. Mükemmeliyetçi olduğunuz için hem kendinize hem de başkalarına karşı acımasız ve sert olabilirsiniz. Bu nedenle ilk önerim "mükemmeliyetçilikten istifa etmeniz" olacaktır☺

AŞK İLİŞKİLERİNİZ

Genellikle karşı cins tarafından çok beğenilirsiniz. Güçlü bir manyetik enerjiniz, cazibeniz, karizmanız vardır. Özgüveniniz tam olduğunda ve karşınızdaki kişiye de güvendiğinizde harikulade bir aşk ilişkisi yaşarsınız. Aksi durumlarda eşinize güvenmeyerek aşırı şüpheci yaklaşırsınız. Kuşkuculuğunuzla ilişkinizi zedeleyebilirsiniz. Siz sevgiye çok önem veren, güvendiğinizde çok sevebilen ve aslında çok da sevilen birisiniz. İlişkileriniz yukarıda bahsi geçen olumsuz durumlar söz konusu olmazsa muhteşem gider. Cinsellikten zevk alırsınız. Hayal gücünüz yüksek olduğu için fantezi dünyanız da gelişmiş olabilir.

İŞ – KARİYER YAŞAMINIZ

Aslında hemen hemen her işte başarılı olabilecek yeteneklere sahipsiniz. Yaptığınız işin hakkını vererek çalışırsınız. Hayal gücünüz kuvvetli olduğu için çok güzel projeler ortaya koyabilir ve yaşama geçirerek başarıyı yakalayabilirsiniz. Bununla beraber ilişkilerde olduğu gibi özgüven ve güven sorunları yaşıyorsanız bu durum işinizi değil ama iş yerinizdeki kişilerle olan iletişiminizi olumsuz etkiler. Bu tarz sorunlar yaşamıyorsanız iş ve kariyer basamaklarında kolaylıkla yükselebilir, herkes tarafından sevilen ve desteklenen bir birey olursunuz. Sadece maddi değil manevi alanlardaki çalışmalarınızda da başarılı olabilirsiniz. Yüksek bir manyetik enerjiye sahipsiniz.

MALİ DURUMUNUZ

Para bir şekilde mutlaka size gelir. Yaşamda parayla ilgili sınavlar yaşasanız da yüksek manevi gücünüz varsa bu durumların üstesinden rahatlıkla gelirsiniz. Mal mülk sahibi olur, bolluk ve bereketle konforlu bir yaşam sürersiniz. Ancak bunun tersi durumlarda yani maneviyatınızı kesmişseniz kendinizi sadece maddi dünyaya yani eşyaya bağlamışsanız para enerjisinin akışı size kolay olmayabilir. Ayrıca dünyaya hizmet vermek göreviniz olduğu için başkalarına beklentisiz bir şekilde maddi ya da manevi destekte bulunursanız, para size öngördüğünüz ya da öngöremediğiniz alanlardan akış yapacaktır.

SAĞLIĞINIZ

Duygusal durumunuz midenizi etkileyebilir, panik atak sorunlarını doğurabilir. Depresif bir ruh haline yatkın olabilirsiniz. Bu nedenle duygusal olarak güçlenmeniz gerekmektedir. Kendinizi dönem dönem dağılmış, kaybolmuş ya da sıkışmış hissedebilirsiniz. İçinde bulunduğunuz durum ya da içinde bulunduğunuz gerçekliği reddetme arzusu sizi bağımlık yapacak madde kullanımına itebilir, bu nedenle dikkatli olmak gerekir. Güvensizlik enerjiniz çok yüksek olursa paranoid ya da şizoid davranışlar gösterebilirsiniz. Bu duygulardan arınmak için dünya gerçekliğini beğenmeseniz bile kabul etmeniz, yapabileceğiniz bir şey varsa bunu yapmanız daha doğru olacaktır. Sizin mutlaka ve mutlaka fiziksel aktivitede bulunmanız ve içinizde barındırdığınız blokajı bu şekilde dışarı atmanız gerekir.

Analizlerimde yer alan olumsuz davranış modellerinizi olumlu davranış modellerine çevirdiyseniz bu tekâmülünüzden dolayı sizi yürekten tebrik ederim☺

EN TEMEL KORKULARINIZ

- Güvensizlik Korkusu ve Özgüven Eksikliği
- Pişman Olma Korkusu
- Değersizlik Korkusu
- Güçsüzlük Korkusu
- Rezil Olma Korkusu
- Yetersizlik Korkusu
- Aldatılma Korkusu
- Hayal Kırıklığına uğrama Korkusu

Yaşamınızda genellikle yukarıda bahsi geçen konular hakkında deneyimler yaşarsınız. Çünkü sizin bu dünyada vermeniz gereken sınavlar belirttiğim davranışları düzenlemek ve korkulardan arınmanızla ilgilidir. Bu durumu düzenleyene kadar benzer sınavlardan geçmeye devam edebilirsiniz. Benden söylemesi ☺. Önerim aşağıdaki olumlamaları kullanmanız ve Esma çalışmalarıyla kendinizi güçlendirmeniz. Özenle ve bilinçli olarak bu konular üzerinde çalışma yapmalısınız. Eğer söz konusu durumlar ileri boyutta ise profesyonel destek almanızın çok faydası olacaktır.

RUHSAL TEKÂMÜLÜNÜZ İÇİN YAPMANIZ GEREKENLER

• Yaşamın akışına ve her ne oluyorsa sizin adınıza hayırlısının olduğuna kesinlikle güvenmelisiniz.

• Özgüveniniz tam olmalı. Kendinizin değerini bilmeli ve hak ettiğiniz değeri önce siz kendinize vermelisiniz.

• Sakin olmalısınız, içsel öfkenizi yönetmeli, iç enerjiniz yaratıcılığınızı kullanacağınız alanlara yönlendirmelisiniz. Olumlu alanlara yönlendirilmeyen iç öfke bağımlılık ya da kilo yapar bu konuya dikkat etmelisiniz.

• Herkesin gittiği yoldan değil cesur olup kendi inandığınız yoldan gitmeli ve fark yaratmalısınız.

• Yaratıcılık enerjinizi kullanmalı sanatla, dansla ve sporla ilgilenmelisiniz. Böylece bağımlılık enerjisinden kurtulup özgürlüğünüze sahip olabilirsiniz.

• İçinizde biriken olumsuz enerjiyi boşaltmak ve bağımlılık enerjisinden kurtulmak için de mutlaka dans, spor gibi fiziksel egzersizlerde bulunmalısınız.

• Maneviyatınızı güçlendirmeli, kendinizi aydınlatıp şifalandırırken başkalarının da yaşamına ışık tutmalısınız.

OLUMLAMALARINIZ

• Ben kendimi her zaman ve her yerde güvende hissediyorum.

• Ben yaşamın akışına, her ne oluyorsa benim adıma hayırlısının olduğuna inanıyorum.

- Özgüvenim tam, yaratanın bana bahşettiği aklıma, zekâma, yeteneklerime, yaratıcılığıma, sezgilerime, dış görünüşümün etkileyiciliğine ve yaydığım manyetik gücün etkisine çok güveniyorum.

- Ben kendime değer veriyor ve kendi değerime sahip çıkıyorum. Ben çok değerliyim.

- Ben kendime ve kendi yeteneklerime çok güveniyorum. Ben özgüven sahibiyim.

- Ben yaratıcı enerjimi faydalı alanlara yönlendiriyorum. Ben çok yaratıcı ve yetenekliyim.

- Her zaman ve her durumda sakinim ve sağduyulu hareket ediyorum.

- Ben esnek bir yapıya sahibim ve yaşamda kendimi çok rahat hissediyorum.

- Yüksek manevi güçlerimi kolaylıkla harekete geçiriyorum.

- Yaşadığım her an ve aldığım her nefes için, sahip olduklarım ve olmaya devam ettiklerim için Rabbime daima şükrediyorum.

Not: Gün içinde olumlama yapmayın çünkü o saatlerde ego görev başındadır ve değişiminize tepki gösterebilir. Eğer olumlamaları gündüz yaparsanız, kullandığınız olumlamaların tam tersi deneyimler içerisine girebilirsiniz. Bu yüzden olumlamalarınızı sadece sabah uyandığınızda ve gece uykuya dalmadan hemen önce yapın. Bu dönemlerde beyin dalgalarınız Alfa frekansında olduğu için egonuz devre dışıdır.

ESMALARINIZ

Aşağıdaki Esmaları zikretmenizin de size çok faydası olacaktır.

- Ya Halim (88 kere):Sakinlik verir ve olaylara sağduyulu yaklaşmanızı sağlar.
- Ya Kuddüs (170 kere): Bağımlılık enerjisinden sizi kurtarır.
- Ya Selam (131 kere): İçinize huzur, rahatlık ve güven duygusu verir.

Yukarıda size uygun olabilecek Esmalardan birkaç örnek verdim. Esmalar ile ilgili daha detaylı bilgiye, telif gelirini yardım kuruluşlarına bağışladığım "Esmaların Gizli Hazinesi" isimli kitabımdan ulaşabilirsiniz. Ayrıca aynı kitapta kendi burcunuza ait olan Esmaları seçebilir ve mucizevi güzellikleri deneyimleyebilirsiniz.

KOD 17

Örneğin 5.2.2008 tarihindeki gibi doğum tarihinizin sayı değerleri toplamı 17 çıkıyorsa sizin sayınız 17'dir.

GENEL ÖZELLİKLERİNİZ

Öncelikle siz yüksek yaratıcılık enerjisine sahipsiniz. Sanat alanında ya da proje üretme alanında çok başarılı olabilirsiniz. Bu enerjinizin mutlaka bir alana kanalize olması gerekir. Yani bir eser ortaya koymalısınız, bu planlanan bir projeyi hayata geçirmek olduğu gibi, kitap yazmak, resim yapmak gibi sanatsal alanla da ilgili olabilir. Yüksek enerjiye sahip olduğunuz için mutlaka fiziksel egzersiz yapmanız lazım. Sporla ilgilenebilir ve ya dans edebilirsiniz.

Bu şekilde fiziksel ve ruhsal enerjinizi harekete geçirmeniz sizin üst enerji alanlarına çıkmanızı ve çok olumlu deneyimler yaşamanızı sağlayacaktır. Kendinizi güçlü, özgür, enerji hissedeceksiniz. Eğer bu yaratıcı enerjiyi bir alana kanalize etmezseniz ve fiziksel aktivitelerde bulunmazsanız o zaman bu enerji bloke olabilir ve siz bağımlılık enerjisiyle yaşamaya başlayabilirsiniz. Bu bağımlılık sigara, içki gibi bir maddeye olabileceği gibi, bir kişiye ya da bir duyguya da olabilir. Daha ziyade öfke enerjisine bağımlı olabilirsiniz. İçsel bir öfke yaşayabilir öfkeleneceğiniz deneyimleri yaşamınıza getirebilirsiniz.

Dışarıya karşı son derece sevecen ve sevimli bir görüntünüz olsa da eğer bağımlılık enerjisi geliştirdiyseniz yakınlarınıza karşı öfkeli ve ters davranışlar gösterebilirsiniz.

Liderlik özelliğine sahipsiniz ve sizin istediğiniz olsun istersiniz. Söylediğiniz bir şeyi karşı taraf yapmazsa çok öfkelenebilirsiniz. Esnek, rahat ve sakin olmakta fayda var. Siz yine liderlik özelliklerinizi kullanın ama baskıcı olmak yerine daha sakin olmaya çalışarak.

Güven duygusu yaşamda sizin için en önemli unsurdur. Başkalarına da kendinize de güvenmeyi öğrenmeyi deneyimliyorsunuz. Genellikle karşınızdaki kişilere kuşku ile yaklaşsanız da bazen son derece iyi niyetle güvendiğiniz ve beklentiye girdiğiniz durumlar olabilir.

Bilinçaltınızdaki güvensizlik korkusunun etkisiyle hayal kırıklığına uğrama, içerleme ve depresif ruh durumuna girme ihtimaliniz yüksek olabilir. Siz kendi yeteneklerinize de, iç gücünüze de yeterli derecede itimat etmiyor olabilirsiniz. Özgüven eksikliğinden dolayı çoğu zaman geri çekilebilir ve kendinizi ortaya koyamayabilirsiniz.

Kuşkuculuğunuz sizde paranoid duygular oluşturabilir☺ Sürekli aldatılmaktan, kandırılmaktan korkabilir ve bu korkunuzun yaydığı enerji sonrasında bu tarz olumsuz deneyimler yaşayabilirsiniz. Yanlış anlaşılmaktan da korkabilirsiniz ve bu korkunuzun olumsuz deneyimlerini de yaşıyor olabilirsiniz.

Mahremiyet sizin için çok önemli olduğundan yakınlarınız dışında insanları özel yaşantınıza almaya çekinebilirsiniz. Özgür olmak ve kişisel alanınızda kimse olmasın istersiniz. Bu durum bazen ikili ilişkilerinizde karşı tarafa yabancılık duygusu hissettirebilir. Sizin özelinizi bir başkasına açmanız için ona çok güvenmeniz gerekiyor.

Otorite konumundaki kişilerle anlaşmakta güçlük çekiyor olabilirsiniz. Sizin için güç ve iktidar çok önemli olduğundan, içinde bulunduğunuz konumda kendinizi güçlü ve iktidar sahibi hissetmezseniz çok tepkisel, agresif davranabilir ya da çekip gidebilirsiniz.

Parayı seversiniz ancak para sizin için araçtır. Sizi arzu ettiğiniz güce ve otoriteye ulaştıracak bir araç. Eğer paranız yoksa parası olan ve güç, iktidar sahibi kişilere karşı bazen bilinçaltı ve bazen de bilinçli öfke besleyebilirsiniz. Onların yanında kendinizi özgüvensiz hissedebilirsiniz.

Sizin mutlaka yaşamda egonuzu biraz küçülterek, hizmet vermeyi ve daha alçakgönüllü olmayı öğrenmeniz gerekir. Böylece zaten doğanızda var olan ama ortaya çıkabilmesi bahsi geçen ön koşullara bağlı olan bolluk-bereket enerjisi yaşamınıza nüfuz edecek ve varlıklı bir yaşam sürebileceksiniz. İçinizdeki güce ve Allah'a gerçek anlamda güvenip kendinizi akışa bıraktığınız zaman korkularınızın tamamen yok olduğunu ve evrenle uyum içerisinde aktığınızı göreceksiniz. Spritüal olarak size verilmiş özel yetenekler ve güçler bu şekilde açığa çıkabilecek ve siz gerçek anlamda maddi ve manevi zenginliğe, güce bu şekilde sahip olabileceksiniz.

Siz insanlığa mutlaka hizmet etmelisiniz. Varlığınızı bu şekilde hissedebilecek ve gerçek tatminin para ya da güçte değil hizmet etmekte, başkalarının da yollarını aydınlatarak yürümekte olduğunu fark edeceksiniz. Doğal olarak güç ve para da size bu yolda eşlik edecek☺

Mükemmel olmak durumunda değilsiniz, başkalarının da mükemmel olmasını beklememelisiniz. Küçük düşmekten ve rezil olmaktan çok korkabilirsiniz. Bunları bırakmalı ve yaşamın tadına varmalısınız. Büyük ihtimalle ya geçmişe takılı ya da gelecektekileri isteyerek ve sabırsızlanarak yaşıyorsunuz. Bilmeliyiz ki yaşadığımız tek an içinde bulunduğumuz andır☺

AŞK İLİŞKİNİZ

Karşınızdaki kişiye güveniyorsanız ve özgüveniniz tamsa güzel bir ilişki inşa edebilirsiniz. İçinizde bir otoriter kişilik olduğu için eşinize baskıda bulunuyor, onu kendi istediğiniz forma sokmaya çalışıyorsanız o zaman da ilişkiniz bu durumdan olumsuz etkilenebilir. Bazen çok âşık olduğunuzu düşündüğünüzde güç kullanmayı bırakabilirsiniz. Böylesi durumlarda eşiniz de uyumlu ise çok güzel bir ilişki yaşarsınız. Ancak eşiniz sizi gücüyle kontrol altına almaya başlarsa bu durumla başa çıkamazsanız. O zaman da değersizlik duygusunu yaşayabilirsiniz. Önerim başlangıçta eşinizle güç savaşına girmeden hem kendinize hem de karşınızdakine güvenmenizdir. İhanete uğrama korkusuyla eşinizi çok sıkabilirsiniz, şüpheci ve takipçi davranarak, kıskanç davranışlar göstererek ilişkinizi zedeleyebilirsiniz. Bu enerjiyi çok yayarsanız eşinizin size ihanet etmesine sebep olabilirsiniz.

İŞ – KARİYER YAŞAMINIZ

İş odaklı bir yapınız olabilir ve kendiniz hırpalarcasına çalışabilirsiniz. Yaşamınızda önceliğiniz iş olduğu için sevdiklerinize zaman ayıramayabilirsiniz. Gelecekte sevdiklerinizin yanında olmasını istiyorsanız bu konuya özen göstermenizi öneririm.

Güven ve özgüven eksikliği yaşamadığınız takdirde iş ve kariyer yaşamınızda çok yükselir, alanınızda şan ve şöhret sahibi olabilirsiniz. İş ve kariyer basamaklarında yükselirken sizin de diğer pek çok planda olduğu gibi maddi ve manevi başkalarına destek vermeniz, sosyal sorumluluk projeleri içerisinde yer almanız gerekir.

Siz otoriter olmak istediğiniz için diğer otoritelerle çatışmaya girme ihtimaliniz olabilir. Güç savaşına girmekten istifa edin açık ve samimi olarak iletişim kurumaya özen gösterin. Bir diğer dikkat etmeniz gereken konu da çalışanlarınıza ya da astlarınıza katı bir güç sergilememeniz gerekliliğidir.

MALİ DURUMUNUZ

Para size gelmeye can atar da gelmesi için bir şartı vardır. Sizin paylaşmayı ve vermeyi öğrenmeniz gerekiyor. Aslında paylaşmayı istersiniz ve bunu da ifade edersiniz ancak iş vermeye, paylaşmaya geldiğinde bunu yapmaktan kaçınabilirsiniz. Sizden istenilen paylaşımı gönüllü olarak yapmanızdır.

Başkalarına maddi desteklerde bulunmanız şarttır. Sizin paylaşmanıza engel olan gelecek kaygılarınız ve parasız kalma korkularınızdır. Ancak şunu bilin ki sınavınız da budur. Geleceğinize güvenmelisiniz, paranın size akacağına inanmalısınız ve gönülden maddi desteklerde bulunmalısınız.

SAĞLIĞINIZ

Çoğu zaman canınız istemiyor olsa bile fiziksel egzersiz yapmanız çok önemlidir. Bunun yanı sıra meditasyon ve yoga yapmanız zihninize çok iyi gelecektir. İçsel gerginliğiniz kalp damar sisteminizi olumsuz etkileyebilir.

Güç savaşına girmek sinir sisteminizi ve endokrin sisteminizi olumsuz etkileyebilir. Sakin ve güvende hissettiğinizde ise tüm bedeniniz ömür boyu sağlıklı olacaktır.

Analizlerimde yer alan olumsuz davranış modellerinizi olumlu davranış modellerine çevirdiyseniz bu tekâmülünüzden dolayı sizi yürekten tebrik ederim☺

EN TEMEL KORKULARINIZ

- Otorite Korkusu (Otoriteden Korkma ya da Otorite Olamamaktan Korkma)
- Güvensizlik Korkusu ve Özgüven Sorunu
- Güçsüzlük Korkusu
- Rezil Olma Korkusu
- Hayal Kırıklığına Uğrama Korkusu
- Kaybetme Korkusu
- Aldatılma Korkusu

Yaşamınızda genellikle yukarıda bahsi geçen konular hakkında deneyimler yaşarsınız. Çünkü sizin bu dünyada vermeniz gereken sınavlar belirttiğim davranışları düzenlemek ve korkulardan arınmanızla ilgilidir. Bu durumu düzenleyene kadar benzer sınavlardan geçmeye devam edebilirsiniz. Benden söylemesi ☺. Önerim aşağıdaki olumlamaları kullanmanız ve Esma çalışmalarıyla kendinizi güçlendirmeniz. Özenle ve bilinçli olarak bu konular üzerinde çalışma yapmalısınız. Eğer söz konusu durumlar ileri boyutta ise profesyonel destek almanızın çok faydası olacaktır.

RUHSAL TEKÂMÜLÜNÜZ İÇİN YAPMANIZ GEREKENLER

- Sahip olduklarınız kaybetmekten, gelecekte parasız kalmaktan korkmamalı, geleceğe güvenle bakmalısınız.
- Kendi iç gücünüze ve yaşamın akışına güvenmelisiniz.
- Sahip olduklarınızı sevgiyle paylaşmalısınız.
- İnsanlar üzerinde katı bir güç kullanmamalısınız, baskı kurmamalısınız, kısaca güç savaşından kesinlikle istifa etmelisiniz.
- Sakin olmalısınız, içsel öfkenizi yönetmeli, iç enerjiniz yaratıcılığınızı kullanacağınız alanlara yönlendirmelisiniz. Olumlu alanlara yönlendirilmeyen iç öfke bağımlılık ya da kilo yapar bu konuya dikkat etmelisiniz.
- Otorite ile anlaşmalı ve otorite konumuna geldiğinizde adaletli, hoşgörülü bir yönetici olmalısınız.
- Yaratıcılık enerjinizi kullanmalı sanatla, dansla ve spor-

la ilgilenmelisiniz. Böylece bağımlılık enerjisinden kurtulup özgürlüğünüze sahip olabilirsiniz.

- Maneviyatınızı güçlendirmeli, kendinizi aydınlatıp şifalandırırken başkalarının da yaşamlarına ışık tutmalısınız.

OLUMLAMALARINIZ

- Ben yaşamın akışına güveniyorum, her zaman ve her yerde kendimi güvende hissediyorum.
- Özgüvenim tam, yaratanın bana bahşettiği aklıma, zekâma, yeteneklerime, yaratıcılığıma, sezgilerime, dış görünüşümün etkileyiciliğine ve yaydığım manyetik gücün etkisine çok güveniyorum.
- Ben kendime değer veriyor ve kendi değerime sahip çıkıyorum. Ben çok değerliyim.
- Kendimi olduğum gibi seviyor ve kendimi geliştirmeye devam ediyorum.
- Ben kendime ve kendi yeteneklerime çok güveniyorum. Ben özgüven sahibiyim.
- Ben yaratıcı enerjimi faydalı alanlara yönlendiriyorum. Ben çok yaratıcı ve yetenekliyim.
- Her zaman ve her durumda sakin ve sağduyulu hareket ediyorum.
- Ben insanlara örnek olan hakkaniyetli bir liderim.
- Ben hoşgörülüyüm.
- Herkesi olduğu gibi kabul ediyorum.
- Otorite ile uyum içerisindeyim.

- Ben esnek bir yapıya sahibim ve yaşamda kendimi çok rahat hissediyorum.
- Manevi güçlerimi kolaylıkla harekete geçiriyorum.
- Yaşadığım her an ve aldığım her nefes için, sahip olduklarım ve olmaya devam ettiklerim için Rabbime daima şükrediyorum.

Not: Gün içinde olumlama yapmayın çünkü o saatlerde ego görev başındadır ve değişiminize tepki gösterebilir. Eğer olumlamaları gündüz yaparsanız, kullandığınız olumlamaların tam tersi deneyimler içerisine girebilirsiniz. Bu yüzden olumlamalarınızı sadece sabah uyandığınızda ve gece uykuya dalmadan hemen önce yapın. Bu dönemlerde beyin dalgalarınız Alfa frekansında olduğu için egonuz devre dışıdır.

ESMALARINIZ

Aşağıdaki Esmaları zikretmenizin de size çok faydası olacaktır.

- Ya Vedud (20 kere): Sevgi enerjisi alıp vermenizi sağlar.
- Ya Halim (88 kere): Sakinlik verir ve olaylara sağduyulu yaklaşmanızı sağlar.
- Ya Kuddüs (170 kere): Bağımlılık enerjisinden kurtarır.
- Ya Selam (131 kere): İçinize huzur, rahatlık ve güven duygusu verir.
- Ya Rahim (258 kere): Merhamet enerjisiyle sizi biraz daha yumuşatır.

- Ya Mani (161 kere): Korktuklarınızın başınıza gelmesini engeller.
- Ya Ganiyy (1060 kere): Paranın size çoğalarak akmasını zenginleşmenizi sağlar.

Yukarıda size uygun olabilecek Esmalardan birkaç örnek verdim. Esmalar ile ilgili daha detaylı bilgiye, telif gelirini yardım kuruluşlarına bağışladığım "Esmaların Gizli Hazinesi" isimli kitabımdan ulaşabilirsiniz. Ayrıca aynı kitapta kendi burcunuza ait olan Esmaları seçebilir ve mucizevi güzellikleri deneyimleyebilirsiniz.

KOD 18

Örneğin 5.3.2008 tarihindeki gibi doğum tarihinizin sayı değerleri toplamı 18 çıkıyorsa sizin sayınız 18'dir.

GENEL ÖZELLİKLERİNİZ

Öncelikle söylemem gereken şu ki hiç kolay biri değilsiniz ve siz de bunu biliyorsunuz. Olumsuz cümlelerim yüzünden kusura bakmayın çünkü ben doğruyu söylemek durumundayım☺ Kolay olmamakla beraber yüce gönüllüsünüz ve insanlığa hizmet etmek isteyen ulvi bir yönünüz de var.

Çok karizmatik, etkileyici ve çekici bir görünüme sahipsiniz. Insanlar sizin yaydığınız enerjiden olumlu ya da olumsuz mutlaka etkilenirler. Girdiğiniz ortamda yaydığınız yüksek manyetik enerjiyle insanları çok rahat etkiniz altına alırsınız.

Siz aynı zamanda bilgelik enerjisine de sahipsiniz. Bilgi de sizin için çok önemlidir. Bilgelik enerjisi Allah vergisi çok güzel bir enerjidir bu nedenle size verilen bu armağanla insanlığa hizmette bulunmalısınız. Strateji geliştirmede uzmansınız sizden çok iyi bir politikacı ya da asker olabilir.

Çok çok çok zekisiniz, sol beyniniz çok çalışır. Ancak duygusal zekânız yani duygularınızı akıllıca kullanma yeteneğiniz IQ seviyenize göre daha düşük oranda olabilir. Bu durum var olan yüksek zekânızı akıllıca kullanmanıza engel olabilir. Bu konudaki tespitim de isabetliysem, duygusal zekânızı geliştirmek için duygularınızı tanımaya ve yıkıcı değil yapıcı bir şekilde kullanmaya özen göstermelisiniz.

Çok yaratıcı, çok becerikli, çok yönlü bir yapınız var. Analiz ve sentez yapabilme, çözüm odaklı düşünme yeteneğiniz gelişmiştir. Olayları ilişkilendirebilir, buluşlar ya da yeni çıkarımlar yapabilirsiniz. Eski kuraların yerine yeni bakış açısı getirebilecek bir gücünüz var. Siz başka insanların düşünemediklerini düşünebilir, çok güzel projeler ya da eserler ortaya koyabilirsiniz. Bu güç ve enerji size doğumunuzla hediye edilmiştir. Bu muhteşem enerjinizin ortaya çıkabilmesi için kendiniz üzerinde bazı çalışmalar yapmalısınız.

Siz yüksek yaratıcılık enerjisine sahipsiniz. Sanatsal alanda ya da proje üretmede çok başarılı olabilirsiniz. Bu enerjinizin mutlaka bir alana kanalize olması gerekiyor. Yani bir eser ortaya koymalısınız, bu planlanan bir projeyi hayata geçirmek de olabilir, kitap yazmak, resim yapmak gibi sanatsal alanla da ilgili olabilir. Yazarlık enerjiniz de gerçekten yüksektir. Bilgileri değerlendirip, sentezleyip çok güzel bir şekilde yazıya dökebilirsiniz. Hitap yeteneğinizle de insanları etkileyebilirsiniz.

Yüksek enerjiye sahip olduğunuz için mutlaka fiziksel egzersiz yapmanız gerekiyor. Sporla ilgilenebilir ve ya dans edebilirsiniz. Bu şekilde fiziksel ve ruhsal enerjinizi harekete geçirmeniz sizin üst enerji alanlarına çıkmanızı ve çok olumlu deneyimler yaşamanızı sağlayacaktır. Kendinizi güçlü, özgür, enerji dolu hissedeceksiniz. Eğer bu yaratıcı enerjiyi bir alana kanalize etmez ve fiziksel aktivitelerde bulunmazsanız o zaman bu enerji bloke olabilir ve siz bağımlılık enerjisiyle yaşamaya başlayabilirsiniz. Bu bağımlılık sigara, içki gibi bir maddeye olabileceği gibi, bir kişiye ya da bir duyguya da olabilir. Daha ziyade öfke enerjisine bağımlı olabilirsiniz.

İçsel bir öfke yaşayabilir öfkeleneceğiniz deneyimleri yaşamınıza getirebilirsiniz. Dışarıya karşı son derece sevecen ve sevimli bir görüntünüz olsa da bağımlılık enerjisi geliştirdiyseniz yakınlarınıza karşı öfkeli ve ters davranışlar gösterebilirsiniz.

Liderlik özelliğine sahipsiniz ve sizin istediğiniz olsun istersiniz. Söylediğiniz bir şeyi karşı taraf yapmazsa çok öfkelenebilirsiniz. Esnek, rahat ve sakin olmakta fayda var. Siz yine liderlik özelliklerinizi kullanın ama baskıcı değil sakin olmaya çalışarak.

Güçlü bir yapınız olmasına rağmen zaman zaman özgüven eksikliği yaşayabilirsiniz. Böyle dönemlerde kendi yeteneklerinize ve kendi iç gücünüze yeterli derecede itimat etmiyor olabilirsiniz. Bu nedenle özgüveninizi güçlendirmeli. Hata yapmaktan ya da rezil olmaktan korkmamalı cesaretle yaşama ve yapmak istediklerinize atılmalısınız. Bunu yapabilirsiniz bu güç sizde var. Kimsenin ne de düşüneceğine ya da ne söyleyeceğine aldırmadan doğru bildiğiniz yolda yürümeniz gerekiyor. Herkesin hata yapma hakkı vardır. Gerekirse bırakın hata yapın. Önemli olan aynı hatayı tekrar etmemektir. Hata yapma hakkınızı kullanın yolunuzda yürüyün.

Dönem dönem depresif ruh haline girebilir kendinizi çaresiz hissedebilirsiniz bu aşamada kendi iç gücünüze güvenin ve silkelenip ayağa kalkın, yaşama coşkuyla sarılmaya devam edin.

İnsanlar sizi dışarıdan gördüklerinde neşeli, esprili olarak algılasalar da siz kendi iç dünyanızda korku, öfke ve endişelerle yaşıyor olabilirsiniz. Dış dünyaya gösterdiğiniz yüzünüz iç dünyanızdan çok farklı olabilir.

Dışarıya karşı çok iyi olup kendi yakınlarınıza kök söktürüyor, onlara ters davranıyor ya da eziyet ediyor olabilirsiniz. Bu durum güç ve otorite kurmaya çalışan, güç savaşına giren bir yapınız olmasından kaynaklanır. Güç savaşını bırakmalısınız çünkü yaşamınızda bununla deneyimleniyorsunuz.

Güce siz sahip olmak istediğiniz için güç ve otorite sahibi kişilerle çatışmalar yaşayabilirsiniz. Onlara karşı içsel bir öfke hatta sahip olduğu güç yüzünden kıskançlık duyabilirsiniz.

Para da sizin için önemlidir. Paranız varsa gücünüzün olacağına ve bu şekilde güvenli bir yaşam süreceğinize inanırsınız. Ama aynı zamanda parayı bilinçaltı düzlemde itebilirsiniz.

Dışarıya karşı son derece dürüst ve güvenilir bir imaj çizseniz de içinizde farklısınız. Dikkat etmeniz gereken davranış modellerinden biri de özünüzün ve sözünüzün bir olmasıdır. Nasıl ki size söz verilip yapılmadığında tepki veriyorsanız siz de sözlerinizi tutmaya özen göstermelisiniz. Kimseye özellikle de karşı cinse karşı boş vaatlerde bulunmamalısınız.

Mükemmeliyetçisiniz. İşinizi sağlam yaparsınız. Karşı taraftan da mükemmel olmasını beklersiniz. Hata yapmayı sevmezsiniz, hata yapana da tahammül edemeyebilirsiniz. Size asla laf gelsin istemezsiniz çünkü rezil olmaktan, küçük düşmekten çok korkabilirsiniz. Eleştirilmeye de gelemezsiniz ancak büyük ihtimalle siz çok yargılayıp eleştirirsiniz. Başkalarını küçük görebilirsiniz, özgüven eksikliğinize rağmen yargıladığınız kişilerden daha üstün olduğunuza inanır ve mesafeli davranışlar gösterebilirsiniz.

Büyük ihtimalle çok yalnızlık çekiyorsunuz. Asıl neden de iç dünyanızın ve dışarıya gösterdiğiniz yüzün çok farklı olması. Kendiniz gibi olma özgürlüğüne erişmeniz gerekir. El âlem ne der gibi düşüncelere de sahip olabilir, toplum kurallarına bazen körü körüne bağlı davranabilirsiniz. Özellikle annelerinize, eşlerinize ve çocuklarınıza karşı çok baskıcı davranabilir ve onlara haksız eziyetlerde bulunabilirsiniz.

Bir tarafınız da iyi insan olmak ister, yardım etmek ve topluma hizmet vermek ister. Ancak bunu yapmanıza engel olan bir bilinçaltı yapılanmanız olabilir. İnsanları nankör olarak nitelendirip incinmemek adına yardım etmemeyi tercih edebilirsiniz. Bu bilinçaltınızdaki engeli kaldırırsanız topluma çok büyük hizmetler veren önder biri olabilirsiniz. Çünkü saygınlık sizin için çok önemlidir. Sevilmek sizin için elzem olmasa da sayılmak çok önemlidir.

Kimseye müdana etmek istemezsiniz. Başkasından bir

şey istemek size zül gelir. Sizden de bir şey istensin istemeyebilirsiniz. İstense de bilinçaltınız o istenileni yapmamak adına direnç gösterebilir. Bununla beraber insanların size müdana etmesi güç faktörünü harekete geçirdiği için hoşunuza da gidebilir. Başkalarının bu tarz talepleri sınavlarınızdır.

Sistem, talebi güzellikle yerine getirip getirmeyeceğinize bakar. Size talepte bulunan kişilere zorlama getirmez ve güzellikle destek olursanız bir üst aşamaya sıçrarsınız.

Kolay kolay affetmeyebilirsiniz, kibirli bir yanınız olabilir. İntikam duygularınız gelişmiş olabilir ve zihninize intikam planları yapabilirsiniz. Bu tarz durumlar uyku düzeninizi bozabilir ve uykunuzda bile kavga edebilirsiniz.

Genellikle iç dünyanızda dışarıdan tehlike bekleyen endişeli bir yapınız olabilir. Aklınıza her zaman her olayın en olumsuzu gelebilir. Korku ve endişe dolu olumsuz senaryolarınızla hem kendinizi hem de çevrenizi kahredebilirsiniz.

Sizin kesinlikle yaşamın akışına güvenmeniz gerekir. Bunun için güven enerjisine gereksinimiz vardır. Hepsinden öte özgüven enerjinizin yükselmesi gerekmektedir. Özgüven eksikliğiniz kıskançlık ve korkuları doğurur. Özgüven eksikliğinizi belli etmemek adına şişkin bir egonuz var gibi görünebilirsiniz. Takıntılı ve kuşkucu bir yapınız olabilir. Bir konuya takılıp ondan çıkmanız bir hayli zaman alabilir. İnsanlara da kuşkuyla yaklaşmanız gönül bağı kurmanıza engel olabilir.

Kuşkuculuğunuz zaman zaman paranoyaya varabilir. Bu hem kendinizi hem de yakınlarınızı rahatsız edecek boyutlara ulaşabilir.

İradeniz çok güçlü ve verdiğiniz kararları uygularsınız. Başkalarının sözlerinden etkilenmezsiniz. Sevgiye çok inandığınızı söyleyemem bu nedenle insanların içtenliklerinden de şüphe duyabilirsiniz. Çocukluğunuzda suçluluk duygusu hissettiğiniz deneyimler yaşamış olabilirsiniz. Dönem dönem çok merhametli olduğunuz zamanlar olsa da genellikle kalbinizi katı tutmaya özen gösterebilirsiniz.

Hastalanmaktan, sağlığınızı kaybetmekten çok korkabilirsiniz. Yakınlarınızın sağlığı için de endişe edersiniz. Gerçi bunun altında yalnız kalma korkunuz da yatıyor olabilir.

Özetle söylemem gerekirse çok korkunuz olabilir bu nedenle öfke enerjisiyle yaşıyor olabilirsiniz.

Siz güçlerinizi, yeteneklerinizi ve yüksek zekânızı olumlu bir şekilde kullanırsanız dünyayı yönetebilecek örnek bir lider olursunuz. Eğer yukarıda bahsi geçen olumsuz davranışların yerine olumlularını yerleştirdiyseniz zaten şu anda örnek bir lider olmuşsunuz demektir. Duygularınıza değer vermenizi öneririm. Ne hissetmeniz ya da ne düşünmeniz gerektiğine değil gerçekten ne hissettiğinize odaklanmalı ve bu duyguları da olumlu bir dil kullanarak karşı tarafla içtenlikle paylaşmalısınız.

Bırakın artık mükemmel görünme tutkusunu ve sayılma arzunu. Bırakın güçlü olmak durumunda da değilsiniz. Esnek ve hoşgörülü olma, güveni hissetme ve sevgiyi içtenlikle yaşama vakti gelmedi mi sizce de? Kendinizi de başkalarını da affedin gitsin... Sizin mutlaka egonuzu biraz küçülterek, hizmet vermeyi ve daha alçakgönüllü olmayı öğrenmeniz gerekir. Ancak böyle huzurlu bir yaşama ulaşabilirsiniz.

Analizlerimde yer alan olumsuz özelliklerinizi düzenlediyseniz sizi şimdiden tebrik ederim☺ Şayet düzenlediyseniz siz muhteşem bir lider, insanlara ışık tutan bir öncü olmuşsunuzdur.

AŞK İLİŞKİLERİNİZ

Güven ve özgüven eksikliğiniz varsa hayatınızdaki kişiyle yürekten bir bağ kuramamış olabilirsiniz. Güveniniz ve özgüveniniz yüksekse bağ kurduğunuz kişiyle güzel bir ilişkiniz olabilir. İlişkide güç savaşına girmediğiniz zaman eşinizle uyumunuz harika olacaktır. Benmerkezci davranmamaya özen göstermelisiniz. Her iki taraf da isteklere göre ortak paylaşımda bulunmayı başarabilirse uzun soluklu ve köklü bir ilişkiye sahip olursunuz. Cinsel yönden de herkesten farklı fantezileriniz olabilir ya da sizin için cinsellik tabu olabilir.

İŞ – KARİYER YAŞAMINIZ

İşinize çok önem verip iş odaklı bir yaşam sürebilirsiniz. Tabii bu esnada sevdiklerinizi de ihmal etme durumunuz söz konusu olabilir. Eğer hâl böyle ise, yaşlandığınızda sevdikleriniz yanınızda olsun istiyorsanız onlarla da kaliteli zaman geçirmenizi öneririm. İdealist ve başarı odaklı olduğunuz için iş hayatınızda genellikle çok başarılı olabilirsiniz. Önünüze çıkan tek engel kendinize duyduğunuz özgüven eksikliği olur. Eğer özgüveniniz tam olursa pek çok başarıya imza atan ve örnek gösterilen bir kişi olabilirsiniz. Özgüven eksikliği içsel öfke yaratabilir ve iş yerindeki (özellikle otoriter) kişilerle sorun yaşayabilirsiniz.

Güç savaşını yaşamınızın her alanında olduğu gibi iş hayatınızda da bırakmanızı öneririm. Açık ve net olmak, duygu ve düşünceleri olumlu dil kalıplarıyla aktarmak yaşamda başarıyı sağlayan temel davranış modelleridir. Çok güzel projeler ortaya koyabilir ve yaşama geçirebilirsiniz. Bilgeliğinizle, analiz ve sentez yeteneğinizle, yüksek manyetik enerjinizle insanlar üzerinde hayranlık uyandıran bir etki bırakabilirsiniz. Bilgelik enerjinizi konuşmalarınız ve hitap şeklinizle ortaya koyarsanız da insanlar üzerinde muhteşem bir etki yaratabilirsiniz. Yazarlık yeteneğiniz olduğu için bu alanda da büyük başarılar sağlayabilirsiniz.

MALİ DURUMUNUZ

Parlak zekânız ve güzel projeler üretebilme yeteneğiniz olduğu için çok para kazanma ihtimaliniz yüksek. Bununla beraber eğer kendinize iş yakıştıramazsanız, ben o işi yapmam diyerek işleri küçümserseniz ya da çalıştığınız yerde sizden üst mevkideki kişileri kıskanıp gurur yapıp ukalaca davranıp işlerinizi bırakırsanız o zaman kendinizi sabote edebilirsiniz. Durum böyle olunca var olan zekânızı ve yeteneklerinizi de kullanamayabilir yani akıllıca davranamayabilirsiniz. O zaman da maddi problemler içerisinde boğulabilirsiniz. Profesyonel hayatta kuyruğu dik gezerek kibirli davranmak doğru bir davranış modeli değildir. Akıllıca olan, büyük küçük her işe değer vermek, işini tam yapmak, sabır ve güvenli adımlarla basamakları çıkmaktır. Ne çok ukala ne de çok mütevazı olmak doğru değildir. Sizden çok para kazananlara içsel bir öfke de duymamalı, onları küçümsememelisiniz.

Çalışıp sabrederek ve muhteşem zekânızı akıllıca kullanarak para sahibi olabilirsiniz. Bununla beraber para kazanmak ana hedefiniz de olmamalıdır.

Önceliğiniz başkalarına faydalı olmak ve iyi hizmet vermek olmalıdır. Ancak bu şekilde para size çoğalarak gelecektir. Sahip olduklarınızı mutlaka paylaşmalısınız. Yönetici pozisyonunda olursanız da astlarının kişiliklerine saygı duyan biri olmalısınız ki para bereketiyle akmaya devam etsin. Para biriktirme hastalığına da tutulmamaya özen gösterin, sevdiklerinizle, ihtiyacı olanlarla paylaşın. Cimrilik kötü bir şeydir, sizden bir şey istendiğinde elinize koz geçmiş gibi bu durumu karşınızdaki kişilere güç gösterişi olarak kullanmamanızı öneririm. Yukarıda bahsi geçen konularla kendi kendinizi sabote etmediğiniz sürece siz çok para kazanabilecek bir potansiyele sahipsiniz.

SAĞLIĞINIZ

Öfke enerjinizi bertaraf edip bol bol fiziksel aktivitede bulunduğunuz sürece son derece sağlıklı bir yaşam sürersiniz. Sizin mutlaka spor, dans gibi fiziksel aktivitelerde bulunmanız gerekir. Böylece daha sakin, sağduyulu ve huzurlu olacaksınız. Statik enerjiyi biriktiren bir yapınız olduğu için çıplak ayakla çimende yürümenizi, meditasyon ya da içe dönüş çalışması yapmanızı da öneririm.

Analizlerimde yer alan olumsuz davranış modellerinizi olumlu davranış modellerine çevirdiyseniz bu tekâmülünüzden dolayı sizi yürekten tebrik ederim☺

EN TEMEL KORKULARINIZ

- Pişman Olma Korkusu
- Değersizlik Korkusu
- Otorite Korkusu
- Güçsüzlük Korkusu
- Rezil Olma Korkusu

Yaşamınızda genellikle yukarıda bahsi geçen konular hakkında deneyimler yaşarsınız. Çünkü sizin bu dünyada vermeniz gereken sınavlar belirttiğim davranışları düzenlemek ve korkulardan arınmanızla ilgilidir. Bu durumu düzenleyene kadar benzer sınavlardan geçmeye devam edebilirsiniz. Benden söylemesi ☺. Önerim aşağıdaki olumlamaları kullanmanız ve Esma çalışmalarıyla kendinizi güçlendirmeniz. Özenle ve bilinçli olarak bu konular üzerinde çalışma yapmalısınız. Eğer söz konusu durumlar ileri boyutta ise profesyonel destek almanız çok faydalı olacaktır.

RUHSAL TEKÂMÜLÜNÜZ İÇİN YAPMANIZ GEREKENLER

- Sakin olmalısınız, içsel öfkenizi yönetmeli, iç enerjiniz yaratıcılığınızı kullanacağınız alanlara yönlendirmelisiniz. Olumlu alanlara yönlendirilmeyen iç öfke bağımlılık ya da kilo yapar bu konuya dikkat etmelisiniz.
- Ne çok alıcı ne çok verici olmalısınız.
- Herkesin gittiği yoldan değil cesur olup kendi inandığınız yoldan gitmeli ve fark yaratmalısınız.

- Kendi sınırlarınızı koruyup başkalarının sınırlarına da girmemelisiniz. Önce çok verici olup sonra kırgınlık yaşayıp geri çekilmek, karşınızdakine ters ve soğuk davranmak yerine başta dozuna göre vermelisiniz.
- Başkalarını kendinizden üstün görmemelisiniz. Kendinizi hiçe saymamalı kendinize değer vermelisiniz.
- İstediğinize "evet" istediğinize "hayır" diyebilmeli ve kendiniz için de başkalarından bir şey isteyebilmelisiniz. Sadece yapmak istediklerinizi yapmalı " aman ayıp olur, el âlem ne der" gibi düşüncelerden uzak kalarak hiçbir şey için kendinizi mecbur etmemelisiniz.
- Otorite ile anlaşmalı ve otorite konumuna geldiğinizde adaletli ve hoşgörülü bir yönetici olmalısınız.
- Yaratıcılık enerjinizi kullanmalı sanatla, dansla ve sporla ilgilenmelisiniz. Böylelikle bağımlılık enerjisinden kurtulup özgürlüğünüze sahip olabilirsiniz.
- Maneviyatınızı güçlendirmeli, kendinizi aydınlatıp şifalandırırken başkalarının da yaşamlarına ışık tutmalısınız.

OLUMLAMALARINIZ

- Ben kendime ve kendi yeteneklerime çok güveniyorum.
- Ben özgüven sahibiyim.
- Ben yaşamın akışına güveniyorum her ne oluyorsa benim adıma en hayırlı şekilde geliştiğini biliyor ve buna inanıyorum.
- Kendime ve başkalarına karşı esnek ve hoşgörülüyüm.

- Ben herkesle olumlu konuşuyor, kaliteli ilişkiler kuruyorum.
- Bilgelik enerjimi harekete geçiriyor, hem kendimi hem de çevremi aydınlatıyorum.
- Ben yaratıcı enerjimi faydalı alanlara yönlendiriyorum. Ben çok yaratıcı ve yetenekliyim.
- Her zaman ve her durumda sakin ve sağduyulu hareket ediyorum.
- Ben insanlara örnek olan hakkaniyetli bir liderim.
- Ben hoşgörülüyüm, herkesi olduğu gibi kabul ediyorum.
- Ben esnek bir yapıya sahibim ve yaşamda kendimi çok rahat hissediyorum.
- Ben kendimi her zaman ve her yerde özgür hissediyorum. Ben özgürüm
- Otorite ile uyum içerisindeyim.
- Manevi güçlerimi kolaylıkla harekete geçiriyorum.
- Yaşadığım her an ve aldığım her nefes için, sahip olduklarım ve olmaya devam ettiklerim için Rabbime daima şükrediyorum.

Not: Gün içinde olumlama yapmayın çünkü o saatlerde ego görev başındadır ve değişiminize tepki gösterebilir. Eğer olumlamaları gündüz yaparsanız, kullandığınız olumlamaların tam tersi deneyimler içerisine girebilirsiniz. Bu yüzden olumlamalarınızı sadece sabah uyandığınızda ve gece uykuya dalmadan hemen önce yapın. Bu dönemlerde beyin dalgalarınız Alfa frekansında olduğu için egonuz devre dışıdır.

ESMALARINIZ

Aşağıdaki Esmaları zikretmenizin de size çok faydası olacaktır.

- Ya Halim (88 kere): Sakinlik verir ve olaylara sağduyulu yaklaşmanızı sağlar.
- Ya Kuddüs (170 kere): Bağımlılık enerjisinden kurtarır.
- Ya Selam (131 kere): İçinize huzur, rahatlık ve güven duygusu verir.
- Ya Âlim (150 kere): Bilgelik enerjinizi yükseltir.
- Ya Melik (90 kere): Güçlü ve müşfik davranan bir lider ve yönetici olmanızı sağlar.
- Ya Aziz (94 kere): Saygınlığınızı arttırır.

Yukarıda size uygun olabilecek Esmalardan birkaç örnek verdim. Esmalar ile ilgili daha detaylı bilgiye, telif gelirini yardım kuruluşlarına bağışladığım "Esmaların Gizli Hazinesi" isimli kitabımdan ulaşabilirsiniz. Ayrıca aynı kitapta kendi burcunuza ait olan Esmaları seçebilir ve mucizevi güzellikleri deneyimleyebilirsiniz.

KOD 19

Örneğin 5.3.2009 tarihindeki gibi doğum tarihinizin sayı değerleri toplamı 19 çıkıyorsa sizin sayınız 19'dur.

GENEL ÖZELLİKLERİNİZ

Öncelikle belirtmek isterim ki bazı insanlar özel enerjilerle doğar siz de özel bir enerji ile dünyaya gelenlerdensiniz. Böyle doğan kişilerin daima bu özel enerjilerini koru ması gerekir. Çünkü negatif enerjiler de bu enerjiye sahip çıkmaya çalışır.

Siz bu enerjiye hâkim olabilirseniz muhteşem bir yaşam sürersiniz. Bu enerjiler size doğumunuzla verilen çok güzel armağanlardır. Sizin spritüal alanla bağlantıda olmanız şarttır.

Manevi alanla bağlantıda yaşamadığınız takdirde bu yola girmeniz için olumsuz deneyimler yaşayabilirsiniz. Bu aslında sizin değerli olduğunuzdan ve rahmani alanın sizi kaybetmek istemediğinden kaynaklanır.

Siz genellikle herkesten farklı düşünür, farklı hareket edersiniz. Cesaretinizi kullanarak herkesin gittiği yoldan değil de kendi belirlediğiniz ve emin olduğunuz yolda ilerlersiniz. Yaşamda başarılı olduğunuz gibi yaptığınız her işte şan ve şöhret sahibi olabilirsiniz.

Öncelikle siz yüksek yaratıcılık enerjisine sahipsiniz. Sanat alanında ya da proje üretme konusunda çok başarılı olabilirsiniz. Bu enerjinizin mutlaka bir alana kanalize olması gerekir. Yani bir eser ortaya koymalısınız. Bu planlanan bir projeyi hayata geçirmek de olabilir kitap yazmak, resim yapmak gibi sanatsal bir alanla da ilgili olabilir.

Yüksek enerjiye sahip olduğunuz için mutlaka fiziksel egzersiz de yapmanız gerekir. Sporla ilgilenebilir ve ya dans edebilirsiniz. Bu şekilde fiziksel ve ruhsal enerjinizi harekete geçirmeniz sizin üst enerji alanlarına çıkmanızı ve çok olumlu deneyimler yaşamanızı sağlayacaktır. Kendinizi güçlü, özgür, enerji dolu hissedeceksiniz. Eğer bu yaratıcı enerjiyi bir alana kanalize etmezseniz ve fiziksel aktivitelerde bulunmazsanız o zaman bu enerji bloke olabilir ve siz bağımlılık enerjisiyle yaşamaya başlayabilirsiniz. Bu bağımlılık sigara, içki gibi bir maddeye olabileceği gibi, bir kişiye ya da bir duyguya da olabilir. Daha ziyade öfke enerjisine bağımlı olabilirsiniz. Bu nedenle içsel bir öfke yaşayabilir, öfkeleneceğiniz deneyimleri yaşamınıza getirebilirsiniz. Dışarıya karşı son derece sevecen ve sevimli bir görüntünüz olsa da eğer bağımlılık enerjisi geliştirdiyseniz yakınlarınıza karşı öfkeli ve ters davranışlar sergileyebilirsiniz. Sıklıkla dua etmeli, meditasyon, yoga vs. gibi içe dönüş çalışmaları yapmalısınız.

Siz doğuştan şifacısınız bunu fark etmemiş olsanız bile deneyin göreceksiniz. Sizin ellerinizde şifa enerjisi bulunmaktadır. Siz ellerinizle ya da sözlerinizle başkalarına moral vererek şifa verebilirsiniz. Başkalarına olduğu gibi şifa enerjisini kendinize de uygulamalısınız. Daha sakin, hoşgörülü olmalısınız.

Özellikle kendinize karşı daha hoşgörülü olmalısınız ve bilinçaltı düzlemde kendinizi cezalandırmaktan vazgeçmelisiniz. Kendinizi şifalandırmanın yolu manevi bağınızı güçlendirip, kendinize ve başkalarına olumlu enerjiler aktarmaktan geçecektir. Bu dünyaya bu alanda hizmet vermeye geldiniz.

Siz hizmet verdikçe bolluk ve bereket enerjisi size maddi ve manevi akacak ve siz her anlamda zenginleşeceksiniz. Burada başkalarına hizmet etmek derken fedakârlıktan bahsetmiyorum. Kendinize haksızlık etmeyecek şekilde alma-verme dengesini bozmadan elinizdeki maddi ya da manevi kaynaklardan başkalarına hizmet etmenizden bahsediyorum. Paranız varsa zekât vermek, şu an için yeterli derecede yoksa gülümseyerek, güzel sözler söyleyerek ya da bedensel yardımlarda bulunmak. Tüm bunları karşılık beklemeden yapmalısınız. Pazarlıksız ve karşılıksız, sadece kendiniz için. Böyle davrandığınızda her anlamda nasıl zenginleştiğinizi görüp şaşıracaksınız.

Size verilen bilgelik enerjisi armağanı insanlığın yararına kullanmalısınız. Dürüst olmak zorundasınız. Hissettikleriniz ve düşündükleriniz konusunda hem kendinize hem de başka insanlara dürüst olmalısınız. Dürüst görünmekten bahsetmiyorum zaten öyle görünüyorsunuz hatta dürüst olmadığınız zamanlarda da. İnsanlar size güveniyor ama ne kadar dürüstsünüz bu konuyu biraz gözlemleyin.

En çok pişman olmaktan korkabilirsiniz. Bunun dışında çok da derin korkularınız bulunmamaktadır. Siz sadece pişman olmayacağınız davranışları seçmeye özen gösterin kaldı ki pişman olacağınız bir davranışta bulundunuz o zaman da geçmişi geçmişte bırakın, ne öğrendiğinize bakın, kendinizi affedin ve daha güzel hizmetler vererek yolunuzda yürümeye devam edin. O konuya takılı kalmayın, geçin.

Biraz benmerkezci olduğunuz zamanlar olabilir. Hep ilgi görmek ya da kendinize destek olunsun isteyebilirsiniz. Bazen de farkında olmadan fazlasıyla talepkâr olup empati kuramayabilirsiniz. Başkalarına destekte bulunmalısınız. Sizin görevlerinizden en temel olanı budur. Beklentiye girmeden, gönülden yapacağınız destekler ruhsal gelişiminizi arttıracağı gibi maddi manevi, bolluk bereketin hayatınıza nüfuz etmesini de sağlayacaktır.

Liderlik özelliğine de sahipsiniz ve genellikle sizin arzularınız olsun istersiniz. Söylediğiniz bir şeyi karşı taraf yapmadığında çok öfkelenebilirsiniz. Esnek, rahat ve sakin olmakta fayda var. Siz yine liderlik özelliklerinizi kullanın ama baskıcı değil daha sakin olmaya çalışarak. Sezgileriniz çok güçlüdür her zaman sezgilerinizi dinlemeli ve onların ışığında sağduyulu kararlar verip, uygulamalısınız. Telepati ve duru görü yeteneğine sahipsiniz, bu alanlarda kendinizi geliştirebilirsiniz. Siz güçlüsünüz gerçekten güçlüsünüz, kurban psikolojisine girdiyseniz silkelenin ve size bahşedilen özel enerjiyle arzu ettiğiniz yaşamı kurun. Siz bunu yapabilirsiniz.

AŞK İLİŞKİLERİNİZ

Manyetik alanı çok güçlü, son derece çekici, karizmatik bir yapıya sahipsiniz. Girdiğiniz her ortamda ilgi çekersiniz. Başkalarının kıskanacağı güçlü ve özel bir enerjiye sahipsiniz. Bu nedenle her zaman kendinizi dualarla korumalısınız.

İlişkilerinizde biraz benmerkezci olabilirsiniz. Sizin duygu ve düşünceleriniz sevgilinizin duygu ve düşüncelerinden daha fazla önemli olabilir. Bu tür davranışlar sebebiyle ilişkilerinizde problem yaşayabilirsiniz. Kesinlikle empati yeteneğinizi geliştirmeli, olaylara dışarıdan objektif ve hakkaniyetli bakabilmelisiniz.

Yönetme arzusunda olduğunuz için bilinçaltı düzlemde kendinizden daha zayıf karakterli birini seçebilirsiniz. Güçlü eş istiyorum, derken seçiminizin tam tersi olabilir. Bu nedenle uyumlu bir ilişki için naif olmaya özen gösterin. İnatçılığı ve güç savaşını bırakmanız gerekir. Cinsellik sizin için zevkli bir oyun gibidir. Cinsel fantezileriniz güçlü olabilir.

İŞ – KARİYER YAŞAMINIZ

Siz yaptığı işe çok önem veren biri olabilirsiniz. Böylesi durumlarda sevdiklerinizi ihmal edebilirsiniz. Yaşlılığınızda da sevdiklerinizle olmak istiyorsanız onlarla kaliteli zaman geçirmelisiniz. Ayrıca eğlenmek ve hobilerinizle uğraşmak için kendinize de zaman ayırmalısınız. Çalışkan, akıllı, zeki ve bilge olduğunuz için kariyer basamaklarında hızla tırmanabilirsiniz. Liderlik özelliklerine sahip olduğunuz için yönetici pozisyonlarında yer alabilirsiniz. Çalışanlarınıza hoşgörüyle yaklaşan, tatlı-sert bir yönetici olmaya özen göstermelisiniz. Bastırılmış öfke enerjisinin patlamasına ve ilişkilerinize zarar vermesine izin vermemelisiniz. Akademik alanda da yüksek başarılar yakalayacak bir enerjiye sahipsiniz.

MALİ DURUMUNUZ

Çalışkan bir yapıya sahip olduğunuz için siz güzel para kazanırsınız. Bununla beraber yaşamdaki temel görevlerinizden biri insanlığa hizmet vermek olduğu için beklenti içerisinde olmadan gönülden maddi ve manevi destelerde bulunmanız gerekir. Bu sizin ödevinizdir. Bu ödevi yerine getirdiğinizde maddi manevi, bolluk bereket öngördüğünüz ya da öngöremediğiniz kaynaklardan daima akacak ve her anlamda çok zenginleşeceksiniz.

SAĞLIĞINIZ

Çalışma ve başarı odaklı bir yaşam kurabilirsiniz. İş sizin için her şeyden önemli olduğundan kendinizi hırpalayarak çalışabilir ve stres yüzünde çeşitli kronik rahatsızlıklara yakalanabilirsiniz. Bu nedenle sık sık çıplak ayak toprakta yürümeli, sakin ortamlarda dinginleştiren müzikler dinlemelisiniz. Bunun dışında yaratıcılık enerjinizi sanat ya da proje alanlarına yönlendirmez ve fiziksel aktivitelerde bulunmazsanız kilo alma ihtimalinizi yükseltebilirsiniz. Analizlerimde yer alan olumsuz davranış modellerinizi olumlu davranış modellerine çevirdiyseniz bu tekâmülünüzden dolayı sizi yürekten tebrik ederim☺

EN TEMEL KORKULARINIZ

- Pişman Olma Korkusu
- Değersizlik Korkusu
- Otorite Korkusu
- Güçsüzlük Korkusu
- Rezil Olma Korkusu

Yaşamınızda genellikle yukarıda bahsi geçen konular hakkında deneyimler yaşarsınız. Çünkü sizin bu dünyada vermeniz gereken sınavlar belirttiğim davranışları düzenlemek ve korkulardan arınmanızla ilgilidir. Bu durumu düzenleyene kadar benzer sınavlardan geçmeye devam edebilirsiniz. Benden söylemesi ☺. Önerim aşağıdaki olumlamaları kullanmanız ve Esma çalışmalarıyla kendinizi güçlendirmeniz. Özenle ve bilinçli olarak bu konular üzerinde çalışma yapmalısınız. Eğer söz konusu durumlar ileri boyutta ise profesyonel destek almanız çok faydalı olacaktır.

RUHSAL TEKÂMÜLÜNÜZ İÇİN YAPMANIZ GEREKENLER

- İnsanlığa maddi ve manevi desteklerde bulunarak yaşamınızı her anlamda zenginleştirmelisiniz.
- Sakin olmalısınız. İçsel öfkenizi yönetmeli, iç enerjinizi yaratıcılığınızı kullanacağınız alanlara yönlendirmelisiniz.
- Olumlu alanlara yönlendirilmeyen iç öfke bağımlılık ya da kilo yapar. Bu konuya dikkat etmelisiniz.

- Bağımlılık enerjisinden kurtulmak ya da korunmak için mutlaka dans ya da spor gibi fiziksel aktivitelerde bulunmalısınız.

- Herkesin gittiği yoldan değil cesur olup kendi inandığınız yoldan gitmeli ve fark yaratmalısınız.

- Yaratıcılık enerjinizi kullanmalı sanatla, dansla ve sporla ilgilenmelisiniz. Böylece bağımlılık enerjisinden kurtulup özgürlüğünüze sahip olabilirsiniz.

- Yaşamınızda sezgilerinizi dinlemeli ve sağduyulu kararlar verip hareket etmelisiniz.

- Maneviyatınızı güçlendirmeli, kendinizi aydınlatıp şifalandırırken başkalarının yaşamlarına ışık tutmalısınız.

OLUMLAMALARINIZ

- Ben kendime ve kendi yeteneklerime çok güveniyorum. Ben özgüven sahibiyim.

- Ben yaratıcı enerjimi faydalı alanlara yönlendiriyorum. Ben çok yaratıcı ve yetenekliyim.

- Her zaman ve her durumda sakin ve sağduyulu hareket ediyorum.

- Ben insanlara örnek olan hakkaniyetli bir liderim.

- Ben hoş görülüyüm, herkesi olduğu gibi kabul ediyorum.

- Ben esnek bir yapıya sahibim ve yaşamda kendimi çok rahat hissediyorum.

- Ben kendimi her zaman ve her yerde özgür hissediyorum. Ben özgürüm

- Bana armağan olarak verilen şifa enerjimi hem kendim için hem de başkaları için rahatlıkla kullanıyorum. Ben güçlü bir şifacıyım.

- Benim güçlü sezgilerim var ve ben çok güzel mesajlar alıyor ve doğru yorumluyorum.

- Yüksek manevi güçlerimi kolayca harekete geçiriyorum.

- Yaşadığım her an ve aldığım her nefes için, sahip olduklarım ve olmaya devam ettiklerim için Rabbime daima şükrediyorum.

Not: Gün içinde olumlama yapmayın çünkü o saatlerde ego görev başındadır ve değişiminize tepki gösterebilir. Eğer olumlamaları gündüz yaparsanız, kullandığınız olumlamaların tam tersi deneyimler içerisine girebilirsiniz. Bu yüzden olumlamalarınızı sadece sabah uyandığınızda ve gece uykuya dalmadan hemen önce yapın. Bu dönemlerde beyin dalgalarınız Alfa frekansında olduğu için egonuz devre dışıdır.

ESMALARINIZ

Esmaları zikretmenizin size çok faydası olacaktır.

- Ya Halim (88 kere): Sakinlik verir ve olaylara sağduyulu yaklaşmanızı sağlar.

- Ya Kuddüs (170 kere): Bağımlılık enerjisinden kurtarır.

- Ya Selam (131 kere): İçinizde huzur, rahatlık, güven duyguları verir.

- Ya Muhyi (68 kere): Şifa enerjinizi harekete geçirir.

- Ya Batın (62 kere): Sezgileriniz güçlendirir.
- Ya Âlim (150 kere): Bilgelik enerjinizi yükseltecektir.
- Ya Melik (90 kere): Güçlü ve müşfik davranan bir lider ve yönetici olmanızı sağlar.
- Ya Aziz (94 kere): Saygınlığınızı arttırır.

Yukarıda size uygun olabilecek Esmalardan birkaç örnek verdim. Esmalar ile ilgili daha detaylı bilgiye, telif gelirini yardım kuruluşlarına bağışladığım "Esmaların Gizli Hazinesi" isimli kitabımdan ulaşabilirsiniz. Ayrıca aynı kitapta kendi burcunuza ait olan Esmaları seçebilir ve mucizevi güzellikleri deneyimleyebilirsiniz.

KOD 20

Örneğin 5.4.2009 tarihindeki gibi doğum tarihinizin sayı değerleri toplamı 20 çıkıyorsa sizin sayınız 20'dir.

GENEL ÖZELLİKLERİNİZ

Öncelikle belirtmek isterim ki bazı insanlar özel enerjilerle doğar siz de özel bir enerji ile dünyaya gelenlerdensiniz. Böyle doğan kişilerin daima bu özel enerjilerini koruması gerekir. Çünkü negatif enerjiler de bu enerjiye sahip çıkmaya çalışır. Siz bu enerjiye hâkim olabilirseniz muhteşem bir yaşam sürersiniz.

Bu enerjiler size doğumunuzla verilen çok güzel armağanlardır. Sizin spritüal alanla bağlantıda olmanız şarttır.

Manevi alanla bağlantıda yaşamadığınız takdirde bu yola girmeniz için olumsuz deneyimler yaşayabilirsiniz. Bu aslında sizin değerli olduğunuzdan ve rahmani alanın sizi kaybetmek istemediğinden kaynaklanır.

Sizin bu yaşamdaki en önemli göreviniz alma-verme dengesini kurmanızla ilgilidir. Dengeli bir şekilde hizmet vermek, adil bir arabulucu olarak hem kendi hem de başkalarının mutluluğuna katkıda bulunmaktır.

Alma-verme dengesini kurmanız zaman alabilir ama siz bu durumu dengelemekle yükümlüsünüz. Siz çok fazla verici, fedakâr ve iyi niyetli olabilirsiniz, ancak bu durum sizin kendinize haksızlık etmenize sebep olabilir.

Karşınızdaki kişilere destek olmak adına kendinizden çok verir, hayal kırıklığına uğrar, incinebilir sonra da bıçak kemiğe dayandığında birden tüm desteğinizi çekebilirsiniz. O zaman da fazla alıcı olma tarafına geçebilir ve hep sizin istediğiniz olsun diye kaprisli davranabilirsiniz. İkisi de doğru değildir. Dengeyi kurmak ve sınırları belirlemek gerekir. Dinlerde "kul hakkı" denen bir durum vardır. Kul hakkı sadece karşınızdakinin hakkı değildir hatta öncelikli olarak sizin hakkınızdır. Çok fazla fedakâr olarak, verici davranarak kendinizden veriyorsanız o zaman kendi "kul hakkınızı" çiğnemiş oluyorsunuz.

Bu dengeyi oturtmanız için yapmanız gerekenler şunlardır: Birisi sizden bir şey istemeden hemen yardım etmeye kalkmamalısınız. Bırakın istesinler. Bu şekilde istendiği zaman verdiğiniz destek ya da yardım hak ettiği değeri görecektir. Diyelim ki sizden biri bir şey istedi o zaman kendinize şu soruyu sormalısınız "Bu desteği sağlarsam karşı taraftan sevilmek, değer görmek gibi bir beklentim olur mu?" Eğer yanıtınız "Evet, ben beklenti içine girerim ve eğer nankörlükle karşılaşırsam da hayal kırıklığına uğrar, incinirim," diyorsanız talebi yerine getirmemeniz gerekiyor. Ta ki "Ben bu iyiliği yapıyorum, ister takdir etsin, ister etmesin, ben bu iyiliği kendimi mutlu etmek için yapıyorum," diyeceğiniz güne kadar fedakârlığı bırakmanız gerekir. Bu dengeyi kuramadığınız sürece hayal kırıklıkları yaşamınızda peşinizi bırakmayabilir.

İstediğiniz şeye "evet" istemediğiniz şeye de "hayır" demeyi kesinlikle öğrenmeniz gerekir. Sınırlarınız olmalı ve sınırlarınızı işgal etmeye kalkan olursa da "dur" diyebilmelisiniz. Başkaları kırılmasın, diye kendinizi üzmeyi göze almanız öz benliğinize haksızlık etmektir. Bu konuya da dikkat etmelisiniz.

Nasıl başkaları sizden istiyorsa siz de başkalarından bir şey istemesini öğrenip bu dengeyi korumalısınız. "Ben kimseden bir şey isteyemem," demek gibi bir hakkınız olmamalı öz benliğinize karşı. Elbette isteme konusunu da abartmamalı ve siz de başkalarının sınırlarını çiğnememelisiniz.

Arabuluculuk özelliğiniz çok yüksek, dargınları barıştırabilir, anlaşmazlıklara adaletli çözümler getirebilirsiniz. Bu çok güzel bir şey ama sizden istenmediği sürece başkalarının arasını bulmaya kalkmayın. Sınırlarınızı her zaman belirleyin ve koruyun.

Liderlik özelliğiniz olmasına rağmen siz arka plandaki liderlerdensiniz. Bir kişinin yücelmesine destek veren asıl lider siz olursunuz. Genellikle böyle olmasını tercih edersiniz. Ancak yücelttiğiniz kişi size bir gün arkasını dönerse çok incinebilirsiniz. Bu nedenle yücelttiğiniz, liderliği konusunda destek olduğunuz kişiye de sınırlarınızı belirtmelisiniz. Haddini bilmeyenlere haddini bilmesini öğretmeniz bunu da kibar bir dil kullanarak yapmanız gerekir.

Siz çok iyi bir ortak ve eş olursunuz. Adaleti gözetmeye özen gösterirsiniz ancak kendi kendinize daha fazla sorumluluk yüklenirsiniz. Ama dikkat etmelisiniz bu şekilde karşı tarafın işleri gevşek tutmasına sebebiyet verirsiniz ve dengeler yine bozulabilir. Sizin gibi bir kişiye rastlarsanız uyum içinde harika bir yaşam sürersiniz. Sizin gibi olmayan, sizden almaya ya da size sorumluluk yüklemeye meyilli birileriyle işbirliği içinde olursanız en başta görev ve iş paylaşımları yapmalısınız. Yardımcı ve iyi bir insan olmak adına gereğinden daha fazla sorumluluk almamalısınız. Kendi kendinize başkalarının sorumluluklarını yüklenip sonra da o kişilere kızmak, içerlemek olmaz.

Yüksek empati yeteneğiniz ve çözüm odaklı düşünme biçiminizle sizden iyi bir psikolog ve yaşam koçu olur.

Sorunlardan çok çözüm odaklı düşünme yeteneğinizi yaşama geçirdiğinizde çok başarılı olursunuz. Sizi yaşamda "Her durumdan nasıl avantajlı çıkarım," yaklaşımı yükseltecektir. Karar vermeniz uzun sürebilir çünkü siz olasılıkları değerlendirip tartarsınız. Genellikle verdiğiniz kararlardan emin olup karalarınızı uygularsınız.

Bazen aşırı merhametli olabilirsiniz. Affetmeye yatkınsınız ancak sınırınız bu alanda da çiğnendiği zaman "yeter artık," diyebilirsiniz. Bu sefer de çok keskin ve katı davranabilirsiniz. Fakat ikisi de doğru değil. Denge çok önemli merhametiniz de dengeli olmalı kendinize de merhamet göstermelisiniz.

Para sizin için güvenliği sağlayan bir unsurdur. Siz parayı sevdiğiniz ve başkalarına da paranızla destek verdiğiniz sürece para size hep akacaktır.

Sizin yaşamda en çok takıldığınız nokta ikili ilişkilerdir. Bunun sebebi de yukarıda bahsettiğim alma-verme dengesinin sonuçlarıdır. Herkes sizi sevmek zorunda değil, herkes sizi takdir etmek zorunda değil, siz sizin için doğru ve hak olanı gözetin, siz kendinizi sevin, değer verin ve dengeyi kurun.

Sizin -meli,-malılarınız olabilir. "Bu iş böyle olmalı," "Arkadaşlıkta bunlar yapılmalı," gibi cümle kalıplarınız olabilir. Sizi sınırlayan bu kalıplardan kendinizi kurtarmalısınız. Herkesi ve her durumu olduğu gibi kabul etmelisiniz. Bazen etik değerleri olmayan kişiler karşınıza çıkabilir bu kişilerle deneyimleniyorsunuz. "Böyle de oluyormuş demek ki," deyip geçmeyi öğrenmelisiniz.

Hak hukuk konularında da aynı hassasiyeti gösterdiğinizi düşünüyorum. İnsanlara haddini bildirip, hak hukuk savaşına girmekten biraz daha uzak durmanızda fayda var. Allah'a güvenin ki güveniyorsunuzdur, onun adalet sistemi bizim öngöremediğimiz şekillerde muhteşem işler.

Sezgilerinize güvenin, sağduyu ile hareket edin. Hem kendinize hem de çevrenizdekilere ilham verin. Bu enerjiler siz de mevcut. Neşeli bir yaşam kurun kendinize. Merkezinizde kalıp kutup olun. Bir mıknatıs gibi olumlu kişileri ve deneyimleri siz çekin kendinize, başkalarına çekilen olmayın.

Siz iyi kalpli ve çevresine çok faydalı olmayı isteyen bir yapıya sahipsiniz. İnsanları kırmaktan ya da çatışmaya girmekten çekinirsiniz. Ancak bu davranışları gösterirken kendinize haksızlık edebilir ve kendinizi istemediğiniz şeyleri yaparken bulabilirsiniz. Sonra da derin bir öfke ve pişmanlık yaşayabilirsiniz. En çok korktuğunuz şeyler pişman ve rezil olmak. Bunlardan daha derin korkular yaşadığınızı düşünmüyorum. Olsa bile siz bunların üstesinden gelebilecek güce ve cesarete sahipsiniz. Pişman olmaktan korktuğunuz şeylere karşı da bilinçaltınız sizi itebilir ve maalesef böylesi durumlar da sizin canınızı yakabilir. İrade gücünüzü kaybedebilirsiniz.

Bu nedenle manevi bağınızın çok kuvvetli olması şarttır. Pişman olmayacağınız davranışları seçmeye özen gösterin. Oldu da pişman olacağınız bir davranışta bulundunuz o zaman da geçmişi geçmişte bırakın, ne öğrendiğinize bakın, kendinizi affedin ve daha güzel hizmetler vererek yolunuzda yürüyün. O konuya takılı kalmayın ve yaşamınıza güzelliklerle devam edin.

AŞK İLİŞKİLERİNİZ

Çok çok yüksek bir manyetik enerjiye sahipsiniz. Bu size doğumunuzla armağan edildiği için çok şanslısınız. İnsanlar sizi beğenir, size âşık olur, sizden etkilenir. Ancak siz kendi değerinizi bilmezseniz, karşınızdaki kişi önce sizi baş tacı yapar sonra da bilinçaltı kıskançlıkları sebebiyle sizi bir anda yere bırakabilir. Bu enerjinizin farkında olup kendi değerinize sahip çıkmalısınız. Kendinizi her zaman negatif enerjilerden dualarla korumalısınız.

Girdiğiniz ortamlarda fark edilirsiniz, bazen fark edilmediğinizi düşünseniz de kesinlikle fark edilirsiniz. Böyle hissetmenizin nedeni hep başkalarını kendinizden daha yukarıda görmeniz ve kendinize hak ettiğiniz değeri vermemeniz olabilir. Durum böyleyse yaşadığınızın tamamen yersiz bir özgüven eksikliği olduğunu fark edin lütfen. Girdiğiniz ortamın enerjisini olumlu anlamda değiştirirsiniz. Hele ki neşeliyken çevreniz size hayranlıkla bakan insanlar tarafından çevrilir. Karşı cins size hayran olduğu için yaşamda çok talibiniz çıkar. Çoğunlukla sizinle ilgilenildiğini fark etmeyebilirsiniz. Bazen kişilerin çok net bir şekilde konuşarak sizinle ilgilendiklerini gözünüze sokmaları gerekebilir☺ Böyle durumlarda birden çekingen davranabilir ve uzak durabilirsiniz.

Siz genellikle başlangıçta âşık olmazsınız, aşkınız ya da sevginiz zamanla gelişir. İlişkilerinizde zamanla karşı tarafa daha çok verici olmaya başlayabilirsiniz. Kendinizden ve yapmak istediklerinizden ödün verebilir hatta bazen de karşı tarafın kölesi gibi davranabilirsiniz. Uyum sizin için önemlidir bu nedenle uyum sağlamaya başlangıçta değil ama daha sonraları özen gösterebilirsiniz. Her hareketinizde onu düşünerek davranabilirsiniz. İşte bu noktada dikkat etmelisiniz. Çünkü karşı tarafa gösterdiğiniz ilginin dozunu arttırırsanız bir süre sonra karşınızdaki kişinin poposu kalkabilir☺

Evlilik hayatınızda son derece sadık ve uyumlu olmaya özen gösterirsiniz. İdeal bir eş olursunuz ancak eşiniz size yeterli değeri ve özeni göstermezse o zaman duygusal açlığınız oluştuğu için bir başkasına ilgi duyabilirsiniz. Sözün özü ilişkilerde başta yüz vermeyen, umursamayan siz, ilişkiye başladığınızda kendi sınırlarınızı korumalı, alma-verme dengesini kurmalı ve hak ettiğiniz değeri önce siz kendinize vermelisiniz.

İŞ – KARİYER YAŞAMINIZ

Hırslı bir yapıya sahip olmadığınız için uyum içerisinde olacağınız, ilişkilerin düzeyli olduğu işlerde kolaylıkla çalışırsınız. Siz liderin arkasındaki asıl kahraman olursunuz. Bütün işleri düzenli bir şekilde başarıyla yaparsınız. Spiritüel, şifa konusunda başarıyı yakalayabilecek yüksek bir manyetik enerjiye sahipsiniz. İkili ilişkileriniz ve aileniz, iş ve kariyer hayatınızdan daha önemli olabilir. Çocuklarınız olursa önceliğiniz çocuklarınız olabilir.

MALİ DURUMUNUZ

Para konusunda şanslı sayılabilirsiniz. Para bir şekilde size gelir. Birikim yapmanız kolay olmasa da zamanla yatırım yapmayı da öğrenirsiniz. Eli açık biri olduğunuzdan paranızı da olanaklarınızı da paylaşırsınız. Vermenin dozunu kaçırırsanız kendinize haksızlık etmiş olursunuz. Bu deneyimlerle sistem size paranızın değerini bilmenizi öğretebilir. Genel olarak maddi anlamda rahat ve konforlu bir yaşam sürebilirsiniz.

SAĞLIĞINIZ

Genellikle sağlıklı bir bünyeye sahip olursunuz. Fazla verici olup da hayal kırıklığına uğradığınız dönemlerde sinir ve sindirim sisteminiz olumsuz etkilenebilir. Durumları oldukları gibi kabul edip geçmişte bırakmak şifalanmanızı sağlar. Büyük bir olasılıkla size şifa enerjisi armağan olarak verilmiştir. Bu enerji sağlığınızı da koruyacaktır.

Analizlerimde yer alan olumsuz davranış modellerinizi olumlu davranış modellerine çevirdiyseniz bu tekâmülünüzden dolayı sizi yürekten tebrik ederim☺

EN TEMEL KORKULARINIZ

- Değersizlik Korkusu
- Sevilmeme Korkusu
- Onaylanmama Korkusu
- Güçsüzlük Korkusu
- Rezil Olma Korkusu

Yaşamınızda genellikle yukarıda bahsi geçen konular hakkında deneyimler yaşarsınız. Çünkü sizin bu dünyada vermeniz gereken sınavlar belirttiğim davranışları düzenlemek ve korkulardan arınmanızla ilgilidir. Bu durumu düzenleyene kadar benzer sınavlardan geçmeye devam edebilirsiniz. Benden söylemesi ☺. Önerim aşağıdaki olumlamaları kullanmanız ve Esma çalışmalarıyla kendinizi güçlendirmeniz. Özenle ve bilinçli olarak bu konular üzerinde çalışma yapmalısınız. Eğer söz konusu durumlar ileri boyutta ise profesyonel destek almanız çok faydalı olacaktır.

RUHSAL TEKÂMÜLÜNÜZ İÇİN YAPMANIZ GEREKENLER

- Ne çok alıcı ne çok verici olmalısınız. Kendi sınırlarınızı korumayı öğrenmelisiniz. Başkalarının sınırlarına da girmemelisiniz. Önce çok verici olup sonra kırgınlık yaşayıp geri çekilmek, karşınızdakine ters ve soğuk davranmak yerine başta dozuna göre vermelisiniz.

- Başkalarını kendinizden üstün görmemelisiniz. Kendinizi hiçe saymamalı kendinize değer vermelisiniz.
- İstediğinize "evet" istediğinize "hayır" diyebilmeli ve kendiniz için de başkalarından bir şey isteyebilmelisiniz. Sadece yapmak istediklerinizi yapmalı "aman ayıp olur, el âlem ne der?" gibi düşüncelerden uzak kalarak hiçbir şey için kendinizi mecbur etmemelisiniz.
- -meli, -malılarınızı bir kenara bırakmalı ve kalıplardan kendinizi özgürleştirmelisiniz.
- Kendinizi sürekli başkalarına sevdirmeye çalışmaktan şu an itibaren istifa edin. Kimseye kendinizi sevdirmek için özel bir çaba harcamayın. Olduğunuz gibi olun. Siz kendinizi sevip değer verin. Siz böyle olunca görün bakın sizi daha çok sevecekler☺
- Sezgilerinize güvenmeli ve onları güçlendirmelisiniz. Sezgilerinizin ışığında sağduyulu kararlar vererek hareket etmelisiniz.
- Maneviyatınızı güçlendirmeli, kendinizi aydınlatıp şifalandırırken başkalarının da yaşamlarına ışık tutmalısınız.

OLUMLAMALARINIZ

- Ben kendime hak ettiğim değeri veriyor ve kendimi çok seviyorum.
- Ben değerliyim ve her şeyin en güzelini hak ediyorum.
- Ben sevilmeye layığım önce ben kendimi seviyorum.

- Ben hoş görülüyüm, önce kendimi sonra herkesi olduğu gibi kabul ediyorum.
- Ben esnek bir yapıya sahibim ve yaşamda kendimi çok rahat hissediyorum.
- Bana armağan olarak verilen şifa enerjimi hem kendim için hem de başkaları için rahatlıkla kullanıyorum. Ben güçlü bir şifacıyım.
- Benim güçlü sezgilerim var. Ben güzel mesajlar alıyor, doğru yorumluyorum.
- Yüksek manevi güçlerimi kolayca harekete geçiriyorum.
- Yaşadığım her an ve aldığım her nefes için, sahip olduklarım ve olmaya devam ettiklerim için Rabbime daima şükrediyorum.

Not: Gün içinde olumlama yapmayın çünkü o saatlerde ego görev başındadır ve değişiminize tepki gösterebilir. Eğer olumlamaları gündüz yaparsanız, kullandığınız olumlamaların tam tersi deneyimler içerisine girebilirsiniz. Bu yüzden olumlamalarınızı sadece sabah uyandığınızda ve gece uykuya dalmadan hemen önce yapın. Bu dönemlerde beyin dalgalarınız Alfa frekansında olduğu için egonuz devre dışıdır.

ESMALARINIZ

Esmaları zikretmenizin de size çok faydası olacaktır.

- Ya Cebbar (206 kere): Daha cesur hissetmenizi ve daha girişimci olmanızı sağlar.
- Ya Kaviyy (116 kere): İradeyi güçlendirir.

- Ya Aziz (94 kere): Saygınlığınızı arttıracaktır.
- Ya Vedud (20 kere): Sevgi enerjisini yükseltir, herkes tarafından sevilmenizi sağlar.
- Ya Muhyi (68 kere): Şifa enerjinizi harekete geçirir.
- Ya Batın (62 kere): Sezgilerinizi güçlendirir.

Yukarıda size uygun olabilecek Esmalardan birkaç örnek verdim. Esmalar ile ilgili daha detaylı bilgiye, telif gelirini yardım kuruluşlarına bağışladığım "Esmaların Gizli Hazinesi" isimli kitabımdan ulaşabilirsiniz. Ayrıca aynı kitapta kendi burcunuza ait olan Esmaları seçebilir ve mucizevi güzellikleri deneyimleyebilirsiniz.

KOD 21

Örneğin 5.5.2009 tarihindeki gibi doğum tarihinizin sayı değerleri toplamı 21 çıkıyorsa sizin sayınız 21'dir.

GENEL ÖZELLİKLERİNİZ

Tüm ilişkilerinizde alma-verme dengesini tutturmalısınız. Karşınızdaki kişiye haddinden fazla verici, fedakâr davranırsanız ve ondan karşılık göremezseniz çok incinebilir, içerleyebilir ve kırılabilirsiniz. İlişkide kendinizi geri çekerek karşı tarafa duvar örebilirsiniz. Böylesi durumlar sizin yaşama ve kişilere karşı güveninizin yıkılmasına sebep olabilir. Verici olmanın dozunu ayarlamalısınız bunun kıstası kendi sınırlarınızı çiğnememeniz olmalıdır. Kesinlikle sizden bir şey istenmeden yardım etmeye kalkmamalısınız. Bırakın karşınızdaki kişiler sizden önce talepte bulunsunlar, talepten sonra yapacağınız yardım ya da destekler hak ettikleri değeri bulacaklardır. Birisi sizden yardım istediğinde önce sorun kendinize "Ben bu yardımı yaparsam ve karşımdaki nankörce davranırsa kırılır mıyım?" diye. Sevilmek dâhil herhangi bir beklentiye girecekseniz kimseye destekte bulunmamanızı öneririm.

Ne zaman ki "ben bu yardımı sadece kendimi mutlu etmek için yapıyorum, ister takdir etsin ister etmesin," diyeceksiniz işte o zaman yardım etmeye başlayabilirsiniz. Karşınızdaki kırılacak diye istemediğiniz bir şeyi de yapmayın. İstediğinize "evet", istemediğinize " hayır" deyin. Aşırıya kaçmamak şartıyla başkalarından siz de bir şeyler isteyin. Reddedilme riskine rağmen bunu mutlaka yapın. Başta reddedilseniz de bir süre sonra herkes her istediğiniz yerine getirmeye başlayacaktır. Deneyin göreceksiniz.

Siz yaşamda hizmet etmekle yükümlüsünüz ancak bu hizmet yaşam alanı için olmalıdır. Sosyal sorumluk projelerinde çalışabilirsiniz, bilgileriniz başkalarına anlatabilirsiniz. İhtiyacı olanlara ya da yardım kuruluşlarına maddi destekte de bulunabilirsiniz. İçerlemeyeceğiniz kırılmayacağınız yani beklenti içerisinde olmayacağınız kişilere destekte bulunmalısınız. Beklentisiz şekilde bol bol başkalarına destekte bulunmalısınız. Böylelikle maddi manevi, bolluk bereket sizin yaşamınızın her alanına nüfuz edecektir.

Reddedilme, istenmeme ve tercih edilmeme gibi korkuların üstesinden gelmelisiniz. Yaşamınızda özgüveninizi yüksek tutmalı ve alma-verme dengesini koruyarak yaşamda başkalarının hayatına ışık tutacak hizmetlerde bulunmalısınız. Siz dünya için özel bir ışık ve renksiniz bunu yaşama geçirmelisiniz.

Çok yaratıcı, çok becerikli, çok yönlü bir yapıya sahipsiniz. Analiz, sentez yapabilme ve çözüm odaklı düşünebilme yeteneğiniz size yaşamda çok büyük başarılar sağlayacaktır. Olayları ilişkilendirebilir yeni buluşlar ya da çıkarımlarda bulunabilirsiniz. Sizin yenilik ve yeni bakış açıları kazandırabilme gücünüzle kimsenin öngöremediği muhteşem gelişmelere, icatlara, projelere imza atabilirsiniz.

Başka insanların düşünemediklerini düşünebilmenizin, çok güzel projeler ya da eserler ortaya koyabilmenizin güçlü enerjisi size doğumunuzla hediye edilmiştir. Henüz bunları gerçekleştiremediyseniz kendi üzerinizde bazı çalışmalar yapmalısınız. Aşağıda belirttiğim öneriler sizi hedef ve arzularınıza taşıyacaktır.

Siz yüksek yaratıcılık enerjisine sahipsiniz. Sanatsal alanda ya da proje üretiminde çok başarılı olabilirsiniz. Bu enerjinizin mutlaka bir alana kanalize olması gerek. Yani ortaya bir eser koymalısınız, bu planlanan bir projeyi hayata geçirmek de olabilir, kitap yazmak, resim yapmak gibi sanatsal bir alanla da ilgili olabilir. Yüksek enerjiye sahip olduğunuz için mutlaka fiziksel egzersiz yapmanız lazım. Sporla ilgilenebilir veya dans edebilirsiniz.

Bu şekilde fiziksel ve ruhsal enerjinizi harekete geçirmeniz sizin üst enerji alanlarına çıkmanızı ve çok olumlu deneyimler yaşamanızı sağlayacaktır. Böylelikle kendinizi güçlü, özgür, enerji dolu hissedeceksiniz. Eğer bu yaratıcı enerjiyi bir alana kanalize etmez ve fiziksel aktivitelerde bulunmazsanız o zaman bu enerji bloke olabilir. O zaman da bir duyguya, kişiye ya da maddeye bağımlılık durumu ortaya çıkabilir. Daha ziyade öfke enerjisine bağımlı olabilirsiniz. İçsel bir öfke yaşayabilir ve bu sebeple öfkeleneceğiniz deneyimleri yaşamınıza getirebilirsiniz. Dışarıya karşı son derece sevecen ve sevimli bir görüntünüz olsa da eğer bağımlılık enerjisi geliştirdiyseniz yakınlarınıza karşı öfkeli ve ters davranışlar gösterebilirsiniz.

Üstesinden gelmeniz gereken bir diğer durum duygularınızı ifade etmenizle ilgili. Kırılmamak adına ya da kırıldığınızda bunu beli etmemek adına sert ve soğuk davranışlarda bulunup kalbinizin katılaşmasına izin vermemelisiniz. İncinebilme hatta en derin korkunuz olan reddedilme ihtimaline rağmen duygu ve düşüncenizi cesaret ve güvenle ifade etmelisiniz.

Kırıldığınızda kırıldığınızı söylemelisiniz. Tabii bunu yaparken ifade şekline dikkat etmelisiniz. Karşı tarafın egosuna zarar veren bir suçlama diliyle değil, bilgece ve açıkça kırıldığınızı ya da hissettiğinizi söylemelisiniz. Yani "Senin yüzünden kendimi değersiz hissediyorum," demek yerine "Bu durum içindeyken kendimi değersiz hissettim," demelisiniz. Eğer bu tespitimde isabetliysem, suçlama dilini bugün itibariyle yaşamınızdan çıkarmanızı öneririm.

Konuşmalarınız sadece durumlar ve hisler üzerine olursa tüm ilişkilerinizde uyum ve başarıyı yakalarsınız. Böylesine duygusal bir samimiyet gerçekten cesaret ister ve siz cesursunuz.

Bu şekilde davrandığınızda tüm yaşamınızı sevgi enerji kuşatacaktır. Böylelikle yaşamınıza sihirli bir değnek değmişçesine akışın huzurunu fark edeceksiniz. Çünkü siz bu ifade biçimiyle sevgi çemberi içerisine de girmiş olacaksınız ve duygularınız da rahatlıkla akışa geçtiği için blokajlarınız ortadan kalkacaktır. Bu davranışların ödülü olarak da maddi manevi, bolluk bereket yaşamınızın her alanına nüfuz edecektir.

Liderlik özelliğine sahipsiniz ve sizin istediğiniz olsun istersiniz. Söylediğiniz bir şeyi karşı taraf yapmazsa çok öfkelenebilirsiniz. Yaşamda her zaman esnek, rahat ve sakin olmakta fayda var. Öfke anlık egosal bir haz verir ve sizi yaşam başarısına taşımaz, üstelik hiç de işe yaramaz. Akıllıca olan davranış modeli; olaylara dışarıdan bakarak sağduyulu hareket etmek ve her daim sakin olmaktır. İşte bu tarz bir davranış çözüm odaklı olduğu için daima sizi başarıya taşıyacaktır. Liderlik özelliklerinizi baskı kurmadan kullanırsanız çok sayılan ve sevilen bir kişi olursunuz.

Dönem dönem özgüven eksikliğiniz olabilir. Kendi yeteneklerinize ve kendi iç gücünüze yeterli derecede inanmıyor ve güvenmiyor olabilirsiniz. Bu nedenle özgüveninizi güçlendirme konusunda çalışmalar yapmalısınız. Hata yapmaktan, rezil olmaktan korkmadan cesaretle yaşama atılmalı ve yapmak istediklerinize odaklanmalısınız. Bu durumu gerçekleştirebilecek yüksek güce sahipsiniz.

Kimsenin ne de düşüneceğine ya da ne söyleyeceğine aldırmadan doğru bildiğiniz yolda yürümeniz gerekir. Herkesin hata yapma hakkı vardır. Gerekirse bırakın hata yapın. Önemli olan aynı hatayı tekrar etmemektir. Hata yapma hakkınızı kullanın hedef, arzu ve amaçlarınız doğrultusunda yolunuzda yürüyün.

Ara sıra da depresif ruh haline girebilir kendinizi çaresiz hissedebilirsiniz. Bu aşamada kendi iç gücünüze güvenin ve silkelenip ayağa kalkın, yaşama coşkuyla sarılmaya devam edin.

Siz dünyaya hizmet vermeye ve ışık tutmaya geldiniz, depresif ruh halinde olma hakkına sahip değilsiniz☺

AŞK İLİŞKİLERİNİZ

Siz daha çok size gösterilen ilgiye âşık olursunuz. Zamanla siz de karşınızdakini daha çok önemseyebilirsiniz. Başlangıçta bağ kurmak sizin için kolay olmasa da zamanla karşınızdakine bağlanırsınız. Karşınızdaki kişi ilgisini azaltır ya da eskisi nazaran daha az ilgi gösterirse siz fazlasını almak için daha verici olmaya başlayabilirsiniz. Durum düzelmezse önceleri ilgisizliğinden şikâyetçi olduğunuzu söyleyebilir ve eleştirici konuşabilirsiniz. Durum bu şekilde de düzelmediğinde öfkelenebilir, içerleyebilir ve o kişiden uzaklaşabilirsiniz.

İlişkilerinizde beklenti içinde olabilirsiniz. Hep ilgi görmek isteyen taraf olursunuz aslında bu aşamada kendinize sormalısınız "Ben karşımdakine yeteri kadar ilgi gösteriyor muyum? Ondan beklediğim ilgiyi gibi ben de ona gösteriyor muyum?". Başta ilgi göstermeyip sonradan fazla ilgi göstermek de alma-verme dengesini bozmaktır.

İlişkilerde gözetmeniz gereken en önemli davranış beklentiye girmekten vazgeçmektir. İkincisi de karşınızdaki kişiyi istediğiniz gibi şekillendirmeye çalışmaktan vazgeçmektir. Onu olduğu gibi kabul edin, çünkü siz onu başlangıçta öyle olduğu için sevmiştiniz, değiştirirseniz o kişi sevdiğiniz kişi olmaktan çıkacaktır.

Bir diğer önemli konu da; ne hissediyorsanız olumlu dil kalıplarıyla sorunu çözmeye yönelik ifadelerle duygularınızı anlatmanız gerekliliğidir. Hisleriniz hakkında konuşun ve karşı taraftan bu konuda destek isteyin. İlişkinizdeki kişiyi hiçbir zaman yargılamayın, eleştirmeyin, suçlamayın. Öfke duygusu yaşarsanız bu durum hakkında konuşun.

İçinize atıp da olmadık bir noktada patlayıp yıkıcı davranmaktan kaçının.

Bunların üzerinden gelmişseniz ne âlâ! Gelemediyseniz ve uzun soluklu, kalıcı, güven ve sevgi dolu bir ilişkiye sahip olmak için söz konusu davranış modelleriniz üzerinde lütfen çalışın. "Ben böyleyim," demek de bir seçim elbette. Ancak bu seçim kısa süreli ve hırpalayıcı ilişkiler yaşamaya devam etmeniz anlamına gelir. Durum böyleyse, olumlu davranış modellerine sahip olmayı seçmek ve değişmek, size ilişkilerinizde tatmin duygusunu yaşatacaktır. Bu duruma ek olarak da -meli,-malıları yani kendinize ve ilişkiye koyduğunuz kuralları bir kenara bırakmanız gerekir. Bu konular üzerine çalışın, değişiminizi gerçekleştirdiğinizde gerçek bir ilişki yaşayacaksınız, ilişkimsi bir ilişki değil☺

İŞ – KARİYER YAŞAMINIZ

Liderlik özelliklerine, yöneticilik vasıflarına ve yüksek yaratıcılık enerjisine sahip olduğunuz için genellikle iş hayatınızda çok başarılı olur ve kariyerinizde yükselebilirsiniz. Muhteşem projeler üretip hayata geçirebilirsiniz. Genellikle iş hayatınızda şan şöhret sahibi olursunuz.

Adaleti gözettiğiniz takdirde daima sayılan ve sözü dinlenen bir yönetici olabilirsiniz. Saygınlık sizin için önemli bir değerdir ve genellikle de sayılan bir kişi olursunuz.

Bununla beraber içsel öfkenizi bertaraf edemezseniz insanların çekindiği hatta dengesiz bulduğu bir yönetici konumuna da gelebilirsiniz. Bu durum iş ilişkilerinizi olumsuz etkileyebilir.

Ara sıra yaşadığınız özgüven eksikliği sebebiyle bazen kendinizi geri planda bıraksanız da bir şekilde özgüveniniz yerine geldiğinde yükselişe doğru hızlı bir ivme kazanabilirsiniz.

İş hayatında kurallar genellikle faydalı olabilir, -meli, -malılarınız burada işe yarayabilir ama bu davranış modeliniz çok katı kurallar olmadığında olumlu sonuç verecektir.

Sonuç olarak iş yaşamınızda yüksek başarılar yakalama, kariyerde yükselme potansiyeline sahip olduğunuzu rahatlıkla söyleyebilirim.

MALİ DURUMUNUZ

Para sizin için önemli bir değerdir. Konforlu bir yaşam sürebilmeniz ve özgüveninizin yerinde olması için paraya çok değer verirsiniz. Parayı sevdiğiniz için genellikle de para size gelir. Para akışının dönem dönem ciddi bir şekilde kesildiği deneyimler de yaşayabilirsiniz. Böyle durumlara gelmemek için sizin maddi anlamda başka insanlara mutlaka maddi destekte bulunmanız şarttır. Bu şekilde paranın daim olarak gelişini ve artışını, bereketini sağlamış olursunuz.

Buradaki kritik nokta maddi yardımları beklentisiz yapmanızdır. Beklenti ile yaptığınız ya da yaratanla bu konuda pazarlığa girdiğiniz zaman para akışınız sekteye uğrayabilir.

Beklentisiz olarak maddi hizmetlerde bulunduğunuzda öngördüğünüz ve öngörmediğiniz çeşitli kaynaklardan size paranın aktığını göreceksiniz.

SAĞLIĞINIZ

Duygularınızı da mutlaka olumlu dil kalıpları kullanarak ifade etmelisiniz. Kendinizi ifade edemeyip duygularınızı bastırırsanız ya da duygularınızı hiçe sayarsanız, bastırılmış enerji sebebiyle ciddi kilo alabilirsiniz.

Yaratıcılık enerjisi çok güzeldir ancak bir sanat dalıyla ya da bedensel egzersizlerle aktarılmadığı zaman yüksek oranda bağımlılık enerjisi yaratır. Bu nedenle sigara, alkol gibi bir maddeye olduğu gibi öfke, endişe gibi bir duyguya da bağımlı olma potansiyeline sahipsiniz.

Eğer spor, dans gibi fiziksel bir egzersiz yapar ve sanatla da ilgilenirseniz kendinizi çok özgür, özgüvenli, güçlü ve sağlıklı hissedersiniz. Uzun yıllar boyunca da sağlıklı bir ömür sürersiniz.

Bastırılmış öfke enerjisine de sahip olduğunuz için sinir sisteminiz çok hassastır. Düzenli egzersiz programı yapmanız size gerçekten çok iyi gelecektir.

Analizlerimde yer alan olumsuz davranış modellerinizi olumlu davranış modellerine çevirdiyseniz bu tekâmülünüzden dolayı sizi yürekten tebrik ederim☺

EN TEMEL KORKULARINIZ

- Sevilmeme Korkusu
- Güvensizlik Korkusu ve Özgüven Eksikliği
- Güçsüzlük Korkusu
- Değersizlik Korkusu

- Tercih Edilmeme Korkusu
- Kendini İfade Edememe
- Anlaşılmama ya da Yanlış Anlaşılma Korkusu

Yaşamınızda genellikle yukarıda bahsi geçen konular hakkında deneyimler yaşarsınız. Çünkü sizin bu dünyada vermeniz gereken sınavlar belirttiğim davranışları düzenlemek ve korkulardan arınmanızla ilgilidir. Bu durumu düzenleyene kadar benzer sınavlardan geçmeye devam edebilirsiniz. Benden söylemesi ☺. Önerim aşağıdaki olumlamaları kullanmanız ve Esma çalışmalarıyla kendinizi güçlendirmeniz. Özenle ve bilinçli olarak bu konular üzerinde çalışma yapmalısınız. Eğer söz konusu durumlar ileri boyutta ise profesyonel destek almanız çok faydalı olacaktır.

RUHSAL TEKÂMÜLÜNÜZ İÇİN YAPMANIZ GEREKENLER

- Yaratıcılık enerjinizi mutlaka bir sanat alanına ya da projeye aktarmalısınız. Yaratıcılık enerjisi bir armağandır bu armağanın hakkını vermediğinizde içinizde bastırılmış öfke enerjisi, sıkışmışlık hissi oluşur.

- Liderlik özelliklerinizi adil ve hoşgörülü bir şekilde kullanmalısınız. Adil bir lider olarak öncülük ederken başkalarına da faydalı olmakla yükümlüsünüz.

- Alma-verme dengesini korumalısınız. Ne çok alıcı ne çok verici olmamalısınız. Başkalarının hak ve sınırlarına, kendi hak ve sınırlarınıza saygılı olmalısınız.

- İnsanlığa ve yaşama gönülden, karşılıksız hizmet etmelisiniz. Bu şekilde maddi manevi, bolluk bereket yaşamınıza akacaktır.

- -meli,-malı gibi katı kurallarınızı esnetmelisiniz. Hoşgörülü, esnek ve herkesi olduğu gibi kabul eden bir davranış modeline geçmelisiniz.

- Özellikle ilişkilerde hep karşıdan ilgi beklemekten vazgeçmelisiniz. Görmek istediğiniz ilgiyi karşı tarafa siz göstermelisiniz.

- Olumlu bir lider olarak yaşamda fark yaratmalı ve başkalarına örnek olmalısınız.

- Duygularınızı olumlu dil kalıplarıyla mutlaka ifade etmelisiniz. İçinizde öfke enerjisi de birikmemiş olacak.

- Yanlış anlaşılmaktan ya da anlaşılamamaktan korkmayıp ne düşünüyorsanız olumlu dil kalıplarıyla açıklamalısınız.

OLUMLAMALARINIZ

- Ben kendime hak ettiğim değeri veriyorum ve kendimi çok seviyorum.

- Ben değerliyim, her şeyin en güzelini hak ediyorum.

- Ben sevilmeye layığım, önce ben kendimi seviyorum.

- Ben hoşgörülüyüm, önce kendimi sonra herkesi olduğu gibi kabul ediyorum. Ben kendime ve kendi yeteneklerime çok güveniyorum. Ben özgüven sahibiyim.

- Ben yaratıcı enerjimi faydalı alanlara yönlendiriyorum.

• Ben çok yaratıcı ve yetenekliyim.

• Her zaman ve her durumda sakin ve sağduyulu hareket ediyorum.

• Duyularımın farkındayım ve duygularımı olumlu bir şekilde rahatlıkla ifade edebiliyorum.

• Ben insanlara örnek olan hakkaniyetli bir liderim.

• Ben esnek bir yapıya sahibim ve yaşamda kendimi çok rahat hissediyorum.

• Sakin ve huzurluyum.

• Yaşadığım her an ve aldığım her nefes için, sahip olduklarım ve olmaya devam ettiklerim için Rabbime daima şükrediyorum.

Not: Gün içinde olumlama yapmayın çünkü o saatlerde ego görev başındadır ve değişiminize tepki gösterebilir. Eğer olumlamaları gündüz yaparsanız, kullandığınız olumlamaların tam tersi deneyimler içerisine girebilirsiniz. Bu yüzden olumlamalarınızı sadece sabah uyandığınızda ve gece uykuya dalmadan hemen önce yapın. Bu dönemlerde beyin dalgalarınız Alfa frekansında olduğu için egonuz devre dışıdır.

ESMALARINIZ

Esmaları zikretmenizin de size çok faydası olacaktır.

• Ya Halim (88 kere) Sakinlik verir ve olaylara sağduyulu yaklaşmanızı sağlar.

• Ya Kuddüs (170 kere) Bağımlılık enerjisinden kurtarır.

- Ya Aziz (94 kere) Saygınlığınızı arttırır.
- Ya Selam (131 kere) İçinize huzur, rahatlık ve güven duygusu verir.
- Ya Musavvir (336 kere) Yaratıcılık enerjinizi kullanarak yaşamınızda somut ve çok güzel oluşumlar ortaya koymanızı sağlar.
- Ya Vedud (20kere) Herkes tarafından sevilmeniz sağlar.

Size uygun olabilecek Esmalardan birkaç örnek verdim. Esmalar ile ilgili daha detaylı bilgiye, telif gelirini yardım kuruluşlarına bağışladığım "Esmaların Gizli Hazinesi" isimli kitabımdan ulaşabilirsiniz. Ayrıca aynı kitapta kendi burcunuza ait olan Esmaları seçebilir ve mucizevi güzellikleri deneyimleyebilirsiniz.

KOD 22

Örneğin 5.6.2009 tarihindeki gibi doğum tarihinizin sayı değerleri toplamı 22 çıkıyorsa sizin sayınız 22'dir.

GENEL ÖZELLİKLERİNİZ

Siz yüreği çok güzel olan yardımsever bir insansınız. Faydalı olmayı yaşamınızda öncelik belirliyorsunuz. Sevilmek ve değer görmek sizin için çok önemli. Bununla beraber sevilmek adına kendinizden çok verebilirsiniz böylesine fazla özverili davranışlar sonrasında hayal kırıklığına da uğrayabilirsiniz. Bu yaşama karşı genel güven duygunuzun ciddi bir şekilde sarsılmasına sebep olabilir.

Güveniniz kırılsa bile başka bir benzer durumda aynı özveriyi yine göstermeye kalkabilirsiniz, hatalarınızı tekrar etmeye devam edebilirsiniz. Eğer bıçak kemiğe dayanırsa agresif bir davranışa bürünebilir kendinizi tamamen her türlü vermeye karşı geri çekebilirsiniz. Bu nedenle bu davranış modeli üzerinde kesinlikle durmanızı öneririm.

Sizin üstesinden gelmeniz gereken davranış modeli alma-verme dengesiyle ilgilidir. Çünkü bu dengeyi kurarsanız yaşamda başarıyı yakalayabilmeniz mümkün olacaktır.

Alma-verme dengesini kurmanız zaman alabilir ama bunu durumu dengelemekle yükümlüsünüz. Siz çok fazla verici, fedakâr ve iyi niyetli olabilirsiniz, ancak bu durum kendinize haksızlık etmenize de sebep olabilir. Karşınızdaki kişilere destek olmak adına kendinizden çok verir, hayal kırıklığına uğrar, incinir sonra da bıçak kemiğe dayandığında birden tüm desteğiniz çekebilirsiniz. O zaman da fazla alıcı olma tarafına geçebilir ve hep kendi istediğiniz olsun diye kaprisli davranışlar sergileyebilirsiniz. İkisi de doğru değildir. Dengeyi kurmak ve sınırları belirlemek gerekir. Dinlerde "Kul" hakkı denen bir durum vardır. Kul hakkı sadece karşınızdakinin hakkı değildir hatta öncelikli olarak sizin hakkınızdır. Çok fazla fedakâr, verici davranarak kendinizden taviz veriyorsanız o zaman da kendi kul hakkınızı çiğnemiş oluyorsunuz.

Bu dengeyi oturtmanız için öncelikle yapmanız gerekenler şunlardır: Birisi sizden bir şey istemeden yardım etmeye kalkmamalısınız. Bırakın istesin. İstendiğinde verdiğiniz destek ya da yardım hak ettiği değeri görecektir. Diyelim ki sizden biri bir şey istedi o zaman kendinize de şu soruyu sormalısınız: "Ben destekte bulunursam sevilmek ve değer görmek dâhil bir beklenti içine girer miyim?" Eğer yanıtınız "evet ben beklenti içerisine girerim ve nankörlükle karşılaşırsam da hayal kırıklığına uğrar, incinirim," diyorsanız istenen desteği vermemeniz gerekiyor. Ta ki "ben bu iyiliği yapıyorum, ister takdir etsin ister etmesin. Ben bu iyiliği kendimi mutlu etmek için yapıyorum," dediğiniz güne kadar artık fedakârlığı bırakmanız gerekir. Çünkü bu dengeyi kuramadığınız sürece hayal kırıklıkları peşinizi bırakmayabilir.

İstediğiniz şeye "evet" istemediğinize de "hayır" demeyi kesinlikle öğrenmeniz gerekiyor. Sınırlarınız olmalı ve sınırlarınızı işgal etmeye kalkan olursa da "dur" diyebilmelisiniz. Başkaları kırılmasın diye kendinize duygusal zararlar verirseniz öz benliğinize haksızlık etmiş olursunuz. Bu konuya dikkat etmelisiniz.

Başkalarından bir şey istemesini öğrenmelisiniz, nasıl ki başkaları sizden istiyorsa siz de bu dengeyi korumalısınız. "Ben kimseden bir şey isteyemem," demek gibi bir hakkınız olmamalı öz benliğinize karşı. Elbette isteme konusunu da abartmamalı ve siz de başkalarının sınırlarını çiğnememelisiniz.

Arabuluculuk özelliğiniz çok yüksek, dargınları barıştırabilir, anlaşmazlıklara adaletli çözümler getirebilirsiniz. Bu çok güzel bir şey ama sizden istenilmeden başkalarının aralarını bulmaya kalkmayın. Sınırlarınızı her zaman belirleyin ve koruyun.

Siz çok iyi bir ortak ve eş olursunuz. Adaleti gözetmeye özen gösterirsiniz ancak kendi kendinize daha fazla sorumluluk yüklenir ve karşı tarafın işleri gevşek tutmasına sebebiyet verirseniz dengeler yine bozulabilir. Siz sizin gibi bir kişiye rastlarsanız harika, son derece uyumlu bir yaşam sürersiniz.

Sizin gibi olmayan sizden almaya ya da size sorumluluk yüklemeye meyilli birileriyle işbirliği içinde olursanız en başta görev ve iş paylaşımlarını yapmanızı öneririm. Size iyi bir insan denmesi için gereğinden fazla sorumluluk almamalısınız. Önce başkalarının sorumluluklarını yüklenip sonra da onlara bu konuda içerlememek için dengeleri kurmaya özen göstermelisiniz.

Yaşadıklarınızdan dersler alarak yolculuğunuza devam ediyorsanız çok başarılı olabilirsiniz. Bunu söylüyorum çünkü deneyimlerden ders çıkartamıyor olabilir ve davranışlarınızı doğru bularak inatla aynı şekilde sürdürüyor olabilirsiniz. Size mutluluğu duygu ve düşünce dengesini kurmak getirecektir.

Eğer fevri ve olumsuz tepkisel davranıyorsanız o zaman düşünmeden hareket ediyorsunuz demektir. Yaşamda başarıyı ıskalıyorsanız bu davranışlarınız yüzünden olabilir. Duygu ve düşünce dengesi oturmalı, her zaman sağduyulu davranmalı, sakin ve sabırlı olmalısınız. Yoksa pişmanlık duyacağınız deneyimleri kendinize yaşattırmaya ve acı çekmeye devam edersiniz.

Sabır sizin için çok önemli. Hatırlayın bir bebek anne karnında 9 ay 10 günde oluşuyor hemen istediğimizde çıkamıyor. Her isteğin bir oluşum süresi olduğunu kabul edip, oluşum süresine kadar ki süreyi de yaşamdan zevk alarak geçirmelisiniz.

Bir kere yaşamdan zevk almayı ve anda kalabilmeyi öğrenmeniz şart. Yemek yemeği bile bir görev gibi addediyor olabilirsiniz. Ağzınıza attığınız her lokmanın tadını çıkarmaya özen gösterin.

-meli, -malı gibi kuralları ve sınırları bırakmalısınız. "İnsanlar şöyle davranmalı," vb. düşünce kalıplarından sıyrılmalısınız. Önce kendinize sonra da başkalarına karşı esnek ve hoşgörülü olup, kendiniz dâhil herkesi olduğu gibi kabul etmelisiniz. Kimseyi değiştirmeye çalışmamalısınız. Çünkü kişi istemeden hiçbir şekilde değişmez☺

Rahat olun, beklentisiz olun, serbest bırakın ve akışta kalın☺ Tabii bu durumu abartıp tembellik, atalet alanına da kaymayın çünkü bu duruma da yatkınlığınız var☺

Rahat olun derken önceliklerinizi belirlemeyi ya da yaşamınızı planlamayı bırakın demiyorum. Elbette yaşamınızı planlamalı, planları küçük hedeflere bölmeli, sabırlı bir şekilde adım adım hedeflerinize ulaşmalısınız. Planlarınızı gözünüzde büyütmeden, işlerinizi ertelemeden yapıp sonuçlandırın. Sonunda da kendinizi her zaman ödüllendirmenizi öneririm.

Çünkü büyük bir ihtimalle başkalarını ya da işlerinizi kendinizin önüne koyuyor ve kendinize eza ediyorsunuz. Artık içinizdeki çocuğa öncelik vermelisiniz. Onu ödüllendirip, takdir edip mutlu etmelisiniz.

Bazen çok merhametli olabilirsiniz. Affetmeye yatkınsınız bu alanda ancak sınırlarınız çiğnendiğinde "yeter artık" diyebilirsiniz ve bu sefer de çok keskin ve katı davranabilirsiniz. Fakat ikisi de doğru değil. Denge çok önemli merhametiniz de dengeli olmalı ve kendinize de merhamet göstermelisiniz.

Çevreye ve el âlemin sizin hakkınızda düşüneceklerine haddinden fazla önem veriyor olabilirsiniz. Rezil olma, küçük düşme, değer görememe gibi korkular duyuyor olabilirsiniz. Zihninize şu bilgiyi yerleştirin, çok rahatlayacaksınız: Herkes sizi sevmek zorunda değil, herkes sizi takdir etmek zorunda değil, siz sizin için doğru ve hak olanı gözetin, siz kendinizi sevin, kendinize değer verin ve dengeyi kurun. Sezgilerinize güvenin, sağduyu ile hareket edin. Hem kendinize hem de çevrenizdekilere ilham verin. Bu enerjiler siz de mevcut. Neşeli bir yaşam kurun kendinize. Merkezinizde kalıp kutup olun ve bir mıknatıs gibi kendinize çekin olumlu kişileri ve deneyimleri, başkalarına çekilen olmayın.

AŞK İLİŞKİLERİNİZ

Sizin yaşamda en çok takıldığınız nokta ikili ilişkilerdir. Bunun sebebi de yukarıda bahsettiğim alma-verme dengesi ile ilgili durumların oluşturduğu sonuçlardır. Başlangıçta seven taraf olmayabilirsiniz ama size gösterilen ilgi sonrası sevmeye başlayabilirsiniz. Sevdiğiniz an itibariyle de özverili davranışlarınız artabilir ve kendinizden çok vermeye başlayabilirsiniz.

Karşı taraf bir süre sonra size eskisi kadar ilgi göstermeyebilir. Çünkü kendinizi "çantanda keklik" konumuna getirmişsinizdir. Sonra kendinize acımaya başlayabilir, kurban psikolojine girebilir ve "zavallı ben" modeliyle ilişkinizi sürdürmeye devam edebilirsiniz.

Canınız çok yandığında birden karşınızdakinden soğur ve belki hiç konuşmadan ondan uzaklaşabilirsiniz. Böyle bir ilişkinin sonucuna bakınca her ne kadar karşı tarafı suçlasanız bile aslında ilişkiyi bu davranış modeliyle siz bitirdiğinizi fark etmelisiniz. Alma-verme dengesini bozmanız neredeyse kesinliği belli bir sonuca sizi hazırlamış olur. Daha sonraki ilişkilerinizde de aynı şekilde inatla davranmaya devam etme olasılığınız yüksek olabilir.

Einstein'ın bir sözünü size hatırlatmak isterim "Aynı tarz davranışlardan farklı sonuçlar beklemek aptallıktır"☺

Çok derin bir duygusallığınız olmayabilir. İlişkilerde arada bir girdiğiniz depresif ve hırçın durum da duygusal derinlikten çok egonuzun tepkisidir. Size söylenenleri duygusal eleştiri olarak değil, daha ziyade kişiliğinize yönelik olumsuz bir davranış olarak algılayabilirsiniz. Olayları kişiselleştirip dışarıdan bakamayabilirsiniz. Kendi duygularınızın bile aslında farkında olamayabilirsiniz çünkü sizin için hayatta -meli, -malılar olabilir.

İŞ – KARİYER YAŞAMINIZ

Siz çok iyi bir çalışan olursunuz. Liderlik özelliklerine sahip olmadığınız için lider konumundaki kişinin en büyük desteği siz olursunuz. Bununla beraber çalıştığınız ortamda kendinizi rahat, huzurlu ve özgüveninizin de yerinde olduğunu hissetmeniz çok önemli. Gergin, stresli ve suçlama dilinin kullanıldığı iş yerlerinde endişeli ve gerin olabilirsiniz. Bu stresi de yönetemeyebilirsiniz.

Böyle ortamlarda hata yapmaktan korktukça üst üste hata yapabilirsiniz. Unutkanlığınız ve kafa karışıklığınız artabilir. Sevgi odaklı bir yapınız olduğu için iş hayatının getirdiği ilişkilerde bocalayabilirsiniz. Bu yüzden profesyonel iş yaşantısının davranışları hiç size göre gelmeyebilir. İşte burada akıllıca davranıp, çözüm odaklı düşünüp iş arkadaşlarınızla, özel arkadaşlığı ayırmalısınız. İş yerindekiler dostlarınız değil sadece iş arkadaşınızdır ve orada kurulması gereken iletişim iş odaklı olmalıdır.

Kendinizi sevdirmekten vazgeçin, başkalarının sizi takdir etmesini beklemekten de vazgeçin, siz sadece işinizi yapın ve profesyonel ilişkiler kurun. Bu ilişkileri de özel hayatınıza taşımayın derim.

Kendinizi rahat ve özgüvenli hissettiğiniz her iş ortamında gerçekten çok başarılı olursunuz.

MALİ DURUMUNUZ

Para sizin için güvenliği sağlayan bir unsurdur. Siz parayı sevdiğiniz sürece ve başkalarına da paranızla destek verdiğiniz sürece para size her zaman akacaktır.

Aslında para konusunda şanslısınız ancak size gelen parayı kullanırken de alma-verme dengesini ihlal ederseniz bir dönem paranın değerini anlamanız için maddi anlamda zorlu bir deneyime tabi olabilirsiniz. İhtiyacı olan kişilere mutlaka maddi destekte bulunmalısınız. Ancak sırf sevilmek ve değer görmek arzusuyla çevrenize borç vermemeye de özen göstermelisiniz. Vereceğiniz zaman da geri ödeme yapılmayacağı ihtimalini göze alarak maddi destekte bulunmalısınız. Siz genellikle maddi anlamda konforlu bir yaşam sürersiniz.

SAĞLIĞINIZ

Genellikle son derece sağlıklı ve kuvvetli bir bedene sahip olursunuz. Gerilim olduğu çatışma ortamları sizin sinir sisteminizi olumsuz etkiler. Panik, endişe, hata yapma korkusu, pişmanlık duyguları psikolojinizi bozabilir.

İleri boyutta da kalp ile ilgili sorunlara neden olabilir. Bununla beraber stres yönetimini öğrenip yaşamınıza geçirdiğinizde ise her zaman sağlıklı bir ömür sürersiniz.

Analizlerimde yer alan olumsuz davranış modellerinizi olumlu davranış modellerine çevirdiyseniz bu tekâmülünüzden dolayı sizi yürekten tebrik ederim☺

EN TEMEL KORKULARINIZ

- Rezil Olma Korkusu
- Pişman Olma Korkusu
- Değersizlik Korkusu
- Sevilmeme Korkusu
- Güçsüzlük Korkusu

Yaşamınızda genellikle yukarıda bahsi geçen konular hakkında deneyimler yaşarsınız. Çünkü sizin bu dünyada vermeniz gereken sınavlar belirttiğim davranışları düzenlemek ve korkulardan arınmanızla ilgilidir. Bu durumu düzenleyene kadar benzer sınavlardan geçmeye devam edebilirsiniz. Benden söylemesi☺.

Önerim aşağıdaki olumlamaları kullanmanız ve Esma çalışmalarıyla kendinizi güçlendirmeniz. Özenle ve bilinçli olarak bu konular üzerinde çalışma yapmalısınız. Eğer söz konusu durumlar ileri boyutta ise profesyonel destek almanız çok faydalı olacaktır.

RUHSAL TEKÂMÜLÜNÜZ İÇİN YAPMANIZ GEREKENLER

• Önce ne yapmalısınız biliyor musunuz "insanların sizi sevme beklentisinden istifa etmelisiniz". Kimseye kendinizi sevdirmek durumunda değilsiniz. Bırakın sevmesinler siz sadece zaten özü iyi ve güzel olan kendiniz olun. Sizi doğallığınızla sevmiyorlarsa bu karşı tarafın sorunudur. Lütfen artık haddinden fazla özverili olmayın. Kendi değerinizi bilin. Göreceksiniz ki insanlar sizi o zaman önce sayacaklar sonra da sevecekler.

• Ne çok alıcı ne çok verici olmalısınız. Kendi sınırlarınızı koruyup başkalarının sınırlarına da girmemelisiniz. Önce çok verici olup sonra kırgınlık yaşayıp geri çekilmek, sonra da karşınızdakine ters ve soğuk davranmak yerine başta dozuna göre davranmalısınız.

• Başkalarını kendinizden üstün görmemelisiniz. Kendinizi hiçe saymamalı kendinize değer vermelisiniz.

• İstediğinize "evet" istediğinize "hayır" diyebilmeli ve kendiniz için de başkalarından bir şey isteyebilmelisiniz. Sadece yapmak istediklerinizi yapmalı "aman ayıp olur, el âlem ne der," gibi düşüncelerden uzak kalarak hiçbir şey için kendinizi mecbur etmemelisiniz.

• Duygularınızı incelemeli, fark etmeli ve duygularınızı olumlu alanlara aktarmalısınız.

• İşleri gözünüzde büyütmemeli, hedeflerinizi küçük planlara bölmeli, adım adım ilerlemelisin. Böylelikle kafanız karışmayacaktır.

• Olayları kişiselleştirmemeli, her zaman durumlara dışarıdan bakmalı ve çözüm odaklı düşünmelisiniz.

- Değişime direnç göstermemelisiniz, size doğru geliyor diye işe yaramayan davranış modellerine inatla yapışmamalısınız
- -meli, -malı gibi özellikle toplumun dayattığı bilinçaltınızda yer alan kalıplardan kurtulmalısınız

OLUMLAMALARINIZ

- Öncelikle kendimi seviyor ve değer veriyorum. Doğal olarak da insanlar da beni sevip bana değer veriyor.
- Her zaman, her durumda sakin, sağduyulu hareket ediyorum.
- Ben hoşgörülüyüm. Kendimi ve herkesi olduğu gibi kabul ediyorum.
- Ben esnek bir yapıya sahibim ve yaşamda kendimi çok rahat hissediyorum.
- Kendi duygularımın farkındayım ve duygularımı çözüm odaklı bir şekilde yönlendiriyorum.
- Zihnim her durumda net ve berrak, ben zihnime çok güveniyorum.
- Her işe kolaylıkla, planlayarak başlıyorum, işler gözüme çok kolay gözüküyor.
- Hafızam çok kuvvetli her şeyi kolaylıkla öğreniyor ve hatırlıyorum.
- Yaşadığım her an ve aldığım her nefes için, sahip olduklarım ve olmaya devam ettiklerim için Rabbime daima şükrediyorum.

Not: Gün içinde olumlama yapmayın çünkü o saatlerde ego görev başındadır ve değişiminize tepki gösterebilir. Eğer olumlamaları gündüz yaparsanız, kullandığınız olumlamaların tam tersi deneyimler içerisine girebilirsiniz. Bu yüzden olumlamalarınızı sadece sabah uyandığınızda ve gece uykuya dalmadan hemen önce yapın. Bu dönemlerde beyin dalgalarınız Alfa frekansında olduğu için egonuz devre dışıdır.

ESMALARINIZ

Aşağıdaki Esmaları zikretmenizin de size çok faydası olacaktır.

- Ya Kaviyy (116 kere): Yüksek irade ve güç verir.
- Ya Selam (131 kere): İçinize huzur, rahatlık ve güven duygusu verir.
- Ya Vedud (20 kere): Herkes tarafından sevilmeyi sağlar.
- Ya Aziz (94 kere): Saygınlığınızı arttıracaktır.
- Ya Cebbar (206 kere): Azimli olmanızı ve tuttuğunuz koparmanızı, cesur olmanızı sağlar.

Size uygun olabilecek Esmalardan birkaç örnek verdim. Esmalar ile ilgili daha detaylı bilgiye, telif gelirini yardım kuruluşlarına bağışladığım "Esmaların Gizli Hazinesi" isimli kitabımdan ulaşabilirsiniz. Ayrıca aynı kitapta kendi burcunuza ait olan Esmaları seçebilir ve mucizevi güzellikleri deneyimleyebilirsiniz.

KOD 23

Örneğin 5.7.2009 tarihindeki gibi doğum tarihinizin sayı değerleri toplamı 23 çıkıyorsa sizin sayınız 23'tür.

GENEL ÖZELLİKLERİNİZ

Çok zekisiniz. Hemen her şeyi rahatlıkla öğrenir ve idrak edersiniz. Pratik zekâlı ve hazır cevapsınız. Hafızanız da çok güçlü. Tüm bunlara rağmen siz kendinize yeterli derecede güvenmeyebilirsiniz ve bu nedenle kendinize hak ettiğiniz değeri de vermiyor olabilirsiniz. Duygu ve düşüncelerinizi rahatlıkla ifade edemiyor olabilirsiniz. Bunun sebebi çatışmaya girmekten duyduğunuz korku olabilir. Bu nedenle kendiniz olamıyor, inandığınız şekilde görünmeye çalışıyor olabilirsiniz. Maskeleriniz ya da rol kimlikleriniz olabilir.

Kendinizi özgür hissedemiyor olabilirsiniz. Özgür yaşamayı istemekle beraber özgür hissedemeyeceğiniz meslekler ya da eşler seçebilirsiniz. Bu durumları da aslında kendiniz oluşturabilirsiniz. Hem sorumluluk istemiyor hem de sorumlulukları kendi üzerinize aslında siz alıyorsunuz. Bu tür durumlar içsel öfke oluşturmanıza sebep olabilir. Sonra da özgürlüğünüzü kısıtladığını düşündüğünüz kişileri suçlayabilirsiniz.

Sizi kısıtlayacak, çok sorumluluk yükleyecek bir iş seçebilirsiniz. Erken yaşta evlenebilirsiniz. Eşinize bukalemun gibi uyum sağlayabilir ve onun etkisinde kalabilirsiniz. Bu şekilde de kendi özgürlüğünüzü sabote edebilirsiniz.

Bir tarafınız özgür olmak isterken diğer tarafınız özlem duyacağınız koşulları yaşamınıza getirebilir. Güvenlik alanı sizin için çok önemli olduğundan özgürlüğünüzden feragat edebilir sonra da kendinizi mutsuz ve çaresiz hissedebilirsiniz.

Özgürlük anlayışınızı değiştirmeniz gerekir. Özgürlük istediğiniz yapmak, kafanızın estiği gibi davranmaktan çok içsel korkularınızdan, endişelerinizden, düşünsel kalıplarınızdan ve özellikle kendinize duyduğunuz itimat eksikliğinden kurtulmanızdır. Bu şekilde rol yapmaktan, maskelerden kurtulur kendindiniz olup ve gerçek özgürlüğe kavuşursunuz.

Ketum bir davranış modeliniz olabilir. İnsanlara güvenmediğiniz için duygu ve düşüncelerinizi saklayabilirsiniz. Sizin için duygu ve düşünceleri olduğu gibi ifade etmek kolay değildir ama mutlaka duygularınızı ifade etmeyi öğrenmelisiniz. Bazen iş birliği yapmak isterken bazen de şüpheciliğinizle iş birliği yapmaktan kaçınabilirsiniz. Duygularınızı bastırmak sağlığınızı olumsuz etkileyebilir. Duygu ve düşüncelerinizi ifade edebilmeniz için önce özgüven ve güven enerjisinin yaşamınıza girmesine izin vermeniz gerekir. Yaşamın akışına güvenmelisiniz. Her ne oluyorsa sizin adınıza en hayırlı şekilde oluşacağına inanmalısınız. Böylelikle yaşam karşınıza güvenilir insanları ve deneyimleri getirecektir. En önemlisi de kendi yeteneklerinize ve iç gücünüze güvenmelisiniz. Özgüveniniz tam olmalı. Ama bu balondan bir özgüven değil gerçek özgüven olmalı.

Çünkü zaman zaman kendinize çok güvenip sonra bir anda güveninizi kaybediyor olabilirsiniz, tam başarıya ulaşacakken kendinizi sabote ediyor olabilirsiniz. Bazen "ben her şeyi yapabilirim," derken bazen de "benim bunu yapacak gücüm yok," diyebilirsiniz. Özgüveniniz yükseldiği zaman kendinizi ortaya koyacak şekilde duygu ve düşüncelerinizi çok güzel bir içimde ifade edebilir ve insanları konuşmalarınızla etkileyebilirsiniz.

Sizin bu yaşamdaki en önemli çalışmanız gereken konulardan bir diğeri alma-verme dengesini kurmaktır. Dengeli bir biçimde yaşama hizmet vermek, adaletli ve arabulucu olmanız hem kendi mutluluğunuza hem de başkalarının mutluluğuna katkıda bulunmaktır.

Alma-verme dengesini kurmanız zaman alabilir ama bu durumu dengelemekle yükümlüsünüz. Siz çok fazla verici, fedakâr ve iyi niyetli olabilirsiniz ama bu kendinize haksızlık etmenize de sebep olabilir. Karşınızdaki kişilere destek olmak adına kendinizden çok verir, hayal kırıklığına uğrar, incinir sonra da bıçak kemiğe dayandığında birden tüm desteğinizi çekebilirsiniz. O zaman da fazla alıcı olma tarafına geçebilir ve hep kendi istediğiniz olsun diye kaprisli davranışlar sergileyebilirsiniz. İkisi de doğru değildir. Dengeyi kurmak ve sınırları belirlemek gerekir.

Dinlerde "kul hakkı" denen bir durum vardır. Kul hakkı sadece karşınızdakinin hakkı değildir, sizin de hakkınızdır. Hatta öncelikli olarak sizin hakkınızdır. Çünkü çok fazla fedakârlık yapıp kendinizden veriyorsanız o zaman da kendi "kul hakkınızı" çiğnemiş oluyorsunuz.

Bu dengeyi oturtmanız için yapmanız gereken şudur: Birisi sizden bir şey istemeden yardım etmeye kalkmayın. Bırakın istesinler. İstenildiğinde verilen destek ya da yardım hak ettiği değeri görür.

Diyelim ki sizden biri bir şey istedi o zaman da lütfen kendinize şu soruyu sorun: "Destekte bulunursam sevilmek ve değer görmek dâhil bir beklentiye girer miyim?" Eğer yanıtınız "Evet beklenti içerisine girer ve nankörlükle karşılaşırsam da hayal kırıklığına uğrar, incinirim," ise talebi yerine getirmemeniz gerekir. Ta ki "Ben bu iyiliği yapıyorum, ister takdir etsin, ister etmesin, kendimi mutlu etmek için yapıyorum," diyeceğiniz güne kadar. Bu dengeyi kuramadığınız sürece hayal kırıklıkları, peşinizi bırakmayabilir.

İstediğiniz şeye "evet" istemediğiniz şeye de "hayır" demeyi kesinlikle öğrenmeniz gerekir. Sınırlarınız olmalı ve sınırlarınızı işgal etmeye kalkan olursa da "dur" diyebilmelisiniz.

Başkaları kırılmasın diye kendinizi kırmayı göze almayın. Aksi takdirde kendi öz benliğinize haksızlık etmiş olursunuz. Bu konuya dikkat etmelisiniz.

Nasıl ki başkaları sizden bir şey istiyorsa bu siz de başkalarından bir şey istemeyi öğrenmelisiniz ki dengeyi koruyabilin. Öz benliğinize karşı "Ben kimseden bir şey isteyemem," demek gibi bir hakkınız olmamalı. Elbette isteme konusunu da abartmayıp başkalarının sınırlarını da aşmamalı.

Ailenize ve varsa özellikle de çocuklarınıza çok düşkün olabilirsiniz. Başlarına bir şey gelmesinden ve sağlıkla ilgili olumsuz durumların oluşmasından yüksek oranda endişe duyabilirsiniz. Bu endişeleri yenmeli kendi canınızı da sevdiklerinizin canını da Allah'a emanet ederek güven duygusunu hissetmelisiniz.

AŞK İLİŞKİLERİNİZ

Özgürlüğünüze düşkün olmanıza rağmen ihtiyaç duyduğunuz güvenlik alanınız için erken yaşta evlenebilirsiniz. Sizi kısıtlayan uzun süreli ilişkiler de seçebilirsiniz. Uyumu sağlamak ve korumak için kendi duygu ve düşüncelerinizi ifade etmeden eşinizin duygu ve düşüncelerine göre bir yaşam seçebilirsiniz. Başta size kolay gelen ve sorumluluk almamanızı sağlayan bu durum bir süre sonra içinizdeki özgür olma isteği ile çatışabilir.

Bu durum sizi mutsuz edebilir ancak güvenlik alanını terk etmemek adına bu duygularınızı içinize atabilir ve sanki eşinize her şey yolundaymış gibi görünebilirsiniz. Bu durumu sürdürdüğünüz sürece mutsuz bile olsanız uzun ömürlü bir beraberliğiniz olabilir.

İŞ – KARİYERİNİZ YAŞAMINIZ

Özgür olma isteğinize rağmen geleceğinize güvenle bakmak adına uzun yıllar aynı işte çalışabilirsiniz. İş değiştirme isteğinize rağmen bunu kolay yapamayabilirsiniz. Çok iyi bir çalışan olabilirsiniz. Verilen sorumlulukları en güzel şekilde yerine getirmeye özen gösterisiniz. Üstleriniz de sizden memnundur çünkü itiraz etmeden söyleneni yaparsınız. Bu durumun böyle olması gerektiğine kendinizi inandırırsınız. Ketum yapınızdan dolayı iş arkadaşlarınız ve üstleriniz sizin ne hissettiğiniz anlayamayabilirler.

MALİ DURUMUNUZ

Çalışsanız da çalışmasanız da para bir şekilde size gelir. Belki çok konforlu yaşayamayabilirsiniz ama parasız da kalmazsınız. Aileden miras yoluyla size mal mülk kalabilir. Zaten sizin için de belirli bir standartta olmak ve güvenli alanınızı koruyup sürdürmek önemlidir. Bilinçaltı düzlemde çok paranın getireceği sorumluluktan korkabilirsiniz ve bu yüzden çok paranın size gelmesine engel olabilirsiniz.

SAĞLIĞINIZ

Sizin mutlaka duygu ve düşüncelerinizi ifade etmeniz gerekir. Eğer duygu ve düşüncelerinizi ifade edemezseniz huzursuzluk, bastırılmış öfke, hayal kırıklığı yaşayabileceğiniz gibi ifade merkezi olan boğazınızla ya da tiroit bezlerinizle ilgili problemler yaşayabilirsiniz. Bunun dışında gerçekten çok sağlam bir bünyeye sahipsiniz. Kolay kolay rahatsızlıklardan etkilenmeyebilirsiniz.

Analizlerimde yer alan olumsuz davranış modellerini, olumlu davranış modellerine çevirdiyseniz bu tekâmülünüzden dolayı sizi yürekten tebrik ederim☺

EN TEMEL KORKULARINIZ

- Esaret Korkusu (Özgür Olamama)
- Güvensizlik Korkusu ve Özgüven Eksikli
- Pişman Olma Korkusu
- Değersizlik Korkusu
- Güçsüzlük Korkusu
- Sorumluluk Alma Korkusu, Kaybetme Korkusu
- Anlaşılamama veya Yanlış Anlaşılma Korkusu

Yaşamınızda genellikle yukarıda bahsi geçen konular hakkında deneyimler yaşarsınız. Çünkü sizin bu dünyada vermeniz gereken sınavlar belirttiğim davranışları düzenlemek ve korkulardan arınmanızla ilgilidir. Bu durumu düzenleyene kadar benzer sınavlardan geçmeye devam edebilirsiniz. Benden söylemesi ☺. Önerim aşağıdaki olumlamaları kullanmanız ve Esma çalışmalarıyla kendinizi güçlendirmeniz. Özenle ve bilinçli olarak bu konular üzerinde çalışma yapmalısınız. Eğer söz konusu durumlar ileri boyutta ise profesyonel destek almanızın çok faydası olacaktır.

RUHSAL TEKÂMÜLÜNÜZ İÇİN YAPMANIZ GEREKENLER

- Kendiniz olma özgürlüğüne erişin. Bunun için çatışmaya girmekten kaçınmadan olumlu dil kalıplarıyla kendi duygu ve düşüncelerinizi ifade etmelisiniz.
- Allah'ın size bağışladığı akla, zekâya, yeteneklere güvenmelisiniz ve kendi öz değerinize sahip çıkmalısınız.

• Ne çok alıcı ne de çok verici olmalısınız. Kendi sınırlarınızı koruyup başkalarının sınırlarına da girmemelisiniz. Önce çok verici olup sonra kırgınlık yaşayıp geri çekilmek, karşınızdakine ters ve soğuk davranmak yerine başta dozuna göre vermelisiniz.

• Kendinizi hiçe saymamalısınız. Başkalarını kendinizden üstün görmemelisiniz. Kendinize değer vermelisiniz.

• İstediğinize "evet" istediğinize "hayır" diyebilmeli ve kendiniz için de başkalarından bir şey isteyebilmelisiniz. Sadece yapmak istediklerinizi yapmalısınız. "Aman ayıp olur, el âlem ne der," gibi düşüncelerden uzaklaşmalısınız. Hiçbir şey için kendinizi mecbur etmemelisiniz.

OLUMLAMALARINIZ

• Ben kendime ve kendi yeteneklerime çok güveniyorum. Ben özgüven sahibiyim.

• Ben kendimi her zaman ve her yerde özgür hissediyorum. Ben özgürüm.

• Ben duygu ve düşüncelerimi her zaman ve herkesin yanında olumlu dil kalıpları kullanarak ifade ediyorum.

• Yaşamın akışına güveniyorum. Her ne oluyorsa hakkımda hayırlısının olduğunu biliyor ve buna inanıyorum.

• Ben geleceğime güvenle bakıyorum.

• Ben cesaretle yaşamı kucaklıyor ve özgürce yaşıyorum.

• Yaşadığım her an ve aldığım her nefes için, sahip olduklarım ve olmaya devam ettiklerim için Rabbime daima şükrediyorum.

Not: Gün içinde olumlama yapmayın çünkü o saatlerde ego görev başındadır ve değişiminize tepki gösterebilir. Eğer olumlamaları gündüz yaparsanız, kullandığınız olumlamaların tam tersi deneyimler içerisine girebilirsiniz. Bu yüzden olumlamalarınızı sadece sabah uyandığınızda ve gece uykuya dalmadan hemen önce yapın. Bu dönemlerde beyin dalgalarınız Alfa frekansında olduğu için egonuz devre dışıdır.

ESMALARINIZ

Esmaları zikretmenizin de size çok faydası olacaktır.

• Ya Halim (88 kere): Sakinlik verir ve olaylara sağduyulu yaklaşmanızı sağlar.

• Ya Kuddüs (170 kere): Bağımlılık enerjisinden kurtarır.

• Ya Selam (131 kere): İçinize huzur, rahatlık ve güven duygusu verir.

• Ya Muhyi (68 kere): Şifa enerjisini harekete geçirir.

• Ya Batın (62 kere): Sezgilerinizi güçlendirir.

Size uygun olabilecek Esmalardan birkaç örnek verdim. Esmalar ile ilgili daha detaylı bilgiye, telif gelirini yardım kuruluşlarına bağışladığım "Esmaların Gizli Hazinesi" isimli kitabımdan ulaşabilirsiniz. Ayrıca aynı kitapta kendi burcunuza ait olan Esmaları seçebilir ve mucizevi güzellikleri deneyimleyebilirsiniz.

KOD 24

Örneğin 5.8.2009 tarihindeki gibi doğum tarihinizin sayı değerleri toplamı 24 çıkıyorsa sizin sayınız 24'tür.

GENEL ÖZELLİKLERİNİZ

Siz mükemmeli arayan bir duygu durumuna sahip olabilirsiniz. Bu da sizin sürekli eleştirici ve yargılayıcı olmanıza sebep olabilir. Mükemmeliyetçi olduğunuz için hem kendinize hem de başkalarına karşı sert olabilirsiniz. Mükemmel olmaya çalıştıkça hata üzerine hata yapabilirsiniz ve sonra da kendinize öfkelenip, kendinizi yeteri kadar akıllı bulamayabilirsiniz. Esneyin, kendinizi de başkalarını da olduğu gibi kabul edin. İlk önerim "mükemmeliyetçilikten istifa etmeniz" ☺

Çeşitli kalıplarınız ve kurallarınız olabilir. -meli, -malı'larla kendinizin ve çevrenizdekilerin özgürlüğüne farkında olmadan engel olursunuz. -meli, -malı'ları bırakmalı ve içinizden geldiği gibi yaşamalısınız. Bazen yanlış yaptığınızı bile bile aynı şekilde davranmaya inatla devam edebilirsiniz. Bu davranış modeli yaşamda başarıya götürmediği için değişimi öneririm. Esnek olun, olayların akışına göre davranış modellerinizi değiştirmeniz faydalı olacaktır. Değişime direnç gösterebilirsiniz. Değişmeyen hiçbir şey yoktur siz yeter ki isteyin.

Kendinizi dönem dönem dağılmış, kaybolmuş ya da sıkışmış hissedebilirsiniz. İçinde bulunduğunuz durumu ya da gerçekliği reddetme arzusu sizi madde bağımlılığına itebilir. Bu nedenle dikkat etmek gerekir. Bu duygulardan arınmak için dünya gerçekliğini beğenmeseniz bile kabul etmeniz, yapabileceğiniz bir şey varsa da onu yapmanız daha doğrusudur.

Pişman olmaktan ve suçluluk duygusundan çok korktuğunuz için yapmanız gereken eylemleri ya da atmanız gereken adımları atmayabilir ve kaçak bir yaşam sürebilirsiniz. Hayal kırıklığına uğramaya karşı bilinçaltı bir eğiliminiz olabilir ve kendinize hayal kırıklıkları yaşatacak deneyimler oldurtabilirsiniz.

Çevreniz tarafından sevilirsiniz. Hoş sohbetiniz, neşenizle çevrenize güzel enerjiler saçarsınız, tabii içinizdeki olumsuz duyguları dışarıya aktarmazsınız. İş birliğine yatkın olmakla beraber birden bire geri çekilebilirsiniz. Yardım etmeyi, faydalı olmayı istersiniz elinizden geldiğince de başka insanları mutlu etmeye özen gösterirsiniz.

Sizin de yaşamdaki en önemli çalışmalarınızdan biri alma-verme dengesini kurmaktır. Dengeli bir biçimde yaşama hizmet vermek, adil ve arabulucu olarak da hem kendi mutluluğunuza hem de başkalarının mutluluğuna katkıda bulunmaktır.

Alma-verme dengesini kurmak zaman alabilir ama bunu durumu dengelemekle yükümlüsünüz. Siz çok fazla verici, fedakâr ve iyi niyetli olabilirsiniz, ancak bu durum sizin kendinize haksızlık etmenize sebep olabilir. Karşınızdaki kişilere destek olmak adına kendinizden çok verir, hayal kırıklığına uğrar, incinir sonra da bıçak kemiğe dayandığında birden tüm desteğiniz çekebilirsiniz. O zaman da fazla alıcı olma tarafına geçebilir ve hep kendi istediğiniz olsun diye kaprisli davranabilirsiniz. İkisi de doğru değildir.

Dengeyi kurmak ve sınırları belirlemek gerekir. Dinlerde "kul hakkı" denen bir durum vardır. "Kul hakkı" sadece karşınızdakinin hakkı değildir, sizin de hakkınızdır. Hatta önce sizin hakkınızdır. Çok fazla fedakâr, verici davranarak kendinizden veriyorsanız o zaman kendi "kul hakkınızı" çiğnemiş oluyorsunuz.

Bu dengeyi oturtmanız için yapmanız gerekenler şunlardır: Birisi sizden bir şey istemeden hemen atlayıp yardım etmeye kalkmamalısınız. Bırakın istesinler. İstendiğinde verdiğiniz destek ya da yardım hak ettiği değeri görecektir. Diyelim ki sizden biri bir şey istedi o zaman da kendinize şu soruyu sormalısınız: "Ben bu destekte bulunursam sevilmek, değer görmek de dâhil karşı taraftan bir beklentim olur mu?" Eğer yanıtınız "Evet ben beklenti içine girerim ve nankörlükle karşılaşırsam da hayal kırıklığına uğrar, incinirim," diyorsanız talebi yerine getirmemeniz gerekiyor. Fedakârlığı bırakmanız gerekir. Ta ki "Ben bu iyiliği yapıyorum, ister takdir etsin, ister etmesin, ben bu iyiliği kendimi mutlu etmek için yapıyorum," diyeceğiniz güne kadar. Bu dengeyi kuramadığınız sürece hayal kırıklıkları peşinizi bırakmayabilir.

İstediğiniz şeye "evet" istemediğiniz şeye de "hayır" demeyi kesinlikle öğrenmeniz gerekir. Sınırlarınız olmalı ve sınırlarınızı işgal etmeye kalkan olursa da "dur" diyebilmelisiniz. Başkaları kırılmasın diye kendinizi üzerseniz öz benliğinize haksızlık etmiş olursunuz. Bu konuya dikkat etmelisiniz.

Başkalarından bir şey istemesini öğrenmelisiniz, nasıl ki başkaları sizden istiyorsa bu dengeyi korumalısınız. Öz benliğinize karşı "Ben kimseden bir şey isteyemem," demek gibi bir hakkınız olmamalı. Ayrıca başkalarından bir şey istememek kibirli davranışın göstergesidir. Bunu değiştirmeye özen göstermelisiniz. Elbette isteme konusunu da abartmamalı ve siz de başkalarının sınırlarını çiğnememelisiniz. Başkalarının başarılarıyla kendinizi kıyaslayabilir ve kendinizi yetersiz, başarısız hissedebilirsiniz. Bunu kendinize yapmayın. Herkesin başarısı kendine özgüdür ve siz zaten tüm yeterliliklere sahipsiniz.

Hislerinizden uzak olabilirsiniz, neler hissettiğinizden çok ne hissetmelisiniz şeklinde yaklaşabilirsiniz. Duygularınızla yüzleşip ifade etmeniz de fayda görüyorum.

Yaşamda hedeflerinizi küçük planlara bölmelisiniz. İşin genelini görüp gözünüz korkmasın ve plandan vazgeçmemek için hedeflerini adım adım ele alıp, olayın geneline bakmadan ilk adım üzerine yoğunlaşmalı ve onu atladıktan sonra bir sonrasına geçmelisiniz. Bu şekilde yaşamınızı planlamanız size daha uygun ve kolay gelecektir.

İstikrarlı, planlı ve programlı olmaya özen göstermelisiniz. Pes etmeden başladığınız işi bitirmeli sabırla bitirmelisiniz. Kendi iç gücünüze güvenmelisiniz.

AŞK İLİŞKİLERİNİZ

Sizin için ilişkide olması gerekenler vardır. -meli, -malı kalıplarına takıldığınız için ilişkinizi doğallığıyla yaşayamayabilirsiniz. Kendinize karşı da eşinize karşıda hoşgörülü olmalısınız ve özveri dengesini tutturmalısınız.

Erteleme huyunuzun olma olasılığı yüksek olduğu için eşinizin ya da sevgilinizin en büyük şikâyeti bu konuda olabilir. Kendisini ya da isteklerini önemsenmiyor gibi hissedebilir. Bu nedenle her şeyi vaktinde yaparak ve onu önemsediğinizi göstererek ilişkinizi daha da güzelleştirebilirsiniz.

Sorumluluk almaktan kaçındığınız için geç evlenme ihtimaliniz olabilir. Kendi isteklerinizi daha çok önemsiyor olabilirsiniz eğer durum böyleyse karşı taraf bit gün isyan edebilir. Kırılgan, alıngan bir yanınız olabilir. Söylenen bir söze içerleyip ya da anlaşılmadığınızı düşünüp araya mesafe koyabilirsiniz. Bu sizin içinizde bir öfke yaratabilir. En güzeli duygularınızı olumlu dil kalıpları kullanarak sakince karşı tarafa aktarabilmektir.

İŞ – KARİYER YAŞAMINIZ

Bazen kendinizi çalışarak çok yorabilirsiniz. Bazen de hiçbir şey yapmaz hatta pes edebilirsiniz. Sizin yaşamda bir şeyleri başarmanıza engel olan huy ertelemedir. Ayrıca durumları göz ardı ederek önemsemiyor da olabilirsiniz. Olumsuz bir durumla karşılaştığınızda ise duruma çözüm bulacağınız yerde "nasılsa yapılacak bir şey yok," diye düşünerek olayları kabulleniyor da olabilirsiniz. Ardından da bir şey yapmadan kurban psikolojiyle hayıflanır ve söylenebilirsiniz. Şu düşünceyi kesinlikle zihninize yerleştirmenizde fayda olduğunu düşünüyorum, "Her zaman her olayın mutlaka iki çözümü vardır". Soruna odaklanmaktan vazgeçip daima çözüme yoğunlaşmalısınız.

MALİ DURUMUNUZ

Yaşamınızda maddi anlamda kıtlık da bolluk da yaşayabilirsiniz. Yine de para yönünden şanslı sayılabilirsiniz. Eğer hayıflanmaktan vazgeçip kurban psikolojinden sıyrılırve yaşam sorumluluğunu cesaretle ele alıp projelerinizi hayata geçirirseniz çok zengin olabilirsiniz.

SAĞLIĞINIZ

Genellikle sağlıklısınızdır. Suçluluk ya da pişmanlık psikolojine girerseniz sinir sisteminiz hasar görebilir ve sinirsel rahatsızlıklar yaşayabilirsiniz.

Analizlerimde yer alan olumsuz davranış modellerinizi olumlu davranış modellerine çevirdiyseniz bu tekâmülünüzden dolayı sizi yürekten tebrik ederim☺

EN TEMEL KORKULARINIZ

- Pişman Olma Korkusu
- Değersizlik Korkusu
- Çaresizlik Korkusu
- Güçsüzlük Korkusu

Yaşamınızda genellikle bahsi geçen konular hakkında deneyimler yaşarsınız. Çünkü sizin bu dünyada vermeniz gereken sınavlar belirttiğim davranışları düzenlemek ve korkulardan arınmanızla ilgilidir. Bu durumu düzenleyene kadar benzer sınavlardan geçmeye devam edebilirsiniz. Benden söylemesi ☺. Önerim aşağıdaki olumlamaları kullanmanız ve Esma çalışmalarıyla kendinizi güçlendirmeniz. Özenle ve bilinçli olarak bu konular üzerinde çalışma yapmalısınız. Eğer söz konusu durumlar ileri boyutta ise profesyonel destek almanızın çok faydası olacaktır.

RUHSAL TEKÂMÜLÜNÜZ İÇİN YAPMANIZ GEREKENLER

- Yaşamı eleştirmek yerine, yaşama cesaretle sarılmalısınız.
- Başınıza gelen olaylar için başkalarını suçlamamasınız. Sizi içinde bulunduğunuz duruma yaptığınız ya da yapmadığınız seçimler getirir.
- Kendi seçimlerinizi yapmalısınız, başkalarının sizin yerine seçim yapmasını izin verip sonra da söylememelisiniz.
- Yaşamda değiştiremeyecekleriniz için söylenmemelisiniz. Değiştirebilecekleriniz için de söylenmeden çaba harcamalısınız.
- Kendi içinizdeki gücü fark etmelisiniz.
- Sorumluluk almaktan kaçan tarafınızı dinlememeli, sorumluluk alarak kendi gücünüzü deneyimlemelisiniz.
- İnisiyatif alıp olayları arzu ettiğiniz şekilde yönlendirebilmelisiniz.

- Zamanınızı verimli kullanmalı ve erteleme huyunuzdan vazgeçmelisiniz.

- Önce kendi değerinizi bilmeli ve sahip çıkmalısınız. Sınırlarınızı koruyup haddi aşan bir özveri içinde bulunmamalısınız.

- Ne çok alıcı ne çok verici olmalısınız. Kendi sınırlarınızı koruyup başkalarının sınırlarına girmemelisiniz. Önce çok verici olup sonra kırgınlık yaşayıp geri çekilmek ve karşınızdakine ters, soğuk davranmak yerine başta dozuna göre davranmayı seçmelisiniz.

- Başkalarını kendinizden üstün görmemelisiniz. Kendinizi hiçe saymadan hak ettiğiniz değer göstermelisiniz.

- İstediğinize "evet" istediğinize "hayır" diyebilmeli ve kendiniz için de başkalarından bir şeyler isteyebilmelisiniz. Sadece yapmak istediklerinizi yapmalısınız. "Aman ayıp olur, el âlem ne der," gibi düşüncelerden uzaklaşarak hiçbir şey için kendinizi mecbur hissetmemelisiniz.

- Herkesin gittiği yoldan değil cesurca inandığınız yoldan gidip fark yaratmalısınız.

OLUMLAMALARINIZ

- Ben çok cesurum. Yaşama cesurca ve coşkuyla atılıyorum.

- Yaşam sorumluluğumu elime alıyor ve kendi seçimlerimi yapıyorum.

- Ben çok güçlüyüm ve içimdeki güçle muhteşem bir yaşam inşa ediyorum.

- Ben kendime ve kendi yeteneklerime çok güveniyorum.

- Ben hafızama çok güveniyorum, her şeyi rahatlıkla öğreniyor ve hatırlıyorum.
- Ben her zaman her şeyin çaresini bulurum.
- Ben yaratıcı enerjimi faydalı alanlara yönlendiriyorum. Ben çok yaratıcı ve yetenekliyim.
- Ben hoşgörülüyüm, herkesi olduğu gibi kabul ediyorum.
- Ben esnek bir yapıya sahibim ve yaşamda kendimi çok rahat hissediyorum.
- Her şeyi vaktinde yapıyor ve olayların akış yönünü belirliyorum.
- Yaşadığım her an ve aldığım her nefes için, sahip olduklarım ve olmaya devam ettiklerim için Rabbime daima şükrediyorum.

Not: Gün içinde olumlama yapmayın çünkü o saatlerde ego görev başındadır ve değişiminize tepki gösterebilir. Eğer olumlamaları gündüz yaparsanız, kullandığınız olumlamaların tam tersi deneyimler içerisine girebilirsiniz. Bu yüzden olumlamalarınızı sadece sabah uyandığınızda ve gece uykuya dalmadan hemen önce yapın. Bu dönemlerde beyin dalgalarınız Alfa frekansında olduğu için egonuz devre dışıdır.

ESMALARINIZ

Esmaları zikretmenizin de size çok faydası olacaktır.

- Ya Kaviyy (116 kere): İradenizin güçlenmesini sağlar.
- Ya Aziym (1020 kere): Güçlü ve azimli olmanızı sağlar.

- Ya Selam (131 kere): İçinize huzur, rahatlık ve güven duygusu verir.
- Ya Fettah (489 kere): Maddi manevi kaplar açılır, daima zafer kazanılır.
- Ya Cebbar (206 kere): Yaşama cesaretle atılmanızı ve tuttuğunuzu koparmanızı sağlar.

Yukarıda size uygun olabilecek Esmalardan birkaç örnek verdim. Esmalar ile ilgili daha detaylı bilgiye, telif gelirini yardım kuruluşlarına bağışladığım "Esmaların Gizli Hazinesi" isimli kitabımdan ulaşabilirsiniz. Ayrıca aynı kitapta kendi burcunuza ait olan Esmaları seçebilir ve mucizevi güzellikleri deneyimleyebilirsiniz.

KOD 25

Örneğin 10.4.2009 tarihindeki gibi doğum tarihinizin sayı değerleri toplamı 25 çıkıyorsa sizin sayınız 25'tir.

GENEL ÖZELLİKLERİNİZ

Sizin için en önemli unsur güven duygusudur. Başkalarına da kendinize de güvenmeyi öğrenmeyi deneyimliyorsunuz. Genellikle karşınızdaki kişilere kuşku ile yaklaşsanız da bazen son derece iyi niyetle güvendiğiniz ve beklentiye girdiğiniz durumlar olabilir. Bilinçaltınızdaki güvensizlik korkusunun etkisiyle hayal kırıklığına uğrama, içerleme ve depresif ruh durumuna girme ihtimaliniz yüksek olabilir. Kendi yeteneklerinizc dc, iç gücünüze de yeterli derecede itimat edemiyor olabilirsiniz. Özgüven eksikliğinden dolayı çoğu zaman geri çekilebilir ve kendinizi ortaya koyamayabilirsiniz.

Kuşkuculuğunuz sizde paranoid duygular oluşturabilir. Sürekli aldatılmaktan, kandırılmaktan korkabilir ve bu korkunuzun yaydığı enerji sonrasında bu tarz olumsuz deneyimler yaşayabilirsiniz. Yanlış anlaşılmaktan da korkabilirsiniz ve bu korkunuzun olumsuz deneyimlerini de yaşıyor olabilirsiniz.

Mahremiyet sizin için çok önemli olduğundan yakınlarınız dışındaki kişileri özel yaşamınıza almaya çekinebilirsiniz. Genelde kişisel alanınıza kimseyi almayıp özgür olmak istersiniz. Bu durum bazen ikili ilişkilerinizde karşı tarafa yabancılık duygusu hissettirebilir. Sizin özelinizi bir başkasına açmanız için ona çok güvenmeniz gerekir.

Özgürlük sizin için çok önemli olabilir. Zaman zaman kendinizi özgür hissedemiyor da olabilirsiniz. Özgürlük hissini yaşamayı istemekle beraber güvenlik arzusu sebebiyle kendi kendinizi özgür hissedemeyeceğiniz meslekler ya da eşler seçebilirsiniz. Yani kendi esaretinizi aslında kendiniz oluşturabilirsiniz. Hem sorumluluk istemiyor hem de sorumlulukları kendi üzerinize aslında siz alıyorsunuz. Bu tip durumlar içsel öfke oluşturur. Önce kendinizi başkalarına bağımlı kılıp sonra da özgürlüğünüz için mücadele etmeye kalkabilirsiniz. Sonra da özgürlüğünüzü kısıtladığını düşündüğünüz kişileri suçlayabilirsiniz.

Sizin bu yaşamdaki en önemli çalışmalarınız alma-verme dengesini kurmak ve dengeli bir biçimde yaşama hizmet verip, adil bir arabulucu olarak hem kendinize hem de başkalarının mutluluğuna katkıda bulunmaktır.

Alma-verme dengesini kurmanız zaman alabilir ama bunu durumu dengelemekle yükümlüsünüz. Siz çok fazla verici, fedakâr ve iyi niyetli olabilirsiniz, ancak bu durum sizin kendinize haksızlık etmenize sebep olabilir. Karşınızdaki kişilere destek olmak adına kendinizden çok verir, hayal kırıklığına uğrar, incinir sonra da bıçak kemiğe dayandığında birden tüm desteğiniz çekebilirsiniz. O zaman da fazla alıcı olma tarafına geçebilir ve hep kendi istediğiniz olsun diye kaprisli davranabilirsiniz. İkisi de doğru değildir.

Dengeyi kurmak ve sınırları belirlemek gerekir. Dinlerde "kul hakkı" denen bir durum vardır. "Kul hakkı" sadece karşınızdakinin hakkı değildir, sizin de hakkınızdır. Hatta önce sizin hakkınızdır. Çok fazla fedakâr, verici davranarak kendinizden veriyorsanız o zaman kendi "kul hakkınızı" çiğnemiş oluyorsunuz.

Bu dengeyi oturtmanız için yapmanız gerekenler şunlardır: Birisi sizden bir şey istemeden hemen atlayıp yardım etmeye kalkmamalısınız. Bırakın istesinler. İstendiğinde verdiğiniz destek ya da yardım hak ettiği değeri görecektir. Diyelim ki sizden biri bir şey istedi o zaman da kendinize şu soruyu sormalısınız: "Ben bu destekte bulunursam sevilmek, değer görmek de dâhil karşı taraftan bir beklentim olur mu?" Eğer yanıtınız "Evet ben beklenti içine girerim ve nankörlükle karşılaşırsam da hayal kırıklığına uğrar, incinirim," diyorsanız talebi yerine getirmemeniz gerekiyor. Fedakârlığı bırakmanız gerekir. Ta ki "Ben bu iyiliği yapıyorum, ister takdir etsin, ister etmesin, ben bu iyiliği kendimi mutlu etmek için yapıyorum," diyeceğiniz güne kadar. Bu dengeyi kuramadığınız sürece hayal kırıklığı yaşamınızda peşinizi bırakmayabilir.

İstediğiniz şeye "evet" istemediğiniz şeye de "hayır" demeyi kesinlikle öğrenmeniz gerekir. Sınırlarınız olmalı ve sınırlarınızı işgal etmeye kalkan olursa da "dur" diyebilmelisiniz. Başkaları kırılmasın diye kendinizi üzerseniz öz benliğinize haksızlık etmiş olursunuz. Bu konuya dikkat etmelisiniz.

Başkalarından bir şey istemesini öğrenmelisiniz, nasıl ki başkaları sizden istiyorsa bu dengeyi korumalısınız. Öz benliğinize karşı "Ben kimseden bir şey isteyemem," demek gibi bir hakkınız olmamalı. Ayrıca başkalarından bir şey istememek kibirli davranışın göstergesidir. Bunu değiştirmeye özen göstermelisiniz. Elbette isteme konusunu da abartmamalı ve siz de başkalarının sınırlarını aşmamalısınız.

Arabuluculuk özelliğiniz çok yüksek, dargınları barıştırabilir, anlaşmazlıklara adaletli çözümler getirebilirsiniz. Bu çok güzel bir şey ama sizden istenilmeden başkalarının aralarını bulmaya kalkmayın. Sınırlarınızı her zaman belirleyin ve koruyun.

Kendinizi dönem dönem dağılmış, kaybolmuş ya da sıkışmış hissedebilirsiniz. İçinde bulunduğunuz durum ya da içinde bulunduğunuz gerçekliği reddetme arzusu sizi bağımlık yapacak madde kullanımına itebilir, bu nedenle dikkatli olmak gerekir. Bu duygulardan arınmak için dünya gerçekliğini beğenmeseniz bile kabul etmeniz, yapabileceğiniz bir şey varsa bunu yapmanız daha doğru olacaktır.

Özgürlük anlayışınızı değiştirmeniz gerekir. Özgürlük istediğinizi yapıp kafanızın estiği gibi davranmaktan çok içsel korkularınızdan, endişelerinizden, düşünsel kalıplarınızdan ve özellikle kendinize duyduğunuz itimat eksikliğinden kurtulmanızdır. Ancak bu şekilde kendindiniz olup gerçek anlamda özgürlüğünüze kavuşursunuz. Böylece rol yapmaktan da kurtulup maskelerinizi de atarsınız.

Siz zihninizde yarattığınız eşe âşık olabilirsiniz. Eşinizin zihninizde yarattığınız kişi olmadığını fark ettiğinizde de hayal kırıklığına uğrayabilirsiniz.

Çok akıllı ve zekisiniz. Espri yapmaya yatkın kıvrak bir zekâya ve çocuksu bir ruha sahip olabilirsiniz. Bu nedenle çocuklarla çok iyi anlaşabilirsiniz. Çalışma alanınız çocuklar olursa çok da başarılı olabilirsiniz.

Meraklı bir yapınız olabilir. Pek çok şeyi detaylarıyla araştırır öğrenirsiniz. Yeni bilgiler öğrenmekten de çok zevk alabilirsiniz. İlgi alanlarınız geniş olmasına rağmen pek az şeyi derinlemesine araştırabilirsiniz.

Dünyaya ve başkalarına faydalı olmayı çok istemekle beraber dış dünyaya karşı duyduğunuz derin güvensizlik korkusundan dolayı bu niyetlerinizi gerçekleştiremeyebilir ya da yeteri kadar gerçekleştiremeyebilirsiniz.

Temel olarak öğrenmeniz gerekenler yaşamın akışına, kendinize ve başkalarına güvenmeyi öğrenmektir. Bu şekilde yaşamda kaybolmadan ve kaçmadan anlamlı bir hayat sürebileceksiniz. Tüm korkularınıza rağmen güvenmeyi seçmeli ve kendinizi akışa bırakmalısınız. Büyük ihtimalle kimseye yakın olamıyorsunuz. Yakın olmayı ve gerçek anlamda güvenle bağ kurmayı öğrendiğinizde sizi tatmin eden ilişkilere ve yaşama sahip olabileceksiniz.

AŞK İLİŞKİLERİNİZ

İlişkilerde aldatılmaktan ve ihanete uğramaktan korktuğunuz için duygusal bağ kurmaktan kaçınabilirsiniz. Duygularınızdan çok mantığınızla hareket etmeye özen gösterirsiniz. Aldatılma korkunuz bazen paranoya derecesine varabilir ve eşinizi sürekli takip edebilirsiniz. Sizin sevmeniz ve duygularınızı açmanız için karşınızdakine tam güven duymaya ihtiyacınız olabilir. Bu durum da zaman alabilir. Güven duyduğunuz bir ilişki yaşarsanız çocuklar gibi mutlu olursunuz ve duygularınızı samimiyetle açabilirsiniz. Bu davranışınızla ilişkiniz bir ömür boyu sevgi ile ilerler.

Elbette ilişki de -meli, -malı gibi kalıplardan da kendiniz kurtarmanız hem kendinizi hem de eşinizi olduğu gibi kabul etmeniz açısından çok önemlidir.

İŞ – KARİYER YAŞAMINIZ

Bir tarafınız çalışmak isterken diğer tarafınız çalışmayı reddedebilir. Kendi yeterliliğinizden emin olmadığınız dönemlerde çalışmaktan kaçarsınız. Başarısız olma korkunuz sizin çalışmanıza engel olabilir. Eğer çalışırsanız ve de kendinizden eminseniz çok başarılı olur herkes tarafından da takdir görürsünüz.

MALİ DURUMUNUZ

Enteresan bir şekilde para size her zaman gelir. Gelecekten ve parasız kalmaktan duyduğunuz korku yüksek olduğu dönemlerde para akışını bu duygu ve düşüncelerle siz kesersiniz. Bu nedenle paranın öngördüğünüz ya da öngörmediğiniz kaynaklardan size akacağına emin olarak ve geleceğinize güvenerek yaşamaya çalışmanız çok iyi olacaktır. Mal mülk sahibi olacak bir enerjiye sahipsiniz. Rahat bırakın kendinizi.

SAĞLIĞINIZ

Genellikle sağlıklı sayılırsınız bununla beraber aldatılmak ve hayal kırıklığına uğramak konusundaki endişeleriniz yüksek olduğunda sindirim sistemi rahatsızlıklarına yakalanabilirsiniz. Böylesi durumlarda sinir sisteminiz etkilenebilir, depresyona girebilirsiniz. Temel sağlık enerjiniz kendi yeterliliğinize ve yaşama güvenmenizle gelecektir.

Analizlerimde yer alan olumsuz davranış modellerinizi olumlu davranış modellerine çevirdiyseniz bu tekâmülünüzden dolayı sizi yürekten tebrik ederim☺

EN TEMEL KORKULARINIZ

- Güvensizlik Korkusu ve Özgüven Eksikliği
- Değersizlik Korkusu
- Yetersizlik Korkusu
- Başarısızlık Korkusu
- Kaybetme Korkusu

Yaşamınızda genellikle yukarıda bahsi geçen konular hakkında deneyimler yaşarsınız. Çünkü sizin bu dünyada vermeniz gereken sınavlar belirttiğim davranışları düzenlemek ve korkulardan arınmanızla ilgilidir. Bu durumu düzenleyene kadar benzer sınavlardan geçmeye devam edebilirsiniz. Benden söylemesi ☺. Önerim aşağıdaki olumlamaları kullanmanız ve Esma çalışmalarıyla kendinizi güçlendirmeniz. Özenle ve bilinçli olarak bu konular üzerinde çalışma yapmalısınız. Eğer söz konusu durumlar ileri boyutta ise profesyonel destek almanızın çok faydası olacaktır.

RUHSAL TEKÂMÜLÜNÜZ İÇİN YAPMANIZ GEREKENLER

- Yaşamın akışına güvenmelisiniz, her ne oluyorsa sizin adınıza en hayırlısının olduğunu bilerek yaşamalısınız.

- Özgüveninizi yükseltmeli ve yaratanın size verdiği yeteneklere, zekâya, akla güvenmelisiniz. Kendinizi yeterli hissetmeli ve elbette kendinizi geliştirmeye devam etmelisiniz.

- Bir işe başlamayı bir şeylerden dolayı ertelememelisiniz. Denize atlayıp yüzmeyi öğrenmek gibi işlerinize başlamalısınız.

- Ne çok alıcı ne çok verici olmalısınız. Kendi sınırlarınızı koruyup başkalarının sınırlarına da özen göstermelisiniz. Önce çok verici olup sonra kırılıp geri çekilmek ve karşınızdakine ters, soğuk davranmak yerine başta dozuna göre davranmalısınız.

- Şüphecilikten istifa etmeli hayatınızdaki insanlara güvenmeyi seçmelisiniz.

• Hayal kırıklığı deneyimlerine rağmen cesaretle yaşama dâhil olmalısınız.

• İstediğinize "evet" istediğinize "hayır" diyebilmeli ve kendiniz için de başkalarından bir şey isteyebilmelisiniz. Sadece yapmak istediklerinizi yapmalı "Aman ayıp olur, el âlem ne der," gibi düşüncelerden uzaklaşarak hiçbir şey için kendinizi mecbur etmemelisiniz.

• Kendinizi -meli,-malı gibi kısıtlayan kurallardan ve kalıplardan kurtarmalısınız.

• El âlem ne der düşüncesinden çıkıp, doğru bildiğiniz değerlerle yaşam yolculuğunda yürümelisiniz.

• Kendiniz olabilme özgürlüğüne sahip olmalı ve takındığınız maskelerden kendinizi kurtarmalısınız. Bunun için duygu ve düşüncelerinizi her zaman olumlu dil kalıplarıyla ifade etmelisiniz.

OLUMLAMALARINIZ

• Ben kendimi her zaman ve her yerde güvende hissediyorum.

• Geleceğime güvenle bakıyorum.

• İlişkilerimde eşime güvenmeyi seçiyorum.

• Yaşama her zaman cesaretle atılıyorum. Ben cesurum.

• Kendim olabilme özgürlüğüne sahibim. Ben özgürüm.

• Ben duygu ve düşüncelerimi samimiyetle ve olumlu dil kalıplarıyla rahatlıkla aktarıyorum.

• Ben kendime ve kendi yeteneklerime çok güveniyorum.

- Ben özgüven sahibiyim.
- Ben esnek bir yapıya sahibim ve yaşamda kendimi çok rahat hissediyorum.
- Yaşadığım her an ve aldığım her nefes için, sahip olduklarım ve olmaya devam ettiklerim için Rabbime daima şükrediyorum.

Not: Gün içinde olumlama yapmayın çünkü o saatlerde ego görev başındadır ve değişiminize tepki gösterebilir. Eğer olumlamaları gündüz yaparsanız, kullandığınız olumlamaların tam tersi deneyimler içerisine girebilirsiniz. Bu yüzden olumlamalarınızı sadece sabah uyandığınızda ve gece uykuya dalmadan hemen önce yapın. Bu dönemlerde beyin dalgalarınız Alfa frekansında olduğu için egonuz devre dışıdır.

ESMALARINIZ

Aşağıdaki Esmaları zikretmenizin de size çok faydası olacaktır.

- Ya Selam (131 kere): İçinize huzur, rahatlık ve güven duygusu verir.
- Ya Aziym (1020 kere): Yüksek cesaret ve azim verir.
- Ya Kaviyy (116 kere): İradenizi güçlendirir.
- Ya Vekil (66 kere): İşleriniz yaptıktan sonra Allah'a vekil ederek güven enerjisine ve eminlik enerjisine sahip olabileceksiniz.

Size uygun olabilecek Esmalardan birkaç örnek verdim. Esmalar ile ilgili daha detaylı bilgiye, telif gelirini yardım kuruluşlarına bağışladığım "Esmaların Gizli Hazinesi" isimli kitabımdan ulaşabilirsiniz. Ayrıca aynı kitapta kendi burcunuza ait olan Esmaları seçebilir ve mucizevi güzellikleri deneyimleyebilirsiniz.

KOD 26

Örneğin 10.5.2009 tarihindeki gibi doğum tarihinizin sayı değerleri toplamı 26 çıkıyorsa sizin sayınız 26'dır.

GENEL ÖZELLİKLERİNİZ

Siz çevrenize ve insanlara faydalı olmaya çalışan bir yapıya sahipsiniz. Çok iyi yüreklisiniz. Bu dünyanın mükemmel olmasını istersiniz. Doğal olarak mükemmeli arayan bir duygu durumuna sahip olabilirsiniz. Kendinizi de mükemmel olmaya zorlayabilirsiniz ve bu nedenle bazen hata üzerine hata yapabilirsiniz ve sonra da kendinize öfkelenir, yeteri kadar akıllı olmadığınızı düşünebilirsiniz. Esneyin, kendinizi de başkalarını da olduğu gibi kabul edin. Siz ilk önerim "mükemmeliyetçilikten istifa etmeniz" olacaktır☺

Çeşitli kalıplarınız ve kurallarınız olabilir. -meli, -malı'larla kendi özgürlüğünüze ve çevrenizdekilerin özgürlüğüne farkında olmadan engel olursunuz. -meli, -malı'ları bırakmalı ve içinizden geldiği gibi yaşamalısınız. Bazen yanlış yaptığınızı bile bile inatla aynı şekilde davranmaya devam edebilirsiniz. Bu davranış modelini sizi yaşamda başarıya ulaştırmayacağı için değiştirmenizi öneririm.

Esnek olun, olayların akışına göre davranış modelleri belirlemenizde fayda var. Değişime direnç gösterebilirsiniz. Değişmeyen hiçbir şey yoktur yeter ki siz isteyin.

Sizin de yaşamdaki en önemli çalışmalarınızdan biri alma-verme dengesini kurmaktır. Dengeli bir biçimde yaşama hizmet vermek, adaletli ve arabulucu bir şekilde hem kendi mutluluğunuza hem de başkalarının mutluluğuna katkıda bulunmaktır.

Alma-verme dengesini kurmak zaman alabilir ama bunu durumu dengelemekle yükümlüsünüz. Siz çok fazla verici, fedakâr ve iyi niyetli olabilirsiniz, ancak bu durum sizin kendinize haksızlık etmenize sebep olabilir. Karşınızdaki kişilere destek olmak adına kendinizden çok verir, hayal kırıklığına uğrar, incinir sonra da bıçak kemiğe dayandığında birden tüm desteğiniz çekebilirsiniz. O zaman da fazla alıcı olma tarafına geçebilir ve hep kendi istediğiniz olsun diye kaprisli davranabilirsiniz. İkisi de doğru değildir. Dengeyi kurmak ve sınırları belirlemek gerekir.

Dinlerde "kul hakkı" denen bir durum vardır. "Kul hakkı" sadece karşınızdakinin hakkı değildir, sizin de hakkınızdır. Hatta önce sizin hakkınızdır. Çok fazla fedakâr, verici davranarak kendinizden veriyorsanız o zaman kendi "kul hakkınızı" çiğnemiş oluyorsunuz.

Bu dengeyi oturtmanız için yapmanız gerekenler şunlardır: Birisi sizden bir şey istemeden hemen atlayıp yardım etmeye kalkmamalısınız. Bırakın istesinler. İstendiğinde verdiğiniz destek ya da yardım hak ettiği değeri görecektir.

Diyelim ki sizden biri bir şey istedi o zaman da kendinize şu soruyu sormalısınız: "Ben bu destekte bulunursam sevilmek, değer görmek de dâhil karşı taraftan bir beklentim olur mu?" Eğer yanıtınız "Evet ben beklenti içine girerim ve nankörlükle karşılaşırsam da hayal kırıklığına uğrar, incinirim," diyorsanız talebi yerine getirmemeniz gerekiyor. Fedakârlığı bırakmanız gerekir. Ta ki "Ben bu iyiliği yapıyorum, ister takdir etsin, ister etmesin, ben bu iyiliği kendimi mutlu etmek için yapıyorum," diyeceğiniz güne kadar. Bu dengeyi kurmadığınız sürece hayal kırıklıkları peşinizi bırakmayabilir.

İstediğiniz şeye "evet" istemediğiniz şeye de "hayır" demeyi kesinlikle öğrenmeniz gerekir. Sınırlarınız olmalı ve sınırlarınızı işgal etmeye kalkan olursa da "dur" diyebilmelisiniz. Başkaları kırılmasın diye kendinizi üzerseniz öz benliğinize haksızlık etmiş olursunuz. Bu konuya dikkat etmelisiniz.

Başkalarından bir şey istemesini öğrenmelisiniz, nasıl ki başkaları sizden istiyorsa bu dengeyi korumalısınız. Öz benliğinize karşı "Ben kimseden bir şey isteyemem," demek gibi bir hakkınız olmamalı. Ayrıca başkalarından bir şey istememek kibirli davranışın göstergesidir. Bunu değiştirmeye özen göstermelisiniz. Elbette isteme konusunu da abartmamalı ve siz de başkalarının sınırlarını çiğnememelisiniz. Bununla beraber siz başka insanların mutluluğu için hizmet vermelisiniz. Böyle davranarak hem kendinizi hem de çevrenizdeki insanları aydınlatacak ve doğal olarak yaşamınızda güç, para ve en önemlisi de saygınlığı var edeceksiniz.

Siz çok sabırlısınız. Ama bu sabrınızın altında çatışmaya girme korkusu yatıyor. Ancak karşı taraf sınırı aşarsa çok ters davranır ve ilişkinizi tamamen kesersiniz. Sonra da arkanıza bile dönüp bakmazsınız.

Biraz kindar bir yapınız olabilir ve yapılanları unutmayabilir, ilgili kişileri de affetmeyebilirsiniz. Bu duyguları da yıllarca üstünüzde taşıyabilirsiniz.

Takıntılı bir yapınız olabilir. Özellikle sevdiklerinizin sağlığı hakkında bu şekilde davranmamaya özen göstermelisiniz. Çünkü bu tarz korku ve endişe içerikli düşünceler olmasından kaçındığınız olumsuz deneyimlerin gerçekleşmesine sebep olabilir.

Arabuluculuk özelliğiniz çok yüksek, dargınları barıştırabilir, anlaşmazlıklara adaletli çözümler getirebilirsiniz. Bu çok güzel bir şey ama sizden istenilmediği takdirde başkalarının aralarını bulmaya kalkmayın. Sınırlarınızı her zaman belirleyin ve koruyun.

Üzüntülerinizi ve öfkelerinizi bastırma eğilimindesiniz. Sizin mutlaka duygu ve düşüncelerinizi ifade etmeniz gerekir.

Eğer duygularınızı ifade etmezseniz huzursuzluk, bastırılmış öfke, hayal kırıklığı yaşayabileceğiniz gibi ifade merkezi olan boğazınız ya da tiroit bezlerinizle ilgili problemler yaşayabilirsiniz.

Duygu ve düşüncelerinizi ifade edebilmeniz için önce özgüven ve güven enerjisinin yaşamınıza girmesine izin vermeniz gerekir. Yaşamın akışına ve her ne oluyorsa sizin adınıza en hayırlı şekilde gelişeceğine inanmalısınız. Böylelikle yaşam karşınıza güvenilir insanları ve güvenilir deneyimleri getirecektir. En önemlisi de kendi yeteneklerinize ve iç gücünüze güvenmelisiniz.

Özgüveniniz balon değil gerçek bir özgüven olmalı. Çünkü zaman zaman kendinize çok güvenip sonra bir anda güveninizi kaybediyor olabilirsiniz, tam başarıya ulaşacakken kendinizi sabote ediyor olabilirsiniz.

Bazen "Ben her şeyi yapabilirim," derken bazen de "Benim bunu yapacak gücüm yok," diyebilirsiniz. Özgüveninizi yükselttiğiniz takdirde duygusal derinliğinizi ortaya koyabilir, duygu ve düşüncelerinizi çok güzel ifade edebilir ve insanları konuşmalarınızla etkileyebilirsiniz.

Otoriter kişilerle anlaşmakta güçlük çekiyor olabilirsiniz. Sizin için güç ve iktidar çok önemlidir. Bu nedenle içinde bulunduğunuz konumda güçlü ve iktidar sahibi olduğunuzu hissetmediğinizde olumsuz tepkisel davranabilir ya da çekip gidebilirsiniz.

Parayı seversiniz ancak para sizin için araçtır. Sizi arzu ettiğiniz güce ve otoriteye ulaştıracak bir araç. Eğer paranız yoksa parası olanlara ve iktidar sahibi kişilere bilinçli ya da bilinçsiz öfke duyabilirsiniz.

Eğer bir iş yerinde çalışıyorsanız bazen hak ettiğiniz parayı kazanamadığınızı düşünür, bazen de yaptığınız işi önemsiz bularak size verilen parayı hak etmeye çalışabilirsiniz. Bu iki hak durumu arasında gelip gidebilirsiniz.

Allah'a ve içinizdeki güce gerçek anlamda güvenip kendinizi akışa bıraktığınız zaman korkularınızın tamamen yok olduğunu ve evrenle uyum içerisinde aktığınızı göreceksiniz. Spiritüel olarak size verilmiş özel yetenekler ve güçler bu şekilde açığa çıkabilecek ve siz gerçek anlamda maddi manevi zenginliğe ve güce bu şekilde sahip olabileceksiniz. Siz insanlığa mutlaka hizmet etmelisiniz. Varlığınızı bu şekilde hissedebilecek ve gerçek tatminin para ya da güçte olmadığını, başkalarının yollarını aydınlatarak yürümekte olduğunu fark edeceksiniz. Doğal olarak güç ve para da size bu yolda eşlik edecek☺

Mükemmel olmak durumunda değilsiniz, başkalarının da mükemmel olmasını beklememelisiniz. Küçük düşmekten ve rezil olmaktan çok korkabilirsiniz. Bunları bırakmalı ve yaşamın tadına varmalısınız. Büyük olasılıkla ya geçmişe takılı ya da gelecektekileri isteyerek sabırsız yaşıyorsunuz. Bilmeliyiz ki yaşadığımız tek an içinde bulunduğumuz an☺

AŞK İLİŞKİLERİNİZ

Özverili davranışlarınız olduğu için ilişkide de dozu kaçırabilirsiniz. Size göre böyle olması gerekir ve bu yüzden siz de karşı taraftan aynı şeyi bekleyebilirsiniz. Bununla beraber fazla özverili davranıp kendi hakkınızı çiğnediğiniz için sistem sizin karşınıza daha benmerkezci kişileri getirebilir. Bu kişiler aslında görevlidir ve sizin bu davranışlarınızı fark etmeniz için karşınıza çıkar. Ancak özveri dengesini oturttuktan sonra karşınıza istediğiniz gibi adaletli, anlayışlı, dozunda özverili bir eş çıkabilir. Aslında siz çok sevilirsiniz ama kendi değerinizi yeteri derecede bilmediğiniz için eşiniz tarafından değersiz hissettirilebilirsiniz. Kendinize hak ettiğiniz değeri verdiğiniz gün bu durum da değişecektir. İlişkide de kendinize ait kural ve kalıplarınız olabilir. -meli, -malı'larla hareket edebilirsiniz. Kuralları esnetmenizde fayda var. Dünya ya da insanlar mükemmel olamayabilir ama sistemin mükemmelliği, içindeki tezatlardan oluşur. Bunu fark ettiğinizde ve esnek bakış açısıyla hoşgörülü olduğunuzda ilişkilerinizin de artık tatmin edici olduğunu fark edeceksiniz.

İŞ – KARİYER YAŞAMINIZ

Başarılı olmak sizin için çok önemli bir kriter olabilir. Kendinizi başarısız hissettiğiniz durumlarda işten kaçabilir pes edebilir ya da agresif davranışlar gösterip durumu daha zora sokabilirsiniz. Hata yapmaktan korktukça arka arkaya hatalar yapabilirsiniz.

Sizi yaşamda başarıya taşıyacak olan engeller, erteleme huyunuz ve durumları göz ardı ederek önemsememeniz olabilir. Olumsuz bir durumla karşılaştığınızda ise duruma çözüm bulacağınız yerde "Nasılsa yapılacak bir şey yok," diye düşünerek olayları kabullenmeniz olabilir. Ardından da bir şey yapmadan kurban psikolojiyle hayıflanıp söylenebilirsiniz. Şu düşünceyi zihninize yerleştirmenizde fayda olduğunu düşünüyorum, "Her zaman her olayın mutlaka iki çözümü vardır." Soruna odaklanmaktan vazgeçip daima çözüme yoğunlaşmasınız.

İsteğiniz olmamasına rağmen siz daha çok memur zihniyetiyle çalışabilirsiniz. Verilen sorumlukları yerine getirirsiniz. Size bir şey söylendiğinde yaparsınız ve inisiyatif kullanmaktan genellikle kaçınırsınız. Hata yapmaktan dolayı duyduğunuz korku ve genellikle çözüm odaklı düşünmekten uzak tavrınız sizin vizyoner yapınıza vurduğunuz en büyük ketiniz olabilir. Eğer inisiyatif alır ve çözüm odaklı düşünürseniz muhteşem işler başarır ve başkalarına da öncülük yapabilirsiniz.

MALİ DURUMUNUZ

Paranın size akışıyla ilgili önemli bir ipucu vereyim: Kendinize ve çevrenizdekilere merhametli olduğunuz dönemlerde para size bolluk ve bereketle akar ve çok varlıklı bir yaşam sürersiniz. Merhametsiz olup kendinizi ya da başkalarını cezalandırmaya çalıştığınız dönemlerde ise para size akışını keser bu sefer de yokluğu deneyimleyebilirsiniz. Sizin bu durumunuz açık ve nettir. Şimdiye kadarki deneyimlerinize bakarsanız bu durumu fark edersiniz.

SAĞLIĞINIZ

Genellikle sağlıklısınızdır. Suçluluk ya da suçlama psikolojine girerseniz o zaman sinir sisteminiz hasar görebilir ve sinirsel rahatsızlıklar yaşayabilirsiniz. Öfke ya da isyan da sinir ve bağışıklık sisteminize zarar verebilir. Daha çok meditasyon ya da içe dönüş çalışmaları yapmanızı öneririm. Analizlerimde yer alan olumsuz davranış modellerini olumlu davranış modellerine çevirdiyseniz bu tekâmülünüzden dolayı sizi yürekten tebrik ederim☺

EN TEMEL KORKULARINIZ

- Suçlanma Korkusu
- Pişman Olma Korkusu
- Değersizlik Korkusu

- Çaresizlik Korkusu
- Güçsüzlük Korkusu
- Otorite Korkusu

Yaşamınızda genellikle yukarıda bahsi geçen konular hakkında deneyimler yaşarsınız. Çünkü sizin bu dünyada vermeniz gereken sınavlar belirttiğim davranışları düzenlemek ve korkulardan arınmanızla ilgilidir. Bu durumu düzenleyene kadar benzer sınavlardan geçmeye devam edebilirsiniz. Benden söylemesi ☺.

Önerim aşağıdaki olumlamaları kullanmanız ve Esma çalışmalarıyla kendinizi güçlendirmeniz. Özenle ve bilinçli olarak bu konular üzerinde çalışma yapmalısınız. Eğer söz konusu durumlar ileri boyutta ise profesyonel destek almanızın çok faydası olacaktır.

RUHSAL TEKÂMÜLÜNÜZ İÇİN YAPMANIZ GEREKENLER

- Başınıza gelen olaylarda başkalarını suçlamamasınız. Sizi içinde bulunduğunuz duruma yaptığınız ya da yapmadığınız seçimler getirmiştir.
- Yaşamı eleştirmek yerine, yaşama cesaretle sarılmalısınız.
- Başkalarını eleştirmek yerine herkesi olduğu gibi kabul etmelisiniz.
- Kendi içinizdeki gücü fark etmelisiniz.
- Kendi seçimlerinizi yapmalısınız, başkalarının sizin yerine seçim yapmasını izin verip sonra da söylememelisiniz.

- Yaşamda değiştiremeyecekleriniz için söylenmemelisiniz. Değiştirebilecekleriniz için de söylenmeden çaba harcamalısınız.

- Sorumluluk almaktan kaçan tarafınızı dinlememeli sorumluluk alarak kendi gücünüzü deneyimlemelisiniz.

- İnisiyatif alıp olayları ve yaşamları arzu ettiğiniz şekilde yönlendirebilmelisiniz.

- Zamanınızı verimli kullanmalı, ertelemeyi bırakmalısınız.

- Önce kendi değerinizi bilmeli ve sahip çıkmalısınız. Sınırlarınızı koruyup haddi aşan bir özveri içinde bulunmamalısınız.

- Ne çok alıcı ne çok verici olmalısınız. Kendi sınırlarınızı koruyup başkalarının sınırlarına da özen göstermelisiniz. Önce çok verici olup sonra kırılıp geri çekilmek ve karşınızdakine ters, soğuk davranmak yerine başta dozuna göre davranmalısınız.

- Başkalarını kendinizden üstün görmemelisiniz. Kendinizi hiçe saymadan değer vermelisiniz.

- İstediğinize "evet" istediğinize "hayır" diyebilmeli ve kendiniz için de başkalarından bir şey isteyebilmelisiniz. Sadece yapmak istediklerinizi yapmalı "Aman ayıp olur, el âlem ne der," gibi düşüncelerden uzaklaşarak hiçbir şey için kendinizi mecbur etmemelisiniz.

- Herkesin gittiği yoldan değil cesur olup kendi inandığınız yoldan gitmeli ve fark yaratmalısınız.

OLUMLAMALARINIZ

- Ben çok cesurum. Yaşama cesaretle, coşkuyla atılıyorum.
- Yaşam sorumluluğumu elime alıp seçimlerimi yapıyorum.
- Ben çok güçlüyüm ve içimdeki güçle muhteşem bir yaşam inşa ediyorum.
- Ben kendime ve yeteneklerime çok güveniyorum.
- Ben hafızama çok güveniyorum, her şeyi rahatlıkla öğreniyor ve hatırlıyorum.
- Ben her zaman her şeyin çaresini bulurum.
- Ben yaratıcı enerjimi faydalı alanlara yönlendiriyorum. Ben çok yaratıcı ve yetenekliyim.
- Ben hoşgörülüyüm, herkesi olduğu gibi kabul ediyorum.
- Ben esnek bir yapıya sahibim ve yaşamda kendimi çok rahat hissediyorum.
- Her şeyi vaktinde yapıyor ve olayların akış yönünü ben belirliyorum.
- Yaşadığım her an ve aldığım her nefes için, sahip olduklarım ve olmaya devam ettiklerim için Rabbime daima şükrediyorum.

Not: Gün içinde olumlama yapmayın çünkü o saatlerde ego görev başındadır ve değişiminize tepki gösterebilir. Eğer olumlamaları gündüz yaparsanız, kullandığınız olumlamaların tam tersi deneyimler içerisine girebilirsiniz. Bu yüzden olumlamalarınızı sadece sabah uyandığınızda ve gece uykuya dalmadan hemen önce yapın. Bu dönemlerde beyin dalgalarınız Alfa frekansında olduğu için egonuz devre dışıdır.

ESMALARINIZ

Esmaları zikretmenizin de size çok faydası olacaktır.

- Ya Kaviyy (116 kere): Güçlü bir iradeye sahip olmanızı sağlar.
- Ya Selam (131 kere): İçinize huzur, rahatlık ve güven duygusu verir:
- Ya Aziym (1020 kere): Güçlü ve azimli olmayı sağlar.
- Ya Fettah (489 kere): Maddi ve manevi kapıları açar, daima zafer kazanılır.
- Ya Cebbar (206 kere): Yaşama cesaretle atılmanızı ve tuttuğunuzu koparmanızı sağlar.

Yukarıda size uygun olabilecek Esmalardan birkaç örnek verdim. Esmalar ile ilgili daha detaylı bilgiye, telif gelirini yardım kuruluşlarına bağışladığım "Esmaların Gizli Hazinesi" isimli kitabımdan ulaşabilirsiniz. Ayrıca aynı kitapta kendi burcunuza ait olan Esmaları seçebilir ve mucizevi güzellikleri deneyimleyebilirsiniz.

KOD 27

Örneğin 29.9.2005 tarihindeki gibi doğum tarihinizin sayı değerleri toplamı 27 çıkıyorsa sizin sayınız 27'dir.

GENEL ÖZELLİKLERİNİZ

İnsanlar sizin yaydığınız enerjiden olumlu ya da olumsuz mutlaka etkilenirler. Çünkü çok karizmatik, etkileyici ve çekici bir görünüme sahipsiniz. Çok çok çok da zekisiniz, sol beyniniz çok çalışır. Ancak duygusal zekânız yani duygularınızı akıllıca kullanma yeteneğiniz IQ'nuza göre daha düşük olabilir.

Bu durum var olan çok yüksek zekânızı akıllıca kullanmanıza engel olabilir. Duygusal zekânızı geliştirmek için duygularınızı tanımalı ve yıkıcı değil, yapıcı anlamda yönlendirmenizi öneririm. Bunun yanı sıra maneviyatınızı da geliştirmelisiniz. Siz aynı zamanda bilgelik enerjisine de sahipsiniz. Bilgi sizin için çok önemlidir. Strateji uzmanısınız sizden çok iyi bir politikacı ya da asker olabilir.

Liderlik özelliğine sahipsiniz. Sizin istediğiniz olsun istersiniz. Söylediğiniz bir şeyi karşı taraf yapmazsa çok öfkelenebilirsiniz. Esnek, rahat ve sakin olmakta fayda var. Siz yine liderlik özelliklerinizi kullanın ama baskıcı değil sakin olmaya çalışarak.

Özgüven eksikliğiniz olabilir. Kendi yeteneklerinize ve iç gücünüze yeteri kadar itimat etmiyor olabilirsiniz. Bu nedenle önce özgüveninizi güçlendirmelisiniz. Hata yapmaktan ya da rezil olmaktan korkmadan cesaretle yaşama ve yapmak istediklerinize atılmalısınız. Bunu yapabilirsiniz, bu güç sizde var. Kimsenin ne düşüneceğine ya da ne söyleyeceğine aldırmadan doğru bildiğiniz yolda yürümelisiniz. Herkesin hata yapma hakkı vardır. Gerekirse hata da yapın. Önemli olan aynı hatayı tekrar etmemektir. Hata yapma hakkınızı kullanın, yolunuzda yürüyün.

Karşı tarafa yeteri kadar güvenmediğiniz için duygularınızı ifade etmeyebilirsiniz. Bu durum ikili ilişkilerinizi baltalayabilir. Ayrıca ilişkilerin başında son derece kibar davranışlar sergileseniz de hedefe ulaştığınızda davranışlarınız biraz kaba ve karşınızdakini kıracak şekilde olabilir. Bu durum sizin uzun süreli huzurlu ve sevgi dolu ilişkiler kurmanıza engel olabilir. Karşınızdaki kişilerin hayatlarını da yönetmeye çalışabilirsiniz. Çevrenizde hep yönetecek ve komuta edecek insanlar olmasını isteyebilirsiniz. İhanete uğrama korkusundan da vazgeçmenizi öneririm. Kuşkuculuğunuz siz de paranoid duygular oluşturabilir. Sürekli aldatılmaktan, kandırılmaktan korkabilir ve bu korkunuzun yaydığı enerji sonrasında bu gibi olumsuz deneyimler yaşayabilirsiniz. Yanlış anlaşılmaktan da korkuyor olabilirsiniz ve bu korkunuzun da olumsuz deneyimlerini yaşıyor olabilirsiniz.

Mahremiyet sizin için çok önemli olduğundan yakınlarınız dışındaki insanları özel yaşantınıza almaya çekinebilirsiniz. Özgür olmak adına kişisel alanınıza kimseyi sokmak istemezsiniz. Bu durum bazen ikili ilişkilerinizde karşı tarafa yabancılık duygusu hissettirebilir. Özelinizi bir başkasına açmanız için karşınızdaki kişiye çok güvenmeniz gerekir.

Dönem dönem depresif ruh haline girip kendinizi çaresiz hissedebilirsiniz. Bu aşamada kendi iç gücünüze güvenip silkelenin ve ayağa kalkın, yaşama da coşkuyla sarılmaya devam edin.

İnsanlar sizi dışarıdan gördüklerinde neşeli, esprili olarak algılasalar bile siz kendi iç dünyanızda korkular, öfkeler ve endişelerle yaşıyor olabilirsiniz. Dış dünyaya gösterdiğiniz yüzünüz iç dünyanızdan çok farklı olabilir. Dışarıya karşı çok iyi olup kendi yakınlarınıza kök söktürüyor, onlara ters davranıyor ya da eziyet ediyor olabilirsiniz☺

Büyük ihtimalle yalnızlık çekiyorsunuz. Bunun asıl nedeni iç dünyanızın ve dışarıya gösterdiğiniz yüzün çok farklı olmasındandır. Kendiniz gibi olma özgürlüğüne erişmeniz gerekir. El âlem ne deri düşüncelerine de sahip olabilir, toplum kurallarına bazen körü körüne bağlı davranabilirsiniz. Dönem dönem, özellikle annenize, eşinize ve çocuklarınıza karşı çok baskıcı davranabilir ve onlara haksızlık edebilirsiniz. Bir tarafınız iyi insan olmak ister, yardım etmek ve topluma hizmet vermek ister. Ancak bunu yapmanıza engel olan bilinçaltınız olabilir. İnsanları nankör olarak görebilir ve incinmemek adına yardım etmemeyi tercih edebilirsiniz. Bu bilinçaltınızdaki engeli kaldırırsanız topluma çok büyük hizmetler veren ve gerçek anlamda önder biri olabilirsiniz. Çünkü saygınlık sizin için çok önemlidir. Sevilmek sizin için elzem olmasa da sayılmak çok önemlidir.

Kimseye müdana etmek istemezsiniz. Başkasından bir şey istemek size zül gelir. Sizden de bir şey istenilsin istemeyebilirsiniz. İstenirse de bilinçaltınız o istenileni yapmamak adına direnç gösterebilir. Bununla beraber insanların size müdana etmesi güç faktörünü harekete geçirdiği için hoşunuza da gidebilir.

Öğütler verebilir, insanları etkileyecek konuşmalar yapabilirsiniz. Ancak verdiğiniz öğütleri kendiniz pek uygulamayabilirsiniz. Bu durum "Hoca verir talkımı, kendi yutar salkımı," gibi bir davranış olabilir☺

Kendi kendinize acıyabilir ve gizlice ağlayabilirsiniz. Bu acıma duygusu bazen dış dünyaya karşı daha çok öfkelenmenize sebep olabilir. Geçmişe gereğinden fazla önem verebilir, geçmişteki değerleri sürdürmeye çalışabilirsiniz. Bununla beraber geçmişte yaşananları ve size yapılanları da asla unutmazsınız. Vicdan azabı çekmeye yatkın olsanız da bu geçici bir süre olabilir. İlgili durum için suçlayacak birilerini bularak kendinizi rahatlatmaya çalışabilirsiniz.

Kolay kolay affetmeyebilirsiniz, kibirli bir yanınız olabilir. İntikam duygularınız gelişmiş olabilir ve zihninizde intikam planları yapabilirsiniz. Bu tarz durumlar uyku düzeninizi bozabilir ve uykunuzda bile kavga edebilirsiniz.

Genellikle iç dünyanızda dışarıdan tehlike bekleyen endişeli bir yapınız olabilir. Aklınıza her zaman her olayın en olumsuzu gelebilir. Korku ve endişe dolu olumsuz senaryolarınızla hem kendinizi hem de çevrenizi kahredebilirsiniz.

Sizin kesinlikle yaşamın akışına güvenmeniz gerekiyor. Bunun için de güven enerjisine gereksinimiz vardır. Hepsinden öte özgüven enerjinizin yükselmesi gerekir. Özgüven eksikliği kıskançlık ve korku doğurur. Özgüven eksikliğinizi belli etmemek adına şişkin bir egoya sahipmiş gibi görünebilirsiniz.

Takıntılı ve kuşkucu bir yapınız olabilir. Bir konuya takılınca ondan çıkmanız hayli zaman alabilir. İnsanlara kuşkuyla yaklaşmanız gönülden bağı kurmanıza engel olabilir.

Kuşkuculuğunuz zaman zaman paranoyaya varabilir. Bu hem sizi hem de yakınlarınızı rahatsız edebilecek düzeylere ulaşabilir. İnsanların içtenliklerinden de şüphe duyabilirsiniz. İradeniz güçlüdür ve verdiğiniz kararları uygularsınız.

Özetle söylemem gerekir ki çok korkunuz olabilir. O yüzden öfke enerjiyle yaşıyor olabilirsiniz. Duygularınıza kulak vermenizi öneririm. Ne hissetmeniz ya da ne düşünmeniz gerektiğine değil gerçekten ne hissettiğinize odaklanmalı ve duygularınızı olumlu bir şekilde ifade edip güvenle paylaşmalısınız. Bırakın artık mükemmel görünme tutkusu ve saygı duyulma saplantısını☺ Bırakın, güçlü olmak zorunda değilsiniz. Esnek ve hoşgörülü olma, güveni hissedip sevgiyi içtenlikle yaşama vakti gelmedi mi sizce de? İçinizdeki gizli kalmış şefkati ortaya çıkarın, hem kendiniz hem de başkaları için, onun da zamanı geldi. Sizin mutlaka yaşamda egonuzu biraz küçülterek, hizmet vermeyi ve daha alçakgönüllü olmayı öğrenmeniz gerekir. Böylece zaten doğanızda var olan ama ortaya çıkabilmesi bahsi geçen ön koşullara bağlı olan bolluk-bereket enerjisi yaşamınıza nüfuz edecek ve varlıklı bir yaşam sürebileceksiniz.

AŞK İLİŞKİLERİNİZ

Aşk ya da sevgiden çok tutkularınız olabilir. Tutkularınızı aşk zannedebilirsiniz. Evlenmek yapınıza aykırı olsa da size bakacak, sizinle ilgilenecek bir eşe gereksinim duyabilirsiniz. Ayrıca çevreye karşı aile sahibi görünümü vermeye çalışabilirsiniz. Eşinizi çok kıskanabilirsiniz. Bu sevgiden dolayı değil de sizin olanı paylaşmak istememekten kaynaklı bir kıskançlık olabilir.

Cinsellik hayatınızda önemli bir yer tutar. Bununla beraber cinsel yönden bulaşacak hastalıklardan da çok korkabilirsiniz. İlişkilerde her zaman kendi istediğiniz olsun isteyebilir ve karşı tarafın isteklerini önemsemeyebilirsiniz. Uzlaşmacıdan ziyade dikte eden tavırlar sergiliyor olabilirsiniz. Ama karşınızdaki kişi sizden daha güçlü bir karaktere sahipse onu kaybetmemek adına bu davranış modellerinizi saklamaya özen gösterebilirsiniz.

İŞ – KARİYER YAŞAMINIZ

İşinizi sağlam yaparsınız. Mükemmeliyetçisiniz. Karşı taraftan da mükemmel olmasını beklersiniz. Hata yapmayı sevmezsiniz, hata yapana da tahammül edemeyebilirsiniz. Asla size laf gelsin istemezsiniz çünkü rezil olmaktan, küçük düşmekten çok korkabilirsiniz. Eleştirilmeye de gelemezsiniz. Ama büyük ihtimalle siz yargılayıp eleştiriyor olabilirsiniz. Özgüven eksikliğinize rağmen yargıladığınız kişilerden daha üstün olduğunuza inanır ve mesafeli davranışlar gösterebilirsiniz.

Siz güçlerinizi, yeteneklerinizi ve yüksek zekânızı olumlu bir şekilde kullanırsanız dünyayı yönetebilecek örnek bir lider olursunuz. Eğer yukarıda bahsi geçen olumsuz davranışların yerine olumlularını yerleştirdiyseniz zaten şu anda örnek bir lider olmuşsunuz demektir.

MALİ DURUMUNUZ

Size paranın akışı ile ilgili net bir şey söyleyeceğim: Gelecek korkusundan dolayı parasız kalmaktan korkarsanız paranı gelişini kesersiniz. İçinde bulunduğunuz maddi durum ne olursa olsun geleceğinize güvenir ve paranın size öyle ya da böyle bir şekilde geleceğine inanırsanız size çok para gelir. Zihnimiz canlandırdığımız senaryoları gerçekleştirir. Parasız kalırım, diye korkup zihinsel kurgular yaparsanız para enerjisinin size gelişini kestiğiniz gibi zihninizde canlandırdığınız olumsuz senaryoların da gerçekleşmesini sağlarsınız.

İçinde bulunduğunuz maddi durum iyi olmasa bile olumlu senaryo kurgulamalısınız. Bunu yapmalısınız çünkü bu sizin sınavınız. Yaşam size kendisine güvenene kadar bolluğunu akıtmayabilir. Güvendiğiniz zaman para size öngördüğünüz ya da öngörmediğiniz kaynaklardan gelecektir. Burada da ikinci sınav başlar.

İkinci sınav ise bu parayı hayır işlerinde kullanıp kullanmayacağınızdır. Gelecek korkusuyla parayı varyemez gibi biriktirip cimrilik yaparsanız para sizden yine gidecektir. Geleceğinize güvenerek paranızı paylaşırsanız o zaman size çoğalarak gelecektir.

SAĞLIĞINIZ

Hastalanmaktan, sağlığınız kaybetmekten çok korkabilirsiniz. Yakınlarınızın sağlığı için de endişe edersiniz. Gerçi bunun altında yalnız kalma korkunuz da yatıyor olabilir. Sinir sisteminiz çok hassas olabilir, sakin olmaya özen göstermelisiniz. Meditasyon gibi içe dönüş çalışmaları içinize huzur verecektir.

Analizlerimde yer alan olumsuz davranış modellerinizi olumlu davranış modellerine çevirdiyseniz bu tekâmülünüzden dolayı sizi yürekten tebrik ederim☺

EN TEMEL KORKULARINIZ

- Hastalanma Korkusu
- Güçsüzlük Korkusu
- Hayal Kırıklığına Uğrama Korkusu
- Kaybetme Korkusu
- Aldatılma Korkusu

Yaşamınızda genellikle yukarıda bahsi geçen konular hakkında deneyimler yaşarsınız. Çünkü sizin bu dünyada vermeniz gereken sınavlar belirttiğim davranışları düzenlemek ve korkulardan arınmanızla ilgilidir. Bu durumu düzenleyene kadar benzer sınavlardan geçmeye devam edebilirsiniz. Benden söylemesi ☺. Önerim olumlamaları kullanmanız ve Esma çalışmalarıyla kendinizi güçlendirmeniz. Özenle ve bilinçli olarak bu konular üzerinde çalışma yapmalısınız. Eğer söz konusu durumlar ileri boyutta ise profesyonel destek almanızın çok faydası olacaktır.

RUHSAL TEKÂMÜLÜNÜZ İÇİN YAPMANIZ GEREKENLER

• Sahip olduklarınızı kaybetmekten, gelecekte parasız kalmaktan korkmamalı, geleceğe güvenle bakmalısınız.

• Sağlıklı bir yaşam süreceğinize dair inanç geliştirmelisiniz.

• Hoşgörülü ve esnek bir bakış açısına sahip olmalısınız.

• -Meli, -malı gibi kurallardan ve kalıplardan kendinizi kurtararak özgürleşmelisiniz.

• Kendi iç gücünüze ve yaşamın akışına güvenmelisiniz.

• Sahip olduklarınızdan sevgiyle paylaşımda bulunmalısınız.

• İnsanlar üzerinde katı bir güç kullanmalısınız, kısaca güç savaşından kesinlikle istifa etmelisiniz.

• Sakin olmalısınız. İçsel öfkenizi yönetmeli, iç enerjinizi yaratıcılığınızı kullanacağınız alanlara yönlendirmelisiniz. Olumlu alanlara yönlendirilmeyen iç öfke bağımlılık ya da kilo yapar. Bu konuya dikkat etmelisiniz.

• Maneviyatınızı güçlendirmeli, kendinizi aydınlatıp şifalandırırken başkalarının da yaşamlarına ışık tutmalısınız.

OLUMLAMALARINIZ

• Ben yaşamın akışına güveniyorum, her zaman ve her yerde kendimi güvende hissediyorum.

• Özgüvenim tam. Yaratanın bana bahşettiği aklıma, zekâma, yeteneklerime, yaratıcılığıma, sezgilerime, dış görünüşümün etkileyiciliğine ve yaydığım manyetik gücün etkisine çok güveniyorum.

- Aldığım her nefeste sağlık enerjisini içime çekiyorum, çok sağlıklı uzun bir ömür sürüyorum.
- Her zaman ve her durumda sakin ve sağduyulu hareket ediyorum.
- Ben insanlara örnek olan hakkaniyetli bir liderim.
- Ben hoşgörülüyüm ve herkesi olduğu gibi kabul ediyorum.
- Ben esnek bir yapıya sahibim ve yaşamda kendimi çok rahat hissediyorum.
- Yüksek manevi güçlerimi kolaylıkla harekete geçiriyorum.
- Yaşadığım her an ve aldığım her nefes için, sahip olduklarım ve olmaya devam ettiklerim için Rabbime daima şükrediyorum.

Not: Gün içinde olumlama yapmayın çünkü o saatlerde ego görev başındadır ve değişiminize tepki gösterebilir. Eğer olumlamaları gündüz yaparsanız, kullandığınız olumlamaların tam tersi deneyimler içerisine girebilirsiniz. Bu yüzden olumlamalarınızı sadece sabah uyandığınızda ve gece uykuya dalmadan hemen önce yapın. Bu dönemlerde beyin dalgalarınız Alfa frekansında olduğu için egonuz devre dışıdır.

ESMALARINIZ

Aşağıdaki Esmaları zikretmenizin de size çok faydası olacaktır.

- Ya Halim (88 kere): Sakinlik verir ve olaylara sağduyulu yaklaşmanızı sağlar.
- Ya Selam (131 kere) İçinize huzur, rahatlık ve güven duygusu verir.
- Ya Rahim (258 kere): Merhamet enerjisiyle verir.
- Ya Mani (161 kere): Korktuklarınızın başınıza gelmesini engeller.

Yukarıda size uygun olabilecek Esmalardan birkaç örnek verdim. Esmalar ile ilgili daha detaylı bilgiye, telif gelirini yardım kuruluşlarına bağışladığım "Esmaların Gizli Hazinesi" isimli kitabımdan ulaşabilirsiniz. Ayrıca aynı kitapta kendi burcunuza ait olan Esmaları seçebilir ve mucizevi güzellikleri deneyimleyebilirsiniz.

KOD 28

Örneğin 16.8.2002 tarihindeki gibi doğum tarihinizin sayı değerleri toplamı 28 çıkıyorsa sizin sayınız 28'dir.

GENEL ÖZELLİKLERİNİZ

Öncelikle belirtmek isterim ki bazı insanlar özel enerjilerle doğar siz de özel bir enerji ile dünyaya gelenlerdensiniz. Böyle doğan kişilerin daima bu özel enerjilerini koruması gerekir. Çünkü negatif enerjiler de bu enerjiye sahip çıkmaya çalışır. Siz bu enerjiye hâkim olabilirseniz muhteşem bir yaşam sürersiniz. Bu enerjiler size doğumunuzla verilen çok güzel armağanlardır. Sizin spritüal alanla bağlantıda olmanız şarttır.

Manevi alanla bağlantıda yaşamadığınız takdirde bu yola girmeniz için olumsuz deneyimler yaşayabilirsiniz. Bu aslında sizin değerli olduğunuzdan ve rahmani alanın sizi kaybetmek istemediğinden kaynaklanır.

Çok yüksek bir manyetik enerjiye sahipsiniz, bu size doğumunuzla armağan edildiği için çok şanslısınız. İnsanlar sizi beğenir, âşık olur, sizden etkilenir ancak siz kendi değerinizi bilmezseniz önce sizi baş tacı yapar sonra da bilinçaltı kıskançlıkları sebebiyle sizi bir anda yere bırakabilirler. Bu enerjinizin farkında olup kendi değerinize sahip çıkmalısınız.

Siz çevrenize çok faydalı olmayı isteyen iyi kalpli bir yapıya sahipsiniz. İnsanları kırmaktan ya da onlarla çatışmaya girmekten çekinirsiniz. Ancak bu davranışları gösterirken kendinize haksızlık edebilir ve kendinizi istemediğiniz şeyleri yaparken bulabilirsiniz. Sonrasında da derin bir öfke ve pişmanlık duyabilirsiniz. En çok korktuğunuz şey pişman ve rezil olmaktır. Bunlardan daha derin korkular yaşadığınızı düşünmüyorum. Olsa bile siz bunların üstesinden gelebilecek güce ve cesarete sahipsiniz.

Pişman olmaktan korktuğunuz şeylere karşı da bilinçaltınız sizi itebilir ve maalesef böylesi durumlar da sizin canınızı yakabilir. İrade gücünüzü kaybedebilirsiniz. Bu nedenle manevi bağınızın çok kuvvetli olması şarttır. Pişman olmayacağınız davranışları seçmeye özen gösterin kaldı ki pişman olacağınız bir davranışta bulundunuz o zaman da geçmişi geçmişte bırakın, ne öğrendiğinize bakın, kendinizi affedin ve daha güzel hizmetler vererek yolunuzda yürüyün. O konuya takılı kalmayın, geçin ve yaşamınıza güzelliklerle devam edin. Sizin bu yaşamdaki en önemli çalışmanız alma-verme dengesini kurmaktır. Temel amacınız, dengeli bir biçimde yaşama hizmet vermek, adaletli ve arabulucu olarak hem kendi mutluluğunuza hem de başkalarının mutluluğuna katkıda bulunmak olmalıdır.

Alma-verme dengesini kurmanız zaman alabilir ama bu durumu dengelemekle yükümlüsünüz. Siz çok fazla verici, fedakâr ve iyi niyetli olabilirsiniz, ancak bu durum dozunu aşarsa kendinize karşı haksızlık edersiniz. Karşınızdaki kişilere destek olmak adına kendinizden çok verebilir, hayal kırıklığına uğrayabilir, incinir sonra da bıçak kemiğe dayandığında birden tüm desteğinizi çekebilirsiniz. O zaman da fazla alıcı olma tarafına geçebilir ve hep kendi istediğiniz olsun isteyerek kaprisli davranabilirsiniz. İkisi de doğru değildir.

Dengeyi kurmanız ve sınırlarınızı belirlemeniz gerekir. Dinlerde "kul hakkı" denen bir durum vardır. Kul hakkı sadece karşınızdakinin hakkı değildir hatta öncelikli olarak sizin hakkınızdır. Çok fazla fedakâr olarak, verici davranarak kendinizden veriyorsanız o zaman kendi "kul hakkınızı" çiğnemiş oluyorsunuz.

Bu dengeyi oturtmanız için yapmanız gerekenler şunlardır: Birisi sizden bir şey istemeden hemen yardım etmeye kalkmamalısınız. Bırakın istesinler. Bu şekilde istendiği zaman verdiğiniz destek ya da yardım hak ettiği değeri görecektir. Diyelim ki sizden biri bir şey istedi o zaman kendinize şu soruyu sormalısınız "Bu desteği sağlarsam karşı taraftan sevilmek, değer görmek gibi bir beklentim olur mu?" Eğer yanıtınız "Evet, ben beklenti içine girerim ve eğer nankörlükle karşılaşırsam da hayal kırıklığına uğrar, incinirim," diyorsanız talebi yerine getirmemeniz gerekiyor. Ta ki "Ben bu iyiliği yapıyorum, ister takdir etsin, ister etmesin, ben bu iyiliği kendimi mutlu etmek için yapıyorum," diyeceğiniz güne kadar fedakârlığı bırakmanız gerekir. Bu dengeyi kuramadığınız sürece hayal kırıklıkları yaşamınızda peşinizi bırakmayabilir.

İstediğiniz şeye "evet" istemediğiniz şeye de "hayır" demeyi kesinlikle öğrenmeniz gerekir. Sınırlarınız olmalı ve sınırlarınızı işgal etmeye kalkan olursa da "dur" diyebilmelisiniz. Başkaları kırılmasın, diye kendinizi üzmeyi göze almanız öz benliğinize haksızlık etmektir. Bu konuya da dikkat etmelisiniz.

Başkalarından bir şey istemeyi öğrenmelisiniz, başkaları sizden nasıl istiyorsa siz de bu dengeyi korumalısınız. Öz benliğinize karşı "Ben kimseden bir şey isteyemem," demek gibi bir hakkınız olmamalı. Elbette isteme konusunu da abartmamalı ve siz de başkalarının sınırlarını çiğnememelisiniz.

Sizin için paradan daha önemli değerler vardır. Parayı istersiniz çünkü güce sahip olmak istersiniz. Güç sizin için çok önemli bir unsurdur. Siz güçlü insanlara hayran olursunuz. Bazen de güçlü insanlardan çekinir ve onlarla anlaşamayabilirsiniz. Güç ve iktidar sahibi olmak istersiniz. Bunu isterken amacınız başkalarına zarar vermek değil aksine daha çok faydalı olabilmektir. Bolluk ve bereket enerjisine de sahipsiniz ancak kıtlık bilinciyle yetişmişseniz bolluğu ve bereketi yaşamınıza sokmak zaman alabilir. Maddi manevi, bolluk ve bereketi yaşamınıza sokmanın yolu hizmet vermekten geçer. Başkalarına faydalı olacak gönüllü çalışmalar yapmalısınız. Paranız varsa başkalarına maddi olarak destek vermelisiniz, paranız bunun için yeterli değilse o zaman güler yüzünüzle ya da sahip olduğunuz başka değerlerle faydalı olmalısınız. O zaman yaşamınıza bolluğun ve bereketin nüfuz ettiğini görecek ve şaşıracaksınız. Elbette manevi bağınızın da çok güçlü olması gerekir.

Siz doğuştan şifacısınız bunu fark etmemiş olsanız bile deneyin göreceksiniz. Ellerinizde şifa enerjisi bulunmaktadır. Siz elleriniz ya da sözlerinizle başkalarına moral vererek şifa olabilirsiniz. Başkalarına yaptığınız şifa enerjisini kendinize de uygulamalısınız. Daha sakin, hoşgörülü olmalısınız. Özellikle kendinize karşı daha hoşgörülü olmalısınız ve bilinçaltı düzlemde kendinizi cezalandırmaktan vazgeçmelisiniz.

Kendinizi şifalandırmanın yolu manevi bağınızı güçlendirip, kendinize ve başkalarına olumlu enerjiler aktarmaktan geçer. Bu dünyaya bu alanda hizmet vermeye geldiniz. Siz hizmet verdikçe bolluk ve bereket enerjisi size maddi ve manevi akacak ve her anlamda zenginleşeceksiniz. Burada başkalarına hizmet etmek derken fedakârlıktan bahsetmiyorum. Kendinize haksızlık etmeden, alma-verme dengesini bozmadan elinizdeki maddi manevi kaynaklardan başkalarına hizmet etmenizden bahsediyorum.

Siz çok yüksek yaratıcılık enerjisine sahipsiniz. Sanatsal alanda ya da proje üretmede çok başarılı olabilirsiniz. Bu enerjinizin mutlaka bir alana kanalize olması gerekir. Yani bir eser ortaya koymalısınız, bu planlanan bir projeyi hayata geçirmek olduğu gibi, kitap yazmak, resim yapmak gibi sanatsal alanla da ilgili olabilir. Yüksek enerjiye sahip olduğunuz için mutlaka fiziksel egzersiz yapmanız lazım. Sporla ilgilenebilir ve ya dans edebilirsiniz. Bu şekilde fiziksel ve ruhsal enerjinizi harekete geçirmeniz sizin üst enerji alanlarına çıkmanızı ve çok olumlu deneyimler yaşamanızı sağlayacaktır. Kendinizi güçlü, özgür, enerji dolu hissedeceksiniz. Eğer bu yaratıcı enerjiyi bir alana kanalize etmez ve fiziksel aktivitelerde bulunmazsanız o zaman bu enerji bloke olabilir ve siz bağımlılık enerjisiyle yaşamaya başlayabilirsiniz. Bu bağımlılık sigara, içki gibi bir madde-ye olabileceği gibi, bir kişiye ya da bir duyguya da olabilir. Daha ziyade öfke enerjisine bağımlı olabilirsiniz. İçsel bir öfke yaşayabilir öfkeleneceğiniz deneyimleri yaşamınıza getirebilirsiniz.

Dışarıya karşı son derece sevecen ve sevimli bir görüntünüz olsa da bağımlılık enerjisi geliştirdiyseniz yakınlarınıza karşı öfkeli ve ters davranışlar gösterebilirsiniz.

Liderlik özelliğine sahipsiniz ve sizin istediğiniz olsun istersiniz. Söylediğiniz bir şeyi karşı taraf yapmazsa çok öfkelenebilirsiniz. Esnek, rahat ve sakin olmakta fayda var. Siz yine liderlik özelliklerinizi kullanın ama baskıcı değil daha sakin bir şekilde.

Sizin -meli,-malı'larınız olabilir. Yani "Bu iş böyle olmalı," "Arkadaşlıkta bunlar yapılmalı," gibi cümle kalıplarınız olabilir. Sizi sınırlayan bu kalıplardan kendinizi kurtarmalısınız, herkesi ve her durumu olduğu gibi kabul etmelisiniz. Bazen etik değerleri olmayan kişiler karşınıza çıkabilir bu kişilerle deneyimleniyorsunuz. "Böyle de oluyormuş demek ki," deyip geçmeyi öğrenmelisiniz.

Hak hukuk konularında da aynı hassasiyeti gösterdiğinizi düşünüyorum. İnsanlara haddini bildirip, hak hukuk savaşına girmekten biraz uzak durmanızda fayda var. Allah'a güvenin ki güveniyorsunuzdur, onun adalet sistemi bizim öngöremediğimiz şekillerde muhteşem işler.

Siz güçlüsünüz gerçekten güçlüsünüz, kurban psikolojisine girdiyseniz silkelenin ve size bahşedilen özel enerjiyle arzu ettiğiniz yaşamı kurun. Bunu siz yapabilirsiniz.

AŞK İLİŞKİLERİNİZ

Çok yüksek bir manyetik alana sahipsiniz bu nedenle karşı cins üzerinde etkiniz olduğunu söyleyebilirim. Girdiğiniz ortamlarda fark edilirsiniz, bazen fark edilmediğinizi düşünseniz de kesinlikle fark edilirsiniz. Böyle hissetmenizin nedeni hep başkalarını kendinizden daha yukarıda görmeniz ve kendinize hak ettiğiniz değeri vermemeniz olabilir. Durum böyleyse bu yaşadığınız tamamen yersiz bir özgüven eksikliğidir.

Girdiğiniz ortamın enerjisini olumlu anlamda değiştirirsiniz. Hele ki neşeliyken çevrcniz keyifle gülen ve size hayranlıkla bakan insanlar tarafından çevrilir. Karşı cins size hayran olduğu için yaşamda çok talibiniz çıkar. Çoğunlukla siz ilgilenildiğiniz fark etmeyebilirsiniz. Bazen kişilerin çok net bir şekilde konuşarak sizinle ilgilendiklerini gözünüze sokmaları gerekebilir☺ Böyle durumlarda birden çekingenleşip uzak durabilirsiniz.

Siz genellikle başlangıçta âşık olmazsınız. Karşı tarafın ilgisi hoşunuza giderse, düşünce sistemi ve zekâsından etkilenirseniz yavaş yavaş ilgi duymaya başlarsınız. Genelde güçlü, zeki kişilere hayranlık duyar ve onlara âşık olabilirsiniz. Ancak bazen de görünüşe aldanabilir güçlü erkek ya da kadın diye seçtiğiniz kişiler ana kuzusu ya da asalak gibi sizin olanaklarınızı sömüren kişiler olabilir. Yaş ilerledikçe görünenin ardında yatan kişiliği daha doğru analiz edebilirsiniz.

İlişkilerinizde zamanla karşı tarafa daha çok verici olmaya başlayabilirsiniz. Kendinizden ve yapmak istediklerinizden ödün verebilir adeta bazen karşı tarafın kölesi gibi davranabilirsiniz. Uyum sizin için önemlidir ama uyum sağlamaya başlangıçta değil daha sonraları özen gösterebilirsiniz. Her hareketinizde onu düşünerek davranabilirsiniz.

İşte bu noktada dikkat etmelisiniz çünkü karşı tarafa gösterdiğiniz ilginin dozunu arttırırsanız bir süre sonra ilişkinizdeki kişinin poposu kalkabilir☺ ve size hak ettiğiniz değeri göstermeyebilir ve bir anda davranışlarıyla sizi göklerden indirip yere bırakabilir. O kişi başta ulaşılması çok zor kişiyken ve mücevher gibi değerliyken dozu aşan vericiliğinizle tüm cazibenizi ve değerinizi yitirebilirsiniz. Yapılması gereken kendi sınırlarınızı korumaktır.

Ne çok verici ne de çok alıcı olmadan dengeyi korumaya özen göstermelisiniz. Siz kolay sevip bağlanmazsınız ama bir kere bağlandınız mı da körü körüne davranabilirsiniz. Kendi değerinizi bilmeden yürüttüğünüz ilişkilerde canınız çok yanabilir.

Acı eşiğiniz yüksek olduğundan birçok insanın katlanamayacağı acılara katlanabilirsiniz. Ama daha sonrasında bir gün bıçak kemiğe dayanır ve bir sabah kalktığınızda o kişiye hiçbir şey hissetmediğinizi fark edersiniz. Daha sonra poposu kalkarak size hak ettiğiniz değeri vermeyen kişi genellikle size geri dönüş yapar. Eğer siz de geri dönmezseniz onun hayatının en unutulmayan aşkı olursunuz.

Genellikle sonrasında bu kişiler size yaşattıklarından dolayı çok pişman olabilirler. Çünkü idrak ettiklerinde sizin onları nasıl sevdiğinizi ve değer verdiğinizi fark edip böylesine bir aşkı ve kişiyi nasıl kaybettiklerini düşünerek hayıflanabilirler.

Siz çok kıskanılan bir enerjiye sahip olduğunuzdan yakın arkadaşlarınız içinde bile kıskananlar olabilir ve size ihanet edebilir ya da kötülük yapabilirler. Hatta daha ileri giderek kıskançlık sebebiyle sizin üzerinize negatif enerji çalışması bile yapabilirler.

Benim deneyim ve tespitlerime göre bu planda olan kişilerin %90'ı negatif enerji çalışmalarının kurbanı olmuştur. Bu nedenle çok dua etmeli ve kendinizi koruma altına almalısınız.

Evlilik hayatınızda son derece sadık ve uyumlu olmaya özen gösterirsiniz. İdeal bir eş olursunuz ancak eşiniz size yeterli değeri ve özeni göstermezse o zaman duygusal açlığınız oluştuğu için bir başkasına âşık olabilirsiniz. Böyle bir durum söz konusu olduğunda ise genellikle boşanma yoluna gidersiniz.

Sözün özü ilişkiler anlamında başta yüz vermeyen, umursamayan siz kesinlikle kendi sınırlarını korumalı, alma-verme dengesini kurmalı ve hak ettiğiniz değeri önce kendinize siz vermelisiniz.

Cinsellik sizin için eğlenceli bir oyun gibidir ancak bu oyunu asla herkesle oynamazsınız. Seçtiğiniz partner sizin için çok önemli olmalıdır. Zevk veren ve zevk alan eğlenceli bir cinsel yaşamınız olabilir.

İŞ – KARİYER YAŞAMINIZ

Siz otorite ve güç hayranı olmakla beraber kurallara karşı savaş açmış da olabilirsiniz. Ebeveynlerinizden biri otoriter olabilir ve onunla çatışma yaşayabilirsiniz.

Bir tarafınız otoriter kişilerin gözüne girmek isteyip onlara kendinizi ispatlamaya çalışırken bir diğer tarafınız otoriteye öfke duyabilir ve asi davranışlar sergileyebilir. Böyle durumlarda bastırılmış öfkenize engel olamayıp olumsuz ve agresif davranışlar gösterebilir, kendinizi haklıyken haksız duruma getirebilirsiniz.

Belki uzun süre ne iş yapacağınıza kara veremeyebilir, daldan dala geçebilirsiniz. Ya da istikrarlı bir çalışmanız varsa bu durumdan çok sıkılabilir farklı bir iş yapma arzusuyla yanıp tutuşabilirsiniz. Genellikle sonunda ne iş yapmak istediğinizi bulur ve o alanda da çok başarılı olursunuz.

Sizin enerjiniz sürüden ayrılmanızı sağlar. Eğer cesur olur ve herkesin gittiği yoldan gitmez kendi yolunuzu belirlerseniz hem çok severek yaptığınız işe sahip olur hem de bu alanda isim olup örnek gösterilirsiniz.

Siz otorite ve güç hayranı olduğunuz için kendinize ait bir işte daha başarılı olursunuz. Büyük ihtimalle de kendi işinizi ya da işlerinizi kurabilirsiniz. Çok yönlü bir yapınız olduğu için pek çok işle ilgilenebilir ve pek çok iş kurabilirsiniz.

Genellikle adil bir yönetici olursunuz. Hak ve adalet konuları sizin için önemlidir. Genelde çalışanlarınıza karşı olumlu bir yönetici olursunuz. Ancak bununla beraber söylediğiniz bir şey yapılmadığında ya da unutulduğunda çok öfkeli davranabilirsiniz.

Siz bu dünyaya başkalarına hizmet edip onların da yaşamlarına ışık tutma göreviyle gelenlerdensiniz. Ya şifa enerjinizle ya da bilgeliğinizle mutlaka bu görevi yerine getirmeniz gerekecektir. Sistem sizi bu yola itecektir bu nedenle mesajları anlayana kadar engellerle uğraşmamak adına erkenden aydınlanma ve aydınlatma görevinizi üstlenin derim.

MALİ DURUMUNUZ

Para sizin için çok da önemli olmayabilir. Parayı araç olarak görenlerdensiniz. Konforlu yaşamayı sevdiğinizden para gelse de uzun yıllar birikim yapamayabilirsiniz. Bir de karşı cinsten birilerinin sizin paranızı yemesi ihtimali de vardır. Bu konuda 35-40 yaş öncesinde çok sömürülebilirsiniz. Bu yaşlardan sonra paranın değerini daha iyi bilir ve birikim yapmaya başlayabilirsiniz.

Para konusunda 35-40 sonrası genellikle çok rahat edebilirsiniz. Para sizin için gücün ve özgürlüğün simgesidir. Kendi bildiğinizi okuduğunuzdan ve kısıtlanmaya asla gelemediğinizden para sahibi olunca kendinizi güçlü ve özgür hissedersiniz.

SAĞLIĞINIZ

Çalışma ve başarı odaklı bir yaşam kurabilirsiniz. İş sizin için her şeyden önemli olduğu için kendinizi hırpalayarak çalışabilir ve yüksek stres yüzünden çeşitli kronik rahatsızlıklara yakalanabilirsiniz Siz sıklıkla toprakta çıplak ayakla yürümeli, sakinleştiren ortamlarda dingin müzikler dinlemelisiniz. Bunun dışında yaratıcılık enerjinizi sanat ya da proje alanlarına yönlendirmez ve fiziksel aktivitelerde bulunmazsanız kilo alma ihtimalinizi yükseltebilirsiniz.

Analizlerimde yer alan olumsuz davranış modellerinizi olumlu davranış modellerine çevirdiyseniz bu tekâmülünüzden dolayı sizi yürekten tebrik ederim☺

EN TEMEL KORKULARINIZ

- Pişman Olma Korkusu
- Değersizlik Korkusu
- Otorite Korkusu
- Güçsüzlük Korkusu
- Rezil Olma Korkusu

Yaşamınızda genellikle yukarıda bahsi geçen konular hakkında deneyimler yaşarsınız. Çünkü sizin bu dünyada vermeniz gereken sınavlar belirttiğim davranışları düzenlemek ve korkulardan arınmanızla ilgilidir. Bu durumu düzenleyene kadar benzer sınavlardan geçmeye devam edebilirsiniz. Benden söylemesi ☺. Önerim aşağıdaki olumlamaları kullanmanız ve Esma çalışmalarıyla kendinizi güçlendirmeniz. Özenle ve bilinçli olarak bu konular üzerinde çalışma yapmalısınız. Eğer söz konusu durumlar ileri boyutta ise profesyonel destek almanız çok faydalı olacaktır.

RUHSAL TEKÂMÜLÜNÜZ İÇİN YAPMANIZ GEREKENLER

- Yaratıcılık enerjinizi kullanmalı sanatla, dansla ve sporla ilgilenmelisiniz. Böylelikle bağımlılık enerjisinden kurtulup özgürlüğünüze sahip olabilirsiniz.

- Sakin olmalısınız, içsel öfkenizi yönetmeli, iç enerjinizi yaratıcılığınızı kullanacağınız alanlara yönlendirmelisiniz. Olumlu alanlara yönlendirilmeyen iç öfke bağımlılık ya da kilo yapar, bu konuya dikkat etmelisiniz.

- Ne çok alıcı ne çok verici olmalısınız. Kendi sınırlarınızı korumayı öğrenmelisiniz. Başkalarının sınırlarına da girmemelisiniz. Önce çok verici olup sonra kırgınlık yaşayıp geri çekilmek, karşınızdakine ters ve soğuk davranmak yerine başta dozuna göre vermelisiniz.

- Başkalarını kendinizden üstün görmemelisiniz. Kendinizi hiçe saymamalısınız. Kendinize değer vermelisiniz.

- İstediğinize "evet" istediğinize "hayır" diyebilmeli ve kendiniz için de başkalarından bir şey isteyebilmelisiniz. Sadece yapmak istediklerinizi yapmalı "aman ayıp olur, el âlem ne der?" gibi düşüncelerden uzak kalarak hiçbir şey için kendinizi mecbur etmemelisiniz.

- Otorite ile anlaşmalı ve otorite konumuna geldiğinizde adil, hoşgörülü bir yönetici olmalısınız.

- Herkesin gittiği yoldan değil cesur olup kendi inandığınız yoldan gitmeli ve fark yaratmalısınız.

- Maneviyatınızı güçlendirmeli, kendinizi aydınlatıp şifalandırırken başkalarının da yaşamlarına ışık tutmalısınız.

OLUMLAMALARINIZ

- Ben kendime ve kendi yeteneklerime çok güveniyorum. Ben özgüven sahibiyim.

- Ben yaratıcı enerjimi faydalı alanlara yönlendiriyorum.

- Ben çok yaratıcı ve yetenekliyim.
- Her zaman ve her durumda sakin ve sağduyulu hareket ediyorum.
- Ben insanlara örnek olan hakkaniyetli bir liderim.
- Ben hoşgörülüyüm, herkesi olduğu gibi kabul ediyorum.
- Ben esnek bir yapıya sahibim ve yaşamda kendimi çok rahat hissediyorum.
- Ben kendimi her zaman ve her yerde özgür hissediyorum. Ben özgürüm.
- Bana armağan olarak verilen şifa enerjimi hem kendim hem de başkaları için rahatlıkla kullanıyorum. Ben güçlü bir şifacıyım.
- Benim güçlü sezgilerim var ve ben güzel mesajlar alıyor, doğru yorumluyorum.
- Otorite ile uyum içerisindeyim.
- Manevi güçlerimi kolaylıkla harekete geçiriyorum.
- Yaşadığım her an ve aldığım her nefes için, sahip olduklarım ve olmaya devam ettiklerim için Rabbime daima şükrediyorum.

Not: Gün içinde olumlama yapmayın çünkü o saatlerde ego görev başındadır ve değişiminize tepki gösterebilir. Eğer olumlamaları gündüz yaparsanız, kullandığınız olumlamaların tam tersi deneyimler içerisine girebilirsiniz. Bu yüzden olumlamalarınızı sadece sabah uyandığınızda ve gece uykuya dalmadan hemen önce yapın. Bu dönemlerde beyin dalgalarınız Alfa frekansında olduğu için egonuz devre dışıdır.

ESMALARINIZ

Esmaları zikretmenizin de size çok faydası olacaktır.

- Ya Halim (88 kere): Sakinlik verir ve olaylara sağduyulu yaklaşmanızı sağlar.
- Ya Kuddüs (170 kere): Bağımlılık enerjisinden kurtarır.
- Ya Kaviyy (116 kere): İradenizi güçlendirir.
- Ya Selam (131 kere): İçinize huzur, rahatlık ve güven duygusu verecektir.
- Ya Muhyi (68 kere): Şifa enerjinizi harekete geçirir.
- Ya Batın (62 kere): Sezgilerinizi güçlendirir.

Size uygun olabilecek Esmalardan birkaç örnek verdim. Esmalar ile ilgili daha detaylı bilgiye, telif gelirini yardım kuruluşlarına bağışladığım "Esmaların Gizli Hazinesi" isimli kitabımdan ulaşabilirsiniz. Ayrıca aynı kitapta kendi burcunuza ait olan Esmaları seçebilir ve mucizevi güzellikleri deneyimleyebilirsiniz.

KOD 29

Örneğin 10.8.1973 tarihindeki gibi doğum tarihinizin sayı değerleri toplamı 29 çıkıyorsa sizin sayınız 29'dur.

GENEL ÖZELLİKLERİNİZ

Çok yüksek bir manyetik enerjiye sahipsiniz bu size doğumunuzla armağan edildiği için çok şanslısınız. İnsanlar sizi beğenir, âşık olurlar sizden etkilenirler ancak siz kendi değerinizi bilmezseniz önce baş tacı yapar sonra da bilinçaltı kıskançlıkları sebebiyle sizi bir anda yere bırakabilirler. Bu enerjinizin farkında olup kendi değerinize sahip çıkmalısınız. Sizin enerjiniz son derece güçlü bir enerjidir. Olumlu şekilde kullanırsanız muhteşem bir yaşam inşa edersiniz. Olumsuz şekilde kullanırsanız da yakıp yıkabilirsiniz Çok çok yüksek bir yaratıcılık enerjisine sahipsiniz, içinizde muhteşem bir potansiyel biriktiriyorsunuz. Bu enerjinizi olumlu alanlarda kullanırsanız son derece yapıcı sonuçlar alırsınız eğer olumsuz alanlarda kullanıyorsanız çok yıkıcı, hem kendinize hem de başkalarına zarar verici durumların oluşmasına sebep olabilirsiniz.

Sizin yaratıcılığınız daha çok zihinsel alandadır. Proje üretme konusunda çok başarılı olabilirsiniz. Bu enerjinizin mutlaka bir alana kanalize olması gerekir. Yani ortaya bir eser koymalısınız, bu planlanan bir projeyi hayata geçirmek de olabilir tasarım, organizasyon alanlarıyla da ilgili olabilir. Yüksek enerjiye sahip olduğunuz için mutlaka fiziksel egzersiz yapmanız lazım. Sporla ilgilenebilir ve ya dans edebilirsiniz. Bu şekilde fiziksel ve ruhsal enerjinizi harekete geçirmeniz sizin üst enerji alanlarına çıkmanızı ve çok olumlu deneyimler yaşamanızı sağlayacaktır. Kendinizi güçlü, özgür, enerji dolu hissedeceksiniz.

Eğer bu yaratıcı enerjiyi bir alana kanalize etmez ve fiziksel aktivitelerde bulunmazsanız o zaman bu enerji bloke olabilir ve siz bağımlılık enerjisiyle yaşamaya başlayabilirsiniz. Bu bağımlılık sigara, içki gibi bir maddeye olabileceği gibi, bir kişiye ya da bir duyguya da olabilir. Daha ziyade öfke enerjisine bağımlı olabilirsiniz. İçsel bir öfke yaşayabilir öfkeleneceğiniz deneyimleri yaşamınıza getirebilirsiniz.

Sizin enerjiniz çok güçlü olduğundan zihniniz çok yüksek oranda statik elektrik üretir. Bu statik elektrik sizin bedeninize ve yaşamınıza hasar verebilir. Bu nedenle sıklıkla statik enerjinizi boşaltmak için yıkanmalı, çıplak ayakla toprakta yürümelisiniz. Bazen o kadar yüksek olabilir ki elektrikli cihazları bile bozabilir, prizlere dokunduğunuzda ampulleri patlatabilirsiniz. İnanç konusunda içsel gelgitler yaşayabilirsiniz. Gerçek anlamda Allah'a inandığınızda her şeyin harikulade ilerlediğini arzularınızın tam da istediğiniz gibi gerçekleştiğini görürsünüz. Sizin için kolay olmasa bile sıklıkla dua etmeli, meditasyon, yoga vs. gibi içe dönüş çalışmaları yapmalısınız.

Bir tarafınız insanlara hizmet etmeyi beklerken bir tarafınız da bu durumu bloke edebilir. Yardımlarınızı genellikle beklenti içinde yapabilirsiniz bu sefer de hayal kırıklığına uğrayabilir derin öfkeler duyabilirsiniz. Kindar ve kibirli davranabilirsiniz.

Sizin mutlaka başka insanlara maddi ve manevi hizmet etmeniz gerekiyor, tekâmülünüz buradan geçiyor. Bu yardımı yaparken de beklenti içinde olmadan sadece kendi mutluluğunuz için yapmanız gerekiyor. Hem çok şanslı hem de çok şansız olabilirsiniz. Kimsenin başına gelmeyen olumsuzluklar sizin başınıza gelebilir ya da bu tür durumlardan tereyağından kıl çekercesine öyle bir çıkarsınız ki siz bile şaşırır kalırsınız.

Size armağan olarak verilen bu güç çok özel olduğu için onu doğru yönlendirmeniz, insanlığın hizmetine sunmanız gerekebilir. Kibir, gurur gibi davranışlardan vazgeçmelisiniz. Rekabet etmekten, mükemmeliyetçi olmaktan da istifa etmeniz gerekir. Bu davranış modellerinizi törpülemelisiniz.

Özgüvenli bir görünüm sergilersiniz. Kimi zaman kendinize gerçekten çok güvenirsiniz ve çevrenize olumlu ışınlar saçarsınız. Bazen de özgüveninizi yitirirsiniz. Bu durumu belli etmemek için, uzak, katı veya soğuk bir görünüm sergileyebilirsiniz. Ancak böylesi durumlarda kendi kendinizi yer bitirirsiniz. Bu tür durumlar hücrelerinize zarar verebilir.

Hoşgörüyü öğrenmeniz gerekir. Hem kendinize hem de başkalarına karşı hoşgörülü olmalısınız. Herkesi olduğu gibi kabul etmelisiniz. İnsanları yönlendirmekten, üzerlerinde otorite kurmaya çalışmaktan vazgeçmelisiniz.

Sezgileriniz çok güçlüdür. Sezgilerinizi dinlemeyi öğrenmelisiniz. Duygularınızla barışmalısınız. Mantıklı hareket etmeye de özen göstererek hem kendi hem de başkalarının duygularına hasar vermemelisiniz.

Kaybetme korkunuz üzerine çalışmalısınız. Sevdiklerinize zarar gelmesinden ya da sahip olduklarınızın elinizden gitmesinden çok korkabilirsiniz. Yaşamın akışına güvenmeyi seçin ve özünüzden Allah'a inanarak hem kendi canınızı hem de sevdiklerinizin canını emanet edin ve içsel huzura geçin. Eğer size armağan olarak verilen bu muhteşem gücü olumlu alanlarda, başkalarına hizmet ederek, hoşgörülüyle kullanırsanız siz maddi manevi her anlamda bolluk ve berekete ulaşır, herkes tarafından örnek gösterilip sayılırsınız. En önemlisi varlığınızdan ve yaşamınızdan gerçekten zevk alırsınız.

Liderlik özelliğine sahipsiniz ve sizin istediğiniz olsun istersiniz. Söylediğiniz bir şeyi karşı taraf yapmazsa çok öfkelenebilirsiniz. Esnek, rahat ve sakin olmakta fayda var. Siz yine liderlik özelliklerinizi kullanın ama baskıcı değil sakin olmaya çalışarak.

AŞK İLİŞKİLERİNİZ

Manyetik enerjiniz yüksek olduğundan girdiğiniz her ortamda ilgi çekersiniz. Beğenilen cazibeli bir görünüme sahipsiniz. Son derece hareketli, tutkulu aynı zamanda biraz da hırçın ilişkiler kurabilirsiniz. İlişkileriniz ani başlayıp, kangrene dönüşüp uzun sürelere yayılarak bitebilir. Hayatınıza giren kişiler hayat boyu sizi unutamaz, onların yaşamlarına imza atarsınız. Bu arada kıskanç ve şüpheci olabilirsiniz. Eşinizin sabrını bu konuda zorlayabilirsiniz. Cinsellik sizin için çok önemlidir. Fantezileriniz güçlüdür. Aşk ve tutku hayatınızdaki en önemli unsurlardır.

İlişkileriniz de -meli, -malı gibi kalıplarınız olabilir ve eşinizi bu kurallara uydurmaya çalışabilirsiniz. Suçlayıcı dil kalıpları kullanabilirsiniz. Eğer durum böyleyse ilişkinizin sonunu hazırlamış olursunuz. Bu konuya özen göstermeli ve ilişkinizin sağlığı için bu davranış modellerinizi değiştirmelisiniz.

İŞ – KARİYER YAŞAMINIZ

İş yaşamı sizin için çok önemlidir ve kariyerinizde de çok da başarılı olursunuz. Yüksek yaratıcılığınızla ortaya koyduğunuz projelerle veya sanatsal çalışmalarınızla ün, şan ve şöhret sahibi olabilirsiniz. Ödüller alabilir, yüksek mevkilere gelebilirsiniz. İş konusunda da sizi kıskanan düşmanlarınız olabilir sizi uğraştırsalar başarıya ulaşamazlar.

MALİ DURUMUNUZ

Siz iş hayatınızda başarılı biri olarak çok para kazanırsınız. Mal mülk sahibi olabilirsiniz. Paranızı kıskananlar olabilir, dualarla kendinizi korumalısınız. Paranızla da her zaman ihtiyacı olanlara bolca destek vermelisiniz. Böylelikle hem kazancınızı koruma altına almış olacaksınız hem de bereketini arttıracaksınız.

SAĞLIĞINIZ

Gergin bir ruh halini benimsememeye özen göstermelisiniz. Sakin olmadığınız zaman sinir ve endokrin sisteminiz çok etkilenir. Zihniniz statik elektrik biriktirdiği için bol bol duş almalı çıplak ayakla toprakta ve çimende yürümelisiniz. Bağımlık enerjisine yatkın olduğunuz için mutlaka dans, spor gibi fiziksel aktivitelerde bulunmalısınız. Bu negatif enerjilerin bedende birikmesi kilo problemleri yaratabilir bu konulara karşı dikkatli olmalısınız. Analizlerimde yer alan olumsuz davranış modellerinizi olumlu davranış modellerine çevirdiyseniz bu tekâmülünüzden dolayı sizi yürekten tebrik ederim☺

EN TEMEL KORKULARINIZ

- Güvensizlik Korkusu ve Özgüven Eksikliği
- Kaybetme Korkusu
- Aldatılma Korkusu
- Güçsüzlük Korkusu
- Değersizlik Korkusu
- Hastalanma Korkusu
- Suçlanma Korkusu
- Hayal Kırıklığına Uğrama Korkusu

Yaşamınızda genellikle bahsi geçen konular hakkında deneyimler yaşarsınız. Çünkü sizin bu dünyada vermeniz gereken sınavlar belirttiğim davranışları düzenlemek ve korkulardan arınmanızla ilgilidir. Bu durumu düzenleyene kadar benzer sınavlardan geçmeye devam edebilirsiniz. Benden söylemesi ☺. Önerim aşağıdaki olumlamaları kullanmanız ve Esma çalışmalarıyla kendinizi güçlendirmeniz. Özenle ve bilinçli olarak bu konular üzerinde çalışma yapmalısınız. Eğer söz konusu durumlar ileri boyutta ise profesyonel destek almanız çok faydalı olacaktır.

RUHSAL TEKÂMÜLÜNÜZ İÇİN YAPMANIZ GEREKENLER

• Yaratıcılık enerjinizi mutlaka bir sanat alanına ya da proje üretmeye aktarmalısınız. Yaratıcılık enerjisi bir armağandır bu armağanın hakkını vermediğinizde içinizde bastırılmış öfke enerjisi, sıkışmışlık hissi oluşur.

• Liderlik özelliklerinizi adil ve hoşgörülü bir şekilde kullanmalısınız. Adil bir lider olarak öncülük yaparken başkalarına da faydalı olmakla yükümlüsünüz.

• Alma-verme dengesini korumalısınız. Ne çok alıcı ne çok verici olmamalısınız. Başkalarının hak ve sınırlarına da kendi hak ve sınırlarınıza da saygılı olmalısınız.

• İnsanlığa ve yaşama gönülden, karşılıksız hizmet etmelisiniz bu şekilde maddi ve manevi bolluk ve bereket yaşamınıza akacaktır.

• Bağımlılık enerjiniz çok yüksek olduğu için mutlaka dans, spor gibi fiziksel aktivitelerde bulunmalısınız.

- -meli,-malı gibi katı kurallarınızı esnetmelisiniz. Hoşgörülü, esnek, herkesi olduğu gibi kabul eden bir davranış modeline geçmelisiniz.
- Suçlama dilinden uzak durmalısınız.
- Olumlu bir lider olarak yaşamda fark yaratmalı ve başkalarına örnek olmalısınız.

OLUMLAMALARINIZ

- Ben kendime ve kendi yeteneklerime çok güveniyorum. Ben özgüven sahibiyim.
- Ben yaratıcı enerjimi faydalı alanlara yönlendiriyorum. Ben çok yaratıcı ve yetenekliyim.
- Her zaman, her durumda sakin ve sağduyulu hareket ediyorum.
- Duygularımın farkındayım ve duygularımı olumlu bir şekilde rahatlıkla ifade edebiliyorum.
- Ben insanlara örnek olan hakkaniyetli bir liderim.
- Ben hoşgörülüyüm ve kendimi de başkalarını da olduğu gibi kabul ediyorum.
- Ben esnek bir yapıya sahibim ve yaşamda kendimi çok rahat hissediyorum.
- Kendimi her zaman ve her yerde özgür hissediyorum.
- Yaşadığım her an ve aldığım her nefes için, sahip olduklarım ve olmaya devam ettiklerim için Rabbime daima şükrediyorum.

Not: Gün içinde olumlama yapmayın çünkü o saatlerde ego görev başındadır ve değişiminize tepki gösterebilir. Eğer olumlamaları gündüz yaparsanız, kullandığınız olumlamaların tam tersi deneyimler içerisine girebilirsiniz. Bu yüzden olumlamalarınızı sadece sabah uyandığınızda ve gece uykuya dalmadan hemen önce yapın. Bu dönemlerde beyin dalgalarınız Alfa frekansında olduğu için egonuz devre dışıdır.

ESMALARINIZ

Esmaları zikretmenizin de size çok faydası olacaktır.

- Ya Halim (88 kere): Sakinlik verir ve olaylara sağduyulu yaklaşmanızı sağlar.
- Ya Kuddüs (170 kere): Bağımlılık enerjisinden kurtarır.
- Ya Selam (131 kere): İçinize huzur, rahatlık ve güven duygusu verir.
- Ya Musavvir (336 kere): Yaratıcılık enerjinizi kullanarak yaşamınızda somut ve çok güzel oluşumlar ortaya koyma nızı sağlar.
- Ya Vedud (20 kere): Herkes tarafından sevilmeniz sağlar.
- Ya Aziz (94 kere): Saygınlığınızı arttırır.

Yukarıda size uygun olabilecek Esmalardan birkaç örnek verdim. Esmalar ile ilgili daha detaylı bilgiye, telif gelirini yardım kuruluşlarına bağışladığım "Esmaların Gizli Hazinesi" isimli kitabımdan ulaşabilirsiniz. Ayrıca aynı kitapta kendi burcunuza ait olan Esmaları seçebilir ve mucizevi güzellikleri deneyimleyebilirsiniz.

KOD 30

Örneğin 6.4.1973 tarihindeki gibi doğum tarihinizin sayı değerleri toplamı 30 çıkıyorsa sizin sayınız 30'dur.

GENEL ÖZELLİKLERİNİZ

Özel ve yüksek enerjilere sahipsiniz. Sezgileriniz çok güçlü olabilir, sezgilerinize mutlaka güvenmelisiniz. Spiritüel olarak da güçlü enerjilere sahip olabilirsiniz. Bu enerjiler özgüven ve güven enerjisiyle ilgili problemlerinizi çözdüğünüz zaman yaşamınıza muhteşem bir akış yapacak. Maddi ve manevi bolluk ve bereketle yaşayacaksınız.

Mutlaka duygu ve düşüncelerinizi ifade etmeniz gerekmektedir. Duygu ve düşüncelerinizi ifade edemezseniz iç dünyanızda huzursuzluk, bastırılmış öfke, hayal kırıklığı yaşayabileceğiniz gibi, ifade merkezi olan boğazınızla ilgili ya da tiroit bezlerinizle ilgili problemler yaşayabilirsiniz. Duygu ve düşüncelerinizi ifade edebilmeniz için önce özgüven ve güven enerjisinin yaşamınıza girmesine izin vermeniz gerekmektedir. Yaşamın akışında her ne oluyorsa sizin için en hayırlı şekilde geliştiğine inanmalısınız. Böylelikle yaşam karşınıza güvenilir insanları ve güvenilir deneyimleri getirecektir. En önemlisi kendi yeteneklerinize ve iç gücünüze güvenmelisiniz. Bu özgüven balon gibi değil gerçek özgüven olmalı. Çünkü zaman zaman kendinize çok güvenip sonra bir anda güveninizi kaybediyor olabilirsiniz, tam başarıya ulaşacakken kendinizi sabote ediyor olabilirsiniz. Bazen "Ben her şeyi yapabilirim," derken. Bazen de "Benim bunu yapacak gücüm yok," diyebilirsiniz. Özgüveninizi yükselttiğiniz zaman, duygusal derinliğinizi ortaya koyacak şekilde duygu ve düşüncelerinizi çok güzel ifade edebilir ve insanları konuşmalarınızla etkileyebilirsiniz.

Sizden arkasından kitleleri sürükleyebilecek çok iyi bir hatip olabileceği gibi. Çok iyi bir eğitmen, öğretmen de olur. Grup lideri olabilirsiniz. Sinema-TV oyuncusu olabilirsiniz. Etkili bir satışçı da olabilirsiniz. Kısaca konuşmayı içeren her meslek dalında büyük başarılar elde edersiniz.

İkna yeteneğiniz de çok yüksek olacağı için insanlar size inanırlar ve güvenirler. Cazibeniz çok yüksek olduğu için de insanları rahatlıkla etkiniz altına alabilirsiniz.

İkili ilişkilerinizde dikkat etmeniz gereken en önemli konu empati kurma gerekliliğidir. Kendi duygu ve düşüncelerinizi ifade etmekle o kadar çok meşgul olursunuz ki, karşınızdakinin ne hissettiğini veya ne düşündüğünü fark etmeyebilirsiniz. Bu şekilde ben merkezli davranmak yerine biraz dinlemeye ve anlamaya özen göstermeniz gerekebilir. Sizin istekleriniz ne kadar önemliyse, karşınızdakinin istekleri de onun için o kadar önemlidir.

Başkalarından çok fazla ilgi görmek isteyebilirsiniz, kıskandığınız tek şey size değil de başkasına gösterilen ilgi olabilir. Ancak öğrenmeniz gereken şey, almadan önce verme zorunluluğudur. Önce siz ilgi göstermeli ve bu konuda da içten olmalısınız, o zaman yaşamınıza size gerçekten ilgi gösteren insanlar akacaktır.

Eleştirilmeye karşı tepkisel davranabilir ve sivri bir dil kullanarak savunma mekanizmanızı harekete geçirebilirsiniz. Eleştirileri olumlu değerlendirmeye çalışmakta fayda vardır. Suçlama ve yargılama dili kullanabilir ve başkalarını çok eleştirebilirsiniz, içinde bulunduğunuz durumdan sürekli şikâyet edebilir çevrenizdekilerin kafasını da şişirebilirsiniz. Bu durum sıkışmış enerjinizin varlığının dışavurumudur. Bu nedenle düzenli bir şekilde spor ya da dans gibi fiziksel bir aktivitede bulunmanız şarttır. Yoksa içinizde bastırılmış bir öfke enerjisi oluşur ve bu durum hemen hemen tüm ilişkilerinizi ve işlerinizi olumsuz etkileyebilir.

Savunma mekanizmanız sizin dışarıdan duygusuzmuş gibi algılanmanıza sebep olabilir. Aslında derinliği olan duygulara sahip olduğunuz için ve dışarıdan bu duyguların anlaşılmasını istemediğiniz zaman bu şekilde davranırsınız. Güçlü bir duygusal derinliğiniz olduğundan başarılı bir yazar ya da şair de olabilirsiniz.

Sahnede olmayı seversiniz, insanların size duyduğu ilgi çok hoşunuza gider, sahne alanında da kesinlikle başarılı olursunuz. Herkesin sizi takdir etmesini ve beğenmesini istersiniz. Bu konuda takıntılı bile olabilirsiniz.

Mantıklı davranmaya önem verirsiniz ancak bunu yaparken size doğumunuzla verilen sezgi yeteneğini göz ardı etmemeniz gerekmektedir. Sezgilerinizi dinlemeli sağduyuyla, mantıklı hareket etmelisiniz. Önce sezgiler gelmelidir, buna özen gösterirseniz daima doğru kararlar verir ve doğru adımlar atarsınız.

Zihniniz fazla çalıştığı için herkesten daha çok uykuya ihtiyaç duyabilirsiniz. Ancak zihninizin dinlenmesi gerekmektedir bu nedenle içki bir zihin yavaşlatıcı yerime meditasyon yapmaya çalışmalısınız. Depresif olmaya yatkınsınız ancak sevindirici durum şu ki depresif ruh halinden çabucak çıkabilirsiniz.

Çevrenizin geniş olmasını istersiniz çünkü konuşacak ve kendinizi anlatacak çok kişiye ihtiyacınız vardır☺

Sosyal sorumluluk projeleriyle ilgilenmeniz şarttır, size paranın akışı size bu yolla olacaktır.

Özetle yaşama güvenmeniz, yüksek özgüvene sahip olmanız, olumlu bir lisanla duygu ve düşüncelerinizi aktarmanız, başkalarının duygu ve düşüncelerine önem vermeniz, ilgi görmeden önce ilgi göstermeniz, sosyal hizmetlerde bulunmanız gerekmektedir.

Bununla beraber enerjinizi fiziksel bir aktiviteye de aktarmanız sağlığınız açısından önemlidir. Sezgileri dinlemeyi de atlamayın☺

AŞK İLİŞKİLERİNİZ

Yaydığınız güçlü manyetik enerjiler sayesinde karşı cins tarafından çok beğenilirsiniz. İnsanlar sizi görür görmez yüksek, etkileyici enerjinizden çok etkilenirler. Genellikle ilişkinin başlangıcında yüksek olan enerjinizi ilişki ilerledikçe düşürebilirsiniz ve karşınızdakinin bazen hayal kırıklığına uğramasına sebep olabilirsiniz. Tutkulu ilişkiler yaşayabilirsiniz.

İlgiyi hep karşıdan beklemediğiniz zaman ilişkileriniz uzun ömürlü olabilir. Talepkâr olmak, sürekli ilgi görme isteği ve karşıdan sizin istediğiniz gibi ilginin gelmemesi durumunda içerlemek ve öfkelenmek gibi davranış modelleriniz olabilir. Çoğu zaman da hep ilgi bekleyen tarafın siz olduğunuzun farkında bile olmayabilirsiniz. Karşı tarafın duygu durumunu ihmal edebilirsiniz. Bu konuda empati yeteneğinizi geliştirmek faydalı olacaktır.

Kaprisleri, söylenmeleri bir kenara bırakarak samimiyetle ilişkileri yürütmelisiniz. Duygu ve düşüncelerinizi karşı tarafı eleştirip yargılamadan, olumlu dil kalıpları kullanarak ifade etmelisiniz. Tüm bunların altında yatansa tercih edilmeme ve özgüven korkuları olabilir. Bununla beraber kıskanılan bir enerjiye sahip olduğunuz için daima kendinizi dualarla korumalısınız.

İŞ – KARİYER YAŞAMINIZ

İşinize ve aldığınız sorumluluklara önem verir ve bunların çoğunu gerçekleştirirsiniz gerçi bunları yaparken söylenmeyi de ihmal etmeyebilirsiniz☺

Çok güzel projeler ortaya koyabilirsiniz ve projeleri hayata geçirirseniz çok da başarılı olursunuz. Projenin yöneticisi olursunuz başkalarını da yönlendirirsiniz. 09:00/17:00 çalışma saatleri pek size göre değildir. Geç uyanmak istediğiniz için işinize gecikebilirsiniz ancak iş sonuçlanıncaya kadar geç saatlere dek çalışabilirsiniz. Bu nedenle size esnek çalışma saatleri olan işler uygun olabilir.

Her ne iş yapıyorsanız en âlâsını gerçekleştirmeye çok özen gösterirsiniz. Kıvrak zekânız, güçlü algılama yapınız ve organizasyon yeteneğiniz çok güçlüdür. Hareketli, masa başı olmayan hemen her işte yüksek başarılar yakalayabilirsiniz. Organizasyon yeteneğiniz yüksek olduğu için projeler ortaya koyabilir, ekipler yönetebilirsiniz. Sahne sanatlarında da çok başarılı olabilirsiniz. Şifacılık özelliğinizden dolayı da spiritüel alanlarda isminizi duyurabilirsiniz.

MALİ DURUMUNUZ

Para size hep akmak ister ancak siz parasız kalma endişeleriyle paranın gelişini kendiniz kesebilirsiniz. Güvensizlik ve özgüven sorunlarınızı çözmeniz gerekir çünkü diğer konularda olduğu gibi para ile ilgili de bu sınavlardan geçebilirsiniz. Güven ve özgüven problemlerini hallettiğinizde para size koşarak ve çoğalarak gelecektir.

Bu şekilde gelecek korkusundan da kurtulmuş olacaksınız ve geleceğinize güvenle bakabileceksiniz. Bu arada para kazancınız kıskanç kişilerin enerjileriyle de olumsuz etkilenebilir, bu alanlarda da kendinizi dualarla korumalısınız.

SAĞLIĞINIZ

Zihniniz fazla çalıştığı için herkesten daha çok uykuya ihtiyaç duyabilirsiniz. Ancak zihninizin dinlenmesi gerekmektedir bu nedenle içki gibi bir zihin yavaşlatıcı yerine meditasyon yapmaya çalışmalısınız. Depresif olmaya yatkınsınız ancak sevindirici durum şu ki depresif ruh halinden çabucak çıkabilirsiniz.

Analizlerimde yer alan olumsuz davranış modellerinizi, olumlu davranış modellerine çevirdiyseniz bu tekâmülünüzden dolayı sizi yürekten tebrik ederim☺

EN TEMEL KORKULARINIZ

- Güvensizlik Korkusu ve Özgüven Eksikliği
- Gelecek Korkusu
- Suçlanma Korkusu
- Tercih Edilmeme
- Değersizlik Korkusu
- Anlaşılamama veya Yanlış Anlaşılma Korkusu

Yaşamınızda genellikle yukarıda bahsi geçen konular hakkında deneyimler yaşarsınız, çünkü bu dünyada geçmeniz gereken dersleriniz bu davranışlarınızı düzenlemek ve korkularınızdan arınmaktır. Bu durumu düzenleyene kadar benzer sınavlardan geçmeye devam edebilirsiniz. Benden söylemesi☺

Önerim aşağıdaki olumlamaları kullanmanız, esma çalışmasıyla kendinizi güçlendirmenizdir. Farkındalıkla ve bilinçli olarak bu konular üzerinde de çalışma yapmalısınız.

Eğer söz konusu durumlar ileri boyutta ise profesyonel destek almanız çok faydalı olacaktır.

RUHSAL TEKÂMÜLÜNÜZ İÇİN YAPMANIZ GEREKENLER

• Allah'ın size bağışladığı aklınıza, zekânıza, yeteneklerinize güvenmelisiniz ve kendi öz değerinize sahip çıkmalısın.

• Geleceğinize güvenle bakmalı ve emin adımlarla yürümelisiniz.

• Özellikle ilişkilerde beklenti içerisinde olmaktan vazgeçmeli, istediğiniz ilgiyi önce siz karşı tarafa vermelisiniz.

• Duygu ve düşüncelerinizi her zaman olumlu dil kalıpları kullanarak, samimiyetle ifade etmelisiniz.

• Gergin ruh halinden sıyrılmak için spor, dans gibi fiziksel aktiviteler yapmalı, zihninizi dinlendirmek için de meditasyon yapmalısınız. Masaj yaptırmak da çok iyi gelecektir.

• Yargılama ve suçlama dilinden kendinizi kurtarmalısınız, kendinize ve başkalarına karşı hoşgörülü ve esnek olmalısınız. Suçlanmaktan da korkmamalısınız çünkü korktukça daha çok suçlanacağınız deneyimler yaşayabilirsiniz.

• Allah'ın size armağan olarak verdiği yüksek enerjiyle hem kendinize hem de başkalarına şifa vermelisiniz.

• Mükemmeliyetçilikten ve kontrolcülükten istifa etmelisiniz.

• Güçlü sezgilerinizi kullanarak ve daha da güçlendirerek sağduyulu kararlar vermelisiniz.

OLUMLAMALARINIZ

- Ben kendime, yeteneklerime, gücüme çok güveniyorum.
- Hem kendimi hem de başkalarını olduğu gibi kabul ediyorum.
- Artık hoşgörülü ve esnek bir bakış açısına sahibim.
- Ben duygu ve düşüncelerimi her zaman ve herkesin yanında olumlu dil kalıpları kullanarak ifade ediyorum.
- Yaşamın akışına güveniyorum, her ne oluyorsa hakkımda hayırlı olduğunu biliyor ve buna inanıyorum.
- Ben geleceğime güvenle bakıyorum, içinde bulunduğum her an geleceğimi pırıl pırıl inşa ediyorum.
- Güçlü bir empati yeteneğine sahibim ve insanların duygu durumlarını rahatlıkla analiz ediyorum.
- Allah'ın bahşettiği güçlü sezgi enerjimi geliştiriyorum.
- Allah'ın bana bahşettiği şifa enerjisiyle hem kendime hem de başkalarına şifa veriyorum.
- Yaşadığım her an ve aldığım her nefes için, sahip olduklarım ve olmaya devam ettiklerim için Rabbime daima şükrediyorum.

Not: Gün içinde olumlama yapmayın çünkü o saatlerde ego görev başındadır ve değişiminize tepki gösterebilir. Eğer olumlamaları gündüz yaparsanız, kullandığınız olumlamaların tam tersi deneyimler içerisine girebilirsiniz. Bu yüzden olumlamalarınızı sadece sabah uyandığınızda ve gece uykuya dalmadan hemen önce yapın. Bu dönemlerde beyin dalgalarınız Alfa frekansında olduğu için egonuz devre dışıdır.

ESMALARINIZ

Esmaları zikretmenizin de size çok faydası olacaktır.

- Ya Halim (88 kere): Sakinlik verir ve olaylara sağduyulu yaklaşmanızı sağlar.
- Ya Selam (131 kere): İçinize huzur, rahatlık ve güven duygusu verir.
- Ya Muhyi (68 kere): Şifa enerjinizi harekete geçirir.
- Ya Batın (62 kere): Sezgileriniz güçlendirir.
- Ya Muğni (1100 kere): Maddi manevi zenginlik sağlar.
- Ya Fettah (489 kere): Maddi manevi tüm kapıları açar ve zafer sağlar.
- Ya Mani (161 kere): Negatif enerjilerden korur.

Yukarıda size uygun olabilecek Esmalardan birkaç örnek verdim. Esmalar ile ilgili daha detaylı bilgiye, telif gelirini yardım kuruluşlarına bağışladığım "Esmaların Gizli Hazinesi" isimli kitabımdan ulaşabilirsiniz. Ayrıca aynı kitapta kendi burcunuza ait olan Esmaları seçebilir ve mucizevi güzellikleri deneyimleyebilirsiniz.

KOD 31

Örneğin 6.4.1974 tarihindeki gibi doğum tarihinizin sayı değerleri toplamı 31 çıkıyorsa sizin sayınız 31'dir.

GENEL ÖZELLİKLERİNİZ

Gerçekten çok zekisiniz. Çok yaratıcı, becerikli, çok yönlü bir yapınız olduğunu düşünüyorum. Analiz, sentez yapabilme ve çözüm odaklı düşünme yeteneğine sahipsiniz. Olayları ilişkilendirebilir, buluşlar yapabilir ya da yeni çıkarımlarda bulunabilirsiniz. İçinde bulunduğumuz dünyanın geleneksel kuralları ve düşünce sistemine yenilik ya da yeni bakış açısı kazandırabilecek bir gücünüz var.

Siz başka insanların düşünemediklerini düşünebilir, çok güzel projeler ya da eserler ortaya koyabilirsiniz. Bu güç ve enerji size doğumunuzla hediye edilmiştir. Bu muhteşem enerjinizin ortaya çıkabilmesi için kendiniz üzerinde aşağıdaki çalışmaları yapmalısınız. Üzerinde çalışmanız gereken en temel konu özgüven eksikliğinizdir. Dış dünyaya özgüven eksikliğinizi belli etmeyecek bir tavır takınmada son derece başarılısınız. Bazen soğuk ve mesafeli bir davranış modelini kullanıyor olabilirsiniz. Hem kendi gücünüze, yeteneklerinize güvenmeli hem de açık, samimi ve doğal olmalısınız.

Üstelik siz yüksek yaratıcılık enerjisine sahipsiniz. Sanat alanında ya da proje üretmede çok başarılı olabilirsiniz. Bu enerjinizi mutlaka bir alana yönlendirmeniz gerekir.

Yani ortaya bir eser koymalısınız. Bu planlanan bir projeyi hayata geçirmek olduğu gibi, kitap yazmak, resim yapmak gibi sanatsal bir alanda da vücut bulabilir. Yüksek enerjiye sahip olduğunuz için mutlaka fiziksel egzersiz yapmanız lazım. Sporla ilgilenebilir veya dans edebilirsiniz. Bu şekilde fiziksel ve ruhsal enerjinizi harekete geçirmeniz sizin üst enerji alanlarına çıkmanızı ve çok olumlu deneyimler yaşamanızı sağlar. Kendinizi güçlü, özgür, enerji dolu hissedeceksiniz.

Eğer bu yaratıcı enerjiyi bir alana yönlendirmez ve fiziksel aktivitelerde bulunmazsanız enerjiniz bloke olabilir. O zaman da bağımlılık enerjisiyle yaşamaya başlayabilirsiniz. Bu bağımlılık sigara, içki gibi bir maddeye olabileceği gibi, bir kişiye ya da bir duyguya da olabilir. Daha ziyade öfke enerjisine bağımlı olabilirsiniz. İçsel bir öfke yaşayabilir, öfkeleneceğiniz deneyimleri yaşamınıza getirebilirsiniz.

Dışarıya karşı son derece sevecen bir görüntünüz olsa da eğer bağımlılık enerjisi geliştirdiyseniz yakınlarınıza karşı öfkeli ve ters davranışlar gösterebilirsiniz.

Liderlik özelliğine sahipsiniz ve sizin istediğiniz olsun istersiniz. Söylediğiniz bir şeyi karşı taraf yapmazsa çok öfkelenebilirsiniz. Esnek, rahat ve sakin olmakta fayda var. Siz yine liderlik özelliklerinizi kullanın ama baskıcı olmak yerine daha sakin durarak.

Sizin mutlaka duygu ve düşüncelerinizi ifade etmeniz gerekiyor. Eğer duygularınızı ve ifadelerinizi ortaya koymazsanız huzursuzluk, bastırılmış öfke, hayal kırıklığı gibi ifade merkezi olan boğazınızla ilgili ya da tiroit bezlerinizle ilgili problemler yaşayabilirsiniz.

Duygu ve düşüncelerinizi ifade edebilmeniz için önce özgüven ve güven enerjisinin yaşamınıza girmesine izin vermeniz gerekmektedir. Yaşamın akışında her ne oluyorsa sizin adınıza en hayırlısının olacağına inanmalısınız. Yaşam ancak o zaman karşınıza güvenilir insanları ve deneyimleri sunacaktır. En önemlisi de yeteneklerinize ve kendinize güvenmelisiniz.

Var olduğunu düşündüğünüz özgüveninizin maske olup olmadığına dikkat edin. Bir balon değil hissettiğiniz ve öyle yaşadığınız bir özgüveniniz olmalı. Çünkü zaman zaman kendinize çok güvenip sonra bir anda güveninizi kaybediyor olabilirsiniz. Tam başarıya ulaşacakken kendinizi sabote ediyor olabilirsiniz. Bazen "ben her şeyi yapabilirim," derken bazen de "benim bunu yapacak gücüm yok," diyebilirsiniz.

Özgüveninizi yükselttiğiniz zaman duygusal derinliğinizi ortaya koyacak şekilde duygu ve düşüncelerinizi çok güzel bir biçimde ifade edebilir ve insanları konuşmalarınızla etkileyebilirsiniz.

Sizden arkasından kitleleri sürükleyebilecek çok iyi bir hatip olabileceği gibi çok iyi bir eğitmen, öğretmen de olur. Grup lideri olabilirsiniz. Sinema-TV oyuncusu olabilirsiniz. Etkili bir pazarlamacı da olabilirsiniz. Kısacası konuşmanın etkili olduğu her meslekte büyük başarılar elde edersiniz. İkna yeteneğiniz çok yüksek olacağı için insanlar size inanır ve güvenir. Ayrıca cazibeniz de çok yüksektir. Bu yüzden insanları rahatlıkla etki altına alabilirsiniz.

İlgiyi hep karşı taraftan görmek isteyebilirsiniz. Kıskandığınız tek şey size değil de başkalarına gösterilen ilgi olabilir. Ancak sizin de almadan önce vermeyi öğrenmeniz gerekiyor. Önce siz ilgi göstermelisiniz ve bu konuda da içten olmalısınız. Yaşamınıza ancak o zaman size gerçekten ilgi gösteren insanlar akacaktır.

Eleştirilmeye karşı fazla tepki gösterebilir ve sivri bir dil kullanarak savunma mekanizmanızı harekete geçirebilirsiniz. Bu tip durumlarda öfkenizi göstermemeye özen gösterirsiniz. Bunun yerineyse söz ve davranışlarınızla karşı tarafı küçük düşürebilirsiniz. Suçlayan ve yargılayan bir dil kullanabilirsiniz. Bu yüzden başkalarını çok eleştirebilir, içinde bulunduğunuz durumdan sürekli şikâyet edebilirsiniz. Bu durum sıkışmış enerjinizin varlığının dışavurumudur. Bu nedenle sizin düzenli bir şekilde spor ya da dans gibi fiziksel bir aktivitede bulunmanız şarttır. Yoksa içinizde bastırılmış öfke enerjisi oluşur. Bu da hemen hemen tüm ilişkilerinizi ve işlerinizi olumsuz etkileyebilir.

Savunma mekanizmanız duygusuz algılanmanıza sebep olabilir. Aslında çok duygusal olduğunuzdan ve dışarıya da bunu belli etmek istemediğiniz zaman bu şekilde davranırsınız. Güçlü bir duygusal derinliğiniz olduğu için başarılı bir yazar ya da şair de olabilirsiniz.

Sahnede olmayı seversiniz, insanların size duyduğu ilgi çok hoşunuza gider, sahne alanında da kesinlikle başarılı olursunuz. Herkesin sizi takdir etmesini ve beğenmesini istersiniz. Bu konuda takıntılı bile olabilirsiniz.

Mantıklı davranmaya önem verirsiniz ancak bunu yaparken size doğumunuzla verilen sezgi yeteneğini göz ardı etmemeniz gerekir. Sezgilerinizi dinlemeli sağduyulu bir şekilde mantıklı hareket etmelisiniz. Sizin için önce sezgiler gelmelidir. Buna özen gösterirseniz daima doğru kararlar verir ve doğru adımlar atarsınız.

Sıklıkla kafanız karışabilir. Zihniniz fazla çalıştığı için herkesten daha çok uykuya ihtiyaç duyabilirsiniz. Bununla beraber çok uyumayı da reddedebilirsiniz. Ancak zihninizin dinlenmesi gerekiyor. Bu nedenle içki gibi bir zihin yavaşlatıcı yerine meditasyon yapmayı seçmelisiniz. Çok kolay depresyona girebilirsiniz. Ama sevindirici haber şu ki çok çabuk da çıkabilirsiniz.

Konuşmalarınız ve sohbetiniz çok güzel olur. Konuşmalarınızda hem bilgili hem de espritüel olabilirsiniz. Çok çevreniz olmasını istersiniz. Çünkü konuşacak ve kendinizi anlatacak çok kişiye ihtiyacınız vardır☺

Sizin sosyal sorumluluk projeleriyle ilgilenmeniz şarttır. Paranın akışı size bu yolla olacaktır.

İşe başlamanız zaman alabilir, yapacaklarınızı gözünüzde büyütmemelisiniz. Hedeflerinizi küçük parçalara ayırarak adım adım ve sabırla ilerlemelisiniz. Planlı ve programlı olarak başladığınız her işi başarıyla bitirebilirsiniz. Bazen tembelliğiniz tutabilir çünkü konfor sizin için çok önemlidir. Bu durumlarda kendinizi hoşgörün ancak sürenin uzamasına da izin vermeden işinizin başına dönmeyi ihmal etmeyin. Kararlı bir yapınız olabilir. Aldığınız kararların arkasında durmayı ve yerine getirmeyi başarıyor olabilirsiniz. Genellikle ne istediğinizi biliyorsunuz. Bu çok güzel bir şey ancak değişen durumlar karşısında hem kendinize hem de çevrenizdekilere karşı biraz daha esnek olmanızda fayda var. Durum değişmişse çözüm odaklı düşünerek kararlarınızı da rahatlıkla değiştirebilmelisiniz.

Manevi gücünüzü kabul etmekle beraber tam tersine manevi alanları yok sayan bir düşünceye de sahip olabilirsiniz. Her şeyi mantık çerçevesinde ya da bilimsel olarak değerlendirebilir ve manevi alandan uzaklaşabilirsiniz. Eğer durum böyleyse yaşadığınız deneyimler sizi manevi alana yönelmenizde zorlayacaktır. Bu durumu ve özelliğinizi ne kadar erken fark edip kabul ederseniz içsel huzurunuzu da o kadar kolay yaşayabilirsiniz.

Özetle sizin yaşama güvenmeniz, yüksek özgüvene sahip olmanız, olumlu bir lisanla duygu ve düşüncelerinizi aktarmanız, başkalarının da duygu ve düşüncelerine önem vermeniz, ilgi görmeden önce ilgi göstermeniz, yaratıcı enerjinizi yaşam alanına aktarmanız, katı değil daha esnek olmanız ve sosyal hizmetlerde bulunmanız gerekir.

AŞK İLİŞKİLERİNİZ

Dünyaya kalbinizden çok zihninizle baktığınız için kolay kolay sevmeyebilirsiniz. Belki hayatınızda bir ya da iki kişiyi çok sevebilirsiniz.

İkili ilişkilerinizde yer vermeniz gereken en önemli konu empatidir. Siz kendi duygu ve düşüncelerinizi ifade etmek için o kadar çok meşgul olursunuz ki karşınızdakinin ne hissettiğini veya ne düşündüğünü fark etmeyebilirsiniz. Bu şekilde benmerkezci davranmak yerine biraz dinlemeye ve anlamaya özen göstermeniz gerekir. Unutmayın, sizin istekleriniz kadar karşınızdaki kişinin istekleri de önemlidir.

İlişkilerde hep kendinizi haklı görebilirsiniz bu nedenle olaylara dışarıdan bakmaya özen göstermelisiniz. Karşınızdaki kişinin yerine kendinizi koymalısınız.

Genelde ilgiyi karşı taraftan bekleyebilirsiniz. Beklediğiniz ilgi size sunulmazsa da çok içerleyebilirsiniz. Hatta bundan dolayı önce öfkeli tavırlar sergileyebilir sonra da karşınızdaki kişiden, aranıza duvar örerek uzaklaşabilirsiniz.

İlişki esnasında duygularınızı ifade edemeyebilir, kendinizi sıkışmış ve esaret altında hissedebilirsiniz. Duygularınızı olumlu dil kalıplarıyla ifade etmeyi öğrenmediğiniz takdirde öfkeli davranışlarla ani patlamalar yaşayarak ilişkiyi zedeleyebilirsiniz. Duygularınızı ifade etmek yerine içinize atıp ilişkiyi kesmeyi de tercih edebilirsiniz.

İlişkileriniz başlangıçta çok heyecanlı, hareketli ve renkli başlayabilir. Ancak duygularınızı paylaşmadan sadece ilgi beklentisi içince girerseniz ilişkinize daha çok zarar vermeye başlar ve birbirinizi tüketebilirsiniz.

Başlangıçta ilişkinize özen gösterebilir, sonraları eşiniz ya da sevgilinizi ihmal etmeye başlayabilirsiniz. İlişkiyi canlı tutmaya özen göstermeniz faydalı olacaktır.

Aslında siz genellikle sadık ve güvenilir bir eş olabilirsiniz. Bu yönünüz sayesinde ve eşiniz de sizin benmerkezci davranışlarınıza karşı hoşgörülüyse ilişkiniz genellikle uzun ömürlü olabilir.

Evlilik size güvenli bir alan gelebilir. Alışkanlıklarınızdan da kolay kolay vazgeçmek istemediğiniz için bir şekilde ilişkinizi yürütebilirsiniz. Bununla beraber siz çocuklarınıza karşı iyi ve ilgili bir ebeveyn olursunuz.

İŞ – KARİYER YAŞAMINIZ

İş ve kariyer yaşamınızda çok kolay bir şekilde başarıyı yakalayabilecek potansiyele sahipsiniz. Erteleme huyunuzu devre dışı bırakmışsanız ve her şeyi zamanında yapmayı prensip edinebilmişseniz alanında çok başarılı isim yapan biri olur ve kariyer basamaklarında sağlam adımlarla yükselebilirsiniz. İşinize, aldığınız sorumluluklara önem verir ve pek çoğunu da başarıyla gerçekleştirirsiniz. Ama bunları yaparken de söylenmeyi ihmal etmeyebilirsiniz☺

Çok güzel projeler ortaya koyabilirsiniz. Bu projeleri hayata da geçirirseniz çok başarılı olursunuz. Siz bir projenin yöneticisi olursunuz başkalarını da bu konuda çok başarılı yönlendirirsiniz. 09:00/17:00 saatleri arası çalışmak pek size göre değildir. Geç uyanmak istediğiniz için işinize gecikebilirsiniz ancak iş sonuçlanıncaya kadar da geç saatlere kadar da çalışabilirsiniz. Bu nedenle sizin için esnek çalışma saatleri olan işler uygun olabilir.

Dönem dönem özgüven eksikliği ve yetersizlik hissiyle yaşarsınız. Bununla beraber ruh durumunuzu çok güzel maskeleyebilir ve dışarıya karşı çok özgüvenli görünebilirsiniz. Kendinizi özgüveniniz yüksekmiş gibi göstermek adına soğuk, mesafeli ve ciddi bir tavır takınabilirsiniz.

İçinizde komik bir çocuk hali de vardır. Çok nadir de olsa o ortaya çıkabilir ve insanlar sizin bu yönünüzü gördüğünde çok şaşırabilir. Yaratıcılığınızı da aslında içinizdeki bu gizli çocuktan alırsınız.

Yaratıcılık ve yönetim konusunda son derece başarılı olabilirsiniz. Liderlik özellikleriniz ve organizasyon yeteneğiniz sizi kariyer basamaklarında yükseltir. Kafanız arada bir karışır ve dengenizi kaybetmiş gibi hissedebilirsiniz. Böyle durumlarda sakin bir şekilde dinlenmenizi ve işlere tekrar sarılmanızı öneririm.

İş odaklı bir yaşam sürerekken, keyifle geçirilecek zamanlar ayırabildiğiniz için stresinizi çabuk atabilirsiniz. İkna yeteneğiniz de çok yüksek olabilir. Konuşmalarınızla insanları etkiler saygınlık kazanabilir ve hayranlık uyandırırsınız. Bu nedenle iş hayatınızda da sayılır ve takdir edilirsiniz. Hemen hemen pek çok çalışan tarafından da sevilirsiniz. Saygınlık da sizin için önemlidir. Sayıldığınızı ve güvenildiğinizi hissettiğiniz yerlerde yüksek performans gösterebilirsiniz.

MALİ DURUMUNUZ

Çalışmalarınızın karşılığında paranızı kazanırsınız. Bunun yanı sıra keyfe ve zevklerinize düşkün olduğunuz için para biriktiremeyebilirsiniz. Ama her zaman bir şekilde size para gelir ve zamanla zengin olursunuz.

SAĞLIĞINIZ

Çok stresli ortamlarda bulunmadığınız sürece genellikle çok sağlıklı sayılırsınız. Gergin ortamlarda sinir sisteminiz çok olumsuz etkilenebilir. Bedeniniz sizi korumaya almak için grip gibi bir hastalığı ortaya çıkarak gerginlikten uzaklaşıp dinlenmeniz sağlayabilir. Etli gıdaları çok sevebilirsiniz bu nedenle kolesterol seviyeniz yükselebilir. Tüm bunlara rağmen sağlıklı bir bünyeye sahip olabilirsiniz.

Analizlerimde yer alan olumsuz davranış modellerinizi olumlu davranış modellerine çevirdiyseniz bu tekâmülünüzden dolayı sizi yürekten tebrik ederim☺

EN TEMEL KORKULARINIZ

- Güvensizlik Korkusu Ve Özgüven Eksikliği
- Güçsüzlük Korkusu
- Değersizlik Korkusu
- Tercih Edilmeme Korkusu
- Kendini İfade Edememe, Anlaşılmama ya da Yanlış Anlaşılma Korkusu

Yaşamınızda genellikle yukarıda bahsi geçen konular hakkında deneyimler yaşarsınız. Çünkü sizin bu dünyada vermeniz gereken sınavlar belirttiğim davranışları düzenlemek ve korkulardan arınmanızla ilgilidir. Bu durumu düzenleyene kadar benzer sınavlardan geçmeye devam edebilirsiniz. Benden söylemesi ☺. Önerim aşağıdaki olumlamaları kullanmanız ve Esma çalışmalarıyla kendinizi güçlendirmeniz. Özenle ve bilinçli olarak bu konular üzerinde çalışma yapmalısınız. Eğer söz konusu durumlar ileri boyutta ise profesyonel destek almanız çok faydalı olacaktır.

RUHSAL TEKÂMÜLÜNÜZ İÇİN YAPMANIZ GEREKENLER

• Sakin olmalısınız, içsel öfkenizi yönetmeli, iç enerjinizi yaratıcılığınızı kullanacağınız alanlara yönlendirmelisiniz. Olumlu alanlara yönlendirilmeyen iç öfke bağımlılık ya da kilo yapar bu konuya dikkat etmelisiniz.

• Herkesin gittiği yoldan değil cesur bir şekilde kendi inandığınız yoldan gidip fark yaratmalısınız.

• Yaratıcılık enerjinizi kullanmalısınız. Sanat, dans ve sporla ilgilenmelisiniz. Bağımlılık enerjisinden ancak bu şekilde kurtulup özgürlüğünüze sahip olabilirsiniz.

• Her şeyi mantıkla değerlendirdiğiniz kadar sezgilerinizi dinlemeye de özen göstermelisiniz.

• İşlerinizi ertelememeli yapılması gerekenleri vaktinde yapmalısınız.

• İçerleyip kırılmak ve mesafe koyup uzaklaşmak ya da öfke patlamaları yaşamak yerine duygularınızı olumlu bir dil kalıbı kullanarak ifade etmelisiniz.

• Yargılayan, eleştiren ve bazen de küçük gören tavrınızdan uzaklaşıp iletişimde hoşgörüyü ve herkesi olduğu gibi kabul etmeyi öncelik olarak almalısınız.

• Özgüveninizi yükseltmeli ve her zaman kendinizi yeterli hissetmelisiniz.

- Manevi alanla bağınızı güçlendirmelisiniz.
- İlişkilerde beklentiye girmek yerine önce siz kendi beklediğiniz davranışları karşı tarafa göstermelisiniz.

OLUMLAMALARINIZ

- Allah'ın bana bahşettiği akla, zekâya, yeteneklerime ve yaratıcılığıma çok güveniyorum.
- Kendi gücümden ve değerimden her zaman eminim.
- Ben çok yetenekli ve yaratıcıyım. Bu yeteneklerimi kolaylıkla yaşama geçiriyor ve muhteşem bir yaşam inşa ediyorum.
- Ben kendime çok güveniyorum, özgüvenim yüksek.
- Ben kendimi her zaman yeterli hissediyorum.
- Ben kolaylıkla her işe tam zamanında başlıyorum.
- Ben hoşgörülü ve esnek bir yapıya sahibim.
- Ben başkalarına faydalı hizmetlerde bulunmaktan mutluluk duyuyorum.
- Ben sakinim ve duygularımı rahatlıkla olumlu alanlara yönlendiriyorum.
- Benim zihnim her zaman net ve sakin.
- Ben kendi duygularımı olumlu dil kalıpları kullanarak ifade ediyorum.
- Yaşadığım her an ve aldığım her nefes için, sahip olduklarım ve olacaklarım için Rabbime daima şükrediyorum.

Not: Gün içinde olumlama yapmayın çünkü o saatlerde ego görev başındadır ve değişiminize tepki gösterebilir. Eğer olumlamaları gündüz yaparsanız, kullandığınız olumlamaların tam tersi deneyimler içerisine girebilirsiniz. Bu yüzden olumlamalarınızı sadece sabah uyandığınızda ve gece uykuya dalmadan hemen önce yapın. Bu dönemlerde beyin dalgalarınız Alfa frekansında olduğu için egonuz devre dışıdır.

ESMALARINIZ

Esmaları zikretmenizin size çok faydası olacaktır.

- Ya Halim (88 kere): Sakinlik verir ve olaylara sağduyulu yaklaşmanızı sağlar.
- Ya Kuddüs (170 kere): Bağımlılık enerjisinden kurtarır.
- Ya Selam (131 kere): İçinize huzur, rahatlık ve güven duygusu verir.
- Ya Batın (62 kere): Sezgilerinizi güçlendirir.
- Ya Vedud (20 kere): İçinize sevgi enerjisi verir.
- Ya Rahim (258 kere): İçinize merhamet enerjisi veri ve varsa kibir enerjisinde uzaklaştırır.
- Ya Mukaddim (184 kere): Yaptığınız her işte sizi başarıya taşır.
- Ya Kaviyy (166 kere): İradenizi güçlendirir.
- Ya Musavvir (336 kere): Yaratıcılık enerjinizi kullanarak yaşamınızda somut ve çok güzel oluşumlar ortaya koymanızı sağlar.

Size uygun olabilecek Esmalardan birkaç örnek verdim. Esmalar ile ilgili daha detaylı bilgiye, telif gelirini yardım kuruluşlarına bağışladığım "Esmaların Gizli Hazinesi" isimli kitabımdan ulaşabilirsiniz. Ayrıca aynı kitapta kendi burcunuza ait olan Esmaları seçebilir ve mucizevi güzellikleri deneyimleyebilirsiniz.

KOD 32

Örneğin 6.4.1984 tarihindeki gibi doğum tarihinizin sayı değerleri toplamı 32 çıkıyorsa sizin sayınız 32'dir.

GENEL ÖZELLİKLERİNİZ

Meraklı bir yapınız olmasına, her şeyden bir bilgi edinmenize rağmen hiçbir konuyu (işiniz hariç) derinlemesine araştırmıyor olabilirsiniz. Bu davranış modeli yaşamınıza da yansıyabilir. Hayatı da özgürce, derinlemesine yaşayamıyor, kendi duygularınızın derinliklerine inmekten kaçınıyor ve daha basit, daha yüzeysel daha korunaklı bir yaşam şekli seçiyor olabilirsiniz. Yaşamınızı gönlünüzden geçtiği gibi şekillendirmeye cesaret edemiyor olabilirsiniz.

Çok zekisiniz. Hemen her şeyi rahatlıkla öğrenir ve idrak edersiniz. Pratik zekâlı ve hazırcevapsınız. Hafızanız da çok güçlüdür. Tüm bunlara rağmen kendinize yeterince güvenmeyebilir, bu nedenle kendinize hak ettiğiniz değeri de vermeyebilirsiniz. Duygu ve düşüncelerinizi rahatlıkla ifade edemeyebilirsiniz, bunun sebebi çatışmaya girmekten duyduğunuz korku olabilir. Bu nedenle kendiniz gibi olamıyor, olmasını düşündüğünüz gibi görünmeye çalışıyor olabilirsiniz. Maskeleriniz ya da rol kimlikleriniz olabilir. Dış dünyaya karşı kendinizden emin bir rol kimliği takınmanıza rağmen, içinizde özgüven eksikliğinin doğurduğu kaybetme korkusunu yaşayabilirsiniz ve bu nedenle cesur görünümünüze rağmen cesaretsiz davranabilirsiniz.

Karar vermeniz uzun sürebilir, pişman olmaktan korktuğunuz için çok uzun süre düşünerek karar verebilirsiniz. Bu durum çoğu zaman, sizin için hazırlanmış avantajlı durumları kaçırmanıza sebep olur. Sonra da kaçırdıklarınız için hayıflanabilirsiniz☺

Kendinizi özgür hissedemeyebilirsiniz. Özgürlük hissini yaşamayı istemekle beraber kendinize özgür hissedemeyeceğiniz meslekler ya da eşler seçebilir ya da durumları aslında kendiniz oluşturabilirsiniz. Hem sorumluluk istemiyor, hem de sorumlulukları üzerinize aslında siz alıyorsunuz. Bu durumlar içsel öfke oluşturmanıza sebep olabilir. Sonra da özgürlüğünüzü kısıtladığını düşündüğünüz kişileri suçlayabilirsiniz.

Kendinize sizi kısıtlayacak, çok sorumluluk yükleyecek bir iş seçebilirsiniz. Erken yaşta evlenebilirsiniz. Eşinize bukalemun gibi uyum sağlayabilir ve onun etkisinde kalırsınız. Bu şekilde de kendi özgürlüğünüzü kendiniz sabote edebilirsiniz. Bir tarafınız özgür olmak isterken diğer tarafınız özgürlüğe özlem duyacağınız koşulları yaşamınıza getirebilir. Güvenlik alanı sizin için çok önemli olduğundan özgürlüğünüzden feragat edebilir sonra da kendinizi mutsuz ve çaresiz hissedebilirsiniz.

Özgürlük anlayışınızı değiştirmeniz gerekir. Özgürlük istediğiniz yapmak, kafanızın estiği gibi davranmaktan çok korkularınızdan, endişelerinizden, düşünce kalıplarınızdan ve özellikle kendinize duyduğunuz itimat eksikliğinden kurtulmanızdır. Bu şekilde kendiniz olursunuz ve gerçek anlamda özgürlüğünüze kavuşursunuz. Rol yapmaktan kurtulur ve maskelerinizi de atarsınız.

Ketum bir davranış modeliniz olabilir, insanlara çok güvenmediğiniz için duygu ve düşünceleriniz saklarsınız. Gerçek duygu ve düşüncelerinizi aktarmanız kolay değildir ama mutlaka duygularınızı ifade etmelisiniz. Bazen işbirliği yapmak istersiniz bazen de şüpheciliğinizle işbirliği yapmaktan kaçınırsınız Bu duygu baskılaması sağlığınızı olumsuz etkileyebilir.

Duygu ve düşüncelerinizi ifade edebilmeniz için önce özgüven ve güven enerjisinin yaşamınıza girmesine izin vermeniz gerekir. Yaşamın akışında her ne oluyorsa sizin adınıza en hayırlı şekilde geliştiğine inanmalısınız. Böylelikle yaşam karşınıza güvenilir insanları ve güvenilir deneyimleri getirecektir. En önemlisi kendi yeteneklerinize ve iç gücünüze güvenmelisiniz. Bu özgüven balon gibi değil, gerçek özgüven olmalı. Çünkü zaman zaman kendinize çok güvenip sonra bir anda güveninizi kaybediyor olabilirsiniz, tam başarıya ulaşacakken kendinizi sabote edebilirsiniz. Bazen "Ben her şeyi yapabilirim," derken, bazen de "Benim bunu yapacak gücüm yok," diyebilirsiniz.

Özgüveninizi yükselttiğiniz zaman, duygusal derinliğinizi ortaya koyacak şekilde duygu ve düşüncelerinizi çok güzel ifade edebilir ve insanları konuşmalarınızla etkileyebilirsiniz.

Yaşamda üzerine çalışmanız gereken en önemli konulardan biri de alma-verme dengesini kurmaktır. Dengeli bir biçimde yaşama hizmet vermek, adaletli ve arabulucu bir şekilde hem kendi mutluluğunuza hem de başkalarının mutluluğuna katkıda bulunmak olacaktır.

Alma-verme dengesini kurmanız zaman alabilir ama bunu dengelemekle yükümlüsünüz. Siz çok fazla verici, fedakâr ve iyi niyetli olabilirsiniz, ancak bu durum kendinize haksızlık etmenize sebep olabilir. Karşınızdaki kişilere destek olmak uğruna kendinizden çok fazla şey verirseniz, hayal kırıklığına uğramanız, incinmeniz, nihayet bıçak kemiğe dayandığındaysa tüm desteğinizi birden çekmeniz kaçınılmaz olur. O zaman da fazla alıcı olma tarafına geçebilir ve hep kendi istediğiniz olsun diye kaprisli davranabilirsiniz.

İkisi de doğru değildir. Dengeyi kurmak ve sınırları belirlemek gerekir. Dinlerde "kul hakkı" denen bir durum vardır. Kul hakkı sadece karşınızdakinin hakkı değildir, hatta öncelikli olarak sizin hakkınızdır. Çok fazla fedakâr olarak, verici davranarak kendinizden verirseniz o zaman kendi kul hakkınızı çiğnemiş olursunuz.

Bu dengeyi oturtmak için öncelikli olarak yapmanız gerekenler şunlardır. Birisi sizden bir şey istemeden hemen atlayıp yardım etmeye kalkmamalısınız. Bırakın istesin. İstendiğinde verdiğiniz destek ya da yardım hak ettiği değeri görecektir.

Diyelim ki sizden biri bir şey istedi, o zaman kendinize şu soruyu sormalısınız "Ben bu desteği verirsem karşı taraftan bir beklentim olacak mı, sevilmek, değer görmek de dâhil." Eğer yanıtınız "Evet ben beklenti içerisine girerim ve nankörlükle karşılaşırsam hayal kırıklığına uğrar, incinirim," diyorsanız bu talebi yerine getirmemeniz gerekiyor. Ta ki "Ben bu iyiliği yapıyorum, ister takdir etsin, ister etmesin, ben bu iyiliği kendimi mutlu etmek için yapıyorum," dediğiniz güne kadar fedakârlığı bırakmanız gerekir. Bu dengeyi kuramadığınız sürece hayal kırıklıkları, incinmeler yaşamınızda peşinizi bırakmayabilir.

İstediğiniz şeye "evet" istemediğiniz şeye de "hayır" demeyi kesinlikle öğrenmeniz gerekli. Sınırlarınız olmalı ve sınırlarınızı çiğnemeye kalkan olursa "dur" diyebilmelisiniz. Başkaları kırılmasın diye kendinizin kırılmasına izin vermeniz kendi öz benliğinize haksızlık olur. Bu konuya da dikkat etmelisiniz.

Başkalarından bir şey istemeyi öğrenmelisiniz, nasıl ki başkaları sizden istiyorsa; bu dengeyi korumalısınız. "Ben kimseden bir şey isteyemem," demek gibi bir hakkınız olmamalı öz benliğinize karşı. Elbette isteme konusunu da abartmamalı ve siz de başkalarının sınırlarını çiğnememelisiniz.

Ailenize ve özellikle varsa çocuklarınıza çok düşkün olabilirsiniz. Onların başına bir şey gelmesinden ve sağlıkla ilgili olumsuz durumlarla karşılaşmaktan çok endişe edebilirsiniz. Bu endişeleri yenmeli kendi canınızı da sevdiklerinizin canını da Allah'a emanet ederek güven duygusunu hissetmelisiniz.

AŞK İLİŞKİLERİNİZ

Özgürlüğünüze düşkün olmanıza rağmen güvenlik alanı ihtiyacı duyduğunuz için erken yaşta evlenebilirsiniz, ya da sizi kısıtlayan uzun süreli ilişkileri seçebilirsiniz. Uyum sağlamak amacıyla kendi duygu ve düşüncelerinizi ifade etmeden, eşinizin duygu ve düşüncelerine göre biçimlenmiş bir yaşam seçebilirsiniz. Başta size kolay gelen ve sorumluluk almamanızı sağlayan bu durum, bir süre sonra içinizdeki özgür olma isteği ile çatışabilir. Bu durum sizi mutsuz edebilir, ancak güvenlik alanını terk etmemek adına bu duygularınızı içinize atabilir ve sanki eşinize her şey yolundaymış gibi gösterebilirsiniz. Bu durumu sürdürdüğünüz sürece mutsuz bile olsanız uzun ömürlü bir beraberliğiniz olabilir.

Bu alanda yeterli cesareti gösteremezseniz bir ömür boyu içinizde kalan ukdeler yüzünden pişmanlık hissedebilirsiniz. Bu nedenle ilişkinizde açıklık ve samimiyetle ne hissettiğinizi eşinize aktarmanız, bukalemun olmaktan kaçınmanız ve gerekiyorsa ilişkiye son verebilme cesareti gösterebilmeniz sizin ruhsal tekâmülünüz açısından daha doğru bir seçim olacaktır. Eşinize belli etmemeye çalışsanız da kıskanç bir yapıya sahip olabilirsiniz. Buna rağmen kıskanmıyormuş gibi davranarak yine rol yapabilirsiniz.

Cinsellik yaşamınızda önemli bir yer tutar, düzenli ve tutkulu bir cinsel yaşam istersiniz. Partnerinizi de mutlu etmeye özen gösterirsiniz. Sadece cinselliğinizi yaşarken gerçek duygularınızı fark eder ve fark ettirebilirsiniz. Duygularınızı ifade etmek size özgürlük hissi verdiği için de cinsel yaşam hayatınızda önemli bir yer tutabilir. Eğer eşinizle arzu ettiğiniz gibi cinsellik yaşamıyorsanız, kendinize evlilik dışı da olsa özgürlüğünüzü yaşayacağınız partnerler bulabilirsiniz. Kendinizi bu durum için suçlasanız da bu duruma devam edebilirsiniz.

İŞ – KARİYER YAŞAMINIZ

Özgür olma isteğinize rağmen geleceğinize güvenle bakmak adına uzun yıllar aynı işte çalışabilirsiniz. İş değiştirme hayallerinize rağmen bunu kolay yapamayabilirsiniz. Çok iyi bir çalışan olabilirsiniz. Verilen sorumlulukları en iyi şekilde yerine getirmeye özen gösterirsiniz. Üstleriniz sizden memnundur çünkü itiraz etmeden söyleneni yaparsınız. Bu durumun böyle olması gerektiğine kendinize inandırırsınız. Ketumluğunuzdan dolayı iş arkadaşlarınız ve üstleriniz gerçekte ne hissettiğinizi anlayamayabilirler. Çoğu zaman kendi işinizi kurma hayallerine kapılmanıza rağmen bu konuda yeterli cesareti gösteremeyebilirsiniz. Çünkü böyle bir durumda alacağınız sorumlulukların sizin özgürlüğünüze engel olacağını bilinçaltı düzlemde düşünebilirsiniz.

PARA DURUMUNUZ

Çalışsanız da çalışmasanız da para bir şekilde size gelir. Belki çok konforlu yaşayamayabilirsiniz ama parasız da kalmazsınız. Aileden miras yoluyla size mal mülk kalabilir. Zaten sizin için de belirli bir standartta olmak ve güvenlik alanınızı sürdürmek önemlidir. Aslında bilinçaltı düzlemde çok paranın getireceği sorumluluktan korkabilirsiniz ve böylelikle çok paranın size gelmesine engel olabilirsiniz.

SAĞLIĞINIZ

Mutlaka duygu ve düşüncelerinizi ifade etmeniz gerekir. Eğer duygularınızı ve düşüncelerinizi ifade edemezseniz iç dünyanızda huzursuzluk, bastırılmış öfke, hayal kırıklığı yaşayabileceğiniz gibi, ifade merkezi olan boğazınızla ilgili ya da tiroit bezlerinizle ilgili problemler yaşayabilirsiniz. Bunun dışında gerçekten çok sağlam bir bünyeye sahipsiniz, kolay kolay rahatsızlıklardan etkilenmeyebilirsiniz. Analizlerimde yer alan olumsuz davranış modellerinizi olumlu davranış modellerine çevirdiyseniz bu tekâmülünüzden dolayı sizi yürekten tebrik ederim☺

EN TEMEL KORKULARINIZ

- Esaret Korkusu (Özgür Olamama).
- Güvensizlik Korkusu ve Özgüven Eksikliği
- Pişman Olma Korkusu
- Değersizlik Korkusu
- Güçsüzlük Korkusu
- Sorumluluk Alma Korkusu
- Kaybetme Korkusu
- Anlaşılamama veya Yanlış Anlaşılma Korkusu

Yaşamınızda genellikle yukarıda bahsi geçen konular hakkında deneyimler yaşarsınız, çünkü bu dünyada geçmeniz gereken dersleriniz bu davranışlarınızı düzenlemek ve korkularınızdan arınmaktır. Bu durumu düzenleyene kadar benzer sınavlardan geçmeye devam edebilirsiniz. Benden söylemesi☺

Önerim aşağıdaki olumlamaları kullanmanız, esma çalışmasıyla kendinizi güçlendirmenizdir. Farkındalıkla ve bilinçli olarak bu konular üzerinde de çalışma yapmalısınız. Eğer söz konusu durumlar ileri boyutta ise profesyonel destek almanız çok faydalı olacaktır.

RUHSAL TEKÂMÜLÜNÜZ İÇİN YAPMANIZ GEREKENLER

- Kendiniz olma özgürlüğüne sahip olmalısınız bunun için de çatışmaya girmekten kaçınmadan olumlu dil kalıplarıyla duygu ve düşünceleriniz ifade etmelisiniz.

- Allah'ın size bağışladığı aklınıza, zekânıza, yeteneklerinize güvenmelisiniz ve kendi öz değerinize sahip çıkmalısın.

- Ne çok alıcı ne çok verici olmalısınız. Kendi sınırlarınızı koruyup başkalarının sınırlarına da girmemelisiniz. Önce çok verici olup sonra kırgınlık yaşayıp geri çekilmek, karşınızdakine ters ve soğuk davranmak yerine başta dozuna göre vermelisiniz.

- Başkalarını kendinizden üstün görmemelisiniz. Kendinizi hiçe saymamalı kendinize değer vermelisiniz.

- İstediğinize "evet" istediğinize "hayır" diyebilmeli ve kendiniz için de başkalarından bir şey isteyebilmelisiniz. Sadece yapmak istediklerinizi yapmalı "Aman ayıp olur, el âlem ne der," gibi düşüncelerden uzak kalarak, kendinizi hiçbir şeye mecbur etmemelisiniz.

- Daha cesur olup arzu ettiğiniz yaşamı inşa etmelisiniz.

OLUMLAMALARINIZ

• Ben kendime ve kendi yeteneklerime çok güveniyorum. Ben özgüven sahibiyim.

• Ben kendimi her zaman ve her yerde özgür hissediyorum. Ben özgürüm.

• Ben duygu ve düşüncelerimi her zaman ve herkesin yanında olumlu dil kalıpları kullanarak ifade ediyorum

• Yaşamın akışına güveniyorum, her ne oluyorsa hakkımda hayırlı olduğunu biliyor ve buna inanıyorum

• Ben geleceğime güvenle bakıyorum.

• Ben cesaretle yaşamı kucaklıyor ve özgürce yaşıyorum.

• Ben çok güçlüyüm ve çok cesurum.

• Yaşadığım her an ve aldığım her nefes için, sahip olduklarım ve olmaya devam ettiklerim için Rabbime daima şükrediyorum.

Not: Gün içinde olumlama yapmayın çünkü o saatlerde ego görev başındadır ve değişiminize tepki gösterebilir. Eğer olumlamaları gündüz yaparsanız, kullandığınız olumlamaların tam tersi deneyimler içerisine girebilirsiniz. Bu yüzden olumlamalarınızı sadece sabah uyandığınızda ve gece uykuya dalmadan hemen önce yapın. Bu dönemlerde beyin dalgalarınız Alfa frekansında olduğu için egonuz devre dışıdır.

ESMALARINIZ

Esmaları zikretmenizin de size çok faydası olacaktır.

- Ya Halim (88 kere): Sakinlik verir ve olaylara sağduyulu yaklaşmanızı sağlar
- Ya Kuddüs (170 kere): Bağımlılık enerjisinden kurtarır.
- Ya Selam (131 kere): İçinize huzur, rahatlık ve güven duygusu verir.
- Ya Muhyi (68 kere): Şifa enerjinizi harekete geçirir.
- Ya Batın (62 kere): Sezgileriniz güçlendirir.

Yukarıda size uygun olabilecek Esmalardan birkaç örnek verdim. Esmalar ile ilgili daha detaylı bilgiye, telif gelirini yardım kuruluşlarına bağışladığım "Esmaların Gizli Hazinesi" isimli kitabımdan ulaşabilirsiniz. Ayrıca aynı kitapta kendi burcunuza ait olan Esmaları seçebilir ve mucizevi güzellikleri deneyimleyebilirsiniz.

KOD 33

Örneğin 5.7.1974 tarihindeki gibi doğum tarihinizin sayı değerleri toplamı 33 çıkıyorsa sizin sayınız 33'tür.

GENEL ÖZELLİKLERİNİZ

Öncelikle söylemeliyim ki hiç de kolay bir insan değilsiniz☺ Özellikle kendine eziyet edercesine kontrolcü, mükemmeliyetçi ve yargılayıcı olabilirsiniz; aynı şekilde yakınlarınızdaki kişilere karşı da bu şekilde davranabilirsiniz. Çevrenizdekiler sizin değişen ruhsal ve düşünsel durumunuz karşısında bocalayabilirler.

İyi insan olmaya özen gösterirken bazen kırıcı ve benmerkezci davranışlar da gösteriyor olabilirsiniz. Sonra da vicdanınız devreye girer ve başkasını incittiğiniz için çok üzülür, pişmanlık hissedersiniz.

Çok zekisiniz. Hemen her şeyi rahatlıkla öğrenir ve idrak edersiniz. Analitik zekânız ve sentez yeteneğiniz de çok yüksektir. Analiz etme yeteneğiniz çok yüksektir hatta zihninizi yoracak kadar☺ Düşünmekten zihniniz o kadar yorulur ki herkesten fazla uykuya ihtiyacınız olur. Eğer düzensiz bir uyku durumunuz varsa genellikle gergin ve öfkeli bir şekilde gezinirsiniz☺

Düzene karşı gelen ve değiştirmeye çalışan, mükemmeli arayan bir duygu durumuna sahip olabilirsiniz. Bu da sizin sürekli eleştirici ve yargılayıcı olmanıza sebep olabilir. Mükemmeliyetçi olduğunuz için hem kendinize hem de başkalarına karşı acımasız ve sert olabilirsiniz. Mükemmel olayım derken daha çok hata yapabilirsiniz. Bu nedenle ilk önerim "mükemmeliyetçilikten istifa etmeniz" olacaktır☺

Sorgulayan zihninizle kendinizi de çevrenize de eza çektirmekten vazgeçmeli, bu yüksek ve yaratıcı enerjiyi olumlu olayların oluşumuna aktarmalısınız. Kusursuzu aramayın, olanı olduğu gibi sevmeye çalışın derim ben. Kendinize karşı da başkalarına karşı da esnek, hoşgörülü olmakta fayda görüyorum.

Kendinizi dönem dönem dağılmış, kaybolmuş ya da sıkışmış hissedebilirsiniz. İçinde bulunduğunuz durum, ya da içinde bulunduğunuz gerçekliği reddetme arzusu sizi bağımlılık yapacak madde kullanımına itebilir. Bu nedenle dikkatli olmak gerekmektedir. Bu duygulardan arınmak için dünya gerçekliğini beğenmeseniz bile kabul etmeniz, yapabileceğiniz bir şey varsa bunu yapmanız daha doğru olacaktır.

Üzüntülerinizi ve öfkelerinizi bastırmak eğiliminde olabilirsiniz. Mutlaka duygu ve düşüncelerinizi ifade etmeniz gerekmektedir. Eğer duygu ve düşüncelerinizi ifade edemezseniz iç dünyanızda huzursuzluk, bastırılmış öfke, hayal kırıklığı yaşayabileceğiniz gibi, ifade merkezi olan boğazınızla ilgili ya da tiroit bezlerinizle ilgili problemler yaşayabilirsiniz.

Duygu ve düşüncelerinizi ifade edebilmeniz için önce özgüven ve güven enerjisinin yaşamınıza girmesine izin vermeniz gerekmektedir. Yaşamın akışında her ne oluyorsa sizin için en hayırlı şekilde geliştiğine inanmalısınız. Böylelikle yaşam karşınıza güvenilir insanları ve güvenilir deneyimleri getirecektir. En önemlisi kendi yeteneklerinize ve iç gücünüze güvenmelisiniz. Bu özgüven balon gibi değil gerçek özgüven olmalı. Çünkü zaman zaman kendinize çok güvenip sonra bir anda güveninizi kaybediyor olabilirsiniz, tam başarıya ulaşacakken kendinizi sabote ediyor olabilirsiniz. Bazen "Ben her şeyi yapabilirim," derken. Bazen de "Benim bunu yapacak gücüm yok," diyebilirsiniz.

Özgüveninizi yükselttiğiniz zaman duygusal derinliğinizi ortaya koyacak şekilde duygu ve düşüncelerinizi çok güzel bir içimde ifade edebilir ve insanları konuşmalarınızla etkileyebilirsiniz.

Sizden arkasından kitleleri sürükleyebilecek çok iyi bir hatip olabileceği gibi. Çok iyi bir eğitmen, öğretmen de olur. Grup lideri olabilirsiniz. Sinema-TV oyuncusu olabilirsiniz. Etkili bir satışçı da olabilirsiniz. Kısaca konuşmayı içeren her meslek dalında büyük başarılar elde edersiniz.

İkna yeteneğiniz de çok yüksek olacağı için insanlar size inanırlar ve güvenirler. Cazibeniz çok yüksek olduğu için de insanları rahatlıkla etkiniz altına alabilirsiniz. Sizin için onaylanmak, saygı görmek çok önemli bir kriter olabilir. Başkalarından çok fazla ilgi görmek isteyebilirsiniz, kıskandığınız tek şey size değil de başkasına gösterilen ilgi olabilir. Ancak öğrenmeniz gereken şey,almadan önce verme zorunluluğudur. Önce siz ilgi göstermeli ve bu konuda içten olmalısınız, o zaman yaşamınıza size gerçekten ilgi gösteren insanlar akacaktır.

Hep başkalarını düşündüğünüzden bahsedebilirsiniz ancak kendinize bir dönün bakalım gerçekten öyle mi? Güzel bir konuşmacı olarak sözlü anlamda karşı tarafın moralini düzeltecek konuşmalar yapabilirsiniz, ancak eylemsel olarak gerçekten yardıma ihtiyacı olan bir kişinin yanında olmayabilirsiniz. Arkadaşınıza evine taşınırken yardım ederim dersiniz, belki gerçekten de yardım etmeyi istersiniz ama taşınma günü onun yanında olmazsınız☺ Bu yüzden özü sözü birlik yasasına uymalı, sadece sözde değil eylemde de destek olmayı yaşamınıza geçirmeli ve gerçekten almadan vermeyi öğrenmelisiniz.

Eleştirilmeye karşı tepkisel davranabilir ve sivri bir dil kullanarak savunma mekanizmanızı harekete geçirebilirsiniz. Eleştirileri olumlu değerlendirmeye çalışmakta fayda vardır. Suçlama ve yargılama dili kullanabilir ve başkalarını çok eleştirebilirsiniz, içinde bulunduğunuz durumdan sürekli şikâyet edebilir çevrenizdekilerin kafasını da şişirebilirsiniz.

Bu durum sıkışmış enerjinizin varlığının dışavurumudur. Bu nedenle düzenli bir şekilde spor ya da dans gibi fiziksel bir aktivitede bulunmanız şarttır. Yoksa içinizde bastırılmış bir öfke enerjisi oluşur ve bu durum hemen hemen tüm ilişkilerinizi ve işlerinizi olumsuz etkileyebilir.

Tüm ilişkilerinizde çıkarlarınız ön planda olabilir bu nedenle sözünüzden döndüğünüz durumlar yaşayabilirsiniz. Böyle davrandıktan sonra da kendinizi kötü hissedebilir ve suçlayabilirsiniz, ancak genellikle bu davranış modelinizi değiştirmeyebilirsiniz. Aslında bu durumların tekâmülünüz için birer sınav olduğunu fark etseniz davranışlarınızda değişiklikler yapabilirsiniz.

Savunma mekanizmanız sizin dışarıdan duygusuzmuş gibi algılanmanıza sebep olabilir. Aslında derinliği olan duygulara sahip olduğunuz için ve dışarıdan bu duyguların anlaşılmasını istemediğiniz zaman bu şekilde davranırsınız. Güçlü bir duygusal derinliğiniz olduğundan başarılı bir yazar ya da şair de olabilirsiniz.

Sahnede olmayı seversiniz, insanların size duyduğu ilgi çok hoşunuza gider, sahne alanında da kesinlikle başarılı olursunuz. Herkesin sizi takdir etmesini ve beğenmesini istersiniz. Bu konuda takıntılı bile olabilirsiniz.

Mantıklı davranmaya önem verirsiniz ancak bunu yaparken size doğumunuzla verilen sezgi yeteneğini göz ardı etmemeniz gerekmektedir. Sezgilerinizi dinlemeli sağduyuyla, mantıklı hareket etmelisiniz. Önce sezgiler gelmelidir, buna özen gösterirseniz daima doğru kararlar verir ve doğru adımlar atarsınız. Çevrenizin geniş olmasını istersiniz çünkü konuşacak ve kendinizi anlatacak çok kişiye ihtiyacınız vardır☺ Sosyal sorumluluk projeleriyle ilgilenmeniz şarttır, size paranın akışı size bu yolla olacaktır.

Özetle yaşama güvenmeniz, yüksek özgüvene sahip olmanız, olumlu bir lisanla duygu ve düşüncelerinizi aktarmanız, başkalarının duygu ve düşüncelerine önem vermeniz, ilgi görmeden önce ilgi göstermeniz, sosyal hizmetlerde bulunmanız gerekmektedir. Bununla beraber enerjinizi fiziksel bir aktiviteye de aktarmanız sağlığınız açısından önemlidir. Sezgileri dinlemeyi de atlamayın☺

AŞK İLİŞKİLERİNİZ

Çok cazibelisiniz, girdiğiniz her ortama muhteşem bir enerji yayarsınız. İnsanlar sizden çok etkilenirler. Konuşma şeklinizle, bilgilerinizle insanları kendinize hayran bırakırsınız. Aslında itiraf edin, kendinize böylesi ortamlarda sahnede rol yapar gibi hissedersiniz. İnsanların gözlerindeki sizden etkilenme ışığını görmek sizi çok mutlu eder. Sizin bu ışığınızı görüp sizinle bir ilişkiye başlayan kişi bir süre sonra hayal kırıklığına da uğrayabilir. Bu kadar ışıklı olmanın dışında, gergin ve negatif olan bir başka yönünüz de olabilir. İkili ilişkilerinizde dikkat etmeniz gereken en önemli konu empati kurma gerekliliğidir. Kendi duygu ve düşüncelerinizi ifade etmekle o kadar çok meşgul olursunuz ki, karşınızdakinin ne hissettiğini veya ne düşündüğünü fark etmeyebilirsiniz. Bu şekilde ben merkezli davranmak yerine biraz dinlemeye ve anlamaya özen göstermeniz gerekebilir. Sizin istekleriniz ne kadar önemliyse, karşınızdakinin istekleri de onun için o kadar önemlidir.

İŞ – KARİYER YAŞAMINIZ

Sevdiğiniz bir işi yapıyorsanız çok başarılı, şan ve şöhret sahibi olursunuz. İşinize ve aldığınız sorumluluklara önem veri ve bunların çoğunu gerçekleştirirsiniz, gerçi bunları yaparken söylenmeyi de ihmal etmeyebilirsiniz☺

Çok güzel projeler ortaya koyabilirsiniz ve projeleri hayata geçirirseniz çok da başarılı olursunuz.

Projenin de yöneticisi olursunuz başkalarını da yönlendirirsiniz. 09:00/17:00 çalışma saatleri pek size göre değildir. Geç uyanmak istediğiniz için işinize gecikebilirsiniz ancak iş sonuçlanıncaya kadar geç saatlere dek çalışabilirsiniz. Bu nedenle size esnek çalışma saatleri olan işler uygun olabilir.

Sıklıkla atalete düşebilir, yani eylemsizlik ruh durumuna girebilir, yapmanız gerekenleri sürekli erteleyebilirsiniz. Eyleme geçmeniz ve her şeyi vaktinde yapmanız size yaşamda başarıyı getirecektir.

Yani canınız bir şeyi isterse süper yaparsınız, istemezse kılınızı bile kıpırdatacak enerji bulamazsınız. Bununla beraber genelde canınız çok sıkılır☺

MALİ DURUMUNUZ

Can sıkıntısı sendromuna girmez, bir yerde sabırlı ve istikrarlı bir şekilde kalırsanız kariyerinizde yükselirsiniz. Çalıştığınız yerdeki çalışanlarla da ilişkileriniz iyiyse kendinizi daha keyifli hissedersiniz. İşinize önem verdiğiniz sürece gerçekten iyi para kazanırsınız. Eli açık gibi görünen ama aslında pinti bir yapınız olabilir. Elinizi cebinize atmak sizin için kolay olmayabilir. Bu nedenle güzel para biriktirir ve mal-mülk sahibi olabilirsiniz.

Organizasyon yeteneğiniz süper olduğu için insanların öngöremediği muhteşem projeler ortaya koyabilirsiniz, bu projeleri hayata geçirirseniz çok da zengin olursunuz.

İnsanları görevlendirme ve yönlendirme yeteneğiniz de çok güçlüdür. Hareketli, yani masa başı olmayan sosyal işlerde büyük başarılar yakalayabilirsiniz. Rol yeteneğiniz vasıtasıyla da oyunculuk alanlarında yüksek başarılara imza atabilirsiniz.

SAĞLIĞINIZ

Genelde içsel gerginlik içinde olup can sıkıntısı sendromu ile yaşadığınız için sinir sisteminiz bundan olumsuz etkilenebilir. Bununa beraber aslında kendinizi sever pek de üzmezsiniz. Sorumlulukların ağır olduğu durumlarda sinir sisteminiz olumsuz etkilenebilir. Vertigo rahatsızlığına yatkın olabilirsiniz. Ya da hiç sorumluluk almadan yaşayarak sağlıklı olursunuz☺ Zihniniz fazla çalıştığı için herkesten daha çok uykuya ihtiyaç duyabilirsiniz. Ancak zihninizin dinlenmesi gerekmektedir bu nedenle içki gibi bir zihin yavaşlatıcı yerine meditasyon yapmaya çalışmalısınız. Depresif olmaya yatkınsınız ancak sevindirici durum şu ki depresif ruh halinden çabucak çıkabilirsiniz.

Analizlerimde yer alan olumsuz davranış modellerinizi, olumlu davranış modellerine çevirdiyseniz bu tekâmülünüzden dolayı sizi yürekten tebrik ederim☺

EN TEMEL KORKULARINIZ

- Güvensizlik Korkusu ve Özgüven Eksikliği
- Gelecek Korkusu
- Suçlanma Korkusu

- Tercih Edilmeme
- Değersizlik Korkusu
- Anlaşılamama veya Yanlış Anlaşılma Korkusu

Yaşamınızda genellikle yukarıda bahsi geçen konular hakkında deneyimler yaşarsınız, çünkü bu dünyada geçmeniz gereken dersleriniz bu davranışlarınızı düzenlemek ve korkularınızdan arınmaktır. Bu durumu düzenleyene kadar benzer sınavlardan geçmeye devam edebilirsiniz. Benden söylemesi☺ Önerim aşağıdaki olumlamaları kullanmanız, esma çalışmasıyla kendinizi güçlendirmenizdir. Farkındalıkla ve bilinçli olarak bu konular üzerinde de çalışma yapmalısınız.

Eğer söz konusu durumlar ileri boyutta ise profesyonel destek almanız çok faydalı olacaktır.

RUHSAL TEKÂMÜLÜNÜZ İÇİN YAPMANIZ GEREKENLER

- "Can Sıkıntısı" sendromundan kendiniz kurtarmalısınız. Bunun için içinde bulunduğunuz her anın farkındalıkla tadını çıkarmalısınız.
- Daha olaylar gerçekleşmeden olası planları yaparak ihtimalleri kapatmamalısınız.
- Yaşamın akışına güvenerek çevrenize güven enerjisini yaymalı ve böylelikle güvenilir deneyimler yaşamalısınız.
- Yaşamın akışına güvenerek kendinizi yaşamın akışına bırakmalı ve yaşamdan zevk almalısınız.

- Zihninizin olası en kötü senaryoyu yazmasına izin vermemelisiniz.
- Sürekli mantıkla hareket etmek yerine duygularınızı ve sezgilerinizi de dinleyerek sağduyulu hareket etmelisiniz.
- Allah'ın size bağışladığı aklınıza, zekânıza, yeteneklerinize güvenmeli ve kendi öz değerinize sahip çıkmalısın.
- Yaratıcı projeler ortaya koymalı, harekete geçmelisiniz.
- Geleceğinize güvenle bakmalı ve emin adımlarla yürümelisiniz
- Özellikle ilişkilerde beklenti içerisinde olmaktan vazgeçmeli, istediğiniz ilgiyi önce siz karşı tarafa vermelisiniz.
- Duygu ve düşüncelerinizi her zaman olumlu dil kalıpları kullanarak, samimiyetle ifade etmelisiniz.
- Gergin ruh halinden sıyrılmak için spor, dans gibi fiziksel aktiviteler yapmalı, zihninizi dinlendirmek için de meditasyon yapmalısınız. Masaj yaptırmak da çok iyi gelecektir.
- Yargılama ve suçlama dilinden kendinizi kurtarmalısınız, kendinize ve başkalarına karşı hoşgörülü ve esnek olmalısınız. Suçlanmaktan da korkmamalısınız çünkü korktukça daha çok suçlanacağınız deneyimler yaşayabilirsiniz.
- Allah'ın size armağan olarak verdiği yüksek enerjiyle hem kendinize hem de başkalarına şifa vermelisiniz.
- Mükemmeliyetçilik ve kontrolcülükten istifa etmelisiniz.
- Güçlü sezgilerinizi kullanarak ve daha da güçlendirerek sağduyulu kararlar vermelisiniz.

OLUMLAMALARINIZ

- Yüksek organizasyon yeteneğimi devreye geçiriyorum ve muhteşem projeler ortaya çıkarıyorum.
- Her şeyi salt mantıkla değerlendirmiyor, değerlendirme sürecimde sezgilerimi ve duygularımı da dinliyor ve sağduyulu hareket ediyorum.
- Vermeyi de öğrenerek yaşamının her alanına bolluk ve bereketi, zenginliği alıyorum.
- Olduğum gibi görünmeye özen gösteriyorum böylelikle kendimi daha güçlü ve özgüvenli hissediyorum.
- Ben kendime, yeteneklerime ve gücüme çok güveniyorum.
- Hem kendimi hem de başkalarını olduğu gibi kabul ediyorum.
- Artık hoşgörülü ve esnek bir bakış açısına sahibim.
- Ben duygu ve düşüncelerimi her zaman ve herkesin yanında olumlu dil kalıpları kullanarak ifade ediyorum.
- Yaşamın akışına güveniyorum, her ne oluyorsa hakkımda hayırlı olduğunu biliyor ve buna inanıyorum.
- Ben geleceğime güvenle bakıyorum, içinde bulunduğum her an geleceğimi pırıl pırıl inşa ediyorum.
- Güçlü bir empati yeteneğine sahibim ve insanların duygu durumlarını rahatlıkla analiz ediyorum.
- Yaşadığım her an ve aldığım her nefes için, sahip olduklarım ve olmaya devam ettiklerim için Rabbime daima şükrediyorum.

Not: Gün içinde olumlama yapmayın çünkü o saatlerde ego görev başındadır ve değişiminize tepki gösterebilir. Eğer olumlamaları gündüz yaparsanız, kullandığınız olumlamaların tam tersi deneyimler içerisine girebilirsiniz. Bu yüzden olumlamalarınızı sadece sabah uyandığınızda ve gece uykuya dalmadan hemen önce yapın. Bu dönemlerde beyin dalgalarınız Alfa frekansında olduğu için egonuz devre dışıdır.

ESMALARINIZ

Esmaları zikretmenizin de size çok faydası olacaktır.

- Ya Halim (88 kere): Sakinlik verir ve olaylara sağduyulu yaklaşmanızı sağlar.
- Ya Selam (131 kere): İçinize huzur, rahatlık ve güven verir.
- Ya Musavvir (336 kere): Yaratıcılık enerjinizi arttırır muhteşem projeler ortaya koymanızı sağlar.
- Ya Rahim (298 kere): Merhamet enerjinizi yükseltir.
- Ya Vedud (20 kere): Sevgi duygusu verir ve duygularınızı fark etmenizi, onlarla barışık olmanızı sağlar. Ayrıca sevilmeyi de sağlar.
- Ya Ganiyy (1060 kere): Maddi ve Manevi zenginlik duygusu verir ve sizi zenginleştirir.

Yukarıda size uygun olabilecek Esmalardan birkaç örnek verdim. Esmalar ile ilgili daha detaylı bilgiye, telif gelirini yardım kuruluşlarına bağışladığım "Esmaların Gizli Hazinesi" isimli kitabımdan ulaşabilirsiniz. Ayrıca aynı kitapta kendi burcunuza ait olan Esmaları seçebilir ve mucizevi güzellikleri deneyimleyebilirsiniz.

KOD 34

Örneğin 16.3.1977 tarihindeki gibi doğum tarihinizin sayı değerleri toplamı 34 çıkıyorsa sizin sayınız 34'tür.

GENEL ÖZELLİKLERİNİZ

Güven duygusu yaşamda sizin için en önemli unsurdur. Başkalarına da kendinize de güvenmeyi öğrenmeyi deneyimliyorsunuz. Genellikle karşınızdaki kişilere kuşku ile yaklaşsanız da bazen son derece iyi niyetle çok güvendiğiniz ve beklentiye girdiğiniz durumlar da olabilir. Bilinçaltınızdaki güvensizlik korkusunun etkisiyle hayal kırıklığına uğrama, içerleme ve depresif ruh durumuna girme ihtimaliniz yüksek olabilir. Kendi yeteneklerinize de, iç gucunuze de yeterince itimat etmiyor olabilirsiniz.

Özgüven eksikliğinden dolayı çoğu zaman geri çekilebilir ve kendinizi ortaya koyamayabilirsiniz. Kuşkuculuğunuz sizde paranoya oluşturabilir. Sürekli aldatılmaktan, kandırılmaktan korkabilir ve bu korkunuzun yaydığı enerji sonrasında bu tarz olumsuz deneyimler yaşayabilirsiniz. Yanlış anlaşılmaktan da korkabilirsiniz ve bu korkunuzun olumsuz deneyimlerini de yaşıyor olabilirsiniz.

Mahremiyet sizin için çok önemli olduğundan, çok yakınlarınız dışındaki insanları özel yaşantınıza almaya çekinebilirsiniz. Özgür olmak ve kişisel alanınıza kimseyi sokmamak istersiniz. Bu durum bazen ikili ilişkilerinizde karşı tarafa yabancılık duygusu hissettirebilir. Özelinizi bir başkasına açmanız için ona çok güvenmeniz gerekmektedir.

Mutlaka duygu ve düşüncelerinizi ifade etmeniz gerekmektedir. Eğer duygu ve düşüncelerinizi ifade edemezseniz iç dünyanızda huzursuzluk, bastırılmış öfke, hayal kırıklığı yaşayabileceğiniz gibi, ifade merkezi olan boğazınızla ilgili ya da tiroit bezlerinizle ilgili problemler yaşayabilirsiniz.

Duygu ve düşüncelerinizi ifade edebilmeniz için önce özgüven ve güven enerjisinin yaşamınıza girmesine izin vermeniz gerekmektedir. Yaşamın akışında her ne oluyorsa sizin için en hayırlı şekilde geliştiğine inanmalısınız. Böylelikle yaşam karşınıza güvenilir insanları ve güvenilir deneyimleri getirecektir. En önemlisi kendi yeteneklerinize ve iç gücünüze güvenmelisiniz. Bu özgüven balon gibi değil gerçek özgüven olmalı. Çünkü zaman zaman kendinize çok güvenip sonra bir anda güveninizi kaybediyor olabilirsiniz, tam başarıya ulaşacakken kendinizi sabote ediyor olabilirsiniz. Bazen "Ben her şeyi yapabilirim," derken. Bazen de "Benim bunu yapacak gücüm yok," diyebilirsiniz. Özgüveninizi yükselttiğiniz zaman, duygusal derinliğinizi ortaya koyacak şekilde duygu ve düşüncelerinizi çok güzel ifade edebilir ve insanları konuşmalarınızla etkileyebilirsiniz.

Başkalarından çok fazla ilgi görmek isteyebilirsiniz, kıskandığınız tek şey size değil de başkasına gösterilen ilgi olabilir. Ancak öğrenmeniz gereken şey, almadan önce verme zorunluluğudur. Önce siz ilgi göstermeli ve bu konuda da içten olmalısınız, o zaman yaşamınıza size gerçekten ilgi gösteren insanlar akacaktır.

Eleştirilmeye karşı tepkisel davranabilir ve sivri bir dil kullanarak savunma mekanizmanızı harekete geçirebilirsiniz. Eleştirileri olumlu değerlendirmeye çalışmakta fayda vardır. Suçlama ve yargılama dili kullanabilir ve başkalarını çok eleştirebilirsiniz, içinde bulunduğunuz durumdan sürekli şikâyet edebilir çevrenizdekilerin kafasını da şişirebilirsiniz. Bu durum sıkışmış enerjinizin varlığının dışavurumudur. Bu nedenle düzenli bir şekilde spor ya da dans gibi fiziksel bir aktivitede bulunmanız şarttır. Yoksa içinizde bastırılmış bir öfke enerjisi oluşur ve bu durum hemen hemen tüm ilişkilerinizi ve işlerinizi olumsuz etkileyebilir.

Savunma mekanizmanız sizin dışarıdan duygusuzmuş gibi algılanmanıza sebep olabilir. Aslında derinliği olan duygulara sahip olduğunuz için ve dışarıdan bu duyguların anlaşılmasını istemediğiniz zaman bu şekilde davranırsınız. Güçlü bir duygusal derinliğiniz olduğundan başarılı bir yazar ya da şair de olabilirsiniz.

Üzerinde çalışmanız gereken konulardan biri işlerinizi ertelemeniz ve bazen işe gerekli önemi vermemeniz olabilir. Bu tarz davranışlarınız yaşamda kazanacağınız başarılarınızı geriye atabilir ya da engelleyebilir. Her şeyi zamanında yapmaya, her işe gerekli önemi vermeye, planlı ve programlı çalışmaya önem vermelisiniz. Bu davranış modelinize gerçekten çok dikkat etmelisiniz, çünkü başarıyı yakalamanız bu davranışlarınızı düzenlediğiniz takdirde gerçekleşebilecektir. Yoksa siz akıllı, zeki ama hak ettiği yeri bulamayan bir kişi konumuna düşersiniz.

Öncelik belirleme konusunda da hassasiyet göstermelisiniz. Neyin daha öncelikli olduğuna karar verip, sırf canınız istiyor diye ya da başka sebeplerden dolayı önceliklerinizi ertelememelisiniz.

Hayal gücünüz çok kuvvetlidir, bu nedenle tasarım ya da sanat alanlarında da büyük başarı gösterebilirsiniz. Ancak hayal gücünün yaşamınızı ele geçirmesine izin de vermemelisiniz. Yaşam size her sıkıcı geldiğinde hayal dünyasına kaçmak sizi anti-sosyal yapabilir ve gerçeklikten koparabilir.

Sabırsız bir yapınız olabilir ve hemen her şey olsun isteğiyle bazen daha kazançlı olacağınız durumlarda kaybedebilirsiniz. Sabırsız davranışlar dikkatsizliği getirdiği için hata yapma olasılığınız artar, ufak tefek kazalara ve sakarlıklara da yol açabilir. Sabırlı, sakin, istikrarlı olmayı da yaşamınıza geçirmenizde çok büyük fayda var.

Size verilen sözler tutulmadığında tepkisel davranabilirsiniz. Ancak karşıdan beklediğiniz hassasiyeti kendiniz de uygulamalısınız. Söz verdiğiniz zaman onu ertelemeden, vaktinde ve zamanında yerine getirmelisiniz. Aksi durumlarda insanların sizi duyduğu güveni kaybedersiniz.

Yaşamda gerçekleştirmeyi istediğiniz hedefleri küçük plancıklara bölmelisiniz. İşin genelini görüp gözünüzün korkması ve plandan vazgeçme gibi durumların oluşmasına engel olmak için hedefleri küçük adımlara, basamaklara bölmelisiniz, olayın geneline bakmadan ilk adım üzerine yoğunlaşmalı, onu atladıktan sonra bir sonrasına geçmelisiniz. Bu şekilde yaşamınızı planlamak size daha kolay gelecektir.

Sorumluluklara çok önem vermenize rağmen, sorumluluk almaktan kaçınabilirsiniz bu durumu özellikle ikili ilişkilerinizde yaşayabilirsiniz. Bu nedenle geç evlenebilir ya da evliliğinizde sorumluluklarınızı yerine getirmemeniz yüzünden iletişim sorunları yaşayabilirsiniz. Güven duygusu sizin için ne kadar önemliyle karşı taraf için de o kadar önemlidir. Bu nedenle yaşamınızda güven istiyorsanız sizin de sözünüzde durmanız, sorumluluklarınızı sahiplenmeniz ve her şeyi vaktinde gerçekleştirmeniz gerekmektedir. Aksi durumlarda ikili ilişkileriniz genellikle sorunlu ilerleyebilir.

Kaç yaşında olursanız olun içinizde büyümeyen, küçük, oyuncu bir çocuk olabilir. Kaç yaşında olursanız olun oyun oynamayı, hayal kurmayı seveceksiniz. Bu nedenle çocuklarla çok iyi anlaşabilirsiniz.

Genellikle talepkâr davranışlar gösterebilirsiniz. Küçükken annenizden her şeyi istediğiniz gibi iş ve özel yaşamınızda da hep birilerinden bir şeyler isteyebilirsiniz. Bazen bu durum da karşı taraf tarafından hoş karşılanmayabilir.

Sevgiyi derin yaşamaktan korkabilirsiniz. Çünkü bağ kurmaktan kaçınırsınız. Herkesle görüşürsünüz ancak bağlarınızı kuvvetlendirmezsiniz, canınız yanacağına bağlanmamayı tercih edebilirsiniz.

Çok çok zeki ve akıllısınız, başka insanların göremediklerini görebilirsiniz, analiz ve sentez yeteneğiniz süperdir ve idrak gücünüz de yüksektir. Her şeyi başkalarından çok daha çabuk kavrarsınız, bu nedenle eğitim sisteminde sıkılabilirsiniz. Sizin çoktan anladığınız konuların hala ders olarak işlenmesi sizi sıkabilir, siz de bu sıkıntıdan uzaklaşmak için hayallere dalabilirsiniz. Aklınıza hep parlak fikirler gelir. Siz çok iyi bir proje üretici olabilirsiniz, bu nedenle reklam alanında da büyük başarılar yakalayabilirsiniz.

Her şeyin en doğrusunu sizin bildiğiniz gibi sabit bir fikriniz olabilir; bu nedenle başkalarını kendi bildiğiniz doğrulara yönelmeye zorlayabilirsiniz. İnatçılık ve sabit fikirli olmak yaşamda ne yazık ki başarıyı getirmez☺ Öğretmen tavrıyla kişileri yönetmeye çalışabilirsiniz.

Bu konuda da dengeye dikkat etmekte fayda var. Çünkü sizin her doğrunuz başkalarının doğrusu olmayabilir☺ Hayattan ağır dersler almak istemiyorsanız bu konular üzerinde düşünüp gerekli dönüşümü yapmalısınız.

Büyük ihtimalle sağlıklı bir bedene sahipsiniz, buna rağmen sağlığınızı kaybetmekten korkabilir, pimpirikli davranabilir, yersiz endişelerle kendinizi de çevrenizi de üzebilirsiniz. Hep yanınızda size bakacak birilerinin olmasını isteyebilirsiniz.

Spiritüel olarak güçlü bir enerjiye sahip olabilirsiniz, sezgilerinizden ve rüyalarınızdan gelen mesajları takip etmelisiniz.

Genel olarak üzerinde çalışmanız gereken konular güven-özgüven eksikliği, paranoya, kendi duygu ve düşüncelerinizi olumlu bir dille ifade etme, planlı-programlı yaşama olmalıdır.

AŞK İLİŞKİLERİNİZ

Bazen başta fark edilmeyen, fark edildikten sonra çok beğenilen bir çekiciliğe sahip olabilirsiniz. Siz de kendinizi beğenirsiniz. Kadın da olsanız, erkek de olsanız aynada kendinize hayranlıkla bakabilirsiniz☺ Özgüveniniz iniş çıkış gösterse de biraz büyükçe egonuz olabilir☺

İkili ilişkilerinizde dikkat etmeniz gereken en önemli konu empati kurma gerekliliğidir. Kendi duygu ve düşüncelerinizi ifade etmekle o kadar çok meşgul olursunuz ki, karşınızdakinin ne hissettiğini veya ne düşündüğünü fark etmeyebilirsiniz. Bu şekilde benmerkezci davranmak yerine biraz dinlemeye ve anlamaya özen göstermeniz gerekebilir. Sizin istekleriniz ne kadar önemliyse, karşınızdakinin istekleri de onun için o kadar önemlidir.

Sadakat sizin için çok önemlidir. Sevdiğiniz kişiye tam güven duymak istersiniz. Bu nedenle güven duyana kadar bağ kurmayabilirsiniz. Gerçi bağ kurmaktan genellikle kaçınabilirsiniz. Siz karşınızdakinden kesin sadakat beklersiniz, peki merak ediyorum acaba siz o kadar sadık mısınız sevdiğinize?

Sevdiğinize karşı hep şüpheyle yaklaşabilirsiniz, kıskanç bir tarafınız da vardır ancak bunu gizlemeye özen gösterebilirsiniz. Hayal gücünüz kuvvetli olduğu için cinsel fantezileriniz de renkli olabilir.

İŞ – KARİYER YAŞAMINIZ

İşiniz ne olursa olsun yaptığınız işi titizlikle yaparsınız. Canınız istediğinde çok çalışkan olabilir ve güzel işler çıkarabilirsiniz. Sizin de diğer bazı doğum planlarında olduğu gibi en büyük handikabınız erteleme huyunuz olabilir. Yapılması gerekenleri vaktinde yapmamak, göz ardı etmek ve bazen de önemsememek başınıza sorunlar açabilir. Bazen de pek çok şeyi problem yaşamak adına korktuğunuz için istemeye istemeye yapabilirsiniz. Bu şekilde korkuyla kendinizi motive eden bir yönünüz olabilir.

MALİ DURUMUNUZ

Para harcamaya yatkın olabilirsiniz, bir tarafınızı para biriktirmem gerek derken diğer bir taraftan gereksiz harcamalar yapıyor olabilirsiniz. Bununla beraber para size akış yapmaya devam edebilir☺

Konforlu yaşamayı seversiniz ancak bu konuda biraz kendinize Müslüman olabilirsiniz☺ Gelecekte parasız kalma endişelerinden dolayı aile fertleri gibi sizin paranızı kullanan birileri varsa harcamaları konusunda söylenebilirsiniz. Öyle ya da böyle büyük ihtimalle zengin olabilirsiniz.

SAĞLIĞINIZ

Genel anlamda sağlıklı olabilirsiniz. Paranoya ve endişeler siniz sisteminizi bozabilir ama bunların da üstesinden gelirsiniz. Yaşamınızda hazmedemediğiniz olaylar yaşadıysanız mide problemleri ya da sindirim sistemi problemleri yaşayabilirsiniz.

Analizlerimde yer alan olumsuz davranış modellerinizi, olumlu davranış modellerine çevirdiyseniz bu tekâmülünüzden dolayı sizi yürekten tebrik ederim☺

EN TEMEL KORKULARINIZ

- Güvensizlik Korkusu ve Özgüven Eksikliği
- Gelecek Korkusu
- Suçlanma Korkusu
- Tercih Edilmeme
- Değersizlik Korkusu
- Anlaşılamama veya Yanlış Anlaşılma Korkusu
- Kaybetme Korkusu
- Hastalık Korkusu

Yaşamınızda genellikle yukarıda bahsi geçen konular hakkında deneyimler yaşarsınız, çünkü bu dünyada geçmeniz gereken dersleriniz bu davranışlarınızı düzenlemek ve korkularınızdan arınmaktır. Bu durumu düzenleyene kadar benzer sınavlardan geçmeye devam edebilirsiniz. Benden söylemesi☺ Önerim aşağıdaki olumlamaları kullanmanız, esma çalışmasıyla kendinizi güçlendirmenizdir. Farkındalıkla ve bilinçli olarak bu konular üzerinde de çalışma yapmalısınız. Eğer söz konusu durumlar ileri boyutta ise profesyonel destek almanız çok faydalı olacaktır.

RUHSAL TEKÂMÜLÜNÜZ İÇİN YAPMANIZ GEREKENLER

- Kendi duygularınızı tanımayı, duygularınızla barışık olmayı seçmelisiniz.
- Başkalarının duygularını anlayabilmek adına empati yeteneğinizi geliştirmelisiniz.

- Sevdiklerinizle aranızda gerçek anlamda samimi bağ kurabilmeyi tercih etmelisiniz.
- Zamanınızı doğru kullanarak işlerinizi ertelemeden yapmalısınız.
- Zihniniz karıştığında meditasyon gibi sakinleştirici içe dönüş çalışmaları yapmalısınız.
- Allah'ın size bağışladığı aklınıza, zekânıza, yeteneklerinize güvenmeli ve kendi öz değerinize sahip çıkmalısın.
- Geleceğinize güvenle bakmalı ve emin adımlarla yürümelisiniz.
- Özellikle ilişkilerde beklenti içerisinde olmaktan vazgeçmeli, istediğiniz ilgiyi önce siz karşı tarafa vermelisiniz.
- Duygu ve düşüncelerinizi her zaman olumlu dil kalıpları kullanarak, samimiyetle ifade etmelisiniz.
- Gergin ruh halinden sıyrılmak için spor, dans gibi fiziksel aktiviteler yapmalı, zihninizi dinlendirmek için de meditasyon yapmalısınız. Masaj yaptırmak da çok iyi gelecektir.
- Yargılama ve suçlama dilinden kendinizi kurtarmalısınız, kendinize ve başkalarına karşı hoşgörülü ve esnek olmalısınız. Suçlanmaktan da korkmamalısınız çünkü korktukça daha çok suçlanacağınız deneyimler yaşayabilirsiniz.
- Başkalarını küçük görmekten ve eleştirmekten vazgeçmelisiniz.
- Önce kendinize sonra çevrenize karşı duygusal bir dürüstlük içinde olmalısınız.

- Cesur olup yaşamı kucaklamalısınız.
- "Her şeyi en iyi ben bilirim" edalarından vazgeçmelisiniz☺

OLUMLAMALARINIZ

- Ben kendime, yeteneklerime ve gücüme çok güveniyorum.
- Hem kendimi hem de başkalarını olduğu gibi kabul ediyorum.
- Artık hoşgörülü ve esnek bir bakış açısına sahibim.
- Ben duygu ve düşüncelerimi her zaman ve herkesin yanında olumlu dil kalıpları kullanarak ifade ediyorum.
- Kendi duygularımla barışığım ve kolaylıkla karşımdaki kişilerle duygusal bağ kurabiliyorum.
- Ben dürüstüm, hissettiklerimi samimiyetle söylüyorum. Kendime karşı da dürüstüm.
- Yaşamın akışına güveniyorum, her ne oluyorsa hakkımda hayırlı olduğunu biliyor ve buna inanıyorum.
- Ben geleceğime güvenle bakıyorum, içinde bulunduğum her an geleceğimi pırıl pırıl inşa ediyorum.
- Yaşadığım her an ve aldığım her nefes için, sahip olduklarım ve olmaya devam ettiklerim için Rabbime daima şükrediyorum.
- Güçlü bir empati yeteneğine sahibim ve insanların duygu durumlarını rahatlıkla analiz ediyorum.
- Ben çok cesurum. Yaşama cesaretle atılıyorum.

Not: Gün içinde olumlama yapmayın çünkü o saatlerde ego görev başındadır ve değişiminize tepki gösterebilir. Eğer olumlamaları gündüz yaparsanız, kullandığınız olumlamaların tam tersi deneyimler içerisine girebilirsiniz. Bu yüzden olumlamalarınızı sadece sabah uyandığınızda ve gece uykuya dalmadan hemen önce yapın. Bu dönemlerde beyin dalgalarınız Alfa frekansında olduğu için egonuz devre dışıdır.

ESMALARINIZ

Aşağıdaki Esmaları zikretmenizin de size çok faydası olacaktır.

- Ya Selam (131 kere): İçinize huzur, rahatlık ve güven duygusu verir.
- Ya Aziym (1020 kere): Azimli olmanızı sağlar ve size güç verir.
- Ya Cebbar (206 kere): Cesaret duyguları verir.
- Ya Kaviyy (116 kere): İradenizi güçlendirir.
- Ya Rahim (258 kere): Merhamet duygularınızı geliştirir.
- Ya Rahman (298 kere): Sorumluk almanızı sağlar.
- Ya Vedud (20 kere): Sevmenizi ve sevilmenizi sağlar. Gönül bağı kurdurur.
- Ya Fettah (489 kere): Maddi ve manevi tüm kapıları açar ve zafer sağlar.
- Ya Mani (161 kere): Negatif enerjilerden ve negatif durumlardan korur.

Size uygun olabilecek Esmalardan birkaç örnek verdim. Esmalar ile ilgili daha detaylı bilgiye, telif gelirini yardım kuruluşlarına bağışladığım "Esmaların Gizli Hazinesi" isimli kitabımdan ulaşabilirsiniz. Ayrıca aynı kitapta kendi burcunuza ait olan Esmaları seçebilir ve mucizevi güzellikleri deneyimleyebilirsiniz.

KOD 35

Örneğin 18.3.1976 tarihindeki gibi doğum tarihinizin sayı değerleri toplamı 35 çıkıyorsa sizin sayınız 35'tir.

GENEL ÖZELLİKLERİNİZ

Çok parlak ve güçlü bir zekâya sahipsiniz, hemen her şeyi rahatlıkla kavrayabilir, görünenin arkasında gerçeği algılayabilirsiniz. Analiz, analitik zekânız gerçekten yüksektir ve güçlü bir hafızaya da sahipsiniz. İyi bir öğretmen olabilir, kavradıklarınızı öğretebilirsiniz.

Sıklıkla atalete düşebilir, yani eylemsizlik ruh durumuna girebilir, yapmanız gerekenleri sürekli erteleyebilirsiniz. Eyleme geçmeniz ve her şeyi vaktinde yapmanız size yaşamda başarıyı getirecektir. Yaşamda kendinize elbette hedefler koyar ve dilerseniz bu hedeflere ulaşabilirsiniz. Tatlı bir hırsızlığınız var☺ Konforlu yaşamak sizin için çok önemlidir, rahatınıza düşkün olabilirsiniz. Başka insanları kendi rahatınızı sağlamaları amacıyla kullanabilirsiniz.

Severek yaptığınız bir işe sahip olduğunuzda işinizi en iyi şekilde yaparsınız, takdir görürsünüz, para enerjisi size her zaman gelir ve birikim yapabilecek bir enerjiye de sahip olduğunuz için mal mülk sahibi olabilirsiniz. Genellikle tutumlu bir yapıya sahip olabilirsiniz bununla beraber olmadık bir anda birikiminizi, çok da gerekli olmayan bir şeye harcayabilirsiniz. Her zaman köşede birikmiş paranız olur, aksi durumda depresyona girebilir ve agresif olabilirsiniz. Sahip olduklarınızdan başkalarını da faydalandırırsanız size milyoner olma enerjisi akmaya başlar. Ön koşul faydalı hizmet, yardım ve paylaşmaktır.

Dostluklara önem verir ve kalıcı ilişkiler kurma konusunda başarılı olursunuz.

Çok yaratıcı, çok becerikli, çok yönlü bir yapınız vardır. Analiz etme, sentezleme ve çözüm odaklı düşünme yeteneğiniz vardır. Olayları ilişkilendirebilir yeni buluşlar yapabilir ya da yeni çıkarımlarda bulunabilirsiniz. İçinde bulunduğumuz dünyanın kalıplaşmış kuralarının yerine yenilik ya da yeni bakış açısı getirebilecek bir güce sahipsiniz. Başka insanların düşünemediklerini düşünebilir, çok güzel projeler ya da eserler ortaya koyabilirsiniz; bu güç ve enerji size doğumunuzla hediye edilmiştir. Bu muhteşem enerjinizin ortaya çıkabilmesi için kendiniz üzerinde bazı çalışmalar yapmalısınız.

Öncelikle siz yüksek yaratıcılık enerjisine sahipsiniz. Sanatta ya da proje üretmede çok başarılı olabilirsiniz. Bu enerjinizin mutlaka bir alana kanalize olması gerekmektedir. Yani bir eser ortaya koymalısınız, bu planlanan bir projeyi hayata geçirmek olduğu gibi, kitap yazmak, resim yapmak gibi sanat alanı da olabilir. Yüksek enerjiye sahip olduğunuz için mutlaka fiziksel egzersiz yapmanız lazım. Sporla ilgilenebilir veya dans edebilirsiniz.

Güven duygusu yaşamda sizin için en önemli unsurdur. Başkalarına da kendinize de güvenmeyi öğrenmeyi deneyimliyorsunuz. Genellikle karşınızdaki kişilere kuşku ile yaklaşsanız da bazen son derece iyi niyetle çok güvendiğiniz ve beklentiye girdiğiniz durumlar da olabilir. Bilinçaltınızdaki güvensizlik korkusunun etkisiyle hayal kırıklığına uğrama, içerleme ve depresif ruh durumuna girme ihtimaliniz yüksek olabilir.

Mahremiyet sizin için çok önemli olduğu için çok yakınlarınız dışında insanları özel yaşantınıza almaya çekinebilirsiniz. Özgür olmak ve kişisel alanınıza kimseyi sokmamak istersiniz. Bu durum bazen ikili ilişkilerinizde karşı tarafa yabancılık duygusu hissettirebilir. Özelinizi bir başkasına açmanız için ona çok güvenmeniz gerekmektedir.

Özgürlük sizin için çok önemli olabilir. Zaman zaman kendinizi özgür hissedemeyebilirsiniz. Özgürlük hissini yaşamayı istemekle beraber kendinizi özgür hissedemeyeceğiniz meslekler ya da eşler seçebilir, ya da durumları aslında kendiniz oluşturabilirsiniz. Hem sorumluluk istemiyor hem de sorumlulukları kendi üzerinize aslında siz alıyorsunuz. Bu durumlar içsel öfke oluşturmanıza sebep olabilir. Önce kendinizi başkalarına bağımlı kılıp sonra da özgürlüğünüz için mücadele etmeye kalkabilirsiniz. Sonra da özgürlüğünüz kısıtladığını düşündüğünüz kişileri suçlayabilirsiniz.

Özgürlük anlayışınızı değiştirmeniz gerekmektedir. Özgürlük istediğinizi yapmak, kafanızın estiği gibi davranmaktan çok içsel korkularınızdan, endişelerinizden, düşünme kalıplarınızdan ve özellikle kendinize duyduğunuz itimat eksikliğinden kurtulmanızdır. Bu şekilde kendiniz olursunuz ve gerçek anlamda özgürlüğünüze kavuşursunuz. Rol yapmaktan kurtulur ve maskelerinizi de atarsınız.

Otorite sahipleriyle anlaşmakta güçlük çekebilirsiniz. Sizin için güç ve iktidar çok önemli olduğundan, içinde bulunduğunuz konumda kendinizi güçlü ve iktidar sahibi hissetmezseniz çok tepkisel, agresif davranabilir ya da çekip gidebilirsiniz.

Parayı seversiniz ancak para sizin için araçtır, sizi arzu ettiğiniz güce ve otoriteye ulaştıracak bir araç. Eğer paranız yoksa parası olanlara ve güç, iktidar sahibi kişilere karşı bilinçsizce, bazen de bilinçli öfke duyabilirsiniz.

Ketum bir davranış modeliniz olabilir, insanlara çok güvenmediğiniz için duygu ve düşünceleriniz saklarsınız. Gerçek duygu ve düşüncelerinizi aktarmanız kolay değildir, ama mutlaka duygularınızı ifade etmelisiniz. Bazen işbirliği yapmak istersiniz, bazen de şüpheciliğinizle işbirliği yapmaktan kaçınırsınız. Bu duygu baskılaması sağlığınızı olumsuz etkileyebilir.

Takıntılı bir yapınız olabilir, özellikle sevdiklerinizin sağlığı konusunda bu şekilde davranmamaya özen göstermelisiniz, çünkü bu tarz korku ve endişe içerikli düşünceler, olmasından kaçındığınız olumsuz deneyimlerin gerçekleşmesine sebep olabilir.

Mutlaka duygu ve düşüncelerinizi ifade etmeniz gerekmektedir. Eğer duygu ve düşüncelerinizi ifade edemezseniz iç dünyanızda huzursuzluk, bastırılmış öfke, hayal kırıklığı yaşayabileceğiniz gibi, ifade merkezi olan boğazınızla ilgili ya da tiroit bezlerinizle ilgili problemler yaşayabilirsiniz.

Duygu ve düşüncelerinizi ifade edebilmeniz için önce özgüven ve güven enerjisinin yaşamınıza girmesine izin vermeniz gerekmektedir. Yaşamın akışında her ne oluyorsa sizin için en hayırlı şekilde geliştiğine inanmalısınız. Böylelikle yaşam karşınıza güvenilir insanları ve güvenilir deneyimleri getirecektir. En önemlisi kendi yeteneklerinize ve iç gücünüze güvenmelisiniz. Bu özgüven balon gibi değil gerçek özgüven olmalı. Çünkü zaman zaman kendinize çok güvenip sonra bir anda güveninizi kaybediyor olabilirsiniz, tam başarıya ulaşacakken kendinizi sabote ediyor olabilirsiniz. Bazen "Ben her şeyi yapabilirim," derken. Bazen de "Benim bunu yapacak gücüm yok," diyebilirsiniz.

Mutlaka yaşamda egonuzu biraz küçülterek hizmet vermeyi ve daha alçakgönüllü olmayı öğrenmeniz gerekmektedir, böylelikle zaten doğanızda var olan ama ortaya çıkması, bahsi geçen ön koşullara bağlı olan bolluk-bereket enerjisi yaşamınıza nüfuz edecek ve varlıklı bir yaşam sürebileceksiniz. İçinizdeki güce ve Allah'a gerçek anlamda güvenip kendinizi akışa bıraktığınız zaman korkularınızın tamamen yok olduğunu ve evrenle uyum içerisinde aktığınızı göreceksiniz. Spritüel olarak size verilmiş özel yetenekler ve güçler bu şekilde açığa çıkabilecek ve gerçek anlamda maddi ve manevi zenginliğe, güce sahip olabileceksiniz.

Ruh-zihin ve beden sağlığınız için fiziksel egzersiz yapmanız çok önemlidir. Bunun yanı sıra meditasyon ve yoga yapmanız zihninize çok iyi gelecektir.

Siz insanlığa mutlaka hizmet etmelisiniz. Varlığınızı bu şekilde hissedebilecek ve gerçek tatminin para ya da güçte değil, hizmet vererek başkalarının da yollarını aydınlatarak yürümekte olduğunu fark edebileceksiniz. Doğal olarak güç ve para size yolunuzda eşlik edecek☺

Mükemmel olmak durumunda değilsiniz, başkalarının da mükemmel olmasını beklememelisiniz. Küçük düşmekten ve rezil olmaktan çok korkabilirsiniz. Bunları bırakmalı ve yaşamın tadına varmalısınız. Büyük ihtimalle ya geçmişe takılı kalıyor, ya da gelecektekileri isteyerek ve sabırsızlanarak yaşıyorsunuz. Yaşamın akışına kesinlikle güvenmeli ve kendinizi rahat bırakarak yaşamın tadını çıkarmalısınız. Bilmeliyiz ki yaşadığımız tek an içinde bulunduğumuz an☺

AŞK İLİŞKİLERİNİZ

Özgürlük ve güç sizin için çok önemli değerleridir. İlişkide kendinizi özgür hissetmek istersiniz, ancak ne enteresan ki genelde kendinizi esaret altına alacak eşler seçersiniz. Çünkü özgür olmayı istediğiniz kadar, güven alanında olmak da isteyebilirsiniz. Sırf kendinizi güvende hissetmek için özgürlüğünüzü feda edebilirsiniz.

Güçlü kişilere hayranlık duyabilirsiniz. Bu nedenle ya kendiniz otorite olur ilişkiyi yönlendirirsiniz ancak böyle durumlarda eşinize zamanla pek saygınız kalmayabilir, ya da gücü karşı tarafa teslim eder yönlendirilmeye izin verirsiniz. Başta sorumluk almama adına size hoş gelen bir durum olsa da bir süre sonra özgürlüğünüzü yitirmiş hissedebilirsiniz. Çaresizlik duyguları yaşayabilir ama durumun gidişatına çok müdahale etmeyebilirsiniz. Bunun altında yatan da pişman olmaktan duyduğunuz korku olabilir. Enteresan bir vicdan azabı çekmeye meyilli tarafınız olabilir, bu korkuyla ilişkiyi bitirmeye cesaret edemeyebilirsiniz. Kafanız sıklıkla karışabilir böylesi durumlarda içki, sigara ya da madde kullanımı gibi bağımlılıklar geliştirebilirsiniz.

Hayal gücünüz yüksek olduğu için cinsel fantezileriniz de yüksek olabilir. Hayalinizdeki cinsellik size reel cinsellikten daha çok haz verebilir. Hem sadık olmaya özen gösterirsiniz hem de eşinizi aldatma ihtimaliniz olduğunu bildiğiniz için kendinizden korkabilirsiniz.

İŞ – KARİYER YAŞAMINIZ

İş alanında otorite olmak istersiniz ancak art alanda sorumluk almaktan çekindiğinizden ve bu şekilde özgürlüğünüzün kısıtlanacağını düşündüğünüz için bir şekilde kendinizi sabote edebilirsiniz. Bu davranış modeli çok başarılı olma potansiyelinizi baltalamaktadır. Otoritelere karşı da bastırılmış bir öfke taşıyabilirsiniz. Buna rağmen çekinik kalmayı tercih edebilirsiniz. Aslında bireysel bir işte çalışmanız daha iyi olabilir. Bununla beraber kendi işinizde de ertelemeler yapabilir, işinizin üzerine düşmeyebilirsiniz.

Siz kendi kendini baltalayan, ama aslında muhteşem başarı potansiyeline sahip birisiniz. Hem çok ünlü hem çok zengin olma potansiyeline sahipsiniz. Temel korkular olan sorumluk alıp özgürlüğünü kaybetme düşüncesinden sıyrıldığınız anda her ne iş yapıyorsanız çok başarılı olur ve örnek gösterilirsiniz. İçinizde yaşadığınız ve paylaşmayı arzu etmediğiniz derin duygularınız olabilir bu nedenle yazmanızı öneririm. İçinizde gizli bir yazar ya da metin yazarı olabilir. Tasarım konusunda da çok yetenekli olduğunuzu düşünüyorum bu alanlarda çok başarılı olabilirsiniz.

MALİ DURUMUNUZ

Para kazanma olasılığınız çok yüksek, tabii siz isterseniz. Çok paranın da sorumluluk getireceğini düşünen bir bilinçaltınız varsa, paranın gelişini öyle ya da böyle kesebilirsiniz. Eğer esaret korkunuzu yener, gücünüzü kendi elinize alırsanız, sorumluklardan kaçmazsanız gani gani para kazanabilirsiniz. Bu korkularınızı aştıysanız bu kitabı okuyan sizin çok zengin olduğunuzdan emin olabilirim☺

SAĞLIĞINIZ

Genellikle sağlıklı bir enerjiye sahip olabilirsiniz, tabii eğer esaret korkusuyla herhangi bir bağımlılık geliştirmediyseniz. Zihniniz fazla çalıştığı için çok statik elektrik biriktirebilirsiniz bu nedenle bol bol duş alıp çıplak ayakla çimende yürümenizi öneririm. Ayrıca dans ve spor gibi fiziksel aktiviteler yaparsanız bağımlılık duygusundan da kurtulursunuz.

Analizlerimde yer alan olumsuz davranış modellerinizi, olumlu davranış modellerine çevirdiyseniz bu tekâmülünüzden dolayı sizi yürekten tebrik ederim☺

EN TEMEL KORKULARINIZ

- Esaret Korkusu
- Güvensizlik Korkusu ve Özgüven Eksikliği
- Suçlanma Korkusu
- Pişman Olma Korkusu
- Otorite Korkusu
- Tercih Edilmeme
- Değersizlik Korkusu
- Anlaşılamama veya Yanlış Anlaşılma Korkusu

Yaşamınızda genellikle yukarıda bahsi geçen konular hakkında deneyimler yaşarsınız, çünkü bu dünyada geçmeniz gereken dersleriniz bu davranışlarınızı düzenlemek ve korkularınızdan arınmaktır. Bu durumu düzenleyene kadar benzer sınavlardan geçmeye devam edebilirsiniz. Benden söylemesi☺ Önerim aşağıdaki olumlamaları kullanmanız, esma çalışmasıyla kendinizi güçlendirmenizdir. Farkındalıkla ve bilinçli olarak bu konular üzerinde de çalışma yapmalısınız. Eğer söz konusu durumlar ileri boyutta ise profesyonel destek almanız çok faydalı olacaktır.

RUHSAL TEKÂMÜLÜNÜZ İÇİN YAPMANIZ GEREKENLER

- Her zaman ve her yerde kendinizi özgür hissetmelisiniz, olumlu dil kalıpları kullanarak duygu ve düşüncelerinizi ifade etmelisiniz.
- Kesinlikle kendi gücünüze sahip çıkmalısınız.

• Sorumluluk almaktan kaçmamalısınız. Sorumluluk aldığınızda içinizdeki gücü keşfedeceksiniz ve yaşamın her alanında çok başarılı olabileceksiniz.

• Yaşanılan her olayı bir deneyim kabul etmeli ve geçmişte bırakabilmelisiniz.

• Size göre yapmış olduğunuz hatalardan dolayı kendinizi affetmeli ve hoş görmelisiniz.

• Pişman olmaktan korkmamalı, kendinize de başkalarına da hata yapma hakkı vermelisiniz. Elbette aynı hataları tekrarlamalı, her deneyimden ders çıkarmalısınız.

• Kendinizi ve başkalarını cezalandırmaktan vazgeçmelisiniz.

• Suçlayıcı dil kalıplarını kullanmamalı, onun yerine durum hakkında konuşmalısınız. Suçlanmaktan da korkmamalısınız, çünkü korktukça daha çok suçlanacağınız deneyimler yaşayabilirsiniz.

• Sıklıkla fiziksel aktivitelerde bulunmalı, her zaman suyla ve toprakla temas halinde olmalısınız.

• Allah'ın size bağışladığı aklınıza, zekânıza, yeteneklerinize güvenmeli ve kendi öz değerinize sahip çıkmalısın.

• Geleceğinize güvenle bakmalı ve emin adımlarla yürümelisiniz.

• Özellikle ilişkilerde beklenti içinde olmaktan vazgeçmeli, istediğiniz ilgiyi önce siz karşı tarafa vermelisiniz.

• Gergin ruh halinden sıyrılmak için spor, dans gibi fiziksel aktiviteler yapmalı, zihninizi dinlendirmek için de meditasyon yapmalısınız. Masaj yaptırmak da çok iyi gelecektir.

- Mükemmeliyetçilikten ve kontrolcülükten istifa etmelisiniz.

OLUMLAMALARINIZ

- Ben her zaman, her yerde kendimi özgür hissediyorum.
- Ben duygu ve düşüncelerimi olumlu dil kalıplarıyla her zaman ve herkesin yanında rahatlıkla ifade ediyorum.
- Ben iç gücüme sahip çıkıyor ve yaşamımın iplerini elime alıyor ve istediğim şekilde yönlendiriyorum.
- Sorumluluk almayı seviyorum, böylece kendi gücümü fark ediyorum. Kendimle gurur duyuyorum.
- Ben kendime, yeteneklerime, gücüme çok güveniyorum.
- Kendimi de başkalarını da olduğu gibi kabul ediyorum.
- Artık hoşgörülü ve esnek bir bakış açısına sahibim.
- Yaşamın akışına güveniyorum, her ne oluyorsa hakkımda hayırlı olduğunu biliyor ve buna inanıyorum.
- Ben geleceğime güvenle bakıyorum, içinde bulunduğum her an geleceğimi pırıl pırıl inşa ediyorum.
- Yaşadığım her an ve aldığım her nefes için, sahip olduklarım ve olmaya devam ettiklerim için Rabbime daima şükrediyorum.

Not: Gün içinde olumlama yapmayın çünkü o saatlerde ego görev başındadır ve değişiminize tepki gösterebilir. Eğer olumlamaları gündüz yaparsanız, kullandığınız olumlamaların tam tersi deneyimler içerisine girebilirsiniz. Bu yüzden olumlamalarınızı sadece sabah uyandığınızda ve gece uykuya dalmadan hemen önce yapın. Bu dönemlerde beyin dalgalarınız Alfa frekansında olduğu için egonuz devre dışıdır.

ESMALARINIZ

Esmaları zikretmenizin de size çok faydası olacaktır.

- Ya Aziym (1020 kere): Azim, güç, kudret katar.
- Ya Cebbar (206 Kere): Cesaretle sorumluluk almanızı ve içinizdeki gücünüzü ortaya çıkarmanızı sağlar.
- Ya Kaviyy (116 Kere): İradenizi güçlendirir ve sağlık enerjisi verir.
- Ya Halim (88 kere): Sakinlik verir ve olaylara sağduyulu yaklaşmanızı sağlar.
- Ya Selam (131 kere): İçinize huzur, rahatlık ve güven duygusu verir.
- Ya Muğni (1100 kere): Maddi manevi zenginlik sağlar.
- Ya Fettah (489 kere): Maddi ve manevi tüm kapıları açar ve zafer sağlar.
- Ya Mani (161 kere): Negatif enerjilerden korur.

Yukarıda size uygun olabilecek Esmalardan birkaç örnek verdim. Esmalar ile ilgili daha detaylı bilgiye, telif gelirini yardım kuruluşlarına bağışladığım "Esmaların Gizli Hazinesi" isimli kitabımdan ulaşabilirsiniz. Ayrıca aynı kitapta kendi burcunuza ait olan Esmaları seçebilir ve mucizevi güzellikleri deneyimleyebilirsiniz.

KOD 36

Örneğin 16.3.1979 tarihindeki gibi doğum tarihinizin sayı değerleri toplamı 36 çıkıyorsa sizin sayınız 36'dır.

GENEL ÖZELLİKLERİNİZ

Öncelikle söylemeliyim ki kolay bir insan değilsiniz ve siz de bunu biliyorsunuz. Olumsuz cümlelerim yüzünden kusura bakmayınız çünkü ben gördüklerimi söylemek durumundayım☺

Çok karizmatik, etkileyici ve çekici bir görünüme sahipsiniz. İnsanlar sizin yaydığınız enerjiden olumlu ya da olumsuz mutlaka etkilenirler. Mutlaka duygu ve düşüncelerinizi ifade etmeniz gerekmektedir. Eğer duygu ve düşüncelerinizi ifade edemezseniz iç dünyanızda huzursuzluk, bastırılmış öfke, hayal kırıklığı yaşayabileceğiniz gibi, ifade merkezi olan boğazınızla ilgili ya da tiroit bezlerinizle ilgili problemler yaşayabilirsiniz. Duygu ve düşüncelerinizi ifade edebilmeniz için önce özgüven ve güven enerjisinin yaşamınıza girmesine izin vermeniz gerekmektedir. Yaşamın akışında her ne oluyorsa sizin için en hayırlı şekilde geliştiğine inanmalısınız. Böylelikle yaşam karşınıza güvenilir insanları ve güvenilir deneyimleri getirecektir. En önemlisi kendi yeteneklerinize ve iç gücünüze güvenmelisiniz. Bu özgüven balon gibi değil gerçek özgüven olmalı. Çünkü zaman zaman kendinize çok güvenip sonra bir anda güveninizi kaybediyor olabilirsiniz, tam başarıya ulaşacakken kendinizi sabote ediyor olabilirsiniz. Bazen "Ben her şeyi yapabilirim," derken. Bazen de "Benim bunu yapacak gücüm yok," diyebilirsiniz.

Özgüveninizi yükselttiğiniz zaman, duygusal derinliğinizi ortaya koyacak şekilde duygu ve düşüncelerinizi çok güzel ifade edebilir ve insanları konuşmalarınızla etkileyebilirsiniz.

Sizden arkasından kitleleri sürükleyebilecek çok iyi bir hatip olabileceği gibi, çok iyi bir eğitmen, öğretmen de olur. Grup lideri olabilirsiniz. Sinema-TV oyuncusu olabilirsiniz. Etkili bir satışçı da olabilirsiniz. Kısaca konuşmayı içeren her meslek dalında büyük başarılar elde edersiniz.

İkna yeteneğiniz de çok yüksek olacağı için insanlar size inanır ve güvenirler. Cazibeniz çok yüksek olduğu için de insanları rahatlıkla etkiniz altına alabilirsiniz.

Başkalarından çok fazla ilgi görmek isteyebilirsiniz, kıskandığınız tek şey size değil de başkasına gösterilen ilgi olabilir. Ancak öğrenmeniz gereken şey, almadan önce verme zorunluluğudur. Önce siz ilgi göstermeli ve bu konuda da içten olmalısınız, o zaman yaşamınıza size gerçekten ilgi gösteren insanlar akacaktır.

Hep başkalarını düşündüğünüzden bahsedebilirsiniz ancak kendinize bir bakın bakalım gerçekten öyle mi? Güzel bir konuşmacı olarak sözlü anlamda karşı tarafın moralini düzeltecek konuşmalar yapabilirsiniz, ancak eylemsel olarak gerçekten yardıma ihtiyacı olan bir kişinin yanında olmayabilirsiniz. Arkadaşınıza evine taşınırken yardım ederim dersiniz, belki gerçekten de yardım etmeyi istersiniz ama taşınma günü onun yanında olmazsınız☺ Bu yüzden özü sözü birlik yasasına uymalı, sadece sözde değil eylemde de destek olmayı yaşamınıza geçirmeli ve gerçekten almadan vermeyi öğrenmelisiniz.

Sanki içinizde iki kişilik barındırmaktasınız, bazen son derece merhametliyken bazen de son derece katı ve acımasız olabilirsiniz. Merhamet enerjiniz yüksek olduğu zaman insanlığa faydalı çalışmalar yapma arzusuyla yanıp tutuşur ve karşınızdaki insanları son derece motive edici konuşmalar yapabilirsiniz. Katı ve acımasız davranışları gösterdiğiniz ruh halinizle insanlar ve dünya hakkında negatif düşünceler ve söylemlerde bulunabilirsiniz, karşınızdaki insanları yargılayıp acımasızca eleştirebilirsiniz. Çoğu zaman insanları küçümseyebilirsiniz.

Eleştirilmeye karşı tepkisel davranabilir ve sivri bir dil kullanarak savunma mekanizmanızı harekete geçirebilirsiniz. Eleştirileri olumlu değerlendirmeye çalışmakta fayda vardır. Suçlama ve yargılama dili kullanabilir ve başkalarını çok eleştirebilirsiniz, içinde bulunduğunuz durumdan sürekli şikâyet edebilir çevrenizdekilerin kafasını da şişirebilirsiniz. Bu durum sıkışmış enerjinizin varlığının dışavurumudur. Bu nedenle düzenli bir şekilde spor ya da dans gibi fiziksel bir aktivitede bulunmanız şarttır. Yoksa içinizde bastırılmış bir öfke enerjisi oluşur ve bu durum hemen hemen tüm ilişkilerinizi ve işlerinizi olumsuz etkileyebilir.

Savunma mekanizmanız sizin dışarıdan duygusuzmuş gibi algılanmanıza sebep olabilir. Aslında derinliği olan duygulara sahip olduğunuz için ve dışarıdan bu duyguların anlaşılmasını istemediğiniz zaman bu şekilde davranırsınız. Güçlü bir duygusal derinliğiniz olduğundan başarılı bir yazar ya da şair de olabilirsiniz.

Sahnede olmayı seversiniz, insanların size duyduğu ilgi çok hoşunuza gider, sahne alanında da kesinlikle başarılı olursunuz. Herkesin sizi takdir etmesini ve beğenmesini istersiniz. Bu konuda takıntılı bile olabilirsiniz.

Mantıklı davranmaya önem verirsiniz ancak bunu yaparken size doğumunuzla verilen sezgi yeteneğini göz ardı etmemeniz gerekmektedir. Sezgilerinizi dinlemeli, sağduyulu bir şekilde mantıklı hareket etmelisiniz. Önce sezgiler gelmelidir buna özen gösterirseniz daima doğru kararlar verir ve doğru adımlar atarsınız.

Zihniniz fazla çalıştığı için herkesten daha çok uykuya ihtiyaç duyabilirsiniz. Ancak zihninizin dinlenmesi gerekmektedir, bu nedenle içki gibi bir zihin yavaşlatıcı yerine meditasyon yapmaya çalışmalısınız. Depresif olmaya yatkınsınız ancak sevindirici durum şu ki depresif ruh halinden çabucak çıkabilirsiniz.

İşinize ve aldığınız sorumluluklara önem verir ve bunların çoğunu gerçekleştirirsiniz, gerçi bunları yaparken söylenmeyi de ihmal etmeyebilirsiniz☺ Çok güzel projeler ortaya koyabilirsiniz; projeleri hayata geçirirseniz çok da başarılı olursunuz. Projenin yöneticisi olur, başkalarını da yönlendirirsiniz. 09:00–17:00 çalışma saatleri pek size göre değildir. Geç uyanmak istediğiniz için işinize gecikebilirsiniz ancak iş sonuçlanıncaya kadar da geç saatlere kadar da çalışabilirsiniz. Bu nedenle size esnek çalışma saatleri olan işler uygun olabilir.

Çevrenizin geniş olmasını istersiniz çünkü konuşacak ve kendinizi anlatacak çok kişiye ihtiyacınız vardır☺

Bunun yanı sıra sosyal çevreye ve network bağlantıları kurmaya çok önem verirsiniz.

Sosyal sorumluluk projeleriyle ilgilenmeniz şarttır, size paranın akışı bu yolla olacaktır. Başkalarına yardım etmeyi istersiniz ancak bunun altında yatan beklentiniz saygı görme isteğinizdir. Aynı zamanda bilgelik enerjisine de sahipsiniz. Bilgi sizin için çok önemlidir. Strateji uzmanısınız, sizden çok iyi bir politikacı, organizatör ya da asker de olabilir.

Liderlik özelliğine sahipsiniz ve sizin istediğiniz olsun istersiniz. Söylediğiniz bir şeyi karşı taraf yapmazsa çok öfkelenebilirsiniz. Esnek, rahat ve sakin olmakta fayda var. Siz yine liderlik özelliklerinizi kullanın, ama daha sakin olmaya çalışarak ve baskıcı olmadan.

Özgüven eksikliğiniz olabilir. Kendi yeteneklerinize ve kendi iç gücünüze yeterince itimat etmiyor olabilirsiniz. Bu nedenle özgüveninizi güçlendirmeli, hata yapmaktan ya da rezil olmaktan korkmamalı, cesaretle yaşama ve yapmak istediklerinize atılmalısınız. Bunu yapabilirsiniz, bu güç sizde var. Kimsenin ne düşüneceğine ya da ne söyleyeceğine aldırmadan, doğru bildiğiniz yolda yürümeniz gerekmektedir. Herkesin hata yapma hakkı vardır. Gerekirse bırakın hata yapın. Önemli olan aynı hatayı tekrar etmemektir. Hata yapma hakkınızı kullanın, yolunuzda yürüyün.

Dönem dönem depresif ruh haline girebilir kendinizi çaresiz hissedebilirsiniz bu aşamada kendi iç gücünüze güvenin ve silkelenip ayağa kalkın, yaşama coşkuyla sarılmaya devam edin.

İnsanlar sizi dışarıdan gördüklerinde neşeli, esprili olarak algılasalar da siz iç dünyanızda korkular, öfkeler ve endişelerle yaşıyor olabilirsiniz. Dış dünyaya gösterdiğiniz yüzünüz iç dünyanızdan çok farklı olabilir. Dışarıya karşı çok iyi olup kendi yakınlarınıza kök söktürüyor, onlara ters davranıyor ya da eziyet ediyor olabilirsiniz. Bunun sebebi sizin güç ve otorite kurmaya karşı duyduğunuz bilinçaltı bir itilim olabilir. Gücü seversiniz ancak güç ve otorite sahibi kişilerle anlaşamayabilirsiniz. Onlara karşı içsel bir öfke hatta sahip olduğu güç yüzünden kıskançlık hissedebilirsiniz. Para da sizin için önemlidir. Paranız varsa gücünüz de olacağına ve güvenli bir yaşam süreceğinize inanırsınız, aynı zamanda parayı bilinçaltı düzlemde itebilirsiniz de. Dışarıya karşı son derece dürüst ve güvenilir bir imaj çizseniz de içinizde farklısınız. Bu yaşamda düzenlemeniz gereken davranış modellerinizden biri özünüzün ve sözünüzün bir olmasıdır. Nasıl ki size söz verilip yapılmadığında çok tepki veriyorsanız, siz de sözlerinizi tutmaya özen göstermelisiniz. Kimseye özellikle de karşı cinse karşı boş vaatlerde bulunmamalısınız.

Aslında dışarıdan öyle görünmese de büyük ihtimalle yalnızlık çekiyorsunuz, bunun asıl nedeni iç dünyanızın ve dışarıya gösterdiğiniz yüzün çok farklı olması. Kendiniz gibi olma özgürlüğüne erişmeniz gerekmektedir. El âlem ne der düşüncelerine de sahip olabilir, toplum kurallarına bazen körü körüne bağlı davranabilirsiniz. Özellikle annenize, eşinize ve çocuklarınıza karşı çok baskıcı davranabilir ve onlara haksız eziyetlerde bulunabilirsiniz.

Bir tarafınız da iyi insan olmak, yardım etmek ve topluma hizmet vermek istemektedir. Ancak bunu yapmanıza bilinçaltınız engel olabilir. İnsanları nankör olarak görebilir ve incinmemek adına yardım etmemeyi tercih edebilirsiniz. Bilinçaltınızdaki bu engeli kaldırırsanız topluma çok büyük hizmetler veren ve gerçek anlamda önder biri olabilirsiniz. Çünkü saygınlık sizin için çok önemlidir. Sevilmek sizin için elzem olmasa da sayılmak çok önemlidir.

Kimseye müdana etmek istemezsiniz. Başkasından bir şey istemek size zül gelir. Bazen de tam aksine çok talepkâr olabilirsiniz. Sizden de bir şey istenilsin istemeyebilirsiniz. İstenirse de bilinçaltınız o istenileni yapmamak için direnç gösterebilir. Bununla beraber insanların size müdana etmesi güç faktörünü harekete geçirdiği için hoşunuza da gidebilir.

Kendi kendinize acıyabilir ve gizlice ağlayabilirsiniz. Bu acıma duygusu dış dünyaya karşı daha çok öfke duymanıza sebep olabilir.

Kolay kolay affetmeyebilirsiniz, kibirli bir yanınız olabilir. İntikam duygularınız gelişmiş olabilir ve zihninizde intikam planları yapabilirsiniz. Bu tarz durumlar uyku düzeninizi bozabilir ve uykunuzda bile kavga edebilirsiniz.

Genellikle iç dünyanızda dışarıdan tehlike bekleyen endişeli bir yapınız olabilir. Aklınıza her zaman her olayın en olumsuzu gelebilir. Korku ve endişe dolu olumsuz senaryolarınızla hem kendinizi hem de çevrenizi kahredebilirsiniz.

Sizin kesinlikle yaşamın akışına güvenmeniz gerekmektedir. Bunun için güven enerjisine gereksinimiz vardır. Hepsinden öte özgüven enerjinizin yükselmesi gerekmektedir. Özgüven eksikliğiniz kıskançlık ve korkuları doğurur. Özgüven eksikliğinizi belli etmemek adına şişmiş bir egoya sahipmiş gibi görünebilirsiniz.

Takıntılı ve kuşkucu bir yapınız olabilir. Bir konuya takılıp ondan çıkmanız bir hayli zaman alabilir. İnsanlara da kuşkuyla yaklaşmanız gönül bağı kurmanıza engel olabilir. Kuşkuculuğunuz zaman zaman paranoyaya varabilir. Bu hem kendinizi hem de yakınlarınız rahatsız edebilecek seviyelere de ulaşabilir.

İradeniz çok güçlüdür ve verdiğiniz kararları uygularsınız. Başkalarının sözlerinden etkilenmezsiniz.

Sevgiye çok inandığınızı söyleyemem bu nedenle insanların içtenliklerinden de şüphe duyabilirsiniz. Çocukluğunuza ait suçluluk duygusu hissettiğiniz deneyimler yaşamış olabilirsiniz.

Dönem dönem çok merhametli olduğunuz zamanlar da olsa da genellikle kalbinizi katı tutmaya özen gösterebilirsiniz.

Hastalanmaktan, sağlığınız kaybetmekten çok korkabilirsiniz. Yakınlarınızın sağlığı için de endişe edersiniz. Gerçi bunun altında yalnız kalma korkunuz da yatıyor olabilir.

Özetle söylemem gerekir ki çok korkularınız var, bu nedenle öfke enerjisiyle yaşıyor olabilirsiniz.

Güçlerinizi, yeteneklerinizi ve yüksek zekânızı olumlu bir şekilde kullanırsanız dünyayı yönetebilecek örnek bir lider olursunuz. Eğer yukarıda bahsi geçen olumsuz davranışların yerine olumlularını yerleştirdiyseniz zaten şu anda örnek bir lider olmuşsunuz demektir.

Duygularınıza kulak vermenizi öneririm, ne hissetmeniz ya da ne düşünmeniz gerektiğine değil, gerçekten ne hissettiğinize odaklanmalı ve bu duyguları da olumlu bir dille karşı tarafla içtenlikle güvenerek paylaşmalısınız. Bırakın artık mükemmel görünme tutkusunu ve sayılma arzusunu. Bırakın, güçlü olmak durumunda da dcğilsiniz. Esnek ve hoşgörülü olma, güven hissetme ve sevgiyi içtenlikle yaşama vakti gelmedi mi sizce? Kendinizi de başkalarını da affedin gitsin...

Analizlerimde isabetliysem, mutlaka yaşamda egonuzu biraz küçülterek, hizmet vermeyi ve daha alçakgönüllü olmayı, içten ve hoş sözlerle insanların kalp Kâbelerini mutlu etmeyi öğrenmeniz gerekmektedir, böylelikle huzurlu bir yaşama ulaşabilirsiniz.

AŞK İLİŞKİLERİNİZ

İlişkilerinizde dikkat etmeniz gereken en önemli konu empatidir. Kendi duygu ve düşüncelerinizi ifade etmekle öyle çok meşgul olursunuz ki, karşınızdakinin ne hissettiğini, ne düşündüğünü fark etmeyebilirsiniz. Bu şekilde benmerkezci davranmak yerine biraz dinlemeye, anlamaya özen göstermeniz gerekebilir. Sizin istekleriniz ne kadar önemliyse, karşınızdakinin istekleri de onun için o kadar önemlidir.

Karşı tarafa yeterince güvenmediğiniz için duygularınızı ifade etmeyebilirsiniz. Bu durum ikili ilişkilerinizi baltalayabilir. Ayrıca ilişkilerin başında son derece kibar davranışlar sergileseniz de, hedefe ulaştığınızda davranışlarınız biraz kabaca ve karşınızdaki kıracak şekilde olabilir.

Bu durum sizin uzun süreli, huzurlu ve sevgi dolu ilişkiler kurmanıza da engel olabilir. Karşınızdaki kişilerin hayatlarını da yönetmeye çalışabilirsiniz. Çevrenizde hep yönetecek ve komuta edecek insanlar olmasını isteyebilirsiniz.

Evlenmek yapınıza aykırı olsa da size bakacak, sizinle ilgilenecek bir eşe gereksinim duyabilirsiniz, ayrıca çevreye karşı da aile sahibi görünümü vermeye çalışabilirsiniz.

Cinsel yönden de herkesten farklı fantezileriniz olabilir. Ya da sizin için cinsellik tabu olabilir.

İŞ – KARİYER YAŞAMINIZ

Aslında çalışmayı hiç istemeyebilirsiniz, gezmek ve hobilerinizle ilgilenmek, ağustos böceği gibi sohbet etmek isteyebilirsiniz. Çalışmıyorsanız görünürde çalışmak isteyen bir durum sergileyebilirsiniz, çalışıyorsanız da insanlarda en çok yorulanın siz olduğunuz intibaını bırakmak istersiniz. Tembel bir yapıya sahip olsanız bile iş söz konusu olduğunda, işinizi sağlam yaparsınız. Mükemmeliyetçisiniz. Karşı taraftan da mükemmel olmasını beklersiniz. Hata yapmayı sevmezsiniz, hata yapana da tahammül edemeyebilirsiniz. Size asla laf gelsin istemezsiniz çünkü rezil olmaktan, küçük düşmekten çok korkabilirsiniz. Eleştirilmeye de gelemezsiniz, ancak büyük ihtimalle siz çok yargılayıp eleştirebilirsiniz. Başkalarını küçük görebilirsiniz, özgüven eksikliğinize rağmen yargıladığınız kişilerden daha üstün olduğunuza inanır, mesafeli ve bazen de kırıcı davranışlar gösterebilirsiniz.

İşlerinizde sabırlı olamayabilir, "can sıkıntısı sendromu" ile bu iş bana göre değil diyerek, türlü bahaneler bulup işlerinizden ayrılabilirsiniz. Ya da farklı farklı işler kurabilirsiniz.

Siz hareketli, bol gezmeli, insanlarla diyalog halinde olacağınız bir işte çok başarılı olursunuz. Masa başı işi asla size göre değildir. Siz bir toplantıdan diğerine geçmeyi, seyahat etmeyi ve değişiklik içinde olmayı seversiniz. İkna yeteneğiniz olduğu için pek çok işi bağlayabilir ya da satış yapabilirsiniz.

Muhteşem bir organizatör olduğunuz için, içinde organizasyon olan işler de size çok uygundur. İnsanları çok güzel yönlendirir ve ekipler yönetebilirsiniz. Yani siz çalışmaz başkalarını çalıştırırsınız☺ İnanın bana bu da büyük bir yetenek. Ayrıca genel anlamda yaşamda da iyi rol yaptığınız için sahne sanatlarında ve oyunculukta da başarılı olabilirsiniz. Alınmayın bunu yapmak da bir başarı☺

MALİ DURUMUNUZ

Para konusunda çok gel-gitli bir yaşam sürebilirsiniz. Hem ruhsal, hem fiziksel hem işsel anlamda stabil olmadığınız için, para da yaşamınızda stabil ve kalıcı olmayabilir. Para bazen çok gelir ve keyfinize çok düşkün olduğunuz için ağustos böceği gibi davranıp harcayabilir, kenara para atamayabilirsiniz. Ardından kıtlık dönemine girebilir, borçlarla uğraşabilirsiniz. Sonra şans size yine güler, ancak siz geçmiş deneyimlerinizden ders almayıp aynı davranış modellerini gösterebilirsiniz. Siz değişken oldukça paranız da değişken olur. Siz can sıkıntısı sendromuna yakalandıkça, paranızda ekonomik sıkıntı sendromuna yakalanabilir☺

SAĞLIĞINIZ

Çok sağlıklı olursunuz ancak sağlığınızı kaybetmekten de derin bir endişe, korku duyabilirsiniz. Ufacık bir rahatsızlığı zihninizde büyütebilir, olası en kötü senaryoları yazabilirsiniz. İnanın bana size kolay kolay bir şey olmaz. Sadece can sıkıntısı sendromu yüzünden dönem dönem depresif ruh haline girebilirsiniz. Depresif halinizi dipte yaşasanız da aslında canınızı çok sevdiğiniz için kısa bir süre sonra bu ruh halinden çıkarsınız. Depresif durumlarınızda yanınıza kimse yaklaşmamalı, onların da depresyona girmesine sebep olabilirsiniz☺

Bununla beraber her konu için mutlaka mantıklı sebepleriniz vardır. Size yardım etmek için olumlu konuşmalar yapanlara verecek olumsuz cevaplarınız mutlaka vardır. Suçlama psikolojisiyle birilerini ya da dünyayı suçlayabilirsiniz, hiç kimseyi suçlayamazsanız kendinizi suçlayabilirsiniz. Dedim ya kolay bir insan değilsiniz. Bence yakınlarınızın sağlığını sizden korumak gerekebilir☺

Analizlerimde yer alan olumsuz davranış modellerinizi, olumlu davranış modellerine çevirdiyseniz bu tekâmülünüzden dolayı sizi yürekten tebrik ederim☺

EN TEMEL KORKULARINIZ

- Güvensizlik Korkusu ve Özgüven Eksikliği
- Gelecek Korkusu
- Suçlanma Korkusu
- Tercih Edilmeme
- Değersizlik Korkusu
- Anlaşılamama veya Yanlış Anlaşılma Korkusu
- Parasız Kalma Korkusu
- Güçsüzlük Korkusu
- Çaresizlik Korkusu
- Hastalanma Korkusu
- Ölüm Korkusu

Yaşamınızda genellikle yukarıda bahsi geçen konular hakkında deneyimler yaşarsınız, çünkü bu dünyada geçmeniz gereken dersleriniz bu davranışlarınızı düzenlemek ve korkularınızdan arınmaktır. Bu durumu düzenleyene kadar benzer sınavlardan geçmeye devam edebilirsiniz. Benden söylemesi☺ Önerim aşağıdaki olumlamaları kullanmanız, esma çalışmasıyla kendinizi güçlendirmenizdir. Farkındalıkla ve bilinçli olarak bu konular üzerinde de çalışma yapmalısınız. Eğer söz konusu durumlar ileri boyutta ise profesyonel destek almanız çok faydalı olacaktır.

RUHSAL TEKÂMÜLÜNÜZ İÇİN YAPMANIZ GEREKENLER

- Olumsuz ruh haline girerek hem kendinize hem de çevrenizdekilere eza etmemelisiniz.
- Kendinize ve başkalarına değer vermelisiniz.
- Kalp katılığı dönemlerinizi azaltarak merhamet enerjisine geçip insanlığa ve dünyaya olumlu hizmetlerde bulunmalısınız. Kendinizi de çevrenizi de ışıklarla aydınlatmalısınız.
- İnsanlara sürekli hadlerini bildirmeye çalışmaktan vazgeçmelisiniz.
- Can sıkıntısı sendromunuzdan istifa edip daha sabırlı olmalı ve istikrarlı bir yaşam sürmeye özen göstermelisiniz.
- Allah'ın size bağışladığı aklınıza, zekânıza, yeteneklerinize güvenmeli ve kendi öz değerinize sahip çıkmalısınız.
- Geleceğinize güvenle bakmalı ve emin adımlarla yürümelisiniz.
- Özellikle ilişkilerde beklenti içerisinde olmaktan vazgeçmeli, istediğiniz ilgiyi önce siz karşı tarafa vermelisiniz.
- Duygu ve düşüncelerinizi her zaman olumlu dil kalıpları kullanarak, samimiyetle ifade etmelisiniz.
- Gergin ruh halinden sıyrılmak için spor, dans gibi fiziksel aktiviteler yapmalı, zihninizi dinlendirmek için de meditasyon yapmalısınız. Masaj yaptırmak da çok iyi gelecektir.
- Mükemmeliyetçilikten ve kontrolcülükten istifa etmelisiniz.

- Yargılama ve suçlama dilinden kendinizi kurtarmalısınız, kendinize ve başkalarına karşı hoşgörülü ve esnek olmalısınız. Suçlanmaktan da korkmamalısınız çünkü korktukça daha çok suçlanacağınız deneyimler yaşayabilirsiniz.

- Her şeyi salt mantıkla değerlendirmek yerine sezgilere ve duygulara da önem verip sağduyulu hareket etmelisiniz.

- Duygularınızla barışmalısınız.

- Gerçekten sevmelisiniz. Hem kendiniz hem de insanları.

- İlgiyi hep karşı taraftan beklememelisiniz, görmek istediğiniz ilgiyi önce siz göstermelisiniz.

- Zihninizde sürekli konuşan ve sizi sabote eden sesi dinlememelisiniz. Bunun için sıklıkla içe dönüş çalışmaları yapmalısınız. Ve gerçekten sizin için kolay olmasa bile sıklıkla dua etmelisiniz.

- İçinizde biriken öfke enerjisini boşaltmak için spor, dans gibi fiziksel aktivitelerde bulunmalısınız.

- Başkalarını elinde olan niye bende yok diye hayıflanmaktan vazgeçip, onları kıskanmamalı, elinizde olanları görüp şükretmelisiniz.

- Kendiniz başkalarıyla kıyaslamaktan da vazgeçmelisiniz.

- İradenizi güçlendirip verdiğiniz kararları uygulamalı ve verdiğiniz sözleri de tutmalısınız.

- Maddi ve manevi başka insanlara hizmet vermeli, hatta özellikle siz çok zekât vermelisiniz. Vermeyi öğrendiğinizde gerçek huzuru yaşayacaksınız.

- Ölümden bu kadar çok korkmamalısınız. Korksak da korkmasak da nasılsa öleceğiz. Ölüm korkusuyla yaşamı ıskalamamalısınız.

OLUMLAMALARINIZ

- Ben her zaman sakin ve sabırlıyım. Olaylara sağduyulu yaklaşıyor, çözüm odaklı hareket ediyorum.
- Sabırlıyım ve yaşantımda istikrarlı bir süreç yaşıyorum.
- Para bana çoğalarak geliyor ve ben rahatlıkla birikim yapabiliyorum.
- Sahip olduklarımı başkalarıyla gönülden paylaşıyorum, böylelikle maddi ve manevi zenginliğe ulaşıyorum.
- Ben kendi elimdeki güzellikleri fark ediyor ve daima şükrediyorum.
- Allah'la daha güçlü bağlar kuruyor ve teslimiyet duygusunu yaşıyorum.
- Ben kendime, yeteneklerime, gücüme çok güveniyorum.
- Hem kendimi hem de başkalarını olduğu gibi kabul ediyorum. Ben hoşgörülüyüm ve merhametliyim.
- Her duruma dışarıdan bakıyor ve sağduyulu, çözüm odaklı davranıyorum.
- Ben duygu ve düşüncelerimi her zaman ve herkesin yanında olumlu dil kalıpları kullanarak ifade ediyorum.
- Yaşamın akışına güveniyorum, her ne oluyorsa hakkımda hayırlı olduğunu biliyor ve buna inanıyorum.

- Ben geleceğime güvenle bakıyorum, içinde bulunduğum her an geleceğimi pırıl pırıl inşa ediyorum.
- Güçlü bir empati yeteneğine sahibim ve insanların duygu durumlarını rahatlıkla analiz ediyorum.
- Güçlü bir iradeye sahibim, her işe rahatlıkla başlıyor ve rahatlıkla sonuçlandırıyorum.
- Kendimle ve yaşamla barış içindeyim, uyumdayım, akıştayım ve çok huzurluyum.
- Yaşadığım her an ve aldığım her nefes için, sahip olduklarım ve olmaya devam ettiklerim için Rabbime daima şükrediyorum.

Not: Gün içinde olumlama yapmayın çünkü o saatlerde ego görev başındadır ve değişiminize tepki gösterebilir. Eğer olumlamaları gündüz yaparsanız, kullandığınız olumlamaların tam tersi deneyimler içerisine girebilirsiniz. Bu yüzden olumlamalarınızı sadece sabah uyandığınızda ve gece uykuya dalmadan hemen önce yapın. Bu dönemlerde beyin dalgalarınız Alfa frekansında olduğu için egonuz devre dışıdır.

ESMALARINIZ

Esmaları zikretmenizin de size çok faydası olacaktır.

- Ya Halim (88 kere): Sakinlik verir ve olaylara sağduyulu yaklaşmanızı sağlar.
- Ya Selam (131 kere): İçinize huzur, rahatlık ve güven duygusu verir.
- Ya Muğni (1100 kere): Maddi manevi zenginlik sağlar.

- Ya Ganiyy (1060 kere) Paranın size çoğalarak akmasını zenginleşmenizi sağlar.:
- Ya Vedud (20 kere): Sevgi enerjisini alıp vermenizi sağlar.
- Ya Kaviyy (116 kere) Yüksek irade ve güç verir.
- Ya Fettah (489 kere): Maddi ve manevi tüm kapıları açar ve zafer sağlar.
- Ya Mani (161 kere) Negatif enerjilerden korur.

Yukarıda size uygun olabilecek Esmalardan birkaç örnek verdim. Esmalar ile ilgili daha detaylı bilgiye, telif gelirini yardım kuruluşlarına bağışladığım "Esmaların Gizli Hazinesi" isimli kitabımdan ulaşabilirsiniz. Ayrıca aynı kitapta kendi burcunuza ait olan Esmaları seçebilir ve mucizevi güzellikleri deneyimleyebilirsiniz.

KOD 37

Örneğin 17.3.1979 tarihindeki gibi doğum tarihinizin sayı değerleri toplamı 37 çıkıyorsa sizin sayınız 37'dir.

GENEL ÖZELLİKLERİNİZ

Özel bir manyetik enerji yaymaktasınız. Bu enerji başkaları tarafından da fark edilir. Bu nedenle genellikle insanlar sizin cazibenizden çok etkilenir. Bu size verilmiş bir armağandır. Bazı insanlar özel enerjilerle doğar. Böylesine özel enerjilerle doğan kişilerin daima enerjilerini koruması gerekir. Çünkü negatif enerjiler bu enerjiye sahip çıkmaya çalışır, siz bu enerjiye hâkim olabilirseniz muhteşem bir yaşam sürersiniz. Bu enerjiler size doğumunuzla verilen çok güzel bir armağandır. Sizin spritüel alanla bağlantıda olmanız şarttır. Manevi alanla bağlantıda yaşamadığınız takdirde yaşam sizi yola sokmak için olumsuz deneyimler yaşatabilir. Bu aslında değerli olduğunuz içindir ve rahmani alanın sizi kaybetmek istememesinden kaynaklanmaktadır.

Sizin en büyük engeliniz güven sorununuzdur. Yaşamın akışına, başkalarına ve kendi yeteneklerinize yeterince güvenmiyor olabilirsiniz. Bu durumunuzu atlattığınızda maddi ve manevi bolluk ve bereket hayatınıza oluk oluk akacaktır.

Sezgileriniz çok güçlü olmasına rağmen mantığınızla, zihninizle hareket etmeye özen gösterebilir ve duygularınızı dinlemeyebilirsiniz. Bunun da temelinde güven enerjisindeki eksiklik yatmaktadır. Hemen her olayda olayların en kötü senaryosunu zihninizde canlandırabilirsiniz ve bu durumlardan korkabilirsiniz, enerjiniz güçlü olduğu için de korktuklarınızın başına gelme olasılığı çok yüksek olabilir. Şüpheci hatta bazen paranoyaya varan şüpheci düşünceleriniz olabilir. Bu durum ikili ilişkilerinizde problem yaşamanıza sebep olabilir. En çok arzu ettiğiniz şey eşinize ya da yakınlarınıza güvenmektir, ancak güven enerjisine kendinizi geçiremezseniz onlardan yana da hayal kırıklığına uğrayabilirsiniz.

Benmerkezci ve alıcı olmaya yönelik davranışlarınız olabilir. Kendi istekleriniz karşınızdakinden çok daha önemli olabilir ve onun ne hissettiğini düşünmeyebilirsiniz. Arzu etmediğiniz durumlar olduğunda çok katı ve sert davranışlar gösterebilirsiniz. Konuşma diliniz etkilidir. Suçlama dili kullanmamaya özen gösterin aksti takdirde ilişkilerinizi bozabilecek olasılıklar doğabilir. Hemen her deneyimden kendinize ders çıkarabilirsiniz. Bu güzel bir davranıştır. Önemli olan tekrar tekrar aynı deneyimleri kendinize ya da başkalarına yaşatmamanızdır.

Konuşmaktan ziyade dinlemeyi sevebilirsiniz. Konuştuğunuz zamanlarda da keyifli bir ortam oluşturabilirsiniz.

Daha çok ketum bir davranış modeli sergiler ve karşı tarafın sizi anlamasına engel olabilirsiniz.

Her şeyin mantıklı olması gerektiğini düşünürken duyguları ıskalayabilir ve hep içinizde tatminsizlik duygusuyla yaşayabilirsiniz. Duygularınızla yüzleşmeli ve barışmalısınız. Pişman olmaktan ve rezil olmaktan çok korkabilirsiniz. Bu nedenle mantıklı hareket etmeye özen gösterirsiniz, ancak bu durum da sizin duygusal bağ kurmanıza engel olabilir.

Yalnız kalmayı seversiniz, arkadaşlıklarınız da önemlidir ama sevdiğiniz eşinizin var olması size yeterli olacaktır.

Çok güzel projeler üretebilir bu projeleri hayata geçirebilirsiniz. Organizasyon yeteneğiniz güçlü olduğu için insanları yönlendirebilirsiniz.

Kuşku ve olası olumsuz senaryolara dair zihniniz çok çalışabilir bu nedenle herkesten daha çok uykuya ihtiyaç duyabilirsiniz.

Öncelikle siz yüksek yaratıcılık enerjisine sahipsiniz. Sanat alanında ya da proje üretme alanında çok başarılı olabilirsiniz. Bu enerjinizin mutlaka bir alana kanalize olması gerekmektedir. Yani bir eser ortaya koymalısınız, bu planlanan bir projeyi hayata geçirmek olduğu gibi, kitap yazmak, resim yapmak gibi sanat alanı da olabilir. Yüksek enerjiye sahip olduğunuz için mutlaka fiziksel egzersiz yapmanız lazım. Sporla ilgilenebilir veya dans edebilirsiniz. Bu şekilde fiziksel ve ruhsal enerjinizi harekete geçirmeniz üst enerji alanlarına çıkmanızı ve çok olumlu deneyimler yaşamanızı sağlayacaktır. Kendinizi güçlü, özgür, enerji dolu hissedeceksiniz. Eğer bu yaratıcı enerjiyi bir alana kanalize etmezseniz ve fiziksel aktivitelerde bulunmazsanız o zaman bu enerji bloke olabilir ve bağımlılık enerjisiyle yaşamaya başlayabilirsiniz. Bu bağımlılık sigara, içki gibi bir maddeye olabileceği gibi, bir kişiye ya da bir duyguya da olabilir. Daha ziyade öfke enerjisine bağımlı olabilirsiniz.

İçsel bir öfke yaşayabilir öfkeleneceğiniz deneyimleri yaşamınıza getirebilirsiniz. Dışarıya karşı son derece sevecen ve sevimli bir görüntünüz olsa da eğer bağımlılık enerjisi geliştirdiyseniz yakınlarınıza karşı öfkeli ve ters davranışlar gösterebilirsiniz. Sıklıkla dua etmeli, meditasyon, yoga vs. gibi içe dönüş çalışmaları yapmalısınız.

Liderlik özelliğine sahipsiniz ve sizin istediğiniz olsun istersiniz. Söylediğiniz bir şeyi karşı taraf yapmazsa çok öfkelenebilirsiniz. Esnek, rahat ve sakin olmakta fayda var. Siz yine liderlik özelliklerinizi kullanın ama daha sakin olmaya çalışarak ve baskıcı olmadan.

Siz güçlüsünüz, gerçekten güçlüsünüz, kurban psikolojisine girdiyseniz silkelenin ve size bahşedilen özel enerjiyle arzu ettiğiniz yaşamı kurun. Bunu yapabilirsiniz.

AŞK İLİŞKİLERİNİZ

Siz son derece cazibeli, girdiği ortama ışık saçan ve fark edilen bir enerjiye sahipsiniz. Çekicisiniz ve karşı cins tarafından beğenilirsiniz. Seksi ve cazibeli olmanızın yanında aklınızla ve pratik zekânızla da ilgi çekersiniz. Gençlik dönemlerinde özgüven eksikliğiniz yüzünden çekingenliğiniz olsa da, orta yaşa doğru kendinize olan özgüveninizi kazanabilir ve daha girişken olabilirsiniz. Yaşam yolculuğunuzun ilk flört dönemlerinde karşı cinse güveniyor olabilirsiniz, ancak deneyimlemeniz gereken aldatılma korkusunu yenme sınavı için sevgiliniz tarafından aldatılmış olabilirsiniz. Ya da karşı cinse güveninizi sorgulattıran bir deneyim yaşamış olabilirsiniz.

Çünkü hayal kırıklığına uğrama ve aldatılma korkularının sınavlarından geçmek için buraya geldiniz. Bu korkularınızı deneyimleyebileceğiniz sınav arenası elbette ki en çok ilişkiler alanı olacaktır. İlerleyen zamanlarda güvensizlik ve hayal kırıklığına uğrama korkunuzun üzerinden gelirseniz, güven ve sevgi dolu bir ilişkiye sahip olabilirsiniz, ancak bu korkularınızın üzerinden gelmediyseniz aldatılmaya ve hayal kırıklığına uğramaya devam ediyor olabilirsiniz.

İlişkinizde eşinize şüpheci yaklaşıyor ve çaktırmadan onu facebook'ta gizlice takip ediyor olabilirsiniz☺ Bilirsiniz ki bu yorucu bir durumdur. Ancak şu bir gerçek ki, siz hayatta neyi arasanız onula karşılaşırsınız. Eşinizin sizi aldatıp aldatmadığını araştırmanız sonunda bu durumun oluşumuna can vererek araştırdığınız aldatma gerçeğini bulmanızla sonuçlanacaktır. Bu nedenle bu davranış modellerinizden vazgeçmeniz sizin ve ilişkinizin sağlığı açısından çok önemlidir. Yaydığınız özel enerjiler sebebiyle kıskanılan bir yapıya sahipsiniz. Bu nedenle kendinizi negatif enerjilerden korumak adına bol bol koruma duaları okumalısınız. Cinsellik sizin için önemlidir ve yaşamın tatlarından biridir. Eşinize güvenirseniz cinsellikte daha da zevk alırsınız, bununla beraber duygusal anlamda bağ kurmadığınız kişilerle beraber olursanız suçluluk duygusuyla derin pişmanlıklar yaşayabilirsiniz.

İŞ – KARİYER YAŞAMINIZ

Çok yaratıcısınız, yeteneklisiniz, belki böyle olduğunuz geç fark etmiş bile olabilirsiniz. Çünkü insanlar kendi yaptıklarını başkaları da yapabilir zanneder, siz de bu güzel yönlerinizin varlığını geç fark etmiş hatta hâlâ fark etmemiş olabilirsiniz. İkna yeteneğiniz de sanat yeteneğiniz de güçlüdür. Siz hemen her işi yapabilir ve yaptığınız işte de başarılı olursunuz. İşinizi çok ciddiye alırsınız ve hassasiyet gösterirsiniz. Bu nedenle çalıştığınız her yerde takdir edilirsiniz. Kariyer basamaklarında da hızla yükselebilirsiniz. Yöneticilik ve organizasyon yeteneğiniz de yüksek olduğu için üst pozisyondaki her işte başarılı olursunuz.

MALİ DURUMUNUZ

Para size öyle ya da böyle bir şekilde gelebilir. Gelecek endişelerinizin doğurduğu maddi zorluk dönemleriniz de olsa para size mutlaka gelecektir. Gelecek korkusunu atın, yaşamın akışına güvenin, böylelikle paranın size akmasına izin verin. Siz güzel para biriktirebilirsiniz ve akıllıca yatırımlar da yaparsınız, bu nedenle mal-mülk sahibi olabilirsiniz.

SAĞLIĞINIZ

Güvenle ilgili korkuları olan kişilerin, ki bu durum diğer analizlerdeki güven sorunu yaşayanlar için de geçerlidir, bel ve omurilik problemleri yaşamaları muhtemeldir. Bunun dışında bastırılmış duygular ve ketumluk yüzünden boğaz bölgesinde sorunlar yaşayabilirsiniz. Özellikle tiroit bezleriniz duygularınızı ifade edememe durumlarında olumsuz etkilenebilir. Özellikle bayanlar için söylüyorum; hani derler ya, ceket atsa gebe kalıyorum diye, sizin durumunuz da genellikle böyle olabilir, bu nedenle doğum kontrolüne önem vermelisiniz; istenmeyen gebeliklerin oluşmasına bu şekilde engel olabilirsiniz. Beliniz ve üreme organlarınız hassas olabilir. Bu bölgelerdeki sorunlar sıkışan ve bloke olan enerjileriniz yüzünden gerçekleşebilir. Mutlaka fiziksel aktivitede bulunmalı sporu, dansı yaşamınıza sokmalısınız.

Analizlerimde yer alan olumsuz davranış modellerinizi olumlu davranış modellerine çevirdiyseniz bu tekâmülünüzden dolayı sizi yürekten tebrik ederim☺

EN TEMEL KORKULARINIZ

- Güvensizlik Korkusu ve Özgüven Eksikliği
- Gelecek Korkusu
- Aldatılma Korkusu
- Hayal Kırıklığına Uğrama Korkusu
- Tercih Edilmeme Korkusu
- Kaybetme Korkusu
- Anlaşılamama veya Yanlış Anlaşılma Korkusu

Yaşamınızda genellikle bahsi geçen konular hakkında deneyimler yaşarsınız, çünkü bu dünyada geçmeniz gereken dersleriniz bu davranışlarınızı düzenlemek ve korkularınızdan arınmaktır. Bu durumu düzenleyene kadar benzer sınavlardan geçmeye devam edebilirsiniz. Benden söylemesi☺

Önerim aşağıdaki olumlamaları kullanmanız, esma çalışmasıyla kendinizi güçlendirmenizdir. Farkındalıkla ve bilinçli olarak bu konular üzerinde de çalışma yapmalısınız. Eğer söz konusu durumlar ileri boyutta ise profesyonel destek almanız çok faydalı olacaktır.

RUHSAL TEKÂMÜLÜNÜZ İÇİN YAPMANIZ GEREKENLER

- Hayal kırıklığından ve aldatılmaktan korkarak hayatta geri adım atmamalısınız, cesaretle korkularınızın üzerine gidip güven enerjisiyle yaşamalısınız.
- Allah'ın size bağışladığı aklınıza, zekânıza, yeteneklerinize güvenmelisiniz ve kendi öz değerinize sahip çıkmalısın.
- Geleceğinize güvenle bakmalı ve emin adımlarla yürümelisiniz
- Özellikle ilişkilerde beklenti içerisinde olmaktan vazgeçmeli, istediğiniz ilgiyi önce siz karşı tarafa vermelisiniz.
- Duygu ve düşüncelerinizi her zaman olumlu dil kalıpları kullanarak, samimiyetle ifade etmelisiniz.
- Gergin ruh halinden sıyrılmak için spor, dans gibi fiziksel aktiviteler yapmalı, zihninizi dinlendirmek için de meditasyon yapmalısınız. Masaj yaptırmak da çok iyi gelecektir.
- Yargılama ve suçlama dilinden kendinizi kurtarmalısınız, kendinize ve başkalarına karşı hoşgörülü ve esnek olmalısınız. Suçlanmaktan da korkmamalısınız çünkü korktukça daha çok suçlanacağınız deneyimler yaşayabilirsiniz.
- Allah'ın size armağan olarak verdiği yüksek enerjiyle

hem kendinize hem de başkalarına şifa vermelisiniz.

- Mükemmeliyetçilikten ve kontrolcülükten istifa etmelisiniz.
- Güçlü sezgilerinizi kullanarak ve daha da güçlendirerek sağduyulu kararlar vermelisiniz.

OLUMLAMALARINIZ

- Ben kendime, yeteneklerime, gücüme çok güveniyorum.
- Hem kendimi hem de başkalarını olduğu gibi kabul ediyorum.
- Ben duygu ve düşüncelerimi her zaman ve herkesin yanında olumlu dil kalıpları kullanarak ifade ediyorum
- Yaşamın akışına güveniyorum, her ne oluyorsa hakkımda hayırlı olduğunu biliyor ve buna inanıyorum.
- Ben geleceğime güvenle bakıyorum, içinde bulunduğum her an geleceğimi pırıl pırıl inşa ediyorum.
- Güçlü bir empati yeteneğine sahibim ve insanların duygu durumlarını rahatlıkla analiz ediyorum.
- Allah'ın bahşettiği güçlü sezgi enerjimi geliştiriyorum.
- Yaşadığım her an ve aldığım her nefes için, sahip olduklarım ve olmaya devam ettiklerim için Rabbime daima şükrediyorum.
- Allah'ın bana bahşettiği şifa enerjisiyle hem kendime hem de başkalarına şifa veriyorum.
- Artık hoşgörülü ve esnek bir bakış açısına sahibim.

Not: Gün içinde olumlama yapmayın çünkü o saatlerde ego görev başındadır ve değişiminize tepki gösterebilir. Eğer olumlamaları gündüz yaparsanız, kullandığınız olumlamaların tam tersi deneyimler içerisine girebilirsiniz. Bu yüzden olumlamalarınızı sadece sabah uyandığınızda ve gece uykuya dalmadan hemen önce yapın. Bu dönemlerde beyin dalgalarınız Alfa frekansında olduğu için egonuz devre

ESMALARINIZ

Aşağıdaki Esmaları zikretmenizin de size çok faydası olacaktır.

- Ya Halim (88 kere): Sakinlik verir ve olaylara sağduyulu yaklaşmanızı sağlar.
- Ya Selam (131 kere): İçinize huzur, rahatlık ve güven duygusu verir.
- Ya Muhyi (68 kere): Şifa enerjinizi harekete geçirir.
- Ya Batın (62 kere): Sezgileriniz güçlendirir.
- Ya Muğni (1100 kere): Maddi manevi zenginlik sağlar.
- Ya Fettah (489 kere): Maddi ve manevi tüm kapıları açar ve zafer sağlar.
- Ya Mani (161 kere): Negatif enerjilerden korur.

Yukarıda size uygun olabilecek Esmalardan birkaç örnek verdim. Esmalar ile ilgili daha detaylı bilgiye, telif gelirini yardım kuruluşlarına bağışladığım "Esmaların Gizli Hazinesi" isimli kitabımdan ulaşabilirsiniz. Ayrıca aynı kitapta kendi burcunuza ait olan Esmaları seçebilir ve mucizevi güzellikleri deneyimleyebilirsiniz.

KOD 38

Örneğin 17.4.1979 tarihindeki gibi doğum tarihinizin sayı değerleri toplamı 38 çıkıyorsa sizin sayınız 38'dir.

GENEL ÖZELLİKLERİNİZ

Sizin enerjiniz son derece güçlü bir enerjidir. Olumlu şekilde kullanırsanız muhteşem bir yaşam inşa edersiniz. Olumsuz şekilde kullanırsanız da yakıp yıkabilirsiniz. Çok çok yüksek bir yaratıcılık enerjisine sahipsiniz, içinizde muhteşem bir potansiyel biriktiriyorsunuz. Bu enerjinizi olumlu alanlarda kullanırsanız son derece yapıcı sonuçlar alırsınız, eğer olumsuz alanlarda kullanırsanız çok yıkıcı, hem kendinize hem de başkalarına zarar verici durumların oluşmasına sebep olabilirsiniz.

Sizin yaratıcılığınız daha çok zihinsel alandadır. Proje üretme alanında çok başarılı olabilirsiniz. Bu enerjinizin mutlaka bir alana kanalize olması gerekmektedir. Yani bir eser ortaya koymalısınız, bu planlanan bir projeyi hayata geçirmek olduğu gibi, tasarım alanlarında, organizasyon alanlarında da olabilir. Yüksek enerjiye sahip olduğunuz için mutlaka fiziksel egzersiz yapmanız lazım. Sporla ilgilenebilir veya dans edebilirsiniz. Bu şekilde fiziksel ve ruhsal enerjinizi harekete geçirmeniz sizin üst enerji alanlarına çıkmanızı ve çok olumlu deneyimler yaşamanızı sağlayacaktır. Kendinizi güçlü, özgür, enerjik hissedeceksiniz. Eğer bu yaratıcı enerjiyi bir alana kanalize etmezseniz ve fiziksel aktivitelerde bulunmazsanız o zaman bu enerji bloke olabilir ve bağımlılık enerjisiyle yaşamaya başlayabilirsiniz. Bu bağımlılık sigara, içki, yemek gibi bir maddeye olabileceği gibi, bir kişiye ya da bir duyguya da olabilir. Daha ziyade öfke enerjisine bağımlı olabilirsiniz. İçsel bir öfke yaşayabilir öfkeleneceğiniz deneyimleri yaşamınıza getirebilirsiniz.

Enerjiniz çok güçlü olduğu için zihniniz çok yüksek oranda statik elektrik üretir. Bu statik elektrik sizin bedeninize ve yaşamınıza hasar verebilir. Bu nedenle sıklıkla statik enerjinizi boşaltmak için yıkanmalı, çıplak ayakla toprakta yürümelisiniz. Bazen o kadar yüksek olabilir ki elektrikli cihazları bile bozabilir, prizlere dokunduğunuzda ampulleri patlatabilirsiniz. İnanç konusunda içsel gelgitler yaşayabilirsiniz. Gerçek anlamda Allah'a inandığınızda her şeyin harikulade ilerlediğini, arzularınızın tam da istediğiniz gibi gerçekleştiğini görürsünüz. Sizin için kolay olmasa bile sıklıkla dua etmeli, meditasyon, yoga vs. gibi içe dönüş çalışmaları yapmalısınız.

Sizi yaşamda kamçılayan güçlü bir arzudur; sizi yaşamında köstekleyense derin korkulardır. Herhangi bir konuda güçlü bir arzu hissettiğiniz zaman yapamayacağınız şey yoktur. Kendinizi unutana kadar çalışabilirsiniz, planlar programlarsınız ve mutlaka hedefinize ulaşırsınız. Eğer derin korkularınız varsa içe kapanır, depresif ruh haline girer, suçluluk ya da kendine öfke duygularıyla kendinizi baltalayabilirsiniz ve yaşama yaratıcılık enerjisini geçiremediğiniz için büyük ihtimalle zihinsel olarak kendiniz hasta edebilirsiniz. Size verilmiş gücü mutlaka olumlu alanlarda, başkalarının da hizmetine olacak şekilde kullanmanız şarttır.

Biraz ben merkezli bir yapınız olabilir, sözde başkalarına hep verdiğinizi söylemenize rağmen uygulamada gerçekten başkalarına destek olamayabilirsiniz. Genellikle hep siz kendi duygu ve düşüncelerinize ve kendi isteklerinize önem verebilirsiniz, karşı tarafın gerçekten ne hissettiğiyle ilgilenmezsiniz. Size sorulursa da o kişilerle empati kurduğunuzu, aslında onları düşündüğünüzü söylersiniz ancak siz de biliyorsunuz gerçekte bu böyle değil☺ Bu nedenle başkalarının da duygu ve düşüncelerine önem vermeyi öğrenmeniz, sözde değil gerçekte pratikte destek vermeyi öğrenmeniz gerekmektedir.

Herkese öğüt verebilirsiniz, aslında öğüt verecek donanıma da sahipsiniz ancak öğüt veriş şekliniz baskıcı bir biçimde olduğu için karşı taraftan hoş algılanmayabilir.

Duygu ve düşüncelerinizi elbette ifade etmelisiniz, yoksa boğaz çakranız tıkanır sıklıkla boğaz enfeksiyonu gibi rahatsızlıklar yaşayabilirsiniz. Ancak ifade ediş şekliniz suçlama ve yargılama diliyle olmamalıdır. Kişileri suçlamadan, olay hakkında ve kendi duygularınız hakkında konuşmalısınız. Kendi duygularınızdan kaçabilirsiniz, yüzleşmek istemeyebilirsiniz. Bu nedenle kendi kendinizle yalnız kalmamak için çevrenizde çok arkadaş olsun isteyebilirsiniz. Arada bir yalnız kalmak isteyebilirsiniz. Bu sefer de mantık çerçevesinden olayları analiz etmeye çalışır, yine duygularınızla yüzleşmeyebilirsiniz. Duygularınızla barışmalısınız. Mükemmel olmak durumunda değilsiniz. Kimse mükemmel olmak durumunda değil. Kendinize karşı da başkalarına karşı da hoşgörülü ve esnek olmalısınız. Otorite kurmaya çalışırken kendinize zarar vermemelisiniz, kalbinizi katılaştırmamalısınız.

Bu durum kendinize yabancılaşmanıza sebep olabilir ve yaşam yolculuğunda kendinizi yalnız bırakılmış hissedebilirsiniz. Hep ilgi bekleyen taraf olmamalısınız. Önce siz gerçek anlamda ilgi göstermeyi öğrenmelisiniz. Karşılıksız ilgi ve sevgi verin, ilgi ve sevgi size katlanarak dönecektir. Beklentilerden vazgeçin derim.

Derin korkularınız olabilir. Özellikle yalnız kalmaktan ve sahip olduklarınızı kaybetmekten korkuyor olabilirsiniz. Yaşamın akışına güvenirseniz kesinlikle çok rahat edeceksiniz. Şu kurgulayan, sorgulayan zihninizi biraz rahat bırakın. Sizin için kolay olmasa bile içe dönüş çalışmaları yapmalısınız. Dua edin, gerçek anlamda Allah'a inanın ve güvenle kendinizi yaşamın akışına bırakın. O zaman maddi ve manevi bolluğun ve bereketin size oluk oluk aktığına şahit olacaksınız.

Her durumda olası en kötü olasılığı aklınıza getirmeyin, bunu temkinli olmak adına da yapmayın. Kendinizi bu durumda yakalarsanız zihninizi başka alanlara yönlendirmeye özen gösterin ki olumsuz kurgularınız gerçekleşmesin. Kendinize o esnada, "Bu benim yaşamak istediğim bir durum mu?" diye sorun. İstemediğiniz bir duruma can vermeyin. Müzik dinleyin, başka bir şeyle uğraşın, olumsuz düşünceyi zihninizden uzaklaştırmayı bilinçli olarak seçin.

Yaşamınızda bolluk ve bereket oluşturma potansiyeli ile gelmişsiniz dünyaya. Eğer güven ve özgüven korkularınızın üstesinden gelirseniz ve yargılayıcı, mükemmeliyetçi olmaktan vazgeçer, başkalarına gönülden faydalı davranışlar, hizmetler yaparsanız %100 maddi ve manevi bolluk ve bereket size akacaktır. Bu şekilde hem adaletli bir güce, yani otoriteye, hem de paraca çok büyük zenginliğe ulaşabileceksiniz. Manevi olarak da çok güçleneceksiniz.

AŞK İLİŞKİLERİNİZ

Genellikle karşı cinse itimat etmediğiniz için kalben sevgi bağı kuramayabilirsiniz. Karşı tarafı zaman zaman gizli sınavlara tabi tutabilir, size olan sevgisini ya da sadakatini ölçebilirsiniz. İlk aşkınızı hiç unutamamış olabilirsiniz ve aslında hayat boyu onu arıyor da olabilirsiniz. İlk ilişkinizde terk edilmiş ve istenmemiş olabilirsiniz. Bu durumu hâlâ hazmedememiş de olabilirsiniz. Bu nedenle içinizde derinlerde yatan baskılanmış bir öfke olabilir ve bu öfkenizi hayatınıza giren diğer sevgililerinizden de çıkarabilirsiniz. Yani ilk aşkınız canınız yaktığı için diğer partnerlerinizden acısını bilinçaltı düzlemde çıkarmaya çalışabilir, onlara bazen saygısız davranabilir, kırıcı olabilirsiniz. Onları terk eden de genellikle siz olabilirsiniz. Terk edileceğime, terk edeyim. Âşık olup canım yanacağına bağ kurmayayım, tarzında bir savunma mekanizması geliştirmiş olabilirsiniz.

Genellikle ilişkilerde ben merkezli davranabilir, ilişkiyi siz yönlendirmek isteyebilir ve eşinizi değiştirmeye çalışabilirsiniz. Güç hayranı olduğunuz için duygusal anlamda gücü kullanabilirsiniz. Eğer eşiniz sizden güçlü bir yapıdaysa, ki bunu da seçebilirsiniz, o zaman ona ram edebilir, onu kaybetmekten korkabilirsiniz; bununla beraber onu aldatmaya meyilli bir yanınız da olabilir.

İlişkide ilgiyi karşıdan beklersiniz, beklentili ruh haliniz aç kaldığında öfkeli ve kaprisli davranabilirsiniz ya da kendinizi geri çekebilirsiniz. Bu nedenle sevgilinizden beklediğiniz ilgiyi önce siz ona vermelisiniz.

Eğer eşinize gerçekten güvenirseniz ve bağ kurarsanız, güzel ve uzun süreli bir ilişiniz olabilir, ancak bunu önce siz istemelisiniz. İlişkilerdeki sınavınız karşı tarafa güvenebilmeyi ve empati kurarak demokratik bir ilişki yürütmeyi öğrenmektir.

İŞ – KARİYER YAŞAMINIZ

Çok çok yaratıcı olduğunuz ve muhteşem bir organizasyon yeteneğiniz de olduğu için genellikle iş ve kariyer hayatınızda başarılı olursunuz. Bu alanda da otoriteyle, sabrınızla, özgüveninizle ve istikrarlı olup olmamakla ilgili deneyimler yaşayabilirsiniz. Güce ve güçlü insanlara hayranlık duyarsınız ve güçlü olmak istersiniz. Kariyerinizin başlangıcında otorite konumunda olan kişilerle sorun yaşayabilirsiniz. Ya itiraz eder çeker gidersiniz ya da geri çekilir kendinizi silikleştirişiniz. Bu durum zamanla güçle olan anlaşmanızla dönüşebilir. Diğer konu can sıkıntısı sendromu yaşayarak işlerinizde sabırlı olamayıp, istikrarsız bir iş yaşantısı sürme ihtimalinizdir. Her şeyden biraz ama hiçbir şeyden tam değil gibi. Bu nedenle kendi işinizi yapmanız sizin adınıza en hayırlı durum olabilir. Çünkü güç sizde olacak ve insanları siz organize edeceksiniz. İş yaşantısında da bu şekilde tatmin olabilirsiniz. Liderlik özellikleriniz de çok yüksektir ancak ben merkezli olursanız sevilmeyen bir lider olabilirsiniz. Bu nedenle hayatın genelinde olduğu gibi bu alanda da empati kurabilmeli, kendinizi astlarınızın yerine koyabilmelisiniz.

MALİ DURUMUNUZ

Para size akmaya can atar ama siz izin verirseniz. Ön koşul da şudur; topluma ve insanlara maddi ve manevi yardımlar yapmanız gerekmektedir. Çünkü alma odaklı bir yapınız olduğu için vermeyi deneyimlemeniz gerekmektedir. (Kendinizi çok yardımsever zannedebilirsiniz çünkü bu plan genellikle öyle zanneder☺) Verdiğiniz zaman oluşan manevi tatmin duygusu paranın koşarak yaşamınıza girmesine sebep olacaktır. Buradaki hassas nokta şudur: Beklenti içerisinde para size gelsin diye, ya da çevreniz tarafından takdir edilmek için vermemelisiniz. Sadece ve sadece vermek için, beklentisiz ve samimiyetle vermeniz doğru olacaktır.Eğer bahsi geçen konuların üstesinden gelirseniz çok çok zengin ve varlıklı olursunuz.

SAĞLIĞINIZ

Özgüven eksikliğinden duygularınızı samimiyetle ifade edemeyebilirsiniz bu nedenle boğaz bölgesinde veya tiroit bezlerinizde problem yaşayabilirsiniz. Ya da öfke ile ifade edersiniz, bu da ilişkilerinizi harap edebilir. Bastırılmış öfkeleriniz olduğu için, bu duygular olur olmaz yerlerde patlamasın diye mutlaka dans, spor gibi fiziksel egzersizler yapmanız şarttır.

Sürekli konuşan zihninizi sakinleştirmeniz için de meditasyon gibi içe dönüş çalışmaları yapmalısınız. Sizin için kolay olmasa da sistematik bir şekilde ibadet yapmalı ve dua etmelisiniz.

Sıklıkla su ve toprakla haşır neşir olarak zihninizin ürettiği statik elektriği bedeninizden atmalısınız.

Öfke duyguları endokrin sisteminizde, bağışıklık ve sinir sisteminizde hasar oluşturabilir, bu nedenle sakin, hoşgörülü ve akışta bir yaşama geçmeye özen göstermelisiniz.

Yaşamınız buna uygun gözükmüyorsa, en azından yukarıda bahsettiğim çalışmalar için kendinize vakit ayırmalısınız.

Analizlerimde yer alan olumsuz davranış modellerinizi olumlu davranış modellerine çevirdiyseniz bu tekâmülünüzden dolayı sizi yürekten tebrik ederim☺

EN TEMEL KORKULARINIZ

- Güvensizlik Korkusu ve Özgüven Eksikliği
- Otorite Korkusu
- Güçsüzlük Korkusu
- Suçlanma Korkusu
- Tercih Edilmeme
- Değersizlik Korkusu
- Anlaşılamama veya Yanlış Anlaşılma Korkusu

Yaşamınızda genellikle yukarıda bahsi geçen konular hakkında deneyimler yaşarsınız, çünkü bu dünyada geçmeniz gereken dersleriniz bu davranışlarınızı düzenlemek ve korkularınızdan arınmaktır. Bu durumu düzenleyene kadar benzer sınavlardan geçmeye devam edebilirsiniz. Benden söylemesi☺ Önerim aşağıdaki olumlamaları kullanmanız, esma çalışmasıyla kendinizi güçlendirmenizdir. Farkındalıkla ve bilinçli olarak bu konular üzerinde de çalışma yapmalısınız. Eğer söz konusu durumlar ileri boyutta ise profesyonel destek almanız çok faydalı olacaktır.

RUHSAL TEKÂMÜLÜNÜZ İÇİN YAPMANIZ GEREKENLER

- Allah'ın size bağışladığı aklınıza, zekânıza, yeteneklerinize güvenmelisiniz ve kendi öz değerinize sahip çıkmalısın.

- Geleceğinize güvenle bakmalı ve emin adımlarla yürümelisiniz

- Kendi gücünüzü tüm ilişkilerinizde yapıcı bir şekilde kullanmalısınız.

- Empati yeteneğinizi geliştirmeli karşı tarafın duygu durumunu anlayabilmelisiniz. (Gerçi sizin grup ve benzer yaşam planına sahip gruplar çok empatik olduklarını söylerler ama iyice bir gözlemleyin bakalım öyle misiniz? ☺)

- Kendinize karşı da başkalarına karşı da hoşgörülü ve esnek olmaya çalışın. Kendinizi de başkalarını da oldukları gibi kabul edip sevin.

- Yürekten güvenip sevmeyi seçin.

- Sahip olduklarınızı samimiyetle ve sevgiyle beklentisiz bir şekilde paylaşın.

- Yaşamın akışına güvenin, olası en kötü senaryoları yazmayı bırakıp, yaratıcı imgeleme gücünüzü olmasını istediğiniz güzel olayların gerçekleşmesinde kullanın.
- Özellikle ilişkilerde beklenti içerisinde olmaktan vazgeçmeli, istediğiniz ilgiyi önce siz karşı tarafa vermelisiniz.
- Duygu ve düşüncelerinizi her zaman olumlu dil kalıpları kullanarak, samimiyetle ifade etmelisiniz.
- Gergin ruh halinden sıyrılmak için spor, dans gibi fiziksel aktiviteler yapmalı, zihninizi dinlendirmek için de meditasyon yapmalısınız. Masaj yaptırmak da çok iyi gelecektir.
- Yargılama ve suçlama dilinden kendinizi kurtarmalısınız, kendinize ve başkalarına karşı hoşgörülü ve esnek olmalısınız. Suçlanmaktan da korkmamalısınız çünkü korktukça daha çok suçlanacağınız deneyimler yaşayabilirsiniz.
- Sistemin yollarına karışmayın. Sistem size ne istediğinizi soruyor, yollarını sormuyor. Arzu ettikleriniz sizin öngörmediğiniz yollarla gerçekleşir. Yollara ve zamana müdahale etmeyin.
- Mükemmeliyetçilikten ve kontrolcülükten istifa edin☺

OLUMLAMALARINIZ

- Ben kendime, yeteneklerime, gücüme çok güveniyorum.
- Gücümü olumlu olayların oluşumu için kullanıyorum.
- Artık hoşgörülü ve esnek bir bakış açısına sahibim.
- Kendimi de başkalarını da olduğu gibi kabul ediyorum.

- Sevgimi ve sahip olduklarımı samimiyetle paylaşıyorum.
- Ben duygu ve düşüncelerimi her zaman ve herkesin yanında olumlu dil kalıpları kullanarak ifade ediyorum.
- Yaşamın akışına güveniyorum, her ne oluyorsa hakkımda hayırlı olduğunu biliyor ve buna inanıyorum.
- Ben geleceğime güvenle bakıyorum, içinde bulunduğum her an geleceğimi pırıl pırıl inşa ediyorum.
- Zihnimin enerjisini istediklerimin oluşumuna veriyorum ve oluş yollarına müdahale etmiyorum.
- Yaratıcı imgeleme gücümle zihnimde olumlu olayların senaryolarını canlandırıyorum.
- Güçlü bir empati yeteneğine sahibim ve insanların duygu durumlarını rahatlıkla analiz ediyorum.
- Ben adil ve hoşgörülüyüm, sakin ve akıştayım. Ben çok huzurluyum.
- Yaşadığım her an ve aldığım her nefes için, sahip olduklarım ve olmaya devam ettiklerim için Rabbime daima şükrediyorum.

Not: Gün içinde olumlama yapmayın çünkü o saatlerde ego görev başındadır ve değişiminize tepki gösterebilir. Eğer olumlamaları gündüz yaparsanız, kullandığınız olumlamaların tam tersi deneyimler içerisine girebilirsiniz. Bu yüzden olumlamalarınızı sadece sabah uyandığınızda ve gece uykuya dalmadan hemen önce yapın. Bu dönemlerde beyin dalgalarınız Alfa frekansında olduğu için egonuz devre dışıdır.

ESMALARINIZ

Esmaları zikretmenizin de size çok faydası olacaktır.

- Ya Vedud (20 kere): Sevgi enerjisini alıp vermenizi sağlar.
- Ya Rahim (258 kere): Merhamet enerjinizi arttırır.
- Ya Aziz (94 kere): Saygınlığınız arttırır.
- Ya Halim (88 kere): Sakinlik verir ve olaylara sağduyulu yaklaşmanızı sağlar.
- Ya Selam (131 kere): İçinize huzur, rahatlık ve güven duygusu verir.
- Ya Muğni (1100 kere): Maddi manevi zenginlik sağlar.
- Ya Fettah (489 kere): Maddi ve manevi tüm kapıları açar ve zafer sağlar.
- Ya Mani (161 kere): Negatif enerjilerden korur.

Yukarıda size uygun olabilecek Esmalardan birkaç örnek verdim. Esmalar ile ilgili daha detaylı bilgiye, telif gelirini yardım kuruluşlarına bağışladığım "Esmaların Gizli Hazinesi" isimli kitabımdan ulaşabilirsiniz. Ayrıca aynı kitapta kendi burcunuza ait olan Esmaları seçebilir ve mucizevi güzellikleri deneyimleyebilirsiniz.

KOD 39

Örneğin 17.5.1979 tarihindeki gibi doğum tarihinizin sayı değerleri toplamı 39 çıkıyorsa sizin sayınız 39'dur.

GENEL ÖZELLİKLERİNİZ

Çok akıllı ve pratik zekâlısınız. Çok çalışan bir zihne sahip olabilirsiniz, renkli ve değişken bir kişiliğiniz olabilir. Yüksek yaratıcılık enerjiniz, işbirliği yaptığınız zaman ortaya çıkar. Bu nedenle ortaklaşa yapılan projelerde büyük başarı gösterebilirsiniz. Büyük ihtimalle de tek başınıza çalışmayı sevmeyebilirsiniz.

Sizin üstesinden gelmeniz gerekli durum güven konusudur. Yaşamın akışına, başka insanlara güvenmeniz gerekmektedir. En çok da kendi iç gücünüze ve yeteneklerinize güvenmelisiniz. Sizin özgüveniniz yüksek olduğu zamanlar muhteşem işler çıkarabilirsiniz, yorulmadan çalışırsınız ve çevrenize de çok güzel ışıklar saçarsınız. Pozitif ve neşeli de olursunuz. Özgüveniniz düşük olduğunda yaşamınızı kâbusa döndürebilir, öfkeli olabilirsiniz. Çevrenizdekileri suçlar ve iletişimle ilgili problemler yaşayabilirsiniz. Bu nedenle mutlaka özgüven enerjinizi yükseltmeniz gerekmektedir.

Özgüveniniz düşük olduğu zaman ise atalete düşebilir, yani eylemsizlik ruh durumuna girebilir, yapmanız gerekenleri sürekli erteleyebilirsiniz. Eyleme geçmeniz ve her şeyi vaktinde yapmanız size yaşamda başarıyı getirecektir.

Gençlik dönemlerinizde hayatı çok fazla ciddiye alıp çok fazla iş odaklı olma ihtimaliniz olabilir. Bu konuya dikkat etmelisiniz, işlerinizi yaparken eğlenmeli ve yaşamın komik, eğlenceli yanlarını da görmelisiniz. Mükemmeliyetçi davranarak yaşamı kendinize de başkalarına da zehir etmemelisiniz.

Öncelikle kendinize karşı, sonra başkalarına karşı esnek ve hoşgörülü olmalısınız. Gerçi ilerleyen yaşlarda bu davranışlarınız yumuşayabilir yaşamı tiye almaya başlayabilirsiniz.

Bilge bir kişiliğiniz var, olaylara herkesten farklı bakabilirsiniz. Ancak mantıklı olmak ya da mantıklı davranmak uğruna yaşamdan zevk almayabilirsiniz. Hâlbuki engin bir duygusal derinliğiniz olabilir. Duygularınızdan kaçmamalı ve duygularınızla yüzleşmelisiniz. Duygusal derinliğinizin size acı vermesinden korkmayın, duygusal derinliğinizle barışın ve daha yüksek enerji alanlarına çıkın.

Empati özelliğinizi arttırmalısınız. Çünkü başkalarının ne hissettiğinden ya da düşündüğünden çok sizin ne hissettiğiniz ve düşündüğünüz sizin için önemli. Hep kendinizi anlatmaya çalışıyor olabilirsiniz, bu arada karşı tarafın duygularını ve hislerini atlayarak bencilce yaklaşıyor olabilirsiniz. Bu durum ikili ilişkilerinizde problem yaratabilir. Başkalarını da düşündüğünüzü, empati kurabildiğinizi sanırsınız, aslında gerçek anlamda onların hislerini incelemediğiniz için, çok fazla kendinize odaklandığınız için karşı tarafı düşünmezsiniz. Bu konuya itiraz edebilirsiniz ancak bu konu üzerinde kendinize bakmaya dikkat edin derim, çünkü bu durum sizin kör noktanızdır.

Yanlış anlaşılmaktan çok korkarsınız ve sürekli kendinizi anlatmaya çalışırsınız, anlatamazsanız ciddi duygusal sıkışmışlık yaşarsınız. Herkes sizi anlamak zorunda değil ki, bir şey ispatlamak durumunda da değilsiniz.

Mükemmeliyetçi, eleştirici bir yapınız olabilir, suçlama dilini çok kullanabilirsiniz, bu durum ilişkilerinizde problemler yaşamanıza sebep olur. Ne siz ne de başkaları mükemmel olmak zorunda değil. Şu an itibariyle mükemmeliyetçi olmaktan istifa edin. Suçlama dilini kullanmayın. "Senin yüzünden üzüldüm," demeyin, "Bu durum yüzünden üzüldüm," deyin. Olay ve durum odaklı konuşun, egosal tatminle can yakmaya çalışmak yerine olumlu bir orta yol bulmaya gidin.

Liderlik özelliğiniz çok yüksek, bu nedenle genellikle kendi istekleriniz olsun ister hatta bu konuda ısrarcı davranabilirsiniz. Başkalarının sizin kadar iyi düşünemediğini düşünebilirsiniz. Evet belki başkaları sizin kadar iyi düşünemeyebilir, ancak yine de uzlaşmak her zaman doğru yoldur ve sizin doğrularınız karşıdaki kişiler için doğru olmayabilir. Bu nedenle kendi isteğinizi dikte ettirmeye çalışıyorsanız bu durumdan da istifa etmenizi öneririm.

Karizmanız, renkli kişiliğiniz insanları çok etkilemektedir, bu nedenle olumlu davranış modelleri seçerek ve özgüveninizi yüksek tutarak şan ve şöhrete kavuşabilirsiniz.

Sizin için yaşamda en büyük tatmin yüksek bir amacın peşinden gitmek olacaktır. Yüksek bir amaç peşinden gitmeyip yaşarsanız içsel enerji blokajları yaşar ve tatminsizlik hissedebilirsiniz. Sizi aslında yüksek amaçlara hizmet etmek tatmin eder.

Sıkışan enerji, psikolojik sorunlar yaşamınıza sebebiyet verebilir bu nedenle kesinlikle spor, dans gibi fiziksel bir aktivitede bulunmanız gerek.

Özgüven enerjinizi yükseltin, mükemmeliyetçilikten istifa edin, esnek olun, empati kurun, fiziksel aktivitede bulunun, yüksek bir amaç belirleyin, başkalarına gönülden hizmet verin; bunları yaparsanız içsel huzuru yakalayabilirsiniz, yoksa içinizde hep bir huzursuzluk, tatminsizlik duygusuyla yaşayabilirsiniz.

AŞK İLİŞKİLERİNİZ

Çok güçlü ve çok etkileyici bir manyetik alana sahip olduğunuz için girdiğiniz her ortamda dikkat çeker ve hayranlık uyandırırsınız. Sizi seven ve âşık olan çok kişi olur. Renkli ve bilgelik dolu kişiliğinizle insanların üzerinde muazzam bir etki oluşturabilirsiniz.

Sanki içinizde birkaç kişilik vardır, bu ruhsal bozukluk anlamında değil rengârenk olmanız anlamındadır. Karşınızdakini şaşırtabilirsiniz, çünkü sizden beklediği davranıştan fakli bir davranışla karşılaşabilirler. Sürprizlerle dolusunuz. Tabi herkes sizin bu renkli kişiliğinize uyum sağlayamayabilir, hatta siz bile kendi kişiliklerinize uyum sağlayamayabilirsiniz☺

Bazen çok güçlü gözükürsünüz, bazen son derece naif, bazen esprili olursunuz bazen derin felsefi konularına dalar ciddileşebilirsiniz.

İkili ilişkileriniz de renkli olabilir, bununla beraber kısa süreli olma ihtimali de yüksektir. Çok kişiyle flört edebilir, birden fazla evlilik yapabilirsiniz. Erkek ya da kadın olun, çapkın ve flörtöz bir yapınız olabilir. Bazen biraz tehlikeli ilişkiler içerisinde bulabilirsiniz kendinizi, ancak böylesi durumlarda sonradan duygusal acılar çekebilirsiniz. İlişkilerde karşınızdakine dürüst olmaktan önce kendinize dürüst olmanız çok önemli. Dürüstmüş gibi gözüküp kendi değer yargılarınıza ters düşecek davranışlar gösterdiğinizde, öz benliğiniz size nahoş bir bedel ödetebilir.

Yüksek bağımlılık enerjisine sahip olabilirsiniz, eğer enerjinizi sanat ve/veya fiziksel bir alana aktarmazsanız bir kişiye ya da duyguya hastalıklı bir bağımlılık geliştirebilirsiniz. Böylesine bir durum tüm yaşam dengenizi olumsuz etkileyebilir.

Cinsellik sizin için çok önemli olabilir, renkli bir cinsel yaşamınız olabilir bu nedenle partnerinizden yeterli tatmini alamazsanız aldatmaya eğilim gösterebilirsiniz. Çok sevdiğiniz ve uyum sağladığınız zaman da sizden daha sadık birisi olamaz.

İŞ – KARİYER YAŞAMINIZ

Çok renkli bir kişiliğiniz olduğu için pek çok işiniz, pek çok hobiniz olabilir. Bazen hobileriniz işinize dönüşebilir. Eliniz attığınız her işte başarıyı yakalayabilecek yüksek performansa ve muhteşem bir yaratıcılığa sahipsiniz. Hemen hemen her işinizde yüksek başarı sağlar, hatta ödüller bile alabilirsiniz, ancak işin trajikomik yanı başarıyı yakaladığınız işi bırakıp başka bir işe yönelebilirsiniz.

Bunun altında yatan sebep, en iyi olduktan sonra tekrar aynı başarıyı yakalayamama olasılığını hayatınıza sokmak istememeniz olabilir. Yani yükseldiğiniz noktada kalmak ve aynı alanda gerileme olasılığını yok etmek isteyebilir ve hemen kulvar değiştirebilirsiniz. Tabi durum böyle olunca elinizde pek çok iş alanı olur, ama ana bir iş olamayabilir. Herhalde "Ne işle meşgulsünüz?" sorusunu yanıtlamanız, yaşamdaki pek çok soruyu yanıtlamanızdan daha zor olabilir☺

Size bilgelik enerjisi armağan edilmiş, bu nedenle olaylara pek çok insanın baktığından farklı bakar, farklı çözüm yolları bulursunuz. Asıl gücün bilgiden kaynaklandığının bilinciyle yaşarsınız. Bilgelik enerjinizle tüm işlerinizde muhteşem başarılar yakalayabilirsiniz. Siz hiçbir zaman başkalarının gittiği yoldan gitmezsiniz, sürüden ayrılır belki kendi sürünüzü kurarsınız☺

MALİ DURUMUNUZ

Siz farklı farklı işlerden ve farklı farklı kaynaklardan çok para kazanma olasılığına sahipsiniz. Bazen güzel para biriktirebilir, mal-mülk sahibi olabilirsiniz, bazen de çok anlamsızca bu paraları harcayabilirsiniz. Bununla beraber para genellikle size öngördüğünüz ya da öngörmediğiniz kaynaklardan akış yapacaktır düşüncesindeyim.

SAĞLIĞINIZ

Genellikle sağlıklı bir yapınız olabilir, bununla beraber içsel gerginliğiniz ve bastırılmış öfkeniz herhangi bir şekilde yaratıcı bir alana akmıyorsa ve fiziksel egzersiz de yapmıyorsanız sinir sistemi ile ilgili rahatsızlıklara yakalanabilir, geçici depresif dönemler yaşayabilirsiniz. Duygu ve düşüncelerinizi samimiyetle ifade etmedeki güçlüğünüz boğazla ilgili ya da endokrin sisteminizle ilgili sorunların oluşumuna sebep olabilir. Yaşadığınız olayları hazmedemezseniz de mide ve sindirim sisteminiz bundan etkilenebilir. Mükemmeliyetçilikten istifa etmezseniz de eklemlerinizle ilgili problemler yaşayabilirsiniz. Analizlerimde yer alan olumsuz davranış modellerinizi, olumlu davranış modellerine çevirdiyseniz bu tekâmülünüzden dolayı sizi yürekten tebrik ederim☺

EN TEMEL KORKULARINIZ

- Güvensizlik Korkusu ve Özgüven Eksikliği
- Suçlanma Korkusu
- Tercih Edilmeme
- Değersizlik Korkusu
- Esaret (Özgür Olamama) Korkusu
- Anlaşılamama veya Yanlış Anlaşılma Korkusu
- Başarısız Olmaktan Korkma

Yaşamınızda genellikle yukarıda bahsi geçen konular hakkında deneyimler yaşarsınız, çünkü bu dünyada geçmeniz gereken dersleriniz bu davranışlarınızı düzenlemek ve korkularınızdan arınmaktır. Bu durumu düzenleyene kadar benzer sınavlardan geçmeye devam edebilirsiniz. Benden söylemesi☺ Önerim aşağıdaki olumlamaları kullanmanız, esma çalışmasıyla kendinizi güçlendirmenizdir. Farkındalıkla ve bilinçli olarak bu konular üzerinde de çalışma yapmalısınız. Eğer söz konusu durumlar ileri boyutta ise profesyonel destek almanız çok faydalı olacaktır.

RUHSAL TEKÂMÜLÜNÜZ İÇİN YAPMANIZ GEREKENLER

- Allah'ın size bağışladığı aklınıza, zekânıza, yeteneklerinize güvenmelisiniz ve kendi öz değerinize sahip çıkmalısın.
- Geleceğinize güvenle bakmalı ve emin adımlarla yürümelisiniz.
- İlişiklerinizde empati yeteneğinizi geliştirmeli, ilgiyi hep karşıdan beklememeli, duygusal anlamda da paylaşımcı olmalısınız.
- Duygu ve düşüncelerinizi her zaman olumlu dil kalıpları kullanarak, samimiyetle ifade etmelisiniz.
- Gergin ruh hainden sıyrılmak için spor, dans gibi fiziksel aktiviteler yapmalı, zihninizi dinlendirmek için de meditasyon yapmalısınız. Masaj yaptırmak da çok iyi gelecektir.
- Yargılama ve suçlama dilinden kendinizi kurtarmalısınız, kendinize ve başkalarına karşı hoşgörülü ve esnek olmalısınız. Suçlanmaktan da korkmamalısınız çünkü korktukça

daha çok suçlanacağınız deneyimler yaşayabilirsiniz.

- Kendinizi her zaman ve her yerde özgür hissetmelisiniz. Duygularınızı da özgürce ifade etmelisiniz.
- Yaşamınızda başarıyı yakaladığınız işlere veya ilişkilere sahip çıkmalı, başarısızlığa uğramaktan korkmamalısınız.
- Bir tarafınız yaşamda tek başına yürümek isterken, diğer tarafınız başkalarıyla ortaklaşarak yaşamı paylaşmak isteyebilir. Bu çelişkili durumu dengeye oturtmalı kendiniz özgür hissedeceğiniz yaşam ortaklıklarına girmelisiniz. Paylaşmanın hazzına varmalısınız.
- İhtiyacı olanlara mutlaka maddi ve manevi destekte bulunmalı ve vermeyi öğrenmelisiniz.
- Daha çok dua edip daha çok içe dönüş çalışmaları yaparak yüksek frekanslarla bağınızı güçlendirmelisiniz.
- Mükemmeliyetçilikten ve kontrolcülükten istifa etmelisiniz.

OLUMLAMALARINIZ

- Bilgelik enerjimi yükseltiyor ve insanlığa faydalı bir önder oluyorum.
- Ben kendime, yeteneklerime, gücüme çok güveniyorum.
- Ben kendimi her zaman özgür hissediyorum ve duygularımı da olumlu dil kalıplarıyla özgürce ifade ediyorum.
- Kendimi de başkalarını da olduğu gibi kabul ediyorum.
- Artık hoşgörülü ve esnek bir bakış açısına sahibim.

- Ben duygu ve düşüncelerimi her zaman ve herkesin yanında olumlu dil kalıpları kullanarak ifade ediyorum.
- Yaşamın akışına güveniyorum, her ne oluyorsa hakkımda hayırlı olduğunu biliyor ve buna inanıyorum.
- Ben geleceğime güvenle bakıyorum, içinde bulunduğum her an geleceğimi pırıl pırıl inşa ediyorum.
- Güçlü bir empati yeteneğine sahibim ve insanların duygu durumlarını rahatlıkla analiz ediyorum.
- Yaşadığım her an ve aldığım her nefes için, sahip olduklarım ve olmaya devam ettiklerim için Rabbime daima şükrediyorum.

Not: Gün içinde olumlama yapmayın çünkü o saatlerde ego görev başındadır ve değişiminize tepki gösterebilir. Eğer olumlamaları gündüz yaparsanız, kullandığınız olumlamaların tam tersi deneyimler içerisine girebilirsiniz. Bu yüzden olumlamalarınızı sadece sabah uyandığınızda ve gece uykuya dalmadan hemen önce yapın. Bu dönemlerde beyin dalgalarınız Alfa frekansında olduğu için egonuz devre dışıdır.

ESMALARINIZ

Esmaları zikretmeniz de size çok faydalı olacaktır.

- Ya Halim (88 kere): Sakinlik verir ve olaylara sağduyulu yaklaşmanızı sağlar.
- Ya Rahim (258 kere): Merhamet enerjisini artırır.
- Ya Alim (150 kere): Bilgelik enerjinizi arttıracaktır.

- Ya Vedud (20 Kere): Sevgi enerjisini daha çok alıp vermenizi sağlar.
- Ya Selam (131 kere): İçinize huzur, rahatlık ve güven duygusu verir.
- Ya Batın (62 kere): Sezgileriniz güçlendirir.
- Ya Muğni (1100 kere): Maddi, manevi zenginlik sağlar.
- Ya Fettah (489 kere): Maddi ve manevi tüm kapıları açar ve zafer sağlar.
- Ya Mani (161 kere): Negatif enerjilerden korur.

Size uygun olabilecek Esmalardan birkaç örnek verdim. Esmalar ile ilgili daha detaylı bilgiye, telif gelirini yardım kuruluşlarına bağışladığım "Esmaların Gizli Hazinesi" isimli kitabımdan ulaşabilirsiniz. Ayrıca aynı kitapta kendi burcunuza ait olan Esmaları seçebilir ve mucizevi güzellikleri deneyimleyebilirsiniz.

KOD 40

Örneğin 19.8.1975 tarihindeki gibi doğum tarihinizin sayı değerleri toplamı 40 çıkıyorsa sizin sayınız 40'tır.

GENEL ÖZELLİKLERİNİZ

Öyle zekisiniz ki kıvrak zekânızla söyledikleriniz insanlar etkiler ve şaşırtır. Analiz ve sentez yeteneğiniz mükemmeldir. İnsanların bir paragrafta söyleyeceği cümleyi siz bir cümlede etkileyici bir şekilde ifade edersiniz. Bilgelik enerjinizle spiritüel anlamda söylediklerinizle de insanları hayrete düşürebilirsiniz tüm muhteşemliğinizin yanında ne yazık ki büyük bir ihtimalle keyfinize düşkün ve tembel olabilirsiniz. İçinizdeki cevheri yaşam alanında değerlendiremeyebilirsiniz. Eğer bu cevheriniz değerlendirirseniz yani zekânızı akıllıca kullanırsanız dünyaya adınızı duyuracak kadar başarı, şanlı, şöhretli ve zengin olursunuz. Umarım ikinci yolu seçersiniz çünkü sorumluluk almamak adına başarılı olmayı da reddedebilirsiniz.

Bazı insanlar özel enerjilerle doğar. Siz işte bu özel bir enerji ile dünyaya gelenlerdensiniz. Böylesine özel enerjilerle doğan kişilerin daima enerjilerini koruması gerekir. Çünkü negatif enerjiler bu enerjiye sahip çıkmaya çalışır. Siz bu enerjiye hâkim olabilirseniz muhteşem bir yaşam sürersiniz. Bu enerjiler doğumunuzla verilen çok güzel bir armağandır. Sizin mutlaka spiritüel alanla bağlantıda olmanız şarttır. Manevi alanla bağlantıda yaşamadığınız takdirde yaşam sizi yola sokmak için olumsuz deneyimler yaşatabilir. Bu aslında değerli olduğunuz içindir ve rahmani alanın sizi kaybetmek istemediğinden kaynaklanır.

Çok çok yüksek bir manyetik enerjiye sahipsiniz bu size doğumunuzla armağan edildiği için çok şanslısınız. İnsanlar sizi beğenir, size âşık olur, sizden etkilenir ancak siz kendi değerinizi bilmezseniz sizi önce baş tacı yaparlar sonra da bilinçaltı kıskançlıkları sebebiyle sizi bir anda yere bırakabilirler. Bu enerjinizin farkında olup kendi değerinize sahip çıkmalısınız.

Siz çok iyi niyetli, başka insanlara, doğaya, dünyaya faydalı olmaya özen gösteren bir yapıya sahipsiniz. Yardımsever yapınız sizin çevreniz tarafından çok sevilmenizi sağlar. Ancak yardım severliğiniz başkaları tarafından bazen suiistimal edilebilir. Bu tarz durumlar sizin hayal kırıklığına uğramanızı sebep olabilir ve çok içerleyebilirsiniz. Bu nedenle bazen yardım etmek isteseniz de içinizdeki bir ses yardım etmenize engel olmaya çalışabilir.

Sıklıkla atalet yani eylemsizlik haline girebilir, yapmanız gerekenleri sürekli erteleyebilirsiniz. Bir de önemsememe davranışlarınız olabilir. Bu durum yaşamınızda problemler yaşamanıza sebep olabilir. İletişimleriniz bozulabilir. Size yaşamda başarıyı eyleme geçip her şeyi zamanda yapmanız getirecektir.

Sizin üzerinde çalışmanız gereken konu işlerinizi ertelemeniz ve işe gerekli önemi vermeniz. Aksi takdirde yaşamda kazanacağınız başarılarınızı geriye atabilir ya da engelleyebilirsiniz. Her şeyi zamanında yapmaya, her işe gerekli önemi vermeye, planlı ve programlı çalışmaya önem vermelisiniz. Bu davranış modelinize gerçekten çok dikkat etmelisiniz çünkü başarıyı yakalamanız bu davranışlarınızı düzenlediğiniz takdirde gerçekleşecektir. Yoksa siz akıllı, zeki ama hak ettiği yeri bulamayan bir kişi konumuna düşersiniz.Öncelik belirleme konusunda da hassasiyet göstermelisiniz. Neyin daha öncelikli olduğuna karar verip, sırf canınız istiyor diye ya da başka sebeplerden dolayı önceliklerinizi ertelememelisiniz.

Hayal gücünüz çok kuvvetlidir, bu nedenle tasarım ya da sanat alanında büyük başarılar yakalayabilirsiniz. Ancak hayal gücünün yaşamınızı ele geçirmesine izin vermemelisiniz. Yaşam size her sıkıcı geldiğinde hayal dünyasına kaçmak sizi anti-sosyal yapıp gerçeklikten koparabilir.

Hayal gücünüzün kuvvetli olmasının şöyle bir olumsuz yanı da vardır, kurduğunuz hayallere inanır ve gerçekliği konusunda iddia edebilirsiniz. Bu nedenle bazen yalan söyler ve kendi yalanlarınıza kendinizi inanabilirsiniz.

Hak hukuk konuları da sizin için çok önemlidir. Adalete öne verirsiniz ve haksızlıklara karşı ciddi tepki gösterebilirsiniz. Hakkınızı da sonuna kadar savunursunuz. Bu anlamda avukatlık ya hâkimlik de sizin için uygun meslekler olacaktır.

Sabırsız bir yapınız olabilir ve hemen her şey olsun isteğiyle kazançlı olacağınız durumları kaybedebilirsiniz. Sabırsız davranışlar dikkatsizliği getirdiği için hatalar yapma olasılığınız olabilir. Ayrıca ufak tefek kazalara ve sakarlıklara da yol açabilir. Sabırlı, sakin, istikrarlı olmayı yaşamınıza geçirmenizde çok büyük fayda var.

Size verilen sözler tutulmadığında çok tepki gösterirsiniz. Ancak karşıdan beklediğiniz hassasiyeti kendiniz de uygulamalısınız. Söz verdiğinizde ertelemeden, zamanında yerine getirmelisiniz. Aksi durumlarda insanların sizi duyduğu güveni kaybedersiniz.

Ulaşmayı istediğiniz hedefleri küçük planlara bölmelisiniz. İşin genelini görüp gözünüzün korkmaması ya ve plandan vazgeçmemeniz için hedefleri küçük basamaklara bölmelisiniz, olayın geneline fazla takılmadan ilk adım üzerine yoğunlaşmalısınız. İlk adımı atladıktan sonra bir sonrasına geçmelisiniz. Bu şekilde yaşamınızı planlamanız size daha kolay gelecektir.

Ebeveynlerinizle otorite konularında sorunlar yaşayabilirsiniz. Her şeye "Tamam," deyip yapılması isteneni yapmadığınız için aile içi problemler oluşabilir. Verdiğiniz sözleri yerine getirmeli ve ebeveynleriniz ya da üstlerinizin beklentilerini yerine getirmelisiniz.

İçinizde kaç yaşında olursanız olun büyümeyen küçük oyuncu bir çocuk olabilir. Kaç yaşında olursanız olun oyun oynamayı, hayal kurmayı seveceksiniz. Bu nedenle çocuklarla çok iyi anlaşabilirsiniz.

Genellikle talepkâr davranışlar gösterebilirsiniz. Küçükken her şeyi annenizden istediğiniz gibi iş ve özel yaşamınızda da hep birilerinden bir şeyler isteyebilirsiniz. Bazen bu durumu karşı taraf hoş karşılanmayabilir.

Sevgiyi derin yaşamaktan korkabilirsiniz. Çünkü bağ kurmaktan kaçınırsınız. Herkesle görüşürsünüz ancak bağlarınızı kuvvetlendirmezsiniz. Size göre canınız yanacağına bağlanmamak en iyisidir.

Çok çok zekisiniz, başka insanların göremedikleriniz görebilirsiniz. Analiz ve sentez yeteneğiniz süper, idrak gücünüz de hayli yüksektir. Her şeyi başkalarının anladığından daha çabuk kavrarsınız bu nedenle eğitim sisteminde sıkılabilirsiniz.

Sizin çoktan anladığınız konuların hala ders olarak işlenmesi sizi sıkabilir. Siz de bu sıkıntıdan uzaklaşmak için hayallere dalabilirsiniz. Sizin zihninize hep parlak fikirler gelir. Siz çok iyi bir proje üreticisi olabilirsiniz, bu nedenle de reklam alanında da büyük başarılar yakalayabilirsiniz.

Her şeyin en doğrusunu siz bilebilirsiniz! Bu tarz bir sabit fikirliliğiniz olabilir bu nedenle başkalarını kendi bildiğiniz doğrulara yöneltmeye zorlayabilirsiniz. İnatçılık ve sabit fikirli olmak yaşamda ne yazık ki başarıyı getirmez☺ Öğretmen tavrıyla kişileri yönetmeye çalışabilirsiniz. Bu konuda da dengeye dikkat etmekte fayda var. Çünkü sizin doğrunuz başkalarının doğrusu olmayabilir☺ Hayattan ağır dersler almak istemiyorsanız bu konular üzerinde düşünüp gerekli dönüşümü yapmalısınız.

Güçlü sezgi ve öngörülere sahipsiniz. Bu yetenekleriniz yaşamda doğru karalar vermenizi sağlar. Ne istediğinizi bilirsiniz. Karalı bir yapınız vardır. Ancak harekete geçmeyi ertelemekten vazgeçerseniz büyük başarılar yaşarsınız.

Öz disiplin konusunda problemler yaşayabilirsiniz. Sorumluk almak istersiniz ama keyfinize düşkünlüğünüzden sorumluluklarınızı yerine getirmeyebilirsiniz. Yaşamda yaptığınız işler için pratik bir formül bulup öz disiplinli hareket ederseniz her alanda büyük başarılar yakalarsınız.

Kafanız sıklıkla karışabilir. Kafanız karıştığında hemen içinde bulunduğunuz ortamdan uzaklaşmalı ve geçici olarak başka şeylerle ilgilenmelisiniz. Tabii daha sonra çözmeniz gereken konuya dönmelisiniz. Ertelemeden☺

Geçmiş sizin için çok önemli olabilir "Ah eski günler," "Keşke eski evimize dönebilsek," vs. gibi eski yaşanmışlıklara çok önem verebilirsiniz. Aslında bu sizin içinde bulunduğunuz sıkıcı durumdan kaçmanızı sağlayan bir savunma mekanizmasıdır. Ancak işe yarayan bir savunma mekanizması değildir. Daha cesur olup geleceği planlamanız daha doğru olacaktır.

Akıl ve duygu dengesini kurmalısınız. Düşünerek ve sağduyulu davranarak, olaylara farklı bakış açılarıyla bakmalısınız.

Güven sizin için çok önemli olduğundan evinizde ve güvende hissedeceğiniz yerlerde olmayı hatta güveneceğiniz kişilerle görüşmeyi tercih edebilirsiniz. Başkalarına yardım ettiğiniz zaman kendinizi çok mutlu hissedeceğiniz için yardımseverliği beklentisiz halde yapmanızı öneririm.

Ayrıca siz doğuştan şifacısınız bunu fark etmemiş olsanız bile deneyin göreceksiniz. Ellerinizde şifa enerjisi bulunmaktadır. Siz ellerinizle ya da sözlerinizle başkalarına moral, şifa verebilirsiniz. Başkalarına yaptığınız şifa enerjisini kendinize de uygulamalısınız. Daha sakin, hoşgörülü olmalısınız. Özellikle de kendinize karşı daha hoşgörülü olmalısınız ve bilinçaltı düzlemde kendinizi cezalandırmaktan vazgeçmelisiniz. Kendinizi şifalandırmanın yolu manevi bağınızı daha da güçlendirip, kendinize ve başkalarına olumlu enerjiler aktarmaktan geçecektir. Bu dünyaya bu alanda hizmet vermeye geldiniz. Siz hizmet verdikçe bolluk bereket enerjisi size maddi manevi akacak ve siz her anlamda zenginleşeceksiniz.

AŞK İLİŞKİLERİNİZ

Sorumluluklara çok önem vermenize rağmen, sorumluluk almaktan kaçınabilirsiniz. Bu durumu özellikle ikili ilişkilerinizde yaşayabilirsiniz. Bu nedenle geç evlenebilirsiniz. Evliliğinizde de sorumlulukları yerine getirmediğinizden iletişim sorunları yaşayabilirsiniz. Güven duygusu sizin için ne kadar önemliyse karşı tarafa için de o kadar önemlidir.

Bu nedenle yaşamınızda güven istiyorsanız sizin de sözünüzde durmanız, sorumluluklarınızı sahiplenmeniz ve her şeyi vaktinde gerçekleştirmeniz gerekir. Aksi durumda ikili ilişkileriniz genellikle sorunlu ilerleyebilir.

Siz çok tutkulu aşklar yaşamayabilirsiniz. Çünkü hayal kırıklığına uğramak, kırılmak istemediğinizden bağ kurmaktan kaçınırsınız. Siz seveni sevmeyi, onunla evlenmeyi seçersiniz. İlgi, sevgi ve şefkat görme isteğinizi karşılayacak ve size güven alanı sağlayacak bir kişi sizin için ideal bir eş olabilir. Tabii özgürlüğünüze de düşkün olduğunuz için yapmak istediklerinize karışmayacak bir eş arayabilirsiniz. Bununla beraber işin güzel yanı gerçekten eşinize son derece sadık olursunuz. Ancak eşiniz sizden ilgisini çekerse ve güvenlik alanınız sarsılırsa o zaman ayrılıp yeni bir sevgi ve güvenlik alanı arayabilirsiniz. Cinsellikten çok sohbet etmek, daha doğrusu kendinizi anlatmak sizin için önemli. Bu nedenle arkadaş gibi, sizi dinleyen, hoşgörülü bir eş seçmeniz ilişkide daha mutlu olmanızı sağlayabilir.

İŞ – KARİYER YAŞAMINIZ

Ya pek çok konuya heves duyarsınız ya da hiçbir şeye ilgi duymayabilirsiniz. İlgi alanlarınız gelip geçici olabilir bu nedenle hangi mesleği yapacağınıza geç karar verirsiniz. İki uç noktadan birinde olursunuz. Ya işinizde çok başarılı, şan ve şöhret sahibi olursunuz ya da maalesef söylemeliyim ki bir baltaya sap olamayabilirsiniz. Bununla beraber çok da şanslı olduğunuz için birileri sizi işe sokar, ya da bir iş yeri açar ve böylece bir şekilde iş sahibi olursunuz.

Eğer sevdiğiniz işi yapıyorsanız ve öz disiplinli hareket ediyorsanız gerçekten çok başarılı olursunuz. Hatta alanınızda çok da ünlü olur, örnek gösterilirsiniz. Hayal gücünüz muhteşem olduğu için tasarım ve hayal gücü isteyen hemen her iş size göre olabilir. Siz hayal kurar ve hayal satabilirsiniz. Yazılım ya da film senaryoları gibi sanal ürünleri satma konusunda çok başarılı olursunuz. Yaptığınız işe inanırsanız ikna edemeyeceğiniz hiç kimse olmaz çünkü sizdeki ikna yeteneği de pek az kimsede bulunur. Şifa enerjiniz yüksek olduğu için spiritüel alanlarda ya da felsefe ve din konularında da ünlü isimlerden biri olabilirsiniz. Şifa enerjiniz gerçekten çok yüksek olabilir ve hem kendinizi hem de başkalarını şifalandırabilirsiniz.

MALİ DURUMUNUZ

Eğer siz planlı programlı çalışmayı, sabırlı olmayı, gerekenleri zamanında yapmayı, sorumluluklarınıza sahip çıkmayı yaşamınızda oturtursanız hem maddi hem de manevi muhteşem bir zenginliğe sahip olursunuz. En önemlisi tatmin olma duygusunu ve huzuru yaşarsınız. Gerçi bir baltaya sap olamayanlar da şanslı oldukları için bir şekilde para sahibi olur ve konforlu bir yaşam sürebilir.

SAĞLIĞINIZ

Genellikle sağlıklı bir yapınız vardır. Ama kemik, diş ve eklemler konusunda hassas olabilirsiniz, bu alanlara dikkat etmekte fayda var. Dikkatsizlikten kaynaklanan kazalara dikkat etmelisiniz. Ayrıca alerjik bir yapınız da olabilir. Genç yaşta zayıf olup ilerleyen yaşta kilo almaya meyilli olabilirsiniz. Bu yüzden spor istikrarlı bir şekilde hayatınızda var olmalıdır. Yoga ve meditasyon yapmak da hızlı çalışan, sürekli düşünen zihninizi dinlendirecektir. Bu şekilde kendi söyleyeceklerinizi daha çok düşünmek yerine karşı tarafı da dinleyebileceksiniz☺

EN TEMEL KORKULARINIZ

- Güvensizlik Korkusu ve Özgüven Eksikliği
- Güçsüzlük Korkusu
- Suçlanma Korkusu
- Yetersizlik Korkusu
- Çaresizlik Korkusu
- Yalnız Kalma Korkusu
- Başarı-Başarısızlık Korkusu

Yaşamınızda genellikle yukarıda bahsi geçen konular hakkında deneyimler yaşarsınız. Çünkü sizin bu dünyada vermeniz gereken sınavlar belirttiğim davranışları düzenlemek ve korkulardan arınmanızla ilgilidir. Bu durumu düzenleyene kadar benzer sınavlardan geçmeye devam edebilirsiniz. Benden söylemesi ☺. Önerim aşağıdaki olumlamaları kullanmanız ve Esma çalışmalarıyla kendinizi güçlendirmeniz. Özenle ve bilinçli olarak bu konular üzerinde çalışma yapmalısınız. Eğer söz konusu durumlar ileri boyutta ise profesyonel destek almanız çok faydalı olacaktır.

RUHSAL TEKÂMÜLÜNÜZ İÇİN YAPMANIZ GEREKENLER

- Öz disiplin sahibi olup kendi yaşamınızı planlamalısınız ve verdiğiniz kararları iradenizi kullanarak uygulamalısınız.
- Yaşamınızdaki kişileri, olayları önemsemeli her şeye hak ettiği değeri vermelisiniz.
- Yapılacak olan işleri ya da sorumlukları gözünüzde büyütmemeli, hedefinizi küçük hedef parçalarına bölüp adım adım ilerlemelisiniz.
- Başarısız olmaktan korkup herhangi bir işe başlamaktan vazgeçmemeli, kendinize güvenmeli ve cesur olmalısınız. Ya da tam tersi sorumluluk almaktan kaçındığınız için başarılı olmayı reddetmemelisiniz.
- Allah'ın size bağışladığı aklınıza, zekânıza, yeteneklerinize güvenin ve kendi öz değerinize sahip çıkın.
- Kendi gücünüze sahip çıkıp yaşamda cesur olmalısınız.

- Hayal dünyanızı projeleriniz ve olmasını arzu ettiğiniz durumların canlandırılmasında kullanmalısınız, gerçek yaşamdan kaçıp hayal dünyasına sığınmamalısınız.
- Yaşamınızın sorumluluğunu elinize almalısınız ve yaşamınızı siz yönlendirmelisiniz.
- Başkalarına verdiğiniz öğütleri önce kendiniz uygulamalısınız.
- Körü körüne inatçılıktan vaz geçmelisiniz.
- Eleştirme, yargılama ve suçlama dilinden kendinizi kurtarmalısınız, kendinize ve başkalarına karşı hoşgörülü ve esnek olmalısınız. Siz de suçlanmaktan korkmamalısınız. Çünkü korktukça daha çok suçlanacağınız deneyimler yaşayabilirsiniz.
- Erteleme huyunuzdan vazgeçip her şeyi zamanında yapmalısınız.
- Allah'ın size armağan olarak verdiği yüksek enerjiyle hem kendinize hem de başkalarını şifa olmalısınız.
- Güçlü sezgilerinizi daha da güçlendirerek sağduyulu kararlar vermelisiniz.

OLUMLAMALARINIZ

- Ben kendime, yeteneklerime, gücüme güveniyorum.
- Ben cesurum ve hayata cesaretle atılıyorum.
- Ne istediğimi bilip cesaretle isteğime sahip oluyorum.
- Yaşadığım hayatı, içinde bulunduğum dünyayı seviyorum.
- Allah'ın bahşettiği güçlü sezgi enerjimi geliştiriyorum.

- Kendimin ve zamanımın yöneticisi benim, zamanımı verimli kullanıyor, her şeyi vaktinde yapıyor ve kendimle gurur duyuyorum.

- Yaşam sorumluluğumu elimi alıyor ve sorumluklarımı kolaylıkla yerine getiriyorum. Bunun için de kendimi takdir ediyorum.

- Kendimi ve başkalarını olduğu gibi kabul ediyorum.

- Ben geleceğime güvenle bakıyorum, içinde bulunduğum her an geleceğimi pırıl pırıl inşa ediyorum.

- Güçlü bir empati yeteneğine sahibim ve insanların duygu durumlarını rahatlıkla analiz ediyorum.

- Yaşadığım her an ve aldığım her nefes için, sahip olduklarım ve olmaya devam ettiklerim için Rabbime daima şükrediyorum.

- Allah'ın bana bahşettiği şifa enerjisiyle hem kendime hem de başkalarını şifa veriyorum.

- Artık hoşgörülü ve esnek bir bakış açısına sahibim.

Not: Gün içinde olumlama yapmayın çünkü o saatlerde ego görev başındadır ve değişiminize tepki gösterebilir. Eğer olumlamaları gündüz yaparsanız, kullandığınız olumlamaların tam tersi deneyimler içerisine girebilirsiniz. Bu yüzden olumlamalarınızı sadece sabah uyandığınızda ve gece uykuya dalmadan hemen önce yapın. Bu dönemlerde beyin dalgalarınız Alfa frekansında olduğu için egonuz devre dışıdır.

ESMALARINIZ

Esmaları zikretmenizin de size çok faydası olacaktır.

- Ya Aziym (1020 kere): Azim, güç ve iktidar kuvveti verir.
- Ya Kaviyy (116 kere): İradeyi Güçlendirir.
- Ya Cebbar (206 kere): Cesaret verir.
- Ya Muktedir (744 kere): Her şeyi yapma gücünü harekete geçirir.
- Ya Musavvir (336 kere): Yaratıcılık enerjisinin somut alanlara akmasını sağlar.
- Ya Selam (131 kere): İçinize huzur, rahatlık ve güven duygusu verir.
- Ya Muhyi (68 kere): Şifa enerjinizi harekete geçirir.
- Ya Batın (62 kere): Sezgilerinizi güçlendirir.
- Ya Muğni (1100 kere): Maddi manevi zenginlik sağlar.
- Ya Fettah (489 kere): Maddi ve manevi tüm kapıları açar ve zafer sağlar.
- Ya Mani (161 kere): Negatif enerjilerden korur.

Size uygun olabilecek Esmalardan birkaç örnek verdim. Esmalar ile ilgili daha detaylı bilgiye, telif gelirini yardım kuruluşlarına bağışladığım "Esmaların Gizli Hazinesi" isimli kitabımdan ulaşabilirsiniz. Ayrıca aynı kitapta kendi burcunuza ait olan Esmaları seçebilir ve mucizevi güzellikleri deneyimleyebilirsiniz.

KOD 41

Örneğin 24.9.1979 tarihindeki gibi doğum tarihinizin sayı değerleri toplamı 41 çıkıyorsa sizin sayınız 41'dir.

GENEL ÖZELLİKLERİNİZ

Hümanistsiniz ve dünyaya, insanlara faydalı olma arzusu içerisinde olabilirsiniz. İyi yürekli, yaratıcı, yardım etmeyi seven bir yapınız var.

Çok zekisiniz. Hemen her şeyi rahatlıkla öğrenir ve idrak edersiniz. Analiz etme yeteneğiniz zihninizi yoracak kadar çok yüksektir ☺ Analitik zekânız ve sentez yeteneğiniz çok yüksektir. Bununla beraber zaman zaman zihinsel karışıklık yaşayabilirsiniz.

Kafanız karıştığında düşündüklerinizi bir kenara bırakmalı başka şeylerle ilgilenmelisiniz. Sonra kafanızı karıştıran konu ya da duruma dönebilir ve sağduyulu karar verebilirsiniz. Çünkü kafa karışıklığıyla vereceğiniz kararlar sağlıklı olmayabilir.

Çok yaratıcı, çok becerikli, çok yönlü bir yapınız vardır. Olayları ilişkilendirebilir buluşlar ya da yeni çıkarımlar yapabilirsiniz. Mevcut sistem yerine yenilik ya da yeni bakış açısı getirebilecek bir gücünüz var. Siz başka insanların düşünemediklerini düşünebilir çok güzel projeler ya da eserler ortaya koyabilirsiniz. Bu güç ve enerji size doğumunuzla hediye edilmiştir. Bu muhteşem enerjinizin ortaya çıkabilmesi için üzerinizde bazı çalışmalar yapmalısınız.

İlgi alanınıza girmeyen konularda konsantrasyon sorunu yaşayabilirsiniz. Sürekli hareketli, sabırsız ve aceleci davranışlar gösterebilirsiniz.

İlginizi bir yere odaklayamayabilirsiniz. Bir anda farklı uyaranlar tarafından etki altına girebilirsiniz. Bu durum sizi biraz kazalara açık yapabilir. Bu nedenle konsantrasyon çalışmaları yaparak zihninizi eğitmeye özen göstermelisiniz.

Siz yüksek yaratıcılık enerjisine sahipsiniz. Sanat alanında ya da proje üretme alanında çok başarılı olabilirsiniz. Bu enerjinizin mutlaka bir alana kanalize olması gerekir. Yani bir eser ortaya koymalısınız, bu planlanan bir projeyi hayata geçirmek de olabilir, kitap yazmak, resim yapmak gibi sanatsal alanla da ilgili olabilir.

Yüksek enerjiye sahip olduğunuz için mutlaka fiziksel egzersiz yapmanız lazım. Sporla ilgilenebilir ve ya dans edebilirsiniz. Bu şekilde fiziksel ve ruhsal enerjinizi harekete geçirmeniz sizin üst enerji alanlarına çıkmanızı ve çok olumlu deneyimler yaşamanızı sağlayacaktır. O zaman kendinizi güçlü, özgür, enerji dolu hissedeceksiniz. Eğer bu yaratıcı enerjiyi bir alana kanalize etmez ve fiziksel aktivitelerde bulunmazsanız bu enerji bloke olacak ve siz bağımlılık enerjisiyle yaşamaya başlayacaksınız. Bu bağımlılık sigara, içki gibi bir maddeye olabileceği gibi, bir kişiye ya da bir duyguya da olabilir. Daha ziyade öfke enerjisine bağımlı olabilirsiniz. İçsel bir öfke yaşayabilir, öfkeleneceğiniz deneyimleri yaşamınıza getirebilirsiniz.

Dışarıya karşı son derece sevecen ve sevimli bir görüntünüz olsa da bağımlılık enerjisi geliştirdiyseniz yakınlarınıza karşı öfkeli ve ters davranışlar gösterebiliyor olabilirsiniz.

Liderlik özelliğine sahipsiniz ve sizin istediğiniz olsun istersiniz. Söylediğiniz bir şeyi karşı taraf yapmazsa çok öfkelenebilirsiniz. Esnek, rahat ve sakin olmakta fayda var. Siz yine liderlik özelliklerinizi kullanın ama daha sakin olmaya çalışarak ve baskıcı olmadan.

Eleştirilmeye karşı tepki gösterebilir, sivri bir dil kullanarak savunma mekanizmanızı harekete geçirebilirsiniz. Eleştirileri olumlu değerlendirmeye çalışmakta fayda vardır. Suçlama ve yargılama dili kullanabilir, başkalarını çok eleştirebilirsiniz.

İçinde bulunduğunuz durumlardan sürekli şikâyet edebilir, çevrenizdekilerin kafasını da şişirebilirsiniz☺ Bu durum sıkışmış enerjinizin varlığının dışavurumudur. Bu nedenle sizin düzenli bir şekilde spor ya da dans gibi fiziksel aktivitelerde bulunmanız şarttır. Aksi halde içinizde bastırılmış bir öfke enerjisi oluşur ve bu durum hemen hemen tüm ilişkilerinizi ve işlerinizi olumsuz etkileyebilir.

Savunma mekanizmanız sizin dışarıdan duygusuz algılanmanıza sebep olabilir. Aslında derin duygulara sahipsiniz. Duygularınızın dışarıdan anlaşılmasını istemediğiniz zaman duygusuz biri gibi davranırsınız. Duygularınız yoğun olduğundan başarılı bir şair ya da yazar olabilirsiniz.

Özgürlük sizin için çok önemli olabilir. Kendinizi özgür hissedemiyor olabilirsiniz. Özgürlük hissini yaşamayı istemekle beraber bilinçaltınızın etkisiyle kendinizi özgür hissedemeyeceğiniz meslekler, eşler seçebilir ya da bu durumları aslında kendiniz oluşturabilirsiniz. Büyük ihtimalle hem sorumluluk istemiyor hem de sorumlulukları üzerinize aslında siz alıyor olabilirsiniz.

Bu tür durumlar içsel öfke oluşturmanıza sebep olabilir. Önce kendinizi başkalarına bağımlı kılıp sonra da özgürlüğünüz için mücadele etmeye kalkabilirsiniz. Sonra da özgürlüğünüzü kısıtladığını düşündüğünüz kişileri suçlayabilirsiniz.

Özgürlük anlayışınızı değiştirmeniz gerekir. Özgürlük kafanızın estiği gibi davranmaktan çok içsel korkularınızdan, endişelerinizden, düşünsel kalıplarınızdan ve özellikle kendinize duyduğunuz özgüven eksikliğinden kurtulmanızdır. Bu şekilde kendindiniz olursunuz ve gerçek anlamda özgürlüğünüze kavuşursunuz. Rol yapmaktan da bu şekilde kurtulursunuz.

Hak hukuk konuları da sizin için çok önemlidir. Adalete önem verir, haksızlıklara karşı ciddi tepki gösterebilirsiniz. Hakkınızı sonun kadar savunursunuz. Bu anlamda avukatlık ya da hâkimlik de sizin için uygun meslekler olacaktır. Size verilen sözler tutulmadığında tepki gösterebilirsiniz. Ancak karşıdan beklediğiniz hassasiyeti kendiniz de uygulamalısınız. Siz de söz verdiğiniz zaman ertelemeden, zamanında sözlerinizi yerine getirmelisiniz. Aksi takdirde insanların size duyduğu güveni kaybedersiniz.

Ulaşmak istediğiniz hedeflerin yolunu küçük planlara/basamaklara bölmelisiniz. İşin genelinden gözünüzün korkmaması ve hedefinizden vazgeçmemeniz için hedefe giden yolu basamak basamak düşünmelisiniz. Olayın geneline bakmadan ilk basamak üzerine yoğunlaşmalı onu atladıktan sonra bir sonrakine geçmelisiniz. Bu şekilde yaşamınızı planlamak size daha kolay gelecektir.

AŞK İLİŞKİLERİNİZ

İlgi çekici bir görünüme sahipsiniz. Yaydığınız enerjiden karşı cins çok etkilenebilir. İlişkilerde duygusal değişim gösterebilirsiniz. Bazen çok sıcak ve yakın olup bazen de araya mesafe koyup uzaklaşabilirsiniz.

Düşüncelerinizi ve hislerinizi karşı taraf pek anlayamaz bu nedenle karşınızdaki kişi kurgu yapmak durumunda kalabilir. Sizin açık olmamanız ilişkilerde problem yaşamanıza sebep olabilir. İnatçı bir yapınız olduğundan bazen bu konuda da çatışmalar yaşayabilir ya da geri çekilebilirsiniz. İlişkide özgür olmayı isteyebilir ve sorumluluklardan kaçabilirsiniz. Evlenip de çocuklarınız olunca daha sorumlu davranışlar gösterebilirsiniz. Genelde de çocuklarınıza düşkün olursunuz.

İlişkilerde istikrar istersiniz, düzenli bir yuvanız, yaşamınız olsun istersiniz ancak bazen bu düzeni yine özgürlük arzusuyla siz bozabilirsiniz. Çünkü sıkılırsınız. İç sıkıntısını yenmeniz için daima yeni hobiler, ilgi alanları keşfetmelisiniz.

İŞ – KARİYER YAŞAMINIZ

Keskin bir zekâya ve çok da başarılı analiz yapabilme gücüne sahip olduğunuzdan iş hayatında isterseniz çok başarılı olabilirsiniz. İsterseniz diyorum çünkü rahatına düşkün yapınız ve erteleme davranış modeliniz sizin tembel davranışlar sergilemenize sebep olabilir. Böyle olmamasına özen gösterirseniz yaşamda başarıya ulaşabilirsiniz. Size armağan olarak verilen bu yüksek zekâ ve analiz yapma yeteneğinizin potansiyelini kullanmamak hem kendinize hem de topluma bir haksızlık olur. Erteleme ve işi önemsememe gibi davranışlarınızın önüne geçerseniz iş hayatınızda çok yükseleceksiniz ve muhteşem başarılar yakalayacaksınız.

MALİ DURUMUNUZ

Çalıştığınız zaman yüksek oranda para kazanma potansiyeline sahipsiniz. Farklı şekillerde de para size gelir. Belki miras yoluyla da çok paraya sahip olabilirsiniz. Geleceğe dair parasız kalma korkusu yaşasanız da size bir şekilde para gelir. Belki çok çok zengin olmazsınız ama konforlu yaşayacak paraya sahip olursunuz. Gelen paralarınızı yatırım amaçlı kullanmanızı öneririm. Ancak borsa gibi alanlardan da uzak durmanızı şiddetle öneririm. Bu tarz alanlarda para kaybetme riskiniz yüksek olabilir.

SAĞLIĞINIZ

Sağlık enerjisini çok güzel çekersiniz. Pek çok kişiye oranla sağlıklı ve kuvvetli bir bünyeye sahip olursunuz. Bununla beraber bağımlılık enerjisi taşıdığınız için sigara-alkol gibi maddelere bağımlılık geliştirebilirsiniz. Sizin mutlaka düzenli fiziksel egzersiz yapmanız ve içinizde biriken bağımlılık ve öfke enerjisini bu şekilde boşaltmanız gerekir. Etli ve yağlı yiyeceklerle beslenmeyi sevebilirsiniz bu nedenle kolesterolünüzü de takip etmelisiniz.

Analizlerimde yer alan olumsuz davranış modellerinizi olumlu davranış modellerine çevirdiyseniz bu tekâmülünüzden dolayı sizi yürekten tebrik ederim☺

EN TEMEL KORKULARINIZ

- Güvensizlik Korkusu ve Özgüven Eksikliği
- Esaret Korkusu (Kendinizi Özgür Hissedememe)
- Sorumluluk Alma Korkusu
- Güçsüzlük Korkusu
- Yanlış Anlaşılma korkusu

Yaşamınızda genellikle bahsi geçen konular hakkında deneyimler yaşarsınız. Çünkü sizin bu dünyada vermeniz gereken sınavlar bu davranışları düzenlemek ve korkulardan arınmanızla ilgilidir. Bu durumu düzenleyene kadar benzer sınavlardan geçmeye devam edebilirsiniz. Benden söylemesi ☺. Önerim aşağıdaki olumlamaları kullanmanız, Esma çalışmalarıyla kendinizi güçlendirmeniz. Özenle ve bilinçli olarak bu konular üzerinde çalışma yapmalısınız. Söz konusu durumlar ileri boyutta ise profesyonel destek almanızı öneririm.

RUHSAL TEKÂMÜLÜNÜZ İÇİN YAPMANIZ GEREKENLER

• Sakin olmalısınız. İçsel öfkenizi yönetmeli, iç enerjinizi yaratıcılığınızı kullanacağınız alanlara yönlendirmelisiniz. Olumlu alanlara yönlendirilmeyen iç öfke bağımlılık ya da kilo yapar, bu konuya dikkat etmelisiniz.

• Yaratıcılık enerjinizi kullanmalı sanatla, dansla ve sporla ilgilenmelisiniz. Böylelikle bağımlılık enerjisinden kurtulup özgürlüğünüze sahip olabilirsiniz.

• Erteleme huyunuzdan vazgeçmeli, her şeyi zamanında yapmalısınız.

• Yapılacak işleri gözünüzde büyütmemelisiniz. Hedefleri küçük planlara ayırmalısınız.

• Kendi duygu ve düşüncelerinizi rahatlıkla ifade edebilmeli, açık ve samimi olmayı seçmelisiniz.

• Kendiniz olmalısınız, büründüğünüz rollerden sıyrılmalısınız.

OLUMLAMALARINIZ

• Rahatlıkla bir işe başlıyor ve zamanında yapıyorum.

• Elimi attığım her işte başarıyı yakalıyorum.

• Ben sabırlıyım, sakinim ve dikkatliyim.

• Ben yaptığım her işe rahatlıkla odaklanıyorum.

• Ben kendime ve kendi yeteneklerime çok güveniyorum.

• Ben özgüven sahibiyim.

- Ben yaratıcı enerjimi faydalı alanlara yönlendiriyorum.
- Ben çok yaratıcı ve yetenekliyim.
- Her zaman, her durumda sakin ve sağduyulu hareket ediyorum.
- Ben kendimi her zaman ve her yerde özgür hissediyorum. Ben özgürüm.
- Duygularımın farkındayım. Duygularımı samimiyetle, rahatlıkla ifade ediyorum.
- Yaşadığım her an ve aldığım her nefes için, sahip olduklarım ve olmaya devam ettiklerim için Rabbime daima şükrediyorum.

Not: Gün içinde olumlama yapmayın çünkü o saatlerde ego görev başındadır ve değişiminize tepki gösterebilir. Eğer olumlamaları gündüz yaparsanız, kullandığınız olumlamaların tam tersi deneyimler içerisine girebilirsiniz. Bu yüzden olumlamalarınızı sadece sabah uyandığınızda ve gece uykuya dalmadan hemen önce yapın. Bu dönemlerde beyin dalgalarınız Alfa frekansında olduğu için egonuz devre dışıdır.

ESMALARINIZ

Esmaları zikretmeniz de size çok faydası olacaktır.

- Ya Halim (88 kere): Sakinlik verir ve olaylara sağduyulu yaklaşmanızı sağlar.
- Ya Kuddüs (170 kere): Bağımlılık enerjisinden kurtarır.
- Ya Kaviyy (116 kere): Yüksek irade gücü sağlar.

- Ya Selam (131 kere): İçinize huzur, rahatlık ve güven duygusu verir.
- Ya Musavvir (336): Yaratıcılık enerjinizi kullanarak yaşamınızda somut ve çok güzel oluşumlar ortaya koymanızı sağlar.
- Ya Cebbar (206 kere): Cesaret verir ve işe başlamayı kolaylaştırır.

Yukarıda size uygun olabilecek Esmalardan birkaç örnek verdim. Esmalar ile ilgili daha detaylı bilgiye, telif gelirini yardım kuruluşlarına bağışladığım "Esmaların Gizli Hazinesi" isimli kitabımdan ulaşabilirsiniz. Ayrıca aynı kitapta kendi burcunuza ait olan Esmaları seçebilir ve mucizevi güzellikleri deneyimleyebilirsiniz.

KOD 42

Örneğin 25.9.1979 tarihindeki gibi doğum tarihinizin sayı değerleri toplamı 42 çıkıyorsa sizin sayınız 42'dir.

GENEL ÖZELLİKLERİNİZ

Bu dünyanın mükemmel olmasını istersiniz. Doğal olarak mükemmeli arayan bir duygu durumuna sahip olabilirsiniz. Dünyayı ve insanları eleştirebilirsiniz. Eğer daha güzel bir dünya için çalışırsanız ne âlâ ama sadece söylenip eleştirmekle kalırsanız o zaman sadece çevreye negatif enerji vermiş olursunuz. Sizin bu düzeni değiştirecek yüksek öngörüşleriniz olabilir, sorumluluğunuz da bu değişimi söylenmeden gerçekleştirmeye çalışmanızdır.

Siz kendinizi mükemmel hissetmediğinizde başkalarını suçluyor olabilirsiniz. Eğer bunu yapıyorsanız kendi yaşam sorumluluğunuzu elinize almamışsınız demektir. Öncelikle mükemmeliyetçilikten vazgeçmeli, söylenmeyi bırakmalı, yapılacak bir şeyler varsa onları yapmalısınız.

Bazen kendinizi de mükemmel olmaya zorlayabilirsiniz ve bu nedenle mükemmel olmaya çalıştıkça hata üzerine hata yapabilirsiniz. Sonra da kendinize öfke duyabilir, kendinizi yeterli derecede akıllı bulmayabilirsiniz. Esneyin, kendinizi de başkalarını da olduğu gibi kabul edin. Siz ilk önerim "mükemmeliyetçilikten istifa etmeniz" olacaktır☺

Çeşitli kalıplarınız ve kurallarınız olabilir. -meli, -malı'larla kendi özgürlüğünüze ve çevrenizdekilerin özgürlüğüne farkında olmadan engel olursunuz. -meli, -malı'ları bırakmalı ve içinizden geldiği gibi yaşamalısınız. Bazen yanlış yaptığınızı bile bile aynı şekilde davranmaya inatla devam edebilirsiniz. Bu davranış modelini, sizi yaşamda başarıya taşımayacağı için değiştirmenizi öneririm. Esnek olun, olayların akışına göre davranış modellerinizi değiştirmenizde faydalı olacaktır. Değişime direnç gösterebilirsiniz. Ama değişmeyen hiçbir şey yoktur, yeter ki siz isteyin.

Kendinizi dönem dönem dağılmış, kaybolmuş ya da sıkışmış hissedebilirsiniz. İçinde bulunduğunuz durum ya da içinde bulunduğunuz gerçekliği reddetme arzusu sizi bağımlı yapacak madde kullanımına itebilir, dikkatli olmanız gerekir. Bu duygulardan arınmak için dünya gerçekliğini beğenmeseniz bile kabul etmeniz, yapabileceğiniz bir şey varsa bunu yapmanız daha doğru olacaktır.

Pişman olmaktan ve suçluluk duygusundan çok korktuğunuz için yapmanız gerekeni yapamayabilir ya da atmanız gereken adımları atmayabilir bu nedenle de kaçak bir yaşam sürebilirsiniz. Hayal kırıklığına uğramaya karşı bilinçaltı bir eğiliminiz olabilir ve kendinize hayal kırıklıkları yaşatacak deneyimler oldurtabilirsiniz. Çevreniz tarafından sevilirsiniz, hoş sohbetsinizdir. Çevrenize neşeli enerjiler saçarsınız ve varsa bile olumsuz duygularınızı dışarıya aktarmazsınız. İş birliğine yatkın olmakla beraber birden bire geri çekilebilirsiniz. Elinizden geldiğince yardım etmeyi, faydalı olmayı istersiniz, başka insanları mutlu etmeye özen gösterirsiniz.

Sizin de yaşamdaki en önemli çalışmalarınızdan biri alma-verme dengesini kurmaktır. Dengeli bir biçimde yaşama hizmet vermek, adil ve arabulucu olarak da hem kendi mutluluğunuza hem de başkalarının mutluluğuna katkıda bulunmaktır.

Alma-verme dengesini kurmak zaman alabilir ama bunu durumu dengelemekle yükümlüsünüz. Siz çok fazla verici, fedakâr ve iyi niyetli olabilirsiniz, ancak bu durum sizin kendinize haksızlık etmenize sebep olabilir.

Karşınızdaki kişilere destek olmak adına kendinizden çok verir, hayal kırıklığına uğrar, incinir sonra da bıçak kemiğe dayandığında birden tüm desteğiniz çekebilirsiniz. O zaman da fazla alıcı olma tarafına geçebilir ve hep kendi istediğiniz olsun diye kaprisli davranabilirsiniz. İkisi de doğru değildir. Dengeyi kurmak ve sınırları belirlemek gerekir. Dinlerde "kul hakkı" denen bir durum vardır. "Kul hakkı" sadece karşınızdakinin hakkı değil, sizin de hakkınızdır. Hatta öncelikle sizin hakkınızdır. Çok fazla fedakâr, verici davranarak kendinizden veriyorsanız o zaman kendi "kul hakkınızı" çiğnemiş oluyorsunuz.

Bazen de tam tersine, özellikle de ailenize karşı çok alıcı davranabilirsiniz. Başkalarına göstermediğiniz benmerkezci tavırları ailenize gösterebilirsiniz. Bu durum da dengeyi bozan davranış modellerinden biridir.

Bu dengeyi oturtmanız için yapmanız gerekenler şunlardır: Birisi sizden bir şey istemeden hemen atlayıp yardım etmeye kalkmamalısınız. Bırakın istesinler. İstendiğinde verdiğiniz destek ya da yardım hak ettiği değeri görecektir.

Diyelim ki sizden biri bir şey istedi o zaman da kendinize şu soruyu sormalısınız: "Ben bu destekte bulunursam sevilmek, değer görmek de dâhil karşı taraftan bir beklentim olur mu?" Eğer yanıtınız "Evet ben beklenti içine girerim ve nankörlükle karşılaşırsam da hayal kırıklığına uğrar, incinirim," diyorsanız talebi yerine getirmemeniz gerekiyor. Fedakârlığı bırakmanız gerekir. Ta ki "Ben bu iyiliği yapıyorum, ister takdir etsin, ister etmesin, ben bu iyiliği kendimi mutlu etmek için yapıyorum," diyeceğiniz güne kadar. Bu dengeyi kuramadığınız sürece hayal kırıklıkları peşinizi bırakmayabilir.

İstediğiniz şeye "evet" istemediğiniz şeye de "hayır" demeyi kesinlikle öğrenmeniz gerekir. Sınırlarınız olmalı ve sınırlarınızı işgal etmeye kalkan olursa da "dur" diyebilmelisiniz. Başkaları kırılmasın diye kendinizi üzerseniz öz benliğinize haksızlık etmiş olursunuz. Bu konuya dikkat etmelisiniz.

Başkalarından bir şey istemesini öğrenmelisiniz, nasıl ki başkaları sizden istiyorsa bu dengeyi korumalısınız. Öz benliğinize karşı "Ben kimseden bir şey isteyemem," demek gibi bir hakkınız olmamalı. Ayrıca başkalarından bir şey istememek kibirli davranışın göstergesidir.

Bunu değiştirmeye özen göstermelisiniz. Elbette isteme konusunu da abartmamalı ve siz de başkalarının sınırlarını çiğnememelisiniz.

Başkalarının başarılarıyla kendinizi kıyaslayabilir ve kendinizi yetersiz, başarısız hissedebilirsiniz. Bunu kendinize yapmayın. Herkesin başarısı kendine özgüdür ve siz zaten tüm yeterliliklere sahipsiniz.

Hislerinizden uzak olabilirsiniz, olaylara ne hissettiğinizden çok ne hissedilmesi gerekir diye düşünüp o şekilde yaklaşabilirsiniz. Duygularınızla yüzleşip ifade etmeniz de fayda görüyorum.

Yaşamda hedeflerinizi küçük planlara bölmelisiniz. İşin genelini görüp gözünüz korkmasın ve plandan vazgeçmemek için hedeflerini adım adım ele alıp, olayın geneline bakmadan ilk adım üzerine yoğunlaşmalı ve onu atladıktan sonra bir sonrasına geçmelisiniz. Bu şekilde yaşamınızı planlamanız size daha uygun ve kolay gelecektir.

İstikrarlı, planlı ve programlı olmaya özen göstermelisiniz. Pes etmeden başladığınız işi bitirmeli sabırla bitirmelisiniz. Kendi iç gücünüze güvenmelisiniz.

AŞK İLİŞKİLERİNİZ

Güzel ellere ve ayaklara karşı zaaflarınız olabilir.

Alma-verme dengesini oturttuktan sonra tam istediğiniz gibi ilişki yaşayabilirsiniz. İlişkilerde sizin talepleriniz kadar karşı tarafın talepleri de önemlidir. Bu nedenle ilişkilerinizde empati yeteneğinizi biraz daha geliştirmenizde fayda olabilir. Duygularınızı da mutlaka olumlu dil kalıplarıyla ifade etmelisiniz. İfade edilmemiş duygular içinizde öfke oluşturabilir ve ilişkiniz zarar görebilir. Sorumluluk almaktan kaçınabilirsiniz ve bu nedenle de geç evlenebilirsiniz. Ayrıca erteleme davranış modelleriniz varsa eşiniz ya da sevgiliniz tarafından rahatsız edici olabilir çünkü bu durum kendilerini önemsiz hissettirebilir. İlişkide de kendinize ait kurallarınız, kalıplarınız olabilir. -meli, -malı'larla hareket edebilirsiniz. Kuralları esnetmenizde fayda var. Dünya ya da insanlar mükemmel olamayabilir ama sistemin mükemmelliği içindeki tezatlardan oluşur. Bunu fark ettiğinizde ve esnek bir bakış açısına geçip hoşgörülü olduğunuzda, ilişkilerinizin tatmin ederek ilerlediğini fark edeceksiniz.

İŞ – KARİYER YAŞAMINIZ

Kendinizi bazen çalışarak çok yorabilirsiniz. Bazen de hiçbir şey yapmaz hatta pes edebilirsiniz. Sizin en büyük engeliniz erteleme huyunuz ve durumları göz ardı ederek önemsememeniz olabilir. Olumsuz bir durumla karşılaştığınızda ise çözüm bulacağınız yerde "Nasılsa yapılacak bir şey yok," diye düşünerek olayları kabullenişiniz olabilir. Ardından da kurban psikolojiyle hayıflanıp söylenebilirsiniz. Şu düşünceyi kesinlikle zihninize yerleştirmenizde fayda olduğunu düşünüyorum, "Her zaman her olayın mutlaka bir çözüm yolu vardır." Soruna odaklanmaktan vazgeçip daima çözüme odaklanmalısınız.

İsteğiniz bu olmamasına rağmen siz daha çok memur zihniyetiyle çalışabilirsiniz. Verilen sorumlukları yerine getirirsiniz. Size bir şey söylendiğinde yaparsınız ancak inisiyatif kullanmaktan da genellikle kaçınırsınız.

Hata yapmaktan duyduğunuz korku ve genellikle çözüm odaklı düşünmekten uzak duruşunuz sizin vizyoner yapınıza vurduğunuz en büyük ketiniz olabilir. Eğer inisiyatif alır ve çözüm odaklı düşünürseniz muhteşem işler başarır ve başkalarına da öncülük yapabilirsiniz.

MALİ DURUMUNUZ

Yaşamınızda maddi anlamda kıtlık dönemini de bolluk dönemini de yaşayabilirsiniz. Yine de para yönünden şanslı sayılabilirsiniz. Eğer söylenmekten, hayıflanmaktan vazgeçerek kurban psikolojinden sıyrılırsanız ve yaşam sorumluluğunuzu cesaretle ele alıp projelerinizi hayata geçirirseniz çok da zengin olabilirsiniz.

SAĞLIĞINIZ

Genellikle sağlıklısınızdır. Suçluluk ya da pişmanlık psikolojine girerseniz o zaman sinir sisteminiz hasar görebilir ve sinirsel rahatsızlıklar yaşayabilirsiniz.

Analizlerimde yer alan olumsuz davranış modellerinizi olumlu davranış modellerine çevirdiyseniz bu tekâmülünüzden dolayı sizi yürekten tebrik ederim☺

EN TEMEL KORKULARINIZ

- Pişman Olma Korkusu
- Değersizlik Korkusu
- Çaresizlik Korkusu
- Güçsüzlük Korkusu

Yaşamınızda genellikle yukarıda bahsi geçen konular hakkında deneyimler yaşarsınız. Çünkü sizin bu dünyada vermeniz gereken sınavlar belirttiğim davranışları düzenlemek ve korkulardan arınmanızla ilgilidir. Bu durumu düzenleyene kadar benzer sınavlardan geçmeye devam edebilirsiniz. Benden söylemesi ☺. Önerim aşağıdaki olumlamaları kullanmanız ve Esma çalışmalarıyla kendinizi güçlendirmeniz. Özenle ve bilinçli olarak bu konular üzerinde çalışma yapmalısınız. Eğer söz konusu durumlar ileri boyutta ise profesyonel destek almanız çok faydalı olacaktır.

RUHSAL TEKÂMÜLÜNÜZ İÇİN YAPMANIZ GEREKENLER

- Eleştirmek yerine, cesaretle yaşama sarılmalısınız.
- Başınıza gelen olaylarda başkalarını suçlamamalısınız. İçinde bulunduğunuz duruma sizi yapmadığınız seçimler ya da yaptığınız seçimler getirmiştir.
- Kendi seçimlerinizi yapmalısınız, başkalarının sizin yerinize seçim yapmasına izin verip sonra da söylememelisiniz.
- Yaşamda değiştiremeyecekleriniz için söylenmemeli, değiştirebilecekleriniz için de yine söylenmeden çaba harcamalısınız.
- Sorumluluk almaktan kaçan tarafınızı dinlememeli, sorumluluk alarak kendi gücünüzü deneyimlemelisiniz.
- İnisiyatif alıp olayları ve yaşamları arzu ettiğiniz şekilde yönlendirebilmelisiniz.

• Kendi içinizdeki gücü fark etmelisiniz.

• Zamanınızı verimli kullanmalı ve erteleme huyunuzdan vazgeçmelisiniz.

• Önce kendi değerinizi bilip sahip çıkmalısınız. Sınırlarınızı koruyup haddi aşan özverilerde bulunmamalısınız.

• Ne çok alıcı ne çok verici olmalısınız. Kendi sınırlarınızı koruyup başkalarının sınırlarına girmemelisiniz. Önce çok verici olup sonra kırgınlık yaşayıp geri çekilmek ve karşınızdakine ters, soğuk davranmak yerine başta dozuna göre davranmayı seçmelisiniz.

• Başkalarını kendinizden üstün görmemelisiniz. Kendinizi hiçe saymayıp değer vermelisiniz.

• İstediğinize "evet" istediğinize "hayır" diyebilmelisiniz. Kendiniz için de başkalarından bir şey isteyebilmelisiniz. Sadece yapmak istediklerinizi yapmalı "Aman ayıp olur, el âlem ne der," gibi düşüncelerden uzaklaşarak hiçbir şey için kendinizi mecbur etmemelisiniz.

• Herkesin gittiği yoldan değil cesur olup kendi inandığınız yoldan gitmeli ve fark yaratmalısınız.

OLUMLAMALARINIZ

• Ben çok cesurum. Yaşama cesurca ve coşkuyla atılıyorum.

• Yaşam sorumluluğumu elime alıyor ve kendi seçimlerimi yapıyorum.

• Ben çok güçlüyüm ve içimdeki gücümle muhteşem bir yaşam inşa ediyorum.

- Ben kendime, yeteneklerime çok güveniyorum.
- Ben hafızama çok güveniyorum, her şeyi rahatlıkla öğreniyor ve hatırlıyorum.
- Ben her zaman her şeyin çaresini bulurum.
- Ben yaratıcı enerjimi faydalı alanlara yönlendiriyorum. Ben çok yaratıcı ve yetenekliyim.
- Ben hoşgörülüyüm, herkesi olduğu gibi kabul ediyorum.
- Ben esnek bir yapıya sahibim ve yaşamda kendimi çok rahat hissediyorum.
- Her şeyi vaktinde yapıyor ve olayların akış yönünü ben belirliyorum.
- Yaşadığım her an ve aldığım her nefes için, sahip olduklarım ve olmaya devam ettiklerim için Rabbime daima şükrediyorum.

Not: Gün içinde olumlama yapmayın çünkü o saatlerde ego görev başındadır ve değişiminize tepki gösterebilir. Eğer olumlamaları gündüz yaparsanız, kullandığınız olumlamaların tam tersi deneyimler içerisine girebilirsiniz. Bu yüzden olumlamalarınızı sadece sabah uyandığınızda ve gece uykuya dalmadan hemen önce yapın. Bu dönemlerde beyin dalgalarınız Alfa frekansında olduğu için egonuz devre dışıdır.

ESMALARINIZ

Esmaları zikretmenizin de size çok faydası olacaktır.

- Ya Kaviyy (116 kere): İradenizi güçlendirir.
- Ya Aziym (1020 kere): Güçlü ve azimli olmayı sağlar.

- Ya Selam (131 kere): İçinize huzur, rahatlık ve güven duygusu verir.
- Ya Fettah (489 kere): Maddi manevi kapılar açılır, daima zafer kazanılır.
- Ya Cebbar (206 kere): Yaşama cesaretle atılmanızı ve tuttuğunuzu koparmanızı sağlar.

Yukarıda size uygun olabilecek Esmalardan birkaç örnek verdim. Esmalar ile ilgili daha detaylı bilgiye, telif gelirini yardım kuruluşlarına bağışladığım "Esmaların Gizli Hazinesi" isimli kitabımdan ulaşabilirsiniz. Ayrıca aynı kitapta kendi burcunuza ait olan Esmaları seçebilir ve mucizevi güzellikleri deneyimleyebilirsiniz.

KOD 43

Örneğin 29.7.1996 tarihindeki gibi doğum tarihinizin sayı değerleri toplamı 43 çıkıyorsa sizin sayınız 43'tür.

GENEL ÖZELLİKLERİNİZ

Gerçekten çok akıllısınız. Pratik zekânız muhteşem. Başarılı bir hazır cevapsınız. Analiz, sentez yeteneğiniz de çok gelişmiştir. Hayal gücünüz de çok kuvvetli olduğu için muhteşem projeler üretirsiniz. Ancak her zaman bunları hayata geçiremeyebilirsiniz. Sebebi keyfinize düşkünlüğünüz, ataletiniz, korkularınız ve tembelliğiniz olabilir. Eğer hayata geçirirseniz muhteşem başarılar yakalayabilir, şan ve şöhret sahibi olursunuz. Kendi yetenekleriniz ve yeterliliğinize güvenmiyor olabilirsiniz. Özgüveninizin düşük olması da harekete geçmenize engel olabilir.

Güven duygusu sizin için en önemli unsurdur. Yaşamınızda başkalarına ve kendinize güvenmeyi öğrenmeyi deneyimliyorsunuz. Genellikle karşınızdaki kişilere kuşkuyla yaklaşsanız da bazen son derece iyi niyetle çok güvendiğiniz ve beklentiye girdiğiniz durumlar olabilir. Bilinçaltınızdaki güvensizlik korkusunun etkisiyle hayal kırıklığına uğrama, içerleme ve depresif ruh durumuna girme ihtimaliniz yüksek olabilir. Siz kendi yeteneklerinize de, iç gücünüze de yeterli derecede itimat etmiyor olabilirsiniz. Özgüven eksikliğinden dolayı çoğu zaman geri çekilebilir ve kendinizi ortaya koyamayabilirsiniz.

Kuşkuculuğunuz paranoid duygular oluşturabilir. Sürekli aldatılmaktan, kandırılmaktan korkabilir ve bu korkunuzun yaydığı enerji sonrasında bu tarz olumsuz deneyimler yaşayabilirsiniz. Yanlış anlaşılmaktan da korkabilirsiniz ve bu korkunuzun olumsuz deneyimlerini de yaşıyor olabilirsiniz.

Mahremiyet sizin için çok önemli olduğundan yakınlarınız dışındaki insanları özel yaşantınıza almaya çekinebilirsiniz. Özgür olmak için kişisel alanınıza kimseyi sokmak istemezsiniz. Bu durum bazen ikili ilişkilerinizde karşı tarafa yabancılık duygusu hissettirebilir. Sizin özelinizi bir başkasına açmanız için ona çok güvenmeniz gerekir.

Sizin mutlaka duygu ve düşüncelerinizi ifade etmeniz gerekiyor. Eğer duygu ve düşüncelerinizi ifade edemezseniz iç dünyanızda huzursuzluk, bastırılmış öfke, hayal kırıklığı yaşayabileceğiniz gibi ifade merkezi olan boğazınızla ilgili ya da tiroit bezlerinizle ilgili problemler yaşayabilirsiniz.

Duygu ve düşüncelerinizi ifade edebilmek için özgüven ve güven enerjisinin yaşamınıza girmesine izin vermelisiniz. Yaşamın akışına ve her ne oluyorsa sizin adınıza en hayırlı şekilde geliştiğine/gelişeceğine inanmalısınız. Böylelikle yaşam karşınıza güvenilir insanları ve güvenilir deneyimleri getirecektir.

En önemlisi kendi yeteneklerinize ve iç gücünüze güvenmelisiniz. Bu özgüven balondan değil gerçek özgüven olmalı. Çünkü zaman zaman kendinize çok güvenip sonra bir anda güveninizi kaybediyor olabilirsiniz. Tam başarıya ulaşacakken kendinizi sabote ediyor olabilirsiniz. Bazen "Ben her şeyi yapabilirim," derken bazen de "Benim bunu yapacak gücüm yok," diyebilirsiniz. Özgüveninizi yükselttiğiniz zaman duygusal derinliğinizi ortaya koyacak şekilde duygu ve düşüncelerinizi çok güzel ifade edebilir ve insanları konuşmalarınızla etkileyebilirsiniz.

Başkalarından çok fazla ilgi görmek isteyebilirsiniz, en çok kıskandığınız durum size değil de başkasına gösterilen ilgi olabilir. Ancak sizin öğrenmeniz gereken almadan önce vermeniz gerektiğidir. Önce siz ilgi göstermelisiniz ve bu konuda da içten olmalısınız. Yaşamınıza o zaman size gerçekten ilgi gösteren insanlar akacaktır.

Eleştirilmeye tepki gösterebilir, sivri bir dil kullanarak savunma mekanizmanızı harekete geçirebilirsiniz. Eleştirileri olumlu değerlendirmeye çalışmakta fayda vardır. Suçlama ve yargılama dili kullanabilirsiniz ve başkalarını çok eleştirebilirsiniz. İçinde bulunduğunuz durumdan sürekli şikâyet edebilir, çevrenizdekilerin kafasını şişirebilirsiniz. Bu durum sıkışmış enerjinin dışavurumudur. Bu nedenle sizin düzenli bir şekilde spor ya da dans gibi fiziksel aktivitelerde bulunmanız şarttır. Yoksa içinizde bastırılmış bir öfke enerjisi oluşur ve bu durum hemen hemen tüm ilişkilerinizi ve işlerinizi olumsuz etkileyebilir.

Savunma mekanizmanız nedeniyle dışarıdan duygusuz biriymiş gibi algılanabilirsiniz. Aslında derinliği olan duygulara sahipsiniz ama dışarıdan anlaşılmaması için bu şekilde davranırsınız. Güçlü bir duygusal derinliğiniz olduğundan başarılı bir yazar ya da şair olabilirsiniz.

Sizin üzerinde çalışmanız gereken konular işlerinizi ertelemeniz ve bazen de işe gerekli önemi vermemeniz olabilir. Bu tarz davranışlar yaşamda kazanacağınız başarıları geriye atabilir ya da engelleyebilir.

Her şeyi zamanında yapmaya, her işe gerekli önemi vermeye, planlı ve programlı çalışmaya önem vermelisiniz. Bu davranış modelinize gerçekten çok dikkat etmelisiniz. Çünkü başarıyı yakalamanız bu davranışlarınızı düzenlediğiniz takdirde gerçekleşebilecektir. Yoksa siz akıllı, zeki ama hak ettiği yeri bulamayan bir kişi konumuna düşersiniz.

Öncelik belirleme konusunda da hassasiyet göstermelisiniz. Neyin daha öncelikli olduğuna karar verip, sırf canınız istiyor diye ya da başka sebeplerden dolayı önceliklerinizi ertelememelisiniz.

Sabırsız bir yapınız olabilir ve hemen her şey olsun isteğiyle bazen daha kazançlı olacağınız durumları kaybedebilirsiniz. Sabırsız davranışlar dikkatsizliği getirdiği için hata yapma olasılığınız olabilir. Ufak tefek kazalara ve sakarlıklara da yol açabilir. Sabırlı, sakin, istikrarlı olmayı yaşamınıza geçirmenizde çok büyük fayda var.

Size verilen sözler tutulmadığında tepki gösterebilirsiniz. Ancak karşıdan beklediğiniz hassasiyeti kendiniz de uygulamalısınız. Siz de söz verdiğiniz zaman ertelemeden, zamanında sözlerinizi yerine getirmelisiniz. Aksi takdirde insanların size duyduğu güveni kaybedersiniz.

Hedeflerinize giden yolu küçük planlara bölmelisiniz. İşin genelinden gözünüzün korkmaması ve hedefinizden vazgeçmemeniz için hedefleri basamak basamak düşünmelisiniz. Olayın geneline bakmadan ilk basamak üzerine yoğunlaşmalı onu atladıktan sonra bir sonrakine geçmelisiniz. Bu şekilde yaşamınızı planlamak size daha kolay gelecektir.

Sorumluluklara çok önem vermenize rağmen, sorumluluk almaktan kaçınabilirsiniz. Bu durumu özellikle ikili ilişkilerinizde yaşayabilirsiniz. Bu nedenle geç evlenebilir ya da evliliğinizde sorumluluklarınızı yerine getirmemeniz yüzünden iletişim sorunları yaşayabilirsiniz.

Güven duygusu sizin için ne kadar önemliyle karşı tarafa için de o kadar önemlidir. Bu nedenle yaşamınızda güven istiyorsanız sizin de sözünüzde durmanız, sorumluluklarınızı sahiplenmeniz ve her şeyi vaktinde gerçekleştirmeniz gerekir. Aksi durumlarda ikili ilişkileriniz genellikle sorunlu ilerleyebilir.

Kaç yaşında olursanız olun içinizde küçük, oyuncu bir çocuk olabilir. Kaç yaşında olursanız olun oyun oynamayı, hayal kurmayı seveceksiniz. Bu nedenle çocuklarla çok iyi anlaşabilirsiniz.

Genellikle talepkâr davranışlar gösterebilirsiniz. Küçükken annenizden her şeyi istediğiniz gibi iş ve özel yaşamınızda da hep birilerinden bir şeyler isteyebilirsiniz. Bazen bu durum hoş karşılanmayabilir. Sevgiyi derin yaşamaktan korkabilirsiniz. Çünkü bağ kurmaktan kaçınırsınız.

Herkesle görüşürsünüz ancak bağlarınızı kuvvetlendirmezsiniz. Canınız yanacağına bağlanmamayı tercih edebilirsiniz.

Çok çok zeki ve akıllısınız, başka insanların göremedikleriniz görebilirsiniz, analiz ve sentez yeteneğiniz süperdir ve idrak gücünüz de yüksektir. Her şeyi başkalarının anladığından daha çabuk kavrarsınız bu nedenle eğitim sisteminde sıkılabilirsiniz. Sizin çoktan anladığınız konuların hala ders olarak işlenmesi sizi sıkabilir. Siz de bu sıkıntıdan uzaklaşmak için hayallere dalabilirsiniz. Sizin zihninize hep parlak fikirler gelir. Siz çok iyi bir proje üretici olabilirsiniz bu nedenle reklam alanında da büyük başarılar yakalayabilirsiniz.

Her şeyin en doğrusunu bildiğinize dair sabit fikirli bir yanınız olabilir. Bu nedenle başkalarını kendi bildiğiniz doğrulara yöneltmeye zorlayabilirsiniz. İnatçı ve sabit fikirli olmak yaşamda ne yazık ki başarı getirmez☺

Öğretmen tavrıyla kişileri yönetmeye çalışabilirsiniz. Bu konuda da dengeye dikkat etmekte fayda var. Çünkü sizin her doğrunuz başkalarının doğrusu olmayabilir☺ Hayattan ağır dersler almak istemiyorsanız bu konular üzerinde düşünüp gerekli dönüşümü yapmalısınız.

Büyük ihtimalle sağlıklı bir bedene sahipsiniz buna rağmen sağlığınızı kaybetmekten korkabilir, pimpirikli davranabilir, yersiz endişelerle kendinizi de çevrenizi de üzebilirsiniz. Hep yanınızda size bakacak birilerinin olmasını isteyebilirsiniz. Spiritüel olarak güçlü bir enerjiye sahip olabilirsiniz, sezgilerinizden ve rüyalarınızdan gelene mesajları takip etmelisiniz.

Genel olarak üzerinde çalışmanız gereken konular güven ve özgüven eksikliği, pranoid korkular, kendi duygu ve düşüncelerinizi olumlu bir dille ifade etme, planlı-programlı yaşam üzerinedir.

AŞK İLİŞKİLERİNİZ

Sorumluk almaktan kaçındığınız için sizin yerinize sorumlukları yüklenecek bir eş seçebilir ya da uzun yıllar evlenmeyebilirsiniz. Güvenlik alanı sizin için önemli olduğundan yine de evlenmeyi tercih etme olasılığınız daha yüksek olabilir.

İkili ilişkilerinizde dikkat etmeniz gereken en önemli konu empati kurmanızın gerekliliğidir. Bazen kendi duygu ve düşüncelerinizi ifade etmekle o kadar meşgul olursunuz ki karşınızdakinin ne hissettiğini veya ne düşündüğünü fark etmeyebilirsiniz. Bu şekilde benmerkezci davranmak yerine biraz dinlemeye ve anlamaya özen göstermeniz gerekebilir. Sizin istekleriniz ne kadar önemliyse karşınızdaki kişinin istekleri de onun adına o kadar önemlidir.

Sadakat sizin için çok önemlidir. Sevdiğiniz kişiye tam güven duymak istersiniz. Güven duyana kadar da bağ kurmayabilirsiniz. Gerçi bağ kurmaktan genellikle kaçınabilirsiniz. Siz karşınızdakinden kesin sadakat beklersiniz peki merak edıyorum acaba siz o kadar sadık mısınız sevdiğinize? Sevdiğinize hep şüpheyle yaklaşabilirsiniz, kıskanç bir tarafınız da olabilir ancak bunu gizlemeye özen gösterebilirsiniz. Çünkü bu konuda gururlu davranabilirsiniz. Hayal gücünüz kuvvetli olduğu için hayalinizdeki cinsel fanteziler de renkli olabilir.

İŞ – KARİYER YAŞAMINIZ

Severek yaptığınız bir işe sahip olursanız, işinizi titizlikle yaparsınız. Canınız istediğinde çok çalışkan olabilir ve çok güzel işler çıkarabilirsiniz. Sizin de diğer bazı doğum planlarında olduğu gibi en büyük handikabınız erteleme huyunuz olabilir. Yapılması gerekenleri vaktinde yapmamak, göz ardı etmek ve bazen de önemsememek başınıza sorunlar açabilir. Bazen de pek çok şeyi, problem yaşamaktan korktuğunuz için istemeye istemeye yapabilirsiniz. Kendinizi korkuyla motive eden bir yönünüz olabilir. Hayal gücünüz çok kuvvetlidir, bu nedenle tasarım ya da sanat alanında da büyük başarı gösterebilirsiniz. Ancak hayal gücünüzün yaşamınızı ele geçirmesine izin vermemelisiniz. Yaşam size her sıkıcı geldiğinde hayal dünyasına kaçmak sizi anti-sosyal yapabilir ve gerçeklikten koparabilir.

MALİ DURUMUNUZ

Konforlu yaşamayı seversiniz ancak bu konuda biraz kendinize Müslüman olabilirsiniz☺ Gelecekte parasız kalma endişesinden dolayı, aile fertlerinde paranızı kullanan birileri varsa harcamalar konusunda söylenebilirsiniz. Para harcamaya yatkın olabilirsiniz. Bir tarafınız “para biriktirmem,” gerek derken diğer taraf gereksiz harcamalardan hoşlanıyor olabilir. Bununla beraber para size akış yapmaya devem edebilir☺ Öyle ya da böyle siz büyük ihtimalle zengin olabilirsiniz.

SAĞLIĞINIZ

Genel anlamda sağlıklı olabilirsiniz. Paranoid duygular ve endişeler siniz sisteminizi bozabilir ama bunların üstesinden gelirsiniz. Yaşamınızda hazmedemediğiniz olaylar olduysa mide ya da sindirim sistemi problemleri yaşayabilirsiniz. Analizlerimde yer alan olumsuz davranış modellerinizi olumlu davranış modellerine çevirdiyseniz bu tekâmülünüzden dolayı sizi yürekten tebrik ederim☺

EN TEMEL KORKULARINIZ

- Güvensizlik Korkusu ve Özgüven Eksikliği
- Gelecek Korkusu
- Suçlanma Korkusu
- Tercih Edilmeme
- Değersizlik Korkusu
- Anlaşılamama veya Yanlış Anlaşılma Korkusu
- Kaybetme Korkusu
- Hastalık Korkusu

Yaşamınızda genellikle yukarıda bahsi geçen konular hakkında deneyimler yaşarsınız. Çünkü sizin bu dünyada vermeniz gereken sınavlar belirttiğim davranışları düzenlemek ve korkulardan arınmanızla ilgilidir. Bu durumu düzenleyene kadar benzer sınavlardan geçmeye devam edebilirsiniz. Benden söylemesi ☺. Önerim aşağıdaki olumlamaları kullanmanız ve Esma çalışmalarıyla kendinizi güçlendirmeniz. Özenle ve bilinçli olarak bu konular üzerinde çalışma yapmalısınız.

Eğer söz konusu durumlar ileri boyutta ise profesyonel destek almanız çok faydalı olacaktır.

RUHSAL TEKÂMÜLÜNÜZ İÇİN YAPMANIZ GEREKENLER

• Kendi duygularınızı tanımayı, duygularınızla barışık olmayı seçmelisiniz.

• Başkalarının duygularını anlayabilmek adına empati yeteneğinizi geliştirmelisiniz.

• Sevdiklerinizle aranızda samimi bağ kurabilmeyi tercih etmelisiniz.

• Zamanınızı doğru kullanarak ve ertelemeden işlerinizi yapmalısınız.

• Zihniniz karıştığında meditasyon gibi sakinleştirici içe dönüş çalışmaları yapmalısınız.

• Allah'ın size bağışladığı aklınıza, zekânıza, yeteneklerinize güvenmelisiniz ve kendi öz değerinize sahip çıkmalısın.

• Geleceğinize güvenle bakmalı ve emin adımlarla yürümelisiniz

• Özellikle ilişkilerde beklentiye girmekten vazgeçip istediğiniz ilgiyi önce siz göstermelisiniz.

• Duygu ve düşüncelerinizi her zaman olumlu dil kalıpları kullanarak samimiyetle ifade etmelisiniz.

• Gergin ruh halinden sıyrılmak için spor dans gibi fiziksel aktiviteler yapmalısınız. Zihninizi dinlendirmek için de meditasyon. Size masaj yaptırmak da çok iyi gelir.

- Yargılama ve suçlama dilini bırakmalısınız, kendinize ve başkalarına karşı hoşgörülü ve esnek olmalısınız. Suçlanmaktan da korkmamalısınız. Çünkü korktukça daha çok suçlanacağınız deneyimler yaşayabilirsiniz.
- Başkalarını küçük görmekten ve eleştirmekten vazgeçmelisiniz.
- Önce kendinize sonra çevrenize karşı duygusal bir dürüstlük içinde olmalısınız.
- Cesur olup yaşamı kucaklamalısınız.
- "Her şeyi en iyi ben bilirim," edalarından da vazgeçmelisiniz☺

OLUMLAMALARINIZ

- Ben kendime, yeteneklerime, gücüme çok güveniyorum.
- Hem kendimi hem de başkalarını olduğu gibi kabul ediyorum.
- Artık hoşgörülü ve esnek bir bakış açısına sahibim.
- Ben duygu ve düşüncelerimi her zaman ve herkesin yanında olumlu dil kalıpları kullanarak ifade ediyorum.
- Ben çok cesurum. Yaşama cesaretle atılıyorum.
- Kendi duygularımla barışığım ve kolaylıkla karşımdaki kişilerle duygusal bağ kurabiliyorum.
- Ben dürüstüm hissettiklerimi samimiyetle söylüyorum. Kendime karşı da dürüstüm.
- Yaşamın akışına güveniyorum, her ne oluyorsa hakkımda hayırlısının olduğunu biliyor ve buna inanıyorum.

• Ben geleceğime güvenle bakıyorum, içinde bulunduğum her an geleceğimi pırıl pırıl inşa ediyorum.

• Güçlü bir empati yeteneğine sahibim ve insanların duygu durumlarını rahatlıkla analiz ediyorum.

• Yaşadığım her an ve aldığım her nefes için, sahip olduklarım ve olmaya devam ettiklerim için Rabbime daima şükrediyorum.

Not: Gün içinde olumlama yapmayın çünkü o saatlerde ego görev başındadır ve değişiminize tepki gösterebilir. Eğer olumlamaları gündüz yaparsanız, kullandığınız olumlamaların tam tersi deneyimler içerisine girebilirsiniz. Bu yüzden olumlamalarınızı sadece sabah uyandığınızda ve gece uykuya dalmadan hemen önce yapın. Bu dönemlerde beyin dalgalarınız Alfa frekansında olduğu için egonuz devre dışıdır.

ESMALARINIZ

Esmaları zikretmenizin de size çok faydası olacaktır.

• Ya Selam (131 kere): İçinize huzur, rahatlık ve güven duygusu verir.

• Ya Kaviyy (116 kere): İradenizi güçlendirir.

• Ya Aziym (1020 kere): Azimli olmanızı sağlar ve size güç verir.

• Ya Cabbar (206 kere): Cesaret duyguları verir.

• Ya Rahim (258 kere): Merhamet duygularınızı geliştirir.

• Ya Rahman (298 kere): Sorumluk almanızı sağlar.

- Ya Vedud (20 kere): Sevmenizi ve sevilmenizi sağlar. Gönül bağı kurdurur.
- Ya Fettah (489 kere): Maddi ve manevi tüm kapıları açar ve zafer sağlar.
- Ya Mani (161 kere): Negatif enerjilerden ve negatif durumlardan korur.

Size uygun olabilecek Esmalardan birkaç örnek verdim. Esmalar ile ilgili daha detaylı bilgiye, telif gelirini yardım kuruluşlarına bağışladığım "Esmaların Gizli Hazinesi" isimli kitabımdan ulaşabilirsiniz. Ayrıca aynı kitapta kendi burcunuza ait olan Esmaları seçebilir ve mucizevi güzellikleri deneyimleyebilirsiniz.

KOD 44

Örneğin 18.7.1999 tarihindeki gibi doğum tarihinizin sayı değerleri toplamı 44 çıkıyorsa sizin sayınız 44'tür.

GENEL ÖZELLİKLERİNİZ

Siz güce ve güçlü insanlara hayran olabilirsiniz ve her zaman güç sahibi olmayı arzular, bunun hayallerini kurabilirsiniz.

Bununla beraber güçlü ve otoriter insanlarla da pek anlaşamayabilirsiniz. Güçlü olmayı öğrenmeniz ve kendi gücünüzü elinize almanız adına ebeveynlerinizden biri çok otoriter olabilir. Bu sizin yaşam deneyimlerinizden biridir. Otoriteyle anlaşana kadar ve kendi gücünüze sahip olup yaşamınızın sorumluklarını alıncaya kadar bu tarz deneyimlerden geçersiniz.

Belki önce babanız sonra öğretmeniniz daha sonra sevgiliniz veya patronunuz sizin yaşamınıza güçle anlaşmayı sağlamanız için görevli olarak girebilir.

İçinde bulunduğunuz konumda kendinizi güçlü ve iktidar sahibi hissetmezseniz çok tepkisel, agresif davranabilir ya da çekip gidebilirsiniz.

Çok çok zeki ve akıllısınız, başka insanların göremedikleriniz görebilirsiniz, analiz ve sentez yeteneğiniz süperdir ve idrak gücünüz de yüksektir. Her şeyi başkalarından çok daha çabuk kavrarsınız. Aklınıza hep parlak fikirler gelir. Hayal gücünüz de çok gelişmiştir, bu nedenle çok iyi bir proje üretici olabilir, reklam alanında da büyük başarılar yakalayabilirsiniz.

Güçlü hayal gücünüzün dezavantajı ise reel yaşamdan sıkılınca hayal dünyanıza, zihninizdeki başka bir dünyaya kaçmanız olabilir. Böyle bir durum sizi anti-sosyal yapabilir ve gerçeklikten koparabilir. Gerçek yaşamdan zevk almanıza engel olabilir bu konuya hassasiyet göstermeniz gerekebilir. Bir diğeri de hayal gücünüz inandırıcı yalanlar söylemenize destek verebilir bu yalanlara herkesi inandırabilirsiniz, kendinizi bile☺

Siz çok iyi niyetli, başka insanlara, doğaya, dünyaya faydalı olmaya özen gösteren bir yapıya sahipsiniz. Yardımsever yapınız çevreniz tarafından çok sevilmenizi sağlar. Ancak bazen yardımseverliğiniz başkaları tarafından suiistimal edilebilir. Bu tarz durumlar hayal kırıklığına uğramanızı sebep olabilir ve çok içerleyebilirsiniz. Bu nedenle bazen yardım etmek istemekle beraber içinizdeki bir ses yardım etmenize engel olmaya çalışabilir.

Üzerinde çalışmanız gereken en önemli konulardan biri işlerinizi ertelemeniz ve bazen işe gerekli önemi vermemeniz olabilir. Bu tarz davranışlarınız yaşamda kazanacağınız başarılarınızı geriye atabilir ya da engelleyebilir. Her şeyi zamanında yapmaya, her işe gerekli önemi vermeye, planlı ve programlı çalışmaya önem vermelisiniz. Bu davranış modelinize gerçekten çok dikkat etmelisiniz, çünkü başarıyı yakalamanız bu davranışlarınızı düzenlediğiniz takdirde gerçekleşebilecektir. Yoksa siz akıllı, zeki ama hak ettiği yeri bulamayan bir kişi konumuna düşersiniz.

Öncelik belirleme konusunda da hassasiyet göstermelisiniz. Neyin daha öncelikli olduğuna karar verip, sırf canınız istiyor diye ya da başka sebeplerden dolayı önceliklerinizi ertelememelisiniz.

Hak hukuk konuları da sizin için çok önemlidir. Adalete önem verirsiniz ve haksızlıklara karşı ciddi tepki gösterebilirsiniz. Hakkınızı da sonuna kadar savunursunuz, bu anlamda avukatlık ya da hâkimlik meslekleri de sizin için uygun meslekler olacaktır.

Sabırsız bir yapınız olabilir ve hemen her şey olsun isteğiyle bazen daha kazançlı olacağınız durumlarda kaybedebilirsiniz. Sabırsız davranışlar dikkatsizliği getirdiği için hata yapma olasılığınız artar, ufak tefek kazalara ve sakarlıklara da yol açabilir. Sabırlı, sakin, istikrarlı olmayı da yaşamınıza geçirmenizde çok büyük fayda var.

Size verilen sözler tutulmadığında tepkisel davranabilirsiniz. Ancak karşıdan beklediğiniz hassasiyeti kendiniz de uygulamalısınız. Söz verdiğiniz zaman onu erteleme den, vaktinde ve zamanında yerine getirmelisiniz. Aksi durumlarda insanların sizi duyduğu güveni kaybedersiniz.

Yaşamda yapmayı istediğinizi gözünüzde büyütmemelisiniz. Hedefleriniz küçük plancıklara bölmelisiniz. İşin genelini görüp gözünüzün korkmasıyla hedeften vazgeçme gibi durumların oluşmasına engel olmak için hedefleri küçük adımlara, basamaklara bölmelisiniz, olayın geneline bakmadan ilk adım üzerine yoğunlaşmalı onu atladıktan sonra bir sonrasına geçmelisiniz. Bu şekilde yaşamınızı planlamak size daha kolay gelecektir.

Sorumluluklara çok önem vermenize rağmen, sorumluluk almaktan kaçınabilirsiniz bu durumu özellikle ikili ilişkilerinizde yaşayabilirsiniz. Bu nedenle geç evlenebilir ya da evliliğinizde sorumluluklarınızı yerine getirmemeniz yüzünden iletişim sorunları yaşayabilirsiniz.

Güven duygusu sizin için ne kadar önemliyle karşı taraf için de o kadar önemlidir. Bu nedenle yaşamınızda güven istiyorsanız sizin de sözünüzde durmanız, sorumluluklarınızı sahiplenmeniz ve her şeyi vaktinde gerçekleştirmeniz gerekmektedir. Aksi durumlarda ikili ilişkileriniz genellikle sorunlu ilerleyebilir.

Kaç yaşında olursanız olun içinizde büyümeyen, küçük, oyuncu bir çocuk olabilir. Kaç yaşında olursanız olun oyun oynamayı, hayal kurmayı seveceksiniz. Bu nedenle çocuklarla çok iyi anlaşabilirsiniz.

Genellikle talepkâr davranışlar gösterebilirsiniz. Küçükken annenizden her şeyi istediğiniz gibi iş ve özel yaşamınızda da hep birilerinden bir şeyler isteyebilirsiniz. Bazen bu durum da karşı taraf tarafından hoş karşılanmayabilir.

Her şeyin en doğrusunu sizin bildiğiniz gibi sabit bir fikriniz olabilir ve bu nedenle başkalarını kendi bildiğiniz doğrulara yönelmeye zorlayabilirsiniz. İnatçılık ve sabit fikirli olmak yaşamda ne yazık ki başarıyı getirmez☺

Öğretmen tavrıyla kişileri yönetmeye çalışabilirsiniz. Bu konuda da dengeye dikkat etmekte fayda var. Çünkü sizin her doğrunuz başkalarının doğrusu olmayabilir☺ Hayattan ağır dersler almak istemiyorsanız bu konular üzerinde düşünüp gerekli dönüşümü yapmalısınız.

Kafanız sıklıkla karışabilir kafanız karıştığında hemen içinde bulunduğunuz ortamdan uzaklaşmalı ve geçici olarak başka şeylerle ilgilenmelisiniz. Daha sonra çözmeniz gerekli konuya dönmelisiniz. Ertelemeden☺

Geçmiş sizin için çok önemli olabilir "Ah eski günler," "Keşke eski evimize dönebilsek," vs. gibi eski yaşanmışlıklara çok önem verebilirsiniz. Aslında bu içinde bulunduğunuz sıkıcı durumdan kaçmanızı sağlayan bir savunma mekanizmasıdır, ancak işe yarayan bir savunma mekanizması değildir. Daha cesur olup geleceği planlamanız daha doğru olacaktır.

Akıl ve duygu dengeniz de kurmalısınız. Düşünerek ve sağduyulu davranarak, olayların farklı bakış açılarını oluşturarak olaylara bakmalısınız.

Güven sizin için çok önemli olduğundan evinizde yaşamayı, güvende hissedeceğiniz yerlerde olmayı ve güveneceğiniz kişilerle görüşmeyi tercih edebilirsiniz.

Şans enerjisini çekebiliyorsunuz ancak zaman zaman fırsatları kaçırıyor olabilirsiniz.Eğer gergin, sabırsız, mükemmeliyetçi, sabit fikirli, inatçı, kuralcı ve yargılayıcı iseniz yaşamda başarılı olmak adına değişmemek için inat etmeyi bırakıp, esnek, sakin, sabırlı, hoşgörülü olmanızı öneririm. Mükemmel olmak durumunda değilsiniz, başkalarının da mükemmel olmasını beklememelisiniz. Küçük düşmekten ve rezil olmaktan çok korkabilirsiniz. Bunları bırakmalı ve yaşamın tadına varmalısınız. Büyük ihtimalle ya geçmişe takılı ya da gelecektekileri isteyerek ve sabırsızlanarak yaşıyorsunuz. Bilmeliyiz ki yaşadığımız tek an içinde bulunduğumuz an☺

AŞK İLİŞKİLERİNİZ

Bağ kurup hayal kırıklığına uğrama ve canınızın yanma ihtimalini göze alamadığınız için sevgiyi derin yaşamaktan korkabilirsiniz. Herkesle görüşürsünüz ancak bağlarınızı kuvvetlendirmezsiniz, canınız yanacağına bağlanmamayı tercih edebilirsiniz. Doğal olarak eş seçiminde de önce bağ kurmaz, güveneceğinizi düşündüğünüzü birini seçebilirsiniz.

Zaman içerisinde eşinize güvenirseniz o zaman derin bağlar kurar ve çok seversiniz. Uzun süre eşinizi ya da sevgilinizi çaktırmadan kendi sınavlarınıza sokarsınız. Güvenirseniz ilişkiyi devam ettirirsiniz. Eşinizin sevgiliden önce dostunuz olmasını istersiniz.

Bununla beraber ben merkezli bir yapınız olabilir ve ilgiyi hep karşıdan bekleyebilirsiniz. Böylesi durumlarda eşinizin ya da sevgilinizin duygularını anlayamayabilirsiniz. Bazen anlasanız da işinize gelmeyebilir ya da çok önemsemeyebilirsiniz. Böylesi durumlarda ilişkiniz zamanla yıpranabilir. Sabırlı bir eşiniz varsa evliliğiniz uzun yıllar gidebilir, çünkü siz kurulu düzeni değiştirmeyi, güvenlik alanını terk etmeyi istemezsiniz. Sorumluk almak istememeniz, yapılacak işleri sürekli ertelemeniz de ilişki zedeleyen durumları doğurabilir. Eşiniz evde küçük bir çocuk olmasını değil de bir yetişkin olmasını isteyebilir☺

Eğlenceli bir ebeveyn olabilirsiniz, çocuklarınızla oyunlar oynayabilirsiniz. Çocukluğunuzdaki hayal dünyanıza çocuklarınızla dönebilirsiniz.

İŞ – KARİYER YAŞAMINIZ

Siz iki uçtan birini yaşayabilirsiniz, ikisinin ortası pek olmayabilir. Ya bir baltaya sap olmazsınız ya da baltanın kendisi olursunuz☺ Tembellik yapar, işleri erteler, inatçı, sabit fikirli ve kibirli davranışlarla iş yerlerinde çalışamaz ve otorite konumundakilerle çatışıp işleri yarım bırakabilir en kötüsü de daha baştan hiç çalışmayabilirsiniz. Ya da muhteşem bir özdenetim kurup, akıllıca davranıp, hayal gücünüzü projeleri gerçekleştirmeye atayıp, zamanınızı da verimli kullanırsanız çok büyük işler yapar, kendi işinizi kurar ayrıca şan ve şöhret sahibi de olursunuz. Çok güzel, zengin bir yaşam sürersiniz.

Sizin yaşam planı grubunuzda ben ortada olan birine henüz hiç rastlamadım.

MALİ DURUMUNUZ

Parayı seversiniz ancak para sizin için araçtır, sizi arzu ettiğiniz güce ve otoriteye ulaştıracak bir araç. Eğer paranız yoksa parası olan kişilere ve güç, iktidar sahibi kişilere karşı bilinçsiz ve bazen de bilinçli öfke duyguları besleyebilirsiniz Eğer ki siz planlı programlı çalışmayı, sabırlı olmayı, vaktinde yapmanız gerekenleri yapmayı, sorumluluklarınıza sahip çıkmayı yaşamınızda oturtursanız, hem maddi hem de manevi anlamda çok zengin olursunuz. En önemlisi tatmin olma duygusunu ve huzuru yaşarsınız.

Siz insanlığa mutlaka hizmet etmelisiniz. Varlığınızı bu şekilde hissedebilecek ve gerçek tatminin para ya da güçte değil, hizmet vererek başkalarının da yollarını aydınlatarak yürümekte olduğunu fark edebileceksiniz. Doğal olarak güç ve para size yolunuzda eşlik edecek☺

SAĞLIĞINIZ

Güç ve otorite ile ilgili içsel çatışma yaşarsanız diyabet gibi endokrin rahatsızlıklarına yakalanma olasılığınız var. Bunun dışında genellikle sağlıklı bir yapıya sahip olursunuz, bununla beraber kemik, diş ve eklemler konusunda hassas olabilirsiniz bu alanlara dikkat etmekte fayda vardır. Bir de alerjik bir yapınız olabilir.

Genç yaşta zayıf, ilerleyen yaşta kilo almaya meyilli olabilirsiniz bu nedenle spor yaşantınızda daima istikrarlı bir şekilde var olmalıdır. Dikkatsizlikten kaynaklanan kazalara da dikkat etmelisiniz.

Yoga ve meditasyon yapmak da hızlı çalışan, sürekli düşünen zihninizi dinlendirecektir. Bu şekilde kendi söyleyeceklerinizi daha çok düşünmek yerine karşı tarafı da dinleyebileceksiniz☺

Analizlerimde yer alan olumsuz davranış modellerinizi, olumlu davranış modellerine çevirdiyseniz bu tekâmülünüzden dolayı sizi yürekten tebrik ederim☺

EN TEMEL KORKULARINIZ

- Güvensizlik Korkusu ve Özgüven Eksikliği
- Güçsüzlük Korkusu
- Başarı-Başarısızlık Korkusu
- Rezil Olma Korkusu
- Yetersizlik Korkusu

Yaşamınızda genellikle yukarıda bahsi geçen konular hakkında deneyimler yaşarsınız, çünkü bu dünyada geçmeniz gereken dersleriniz bu davranışlarınızı düzenlemek ve korkularınızdan arınmaktır. Bu durumu düzenleyene kadar benzer sınavlardan geçmeye devam edebilirsiniz. Benden söylemesi☺

Önerim aşağıdaki olumlamaları kullanmanız, esma çalışmasıyla kendinizi güçlendirmenizdir. Farkındalıkla ve bilinçli olarak bu konular üzerinde de çalışma yapmalısınız. Eğer söz konusu durumlar ileri boyutta ise profesyonel destek almanız çok faydalı olacaktır.

RUHSAL TEKÂMÜLÜNÜZ İÇİN YAPMANIZ GEREKENLER

- Otorite ile anlaşmalı ve içsel güç dengesini kurmalısınız.
- Kendinizi başkalarından daha güçsüz görmemelisiniz ya da güçlü olup başkalarını ezmemelisiniz.
- Kendi gücünüze sahip çıkmalı, cesur olmalısınız.
- Körü körüne inatçılık davranışınızdan vazgeçmelisiniz.

- Hayal dünyanızı sadece projelerinizde ve olmasını arzu ettiğiniz durumların canlandırılmasında kullanmalısınız, gerçek yaşamdan hayal dünyasına kaçıp sığınmamalısınız.

- Öz disiplin sahibi olup kendi yaşamınızı planlamalısınız ve verdiğiniz kararları iradenizi kullanarak uygulamalısınız.

- Yapılacak işleri ya da sorumlukları gözünüzde büyütmemeli, hedefinizi küçük hedef parçalarına bölüp adım adım ilerlemelisiniz.

- Başarısız olmaktan korkup herhangi bir işe başlamaktan vazgeçmemeli, kendinize güvenmeli ve cesur olmalısınız. Ya da tam tersi sorumluluk almaktan kaçındığınız için başarılı olmayı reddetmemelisiniz.

- Allah'ın size bağışladığı aklınıza, zekânıza, yeteneklerinize güvenmelisiniz ve kendi öz değerinize sahip çıkmalısın.

- Yaşamınızın sorumluluğunu elinize almalısınız ve yaşamınızı siz yönlendirmelisiniz.

- Başkalarına verdiğiniz öğütleri önce kendiniz uygulamalısınız.

- Eleştirme, yargılama ve suçlama dilinden kendinizi kurtarmalısınız, kendinize ve başkalarına karşı hoşgörülü ve esnek olmalısınız. Suçlanmaktan da korkmamalısınız çünkü korktukça daha çok suçlanacağınız deneyimler yaşayabilirsiniz.

- Erteleme huyunuzdan vazgeçmeli her şeyi zamanında yapmalısınız.

- Yaşamınızdaki kişileri ve olayları önemsemeli her şeye hak ettiği önemi ve değeri vermelisiniz.

OLUMLAMALARINIZ

- Ben otorite konumunda olan herkesle iyi anlaşıyor kendimi onlar gibi güçlü hissediyorum.
- Ben sahip olduğum güç, para ve nüfuzu insanlara faydalı olmak için kullanıyorum.
- Ben kendime, yeteneklerime, gücüme çok güveniyorum.
- Ne istediğimi bilip cesaretle istediğime sahip oluyorum.
- Yaşadığım hayatı, içinde bulunduğum dünyayı seviyorum.
- Kendimin ve zamanımın yöneticisi benim, zamanımı verimli kullanıyor her şeyi vaktinde yapıyorum ve kendimle gurur duyuyorum.
- Yaşam sorumluluğumu elime alıyor ve sorumluklarımı kolaylıkla yerine getiriyorum, bunun için de kendimi takdir ediyorum.
- Artık hoşgörülü ve esnek bir bakış açısına sahibim.
- Ben geleceğime güvenle bakıyorum, içinde bulunduğum her an geleceğimi pırıl pırıl inşa ediyorum.
- Güçlü bir empati yeteneğine sahibim ve insanların duygu durumlarını rahatlıkla analiz ediyorum.
- Yaşadığım her an ve aldığım her nefes için, sahip olduklarım ve olmaya devam ettiklerim için Rabbime daima şükrediyorum.
- Kendimi ve başkalarını olduğu gibi kabul ediyorum.
- Ben cesurum ve hayata cesaretle atılıyorum.

Not: Gün içinde olumlama yapmayın çünkü o saatlerde ego görev başındadır ve değişiminize tepki gösterebilir.

Eğer olumlamaları gündüz yaparsanız, kullandığınız olumlamaların tam tersi deneyimler içerisine girebilirsiniz. Bu yüzden olumlamalarınızı sadece sabah uyandığınızda ve gece uykuya dalmadan hemen önce yapın. Bu dönemlerde beyin dalgalarınız Alfa frekansında olduğu için egonuz devre dışıdır.

ESMALARINIZ

Esmaları zikretmenizin de size çok faydası olacaktır.

- Ya Aziym (1020 kere): Azim, güç, iktidar kuvveti verir.
- Ya Aziz (94 kere): Saygı görmenizi sağlar.
- Ya Melik (90 kere): Var olan yeteneklerinizi ve gücünüzü ortaya çıkarıp kullanmanızı sağlar.
- Ya Kaviyy (116 kere): İradeyi güçlendirir.
- Ya Cebbar (206 kere): Cesaret verir.
- Ya Muktedir (744 kere): Her şeyi yapma gücünü harekete geçirir.
- Ya Selam (131 kere): İçinize huzur, rahatlık ve güven duygusu verir.
- Ya Muğni (1100 kere) Maddi ve Manevi zenginlik sağlar.

Yukarıda size uygun olabilecek Esmalardan birkaç örnek verdim. Esmalar ile ilgili daha detaylı bilgiye, telif gelirini yardım kuruluşlarına bağışladığım "Esmaların Gizli Hazinesi" isimli kitabımdan ulaşabilirsiniz. Ayrıca aynı kitapta kendi burcunuza ait olan Esmaları seçebilir ve mucizevi güzellikleri deneyimleyebilirsiniz.

KOD 45

Örneğin 18.8.1999 tarihindeki gibi doğum tarihinizin sayı değerleri toplamı 45 çıkıyorsa sizin sayınız 45'tir.

GENEL ÖZELLİKLERİNİZ

Bilgelik enerjisine sahipsiniz. Bilginin bu dünyadaki en büyük güç olduğuna inanıyor olabilirsiniz. Olaylar ve yaşam hakkında uzun ve derin düşüncelere dalabilir ve zihninizde sürekli felsefe yapabilirsiniz. Yaşama dair yeni çıkarımlarda bulunabilir, yeni bakış açıları ortaya koyabilirsiniz. Başkalarının gittiği yoldan gitmek istemez ve kendi yolunuzu ararsınız yani sürüden ayrılır, belki kendi sürünüz kurarsınız. Çünkü aynı zamanda önderlik özelliklerine de sahip olabilirsiniz. Dünyanın daha mükemmel olması için çalışmalarda bulunabilir ya da en azından bunlar üzerine de düşünebilirsiniz. Meraklısınız, her şeyi öğrenmek istersiniz ancak araştırmalarınız çok derinlemesine olmayabilir. Siz yeni düşünce sistemlerine okuyarak, değişimi sorgulayan zihninizle düşünerek ulaşırsınız. Farklı, özgür ve bilgesiniz. Aynı zamanda çok karizmatik, etkileyici ve çekici bir görünüme sahipsiniz. İnsanlar sizin yaydığınız enerjiden olumlu ya da olumsuz mutlaka etkilenirler.

Bilim ve ilim sizin için çok önemlidir. Düşünürlerin zihin yapısına sahip olduğunuz için ütopik bir dünya özlemi çekebilirsiniz. İçinizde düzeni değiştirmek isteyen anarşist bir ruh olabilir. Bu anarşinin niyeti aslında iyidir, çünkü evrensel bir güzellik arzusundasınızdır. Sürekli gerçekliği sorgulayan zihniniz size kolay bir yaşam sunmayabilir. Bu enerjinizi yeni bir icat yapmaya ya da benzer bir yenilik getirmeye kullandığınız takdirde büyük başarı, şan ve şöhret yakalayabilirsiniz.

Çok çok zekisiniz ve başka insanların göremediklerini görebilirsiniz, analiz ve sentez yeteneğiniz süperdir ve idrak gücünüz de yüksektir. Her şeyi başkalarından çok daha çabuk kavrarsınız, bu nedenle eğitim sisteminde sıkılabilirsiniz.. Sizin çoktan anladığınız konuların hâlâ ders olarak işlenmesi sizi sıkabilir, siz de bu sıkıntıdan uzaklaşmak için hayallere dalabilirsiniz. Aklınıza hep parlak fikirler gelir. Siz çok iyi bir proje üretici olabilirsiniz bu nedenle reklam alanında da büyük başarılar yakalayabilirsiniz.

Üzerinde çalışmanız gereken konulardan biri işlerinizi ertelemeniz ve bazen işe gerekli önemi vermemeniz olabilir. Bu tarz davranışlarınız yaşamda kazanacağınız başarılarınızı geriye atabilir ya da engelleyebilir. Her şeyi zamanında yapmaya, her işe gerekli önemi vermeye, planlı ve programlı çalışmaya önem vermelisiniz. Bu davranış modelinize gerçekten çok dikkat etmelisiniz, çünkü başarıyı yakalamanız bu davranışlarınızı düzenlediğiniz takdirde gerçekleşebilecektir. Yoksa siz akıllı, zeki ama hak ettiği yeri bulamayan bir kişi konumuna düşersiniz.

Öncelik belirleme konusunda da hassasiyet göstermelisiniz. Neyin daha öncelikli olduğuna karar verip, sırf canınız istiyor diye ya da başka sebeplerden dolayı önceliklerinizi ertelememelisiniz.

Hayal gücünüz çok kuvvetlidir, bu nedenle tasarım ya da sanat alanlarında da büyük başarı gösterebilirsiniz. Ancak hayal gücünün yaşamınızı ele geçirmesine izin de vermemelisiniz. Yaşam size her sıkıcı geldiğinde hayal dünyasına kaçmak sizi anti-sosyal yapabilir ve gerçeklikten koparabilir.

Hak hukuk konuları da sizin için çok önemlidir. Adalete önem verirsiniz ve haksızlıklara karşı ciddi tepki gösterebilirsiniz. Hakkınızı da sonuna kadar savunursunuz, bu anlamda avukatlık ya da hâkimlik meslekleri de sizin için uygun meslekler olacaktır.

Sabırsız bir yapınız olabilir ve hemen her şey olsun isteğiyle bazen daha kazançlı olacağınız durumlarda kaybedebilirsiniz. Sabırsız davranışlar dikkatsizliği getirdiği için hata yapma olasılığınız artar, ufak tefek kazalara ve sakarlıklara da yol açabilir. Sabırlı, sakin, istikrarlı olmayı da yaşamınıza geçirmenizde çok büyük fayda var. Size verilen sözler tutulmadığında tepkisel davranabilirsiniz. Ancak karşıdan beklediğiniz hassasiyeti kendiniz de uygulamalısınız. Söz verdiğiniz zaman onu ertelemeden, vaktinde ve zamanında yerine getirmelisiniz. Aksi durumlarda insanların sizi duyduğu güveni kaybedersiniz. Yaşamda ulaşmak istediğiniz hedefleri küçük parçalara bölmelisiniz. İşin genelini görüp gözünüzün korkması veya plandan vazgeçme gibi durumların oluşmasına engel olmak için hedefleri küçük adımlara, basamaklara bölmelisiniz, olayın geneline bakmadan ilk adım üzerine yoğunlaşmalı onu atladıktan sonra bir sonrasına geçmelisiniz. Bu şekilde yaşamınızı planlamanız size daha kolay gelecektir.

Sorumluluklara çok önem vermenize rağmen, sorumluluk almaktan kaçınabilirsiniz bu durumu özellikle ikili ilişkilerinizde yaşayabilirsiniz. Bu nedenle geç evlenebilir ya da evliliğinizde sorumluluklarınızı yerine getirmemeniz yüzünden iletişim sorunları yaşayabilirsiniz. Güven duygusu sizin için ne kadar önemliyle karşı taraf için de o kadar önemlidir. Bu nedenle yaşamınızda güven istiyorsanız sizin de sözünüzde durmanız, sorumluluklarınızı sahiplenmeniz ve her şeyi vaktinde gerçekleştirmeniz gerekmektedir. Aksi durumlarda ikili ilişkileriniz genellikle sorunlu ilerleyebilir. Sevgiyi derin yaşamaktan korkabilirsiniz. Çünkü bağ kurmaktan kaçınırsınız. Herkesle görüşürsünüz ancak bağlarınızı kuvvetlendirmezsiniz, canınız yanacağına bağlanmamayı tercih edebilirsiniz.

Her şeyin en doğrusunu sizin bildiğiniz gibi sabit bir fikriniz olabilir ve bu nedenle başkalarınız kendi bildiğiniz doğrulara yönelmeye zorlayabilirsiniz. İnatçılık ve sabit fikirli olmak yaşamda ne yazık ki başarıyı getirmez☺ Öğretmen tavrıyla kişileri yönetmeye çalışabilirsiniz. Bu konuda da dengeye dikkat etmekte fayda var. Çünkü sizin her doğrunuz başkalarının doğrusu olmayabilir☺ Hayattan ağır dersler almak istemiyorsanız bu konular üzerinde düşünüp gerekli dönüşümü yapmalısınız. Ne istediğinizi bilirsiniz. Kararlı bir yapınız var, ancak eyleme geçmede erteleme huyunuzu değiştirseniz büyük başarılar yaşarsınız.

Kafanız sıklıkla karışabilir kafanız karıştığında hemen içinde bulunduğunuz ortamdan uzaklaşmalı ve geçici olarak başka şeylerle ilgilenmelisiniz. Ssonra çözmeniz gereken konuya dönmelisiniz. Ertelemeden☺

Geçmiş sizin için çok önemli olabilir "Ah eski günler," "Keşke eski evimize dönebilsek," vs. gibi eski yaşanmışlıklara çok önem verebilirsiniz. Aslında bu içinde bulunduğunuz sıkıcı durumdan kaçmanızı sağlayan bir savunma mekanizmasıdır, ancak işe yarayan bir savunma mekanizması değildir. Daha cesur olup geleceği planlamanız daha doğru olacaktır.

Akıl ve duygu dengenizi de kurmalısınız. Düşünerek ve sağduyulu davranarak, olayların farklı bakış açılarını oluşturarak olaylara bakmalısınız.

Güven sizin için çok önemli olduğundan evinizde yaşamayı, güvende hissedeceğiniz yerlerde olmayı ve güveneceğiniz kişilerle görüşmeyi tercih edebilirsiniz.

Sorgulayan zihninizle kendinizi de çevrenize de eza etmekten vazgeçmeli bu yüksek yaratıcı ve vizyoner enerjiyi olumlu olayların oluşumuna aktarmalısınız. Kusursuzu aramayın, olanı olduğu gibi sevmeye çalışın derim ben. Kendinize karşı da başkalarına karşı da esnek, hoşgörülü olmakta fayda görüyorum.

Özgürlük sizin için çok önemli olabilir. Zaman zaman kendinizi özgür hissedemiyor olabilirsiniz. Özgürlük hissini yaşamayı istemekle beraber bilinçaltı itiliminizle kendinizi özgür hissedemeyeceğiniz meslekler ya da eşler seçebilir ya da durumları aslında kendiniz oluşturabilirsiniz. Hem sorumluluk istemiyor hem de sorumlulukları kendi üzerinize aslında siz alıyorsunuz. Bu durumlar içsel öfke oluşturmanıza sebep olabilir. Önce kendinizi başkalarına bağımlı kılıp sonra da özgürlüğünüz için mücadele etmeye kalkabilirsiniz. Sonra da özgürlüğünüz kısıtladığını düşündüğünüz kişileri suçlayabilirsiniz.

Özgürlük anlayışınızı değiştirmeniz gerekmektedir. Özgürlük istediğiniz yapmak, kafanızın estiği gibi davranmaktan çok içsel korkularınızdan, endişelerinizden, düşünme kalıplarınızdan ve özellikle kendinize duyduğunuz itimat eksikliğinden kurtulmanızdır. Bu şekilde kendindiniz olursunuz ve gerçek anlamda özgürlüğünüze kavuşursunuz. Rol yapmaktan kurtulur ve maskelerinizi de atarsınız.

Kendinizi dönem dönem dağılmış, kaybolmuş ya da sıkışmış hissedebilirsiniz. İçinde bulunduğunuz durum ya da içinde bulunduğunuz gerçekliği reddetme arzusu sizi bağımlılık yapacak madde kullanımına itebilir, bu nedenle dikkatli olmak gerekmektedir. Bu duygulardan arınmak için dünya gerçekliğini beğenmeseniz bile kabul etmeniz, yapabileceğiniz bir şey varsa bunu yapmanız daha doğru olacaktır.

Liderlik özelliğine sahipsiniz ve sizin istediğiniz olsun istersiniz. Söylediğiniz bir şeyi karşı taraf yapmazsa çok öfkelenebilirsiniz. Esnek, rahat ve sakin olmakta fayda var. Siz yine liderlik özelliklerinizi kullanın, ama daha sakin olmaya çalışarak ve baskıcı olmadan.

Özgüven eksikliğiniz olabilir. Kendi yeteneklerinize ve kendi iç gücünüze yeterince itimat etmiyor olabilirsiniz. Bu nedenle özgüveninizi güçlendirmeli, hata yapmaktan ya da rezil olmaktan korkmamalı, cesaretle yaşama ve yapmak istediklerinize atılmalısınız. Bunu yapabilirsiniz, bu güç sizde var. Kimsenin ne de düşüneceğine ya da ne söyleyeceğine aldırmadan doğru bildiğiniz yolda yürümeniz gerekmektedir. Herkesin hata yapma hakkı vardır. Gerekirse bırakın hata yapın. Önemli olan aynı hatayı tekrar etmemektir. Hata yapma hakkınızı kullanın, yolunuzda yürüyün.

Karşı tarafa yeterince güvenmediğiniz için duygularınızı ifade etmeyebilirsiniz. Bu durum ikili ilişkilerinizi baltalayabilir. Ayrıca ilişkilerin başında son derece kibar davranışlar sergileseniz de hedefe ulaştığınızda davranışlarınız biraz kabaca ve karşınızdaki kıracak şekilde olabilir. Bu durum sizin uzun süreli huzurlu ve sevgi dolu ilişkiler kurmanıza da engel olabilir. Karşınızdaki kişilerin hayatlarını da yönetmeye çalışabilirsiniz. Çevrenizde hep yönetecek ve komuta edecek insanlar olmasını isteyebilirsiniz. İhanete uğrama korkusundan da vazgeçmenizi öneririm.

Mahremiyet sizin için çok önemli olduğundan çok yakınlarınız dışındaki insanları özel yaşantınıza almaya çekinebilirsiniz. Özgür olmak ve kişisel alanınıza kimseyi sokmamak istersiniz. Bu durum bazen ikili ilişkilerinizde karşı tarafa yabancılık duygusu hissettirebilir. Özelinizi bir başkasına açmanız için ona çok güvenmeniz gerekmektedir.

Dönem dönem depresif ruh haline girebilir kendinizi çaresiz hissedebilirsiniz, bu aşamada kendi iç gücünüze güvenin ve silkelenip ayağa kalkın, yaşama coşkuyla sarılmaya devam edin. İnsanlar sizi dışarıdan gördüklerinde neşeli, esprili olarak algılasalar da siz kendi iç dünyanızda korkular, öfkeler ve endişelerle yaşıyor olabilirsiniz. Dış dünyaya gösterdiğiniz yüzünüz iç dünyanızdan çok farklı olabilir. Dışarıya karşı çok iyi olup kendi yakınlarınıza kök söktürüyor, onlara ters davranıyor ya da eziyet ediyor olabilirsiniz. Bunun sebebi sizin güç ve otorite kurmaya karşı duyduğunuz bilinçaltı bir istek olabilir. Gücü seversiniz ancak güç ve otorite sahibi kişilerle anlaşamayabilirsiniz. Onlara karşı içsel bir öfke, hatta sahip olduğu güç yüzünden kıskançlık hissedebilirsiniz. Para da sizin için önemlidir. Paranız varsa gücünüz olacağına ve güvenli bir yaşam süreceğinize inanırsınız, aynı zamanda parayı bilinçaltı düzlemde itebilirsiniz de.

Dışarıya karşı son derece dürüst ve güvenilir bir imaj çizseniz de içinizde farklısınız. Bu yaşamda düzenlemeniz gerekli davranış modellerinizden biri özünüzün ve sözünüzün bir olmasıdır. Nasıl ki size söz verilip yapılmadığında çok tepki veriyorsanız siz de sözlerinizi tutmaya özen göstermelisiniz.

Kimseye özellikle de karşı cinse boş vaatlerde bulunmamalısınız.

Aslında büyük ihtimalle çok yalnızlık çekiyorsunuz, bunun asıl nedeni iç dünyanızın ve dışarıya gösterdiğiniz yüzün çok farklı olması. Kendiniz gibi olma özgürlüğüne erişmeniz gerekmektedir. El âlem ne der düşüncelerine de sahip olabilir, toplum kurallarına bazen körü körüne bağlı davranabilirsiniz. Özellikle annenize, eşinize ve çocuklarınıza karşı çok baskıcı davranabilir ve onlara haksız eziyetlerde bulunabilirsiniz.

Bir tarafınız da iyi insan olmak, yardım etmek ve topluma hizmet vermek istemektedir. Ancak bunu yapmanıza bilinçaltınız engel olabilir. İnsanları nankör olarak görebilir ve incinmemek adına yardım etmemeyi tercih edebilirsiniz. Bilinçaltınızdaki bu engeli kaldırırsanız topluma çok büyük hizmetler veren ve gerçek anlamda önder biri olabilirsiniz. Çünkü saygınlık sizin için çok önemlidir. Sevilmek sizin için elzem olmasa da sayılmak çok önemlidir. Başkalarına yardım ettiğiniz zaman kendinizi çok mutlu hissedeceğiniz için yardımseverliği beklentisiz yapmanızı öneririm.

Kimseye müdana etmek istemezsiniz. Başkasından bir şey istemek size zül gelir. Bazen de tam aksine çok talepkâr olabilirsiniz. Sizden de bir şey istenilsin istemeyebilirsiniz. İstenirse de bilinçaltınız o istenileni yapmamak için direnç gösterebilir. Bununla beraber insanların size müdana etmesi güç faktörünü harekete geçirdiği için hoşunuza da gidebilir.

Öğütler verebilir, insanları etkileyici konuşmalar yapabilirsiniz ancak siz verdiğiniz öğütleri kendinize pek uygulamayabilirsiniz. Bu durum "Hoca verir talkını, kendi yutar salkımı" gibi bir davranış olabilir☺

Kendi kendinize acıyabilir ve gizlice ağlayabilirsiniz. Bu acıma duygusu dış dünyaya karşı daha çok öfke duymanıza sebep olabilir. Geçmişe gereğinden fazla önem verebilir. Geçmiş değerleri sürdürmeye çalışabilirsiniz. Bununla beraber geçmişte yaşananları ve size yapılanları da asla unutmazsınız. Vicdan azabı çekmeye yatkın olsanız da bu geçici bir süre olabilir ilgili durum için suçlayacak birilerini bularak kendinizi rahatlatmaya çalışabilirsiniz.

Kolay kolay affetmeyebilirsiniz, kibirli bir yanınız olabilir. İntikam duygularınız gelişmiş olabilir ve zihninizde intikam planları yapabilirsiniz. Bu tarz durumlar uyku düzeninizi bozabilir ve uykunuzda bile kavga edebilirsiniz. Genellikle iç dünyanızda dışarıdan tehlike bekleyen endişeli bir yapınız olabilir. Aklınıza her zaman her olayın en olumsuzu gelebilir. Korku ve endişe dolu olumsuz senaryolarınızla hem kendinizi hem de çevrenizi kahredebilirsiniz.

Sizin kesinlikle yaşamın akışına güvenmeniz gerekmektedir. Bunun için güven enerjisine gereksinimiz vardır. Hepsinden öte özgüven enerjinizin yükselmesi gerekmektedir. Özgüven eksikliğiniz kıskançlık ve korkuları doğurur. Özgüven eksikliğinizi belli etmemek adına şişmiş bir ego ya sahipmiş gibi görünebilirsiniz.

Takıntılı ve kuşkucu bir yapınız olabilir. Bir konuya takılıp ondan çıkmanız bir hayli zaman alabilir. İnsanlara da kuşkuyla yaklaşmanız gönül bağı kurmanıza engel olabilir. Kuşkuculuğunuz zaman zaman paranoyaya varabilir. Bu hem kendinizi hem de yakınlarınız rahatsız edebilecek seviyelere de ulaşabilir.

Özetle söylemem gerekir ki çok korkularınız var bu nedenle öfke enerjisiyle yaşıyor olabilirsiniz. Siz güçlerinizi, yeteneklerinizi ve yüksek zekânızı olumlu bir şekilde kullanırsanız dünyayı yönetebilecek örnek bir lider olursunuz. Eğer yukarıda bahsi geçen olumsuz davranışların yerine olumlularını yerleştirdiyseniz zaten şu anda örnek bir lider olmuşsunuz demektir. Duygularınıza kulak vermenizi öneririm, ne hissetmeniz ya da ne düşünmeniz gerektiğine değil gerçekten ne hissettiğinize odaklanmalı ve bu duyguları da olumlu bir dille karşı tarafla içtenlikle güvenerek paylaşmalısınız. Bırakın artık mükemmel görünme tutkusunu ve saygı görme takıntısını. Bırakın, güçlü olmak durumunda da değilsiniz. Esnek ve hoşgörülü olma, güven duyma ve sevgiyi içtenlikle yaşama vakti gelmedi mi sizce? Gelmiş olmalı. Hatta içinizde gizli kalmış şefkati ortaya çıkarma zamanı da geldi.

Sizin mutlaka yaşamda egonuzu biraz küçülterek, hizmet vermeyi ve daha alçakgönüllü olmayı öğrenmeniz gerekmektedir, böylelikle zaten doğanızda var olan, ama ortaya çıkabilmesi bahsi geçen ön koşullara bağlı olan bolluk-bereket enerjisi yaşamınıza nüfuz edecek ve varlıklı bir yaşam sürebileceksiniz. Analizlerimde yer alan olumsuz özelliklerinizi düzenlediyseniz sizi şimdiden tebrik ederim☺

AŞK İLİŞKİLERİNİZ

Cazibeniz ve yaydığınız enerjiler çok güzel olduğu için karşı cins sizden etkilenir bu nedenle size pek çok kişi âşık olur. Bunula beraber siz kolay kolay âşık olmazsınız, üstelik bağ kurmayı da istemezsiniz.

Evleninceye kadar pek çok sevgiliniz olur, belki evlendikten sonra da☺ Çünkü hayal gücünüz yüksektir ve cinsel fantezileriniz de renkli olabilir. Eğer eşinizle bu alanda belli bir tatmin yaşamıyorsanız sadık olamayabilirsiniz. Siz zihninizde yarattığınız eşe âşık olabilirsiniz. Eşinizin zihninizde yarattığınız kişi olmadığını fark ettiğinizde de hayal kırıklığına uğrayabilirsiniz. Evlenmek yapınıza aykırı olsa da size bakacak, sizinle ilgilenecek bir eşe gereksinim duyabilirsiniz. Bu nedenle kendinizi özgür hissedeceğiniz bir evliliği seçmenizi öneririm ama enteresan bir biçimde güvenlik arayan bilinçaltınız size göre sizin özgürlüğünüzü kısıtlayan bir eş seçtirebilir.

Özgür olayım derken kendinizi esaret altına alırsınız. Böylesi bir evliliği bitirmek istersiniz ancak çocuğunuz varsa bunu yapmayabilir ve evliliğinizi sürdürebilirsiniz.

Gerçi bu durum içsel öfkenizin birikmesini sağladığından duygusal anlamda eşinizden uzaklaşabilir ya da ani patlamalarla öfkenizi dışarı vurabilirsiniz.

İŞ VE KARİYER YAŞAMINIZ

Erteleme huyunuza ve konformist yapınıza rağmen siz yaptığınız her işi sağlam yaparsınız. Size asla laf gelsin istemezsiniz çünkü rezil olmaktan, küçük düşmekten çok korkabilirsiniz. Eleştirilmeye de gelemezsiniz ancak büyük ihtimalle siz çok yargılayıp eleştirebilirsiniz. Başkalarını küçük görebilirsiniz, özgüven eksikliğinize rağmen yargıladığınız kişilerden daha üstün olduğunuza inanır ve mesafeli davranışlar gösterebilirsiniz. İş yoğunluğunuzda zihinsel karışıklıklar yaşayabilirsiniz. Buna rağmen geneli gören bakış açınız mutlaka bir çözüm yolu bulur.

MALİ DURUMUNUZ

Eğer ki siz planlı programlı çalışmayı, sabırlı olmayı, yapmanız gerekenleri vaktinde yapmayı, sorumluluklarınıza sahip çıkmayı, verdiğiniz sözleri vaktinde yerine getirmeyi iş hayatınızda oturtursanız hem maddi hem de manevi anlamda çok zengin olursunuz. En önemlisi tatmin duygusunu ve huzuru yaşarsınız.

SAĞLIĞINIZ

Genellikle sağlıklı bir yapıya sahip olursunuz, bununla beraber kemik, diş ve eklemler konusunda hassas olabilirsiniz bu alanlara dikkat etmekte fayda vardır.

Sinir sisteminiz de içsel gerginliğiniz yüzünden olumsuz etkilenebilir. Sakin ve verimli bir yaşam seçmelisiniz.

Çünkü hiçbir şey yapmadığınız bir sakinlik de bir süre sonra sizin sinirleriniz olumsuz etkileyebilir.

Analizlerimde yer alan olumsuz davranış modellerinizi, olumlu davranış modellerine çevirdiyseniz bu tekâmülünüzden dolayı sizi yürekten tebrik ederim☺

EN TEMEL KORKULARINIZ

- Güvensizlik Korkusu ve Özgüven Eksikliği
- Esaret Korkusu
- Başarı-Başarısızlık Korkusu
- Yetersizlik Korkusu
- Tercih Edilmeme Korkusu
- Reddedilme Korkusu

Yaşamınızda genellikle yukarıda bahsi geçen konular hakkında deneyimler yaşarsınız, çünkü bu dünyada geçmeniz gereken dersleriniz bu davranışlarınızı düzenlemek ve korkularınızdan arınmaktır. Bu durumu düzenleyene kadar benzer sınavlardan geçmeye devam edebilirsiniz. Benden söylemesi☺ Önerim aşağıdaki olumlamaları kullanmanız, esma çalışmasıyla kendinizi güçlendirmenizdir. Farkındalıkla ve bilinçli olarak bu konular üzerinde de çalışma yapmalısınız. Eğer söz konusu durumlar ileri boyutta ise profesyonel destek almanız çok faydalı olacaktır.

RUHSAL TEKÂMÜLÜNÜZ İÇİN YAPMANIZ GEREKENLER

• Bilgelik enerjinizle insanlara ışık tutan bir önder olmaya özen göstermelisiniz.

• İnsanları yargılayıp eleştirmekten ve bazen de küçük görmekten vazgeçmelisiniz.

• Kendiniz olma özgürlüğüne sahip olmalısınız bunun için rol kimliklerinden sıyrılmalı, kendi duygu ve düşüncelerinizi olumlu dil kalıplarıyla ifade etmelisiniz.

• Öz disiplin sahibi olup kendi yaşamınızı planlamalısınız ve verdiğiniz kararları iradenizi kullanarak uygulamalısınız.

• Yapılacak olan işleri ya da sorumlukları gözünüzde büyütmemeli, hedefinizi küçük hedef parçalarına bölüp adım adım ilerlemelisiniz.

• Başarısız olmaktan korkup herhangi bir işe başlamaktan vazgeçmemeli, kendinize güvenmeli ve cesur olmalısınız. Ya da tam tersi sorumluluk almaktan kaçındığınız için başarılı olmayı reddetmemelisiniz.

• Allah'ın size bağışladığı aklınıza, zekânıza, yeteneklerinize güvenmelisiniz ve kendi öz değerinize sahip çıkmalısın.

• Kendi gücünüze sahip çıkmalı, yaşamda cesur olmalısınız.

• Hayal dünyanızı sadece projelerinizde ve olması arzu ettiğiniz durumların canlandırılmasında kullanmalısınız, gerçek yaşamdan hayal dünyasına kaçıp sığınmamalısınız.

• Yaşamınızın sorumluluğunu elinize almalısınız ve yaşamınızı siz yönlendirmelisiniz.

- Başkalarına verdiğiniz öğütleri önce kendiniz uygulamalısınız.
- Körü körüne inatçılık davranışınızdan vazgeçmelisiniz.
- Eleştirme, yargılama ve suçlama dilinden kendinizi kurtarmalısınız, kendinize ve başkalarına karşı hoşgörülü ve esnek olmalısınız.
- Suçlanmaktan da korkmamalısınız çünkü korktukça daha çok suçlanacağınız deneyimler yaşayabilirsiniz.
- Erteleme huyunuzdan vazgeçmeli her şeyi zamanında yapmalısınız.
- Yaşamınızdaki kişileri ve olayları önemsemeli, her şeye hak ettiği önemi ve değeri vermelisiniz.

OLUMLAMALARINIZ

- Bilgelik enerjimi yükseltiyor ve insanlığa faydalı olan bir önder oluyorum.
- Ben her zaman kendim olma özgürlüğümü yaşıyor ve duygularımı olumlu dil kalıplarıyla ifade ediyorum.
- Ben kendime, yeteneklerime, gücüme çok güveniyorum.
- Ben cesurum ve hayata cesaretle atılıyorum.
- Ne istediğimi biliyor, cesaretle istediğime sahip oluyorum.
- Yaşadığım hayatı, içinde bulunduğum dünyayı seviyorum.
- Kendimin ve zamanımın yöneticisi benim, zamanımı verimli kullanıyor her şeyi vaktinde yapıyorum ve kendimle gurur duyuyorum.

• Yaşam sorumluluğumu elime alıyor ve sorumluklarımı kolaylıkla yerine getiriyorum, bunun için de kendimi takdir ediyorum.

• Hem kendimi hem de başkalarını olduğu gibi kabul ediyorum.

• Artık hoşgörülü ve esnek bir bakış açısına sahibim.

• Ben geleceğime güvenle bakıyorum, içinde bulunduğum her an geleceğimi pırıl pırıl inşa ediyorum.

• Güçlü bir empati yeteneğine sahibim ve insanların duygu durumlarını rahatlıkla analiz ediyorum.

• Yaşadığım her an ve aldığım her nefes için, sahip olduklarım ve olmaya devam ettiklerim için Rabbime daima şükrediyorum.

Not: Gün içinde olumlama yapmayın çünkü o saatlerde ego görev başındadır ve değişiminize tepki gösterebilir. Eğer olumlamaları gündüz yaparsanız, kullandığınız olumlamaların tam tersi deneyimler içerisine girebilirsiniz.

Bu yüzden olumlamalarınızı sadece sabah uyandığınızda ve gece uykuya dalmadan hemen önce yapın. Bu dönemlerde beyin dalgalarınız Alfa frekansında olduğu için egonuz devre dışıdır.

ESMALARINIZ

Esmaları zikretmenizin de size çok faydası olacaktır.

- Ya Alim (150 kere): İlim ve bilgelik enerjisini akışını sağlar.
- Ya Aziym (1020 kere): Azim, güç, ktidar kuvveti verir.
- Ya Kaviyy (116 kere): İradeyi Güçlendirir.
- Ya Cebbar (206 kere): Cesaret verir.
- Ya Muktedir (744 kere): Her şeyi yapma gücünü harekete geçirir.
- Ya Selam (131 kere): İçinize huzur, rahatlık ve güven duygusu verir.
- Ya Muğni (1100 kere): Maddi ve manevi zenginlik sağlar.
- Ya Fettah (489 kere): Maddi ve manevi tüm kapıları açar ve zafer sağlar.
- Ya Mani (161 kere): Negatif enerjilerden korur.

Yukarıda size uygun olabilecek Esmalardan birkaç örnek verdim. Esmalar ile ilgili daha detaylı bilgiye, telif gelirini yardım kuruluşlarına bağışladığım "Esmaların Gizli Hazinesi" isimli kitabımdan ulaşabilirsiniz. Ayrıca aynı kitapta kendi burcunuza ait olan Esmaları seçebilir ve mucizevi güzellikleri deneyimleyebilirsiniz.

KOD 46

Örneğin 28.8.1999 tarihindeki gibi doğum tarihinizin sayı değerleri toplamı 46 çıkıyorsa sizin sayınız 46'dır.

GENEL ÖZELLİKLERİNİZ

Öncelikle belirtmek isterim ki bazı insanlar özel enerjilerle doğar siz özel bir enerji ile dünyaya gelmişsiniz. Böylesine özel enerjilerle doğan kişilerin daima enerjilerini koruması gerekmektedir. Çünkü negatif enerjiler bu enerjiye sahip çıkmaya çalışır siz bu enerjiye hâkim olabilirseniz muhteşem bir yaşam sürersiniz.

Bu enerjiler size doğumunuzla verilen çok güzel bir armağandır. Sizin mutlaka spiritüel alanla bağlantıda olmanız şarttır. Manevi alanla bağlantıda yaşamadığınız takdirde yaşam sizi yola sokmak için olumsuz deneyimler yaşatabilir. Bu aslında değerli olduğunuzdan ve rahmani alanın sizi kaybetmek istememesindendir.

Çok çok yüksek bir manyetik enerjiye sahipsiniz bu size doğumunuzla armağan edildiği için çok şanslısınız. İnsanlar sizi beğenir, âşık olurlar sizden etkilenirler ancak siz kendi değerinizi bilmezseniz önce baş tacı yapar sonra da bilinçaltı kıskançlıkları sebebiyle sizi bir anda yere bırakabilirler. Bu enerjinizin farkında olup kendi değerinize sahip çıkmalısınız.

Çok gelişmiş bir hayal gücünüz olduğunu vurgulamak isterim. Ancak bu hayal gücünüzde bazen ütopik hayaller de olabilir ve siz hayal dünyasında gerçek dünyadan kaçarak da yaşamayı seçebilirsiniz. Eğer hayal gücünüzü mümkün olanlara yönlendirirseniz ve gerçek yaşamla bağlantıyı daha sıkı tutarsanız kesinlikle çok başarılı ve ünlü olabilirsiniz.

İstediğiniz şey hemen olsun istersiniz, hedefe giden yollar gözünüzde büyüyebilir, sabırsız davranabilirsiniz. Öğrenmeniz gereken etap etap, adım adım süreçten zevk alarak hedefe ulaşmaktır. Bu durum öğrencilik hayatınız da dâhil olmak üzere tüm yaşamınızı etkilemektedir.

İdealistsiniz, mükemmeliyetçisiniz. Ancak bu mükemmeliyetçiliğiniz sizin adım atmanızı zorlaştırır. Yanlış yapmaktansa hiç yapmamayı tercih edersiniz. Hata yapmayı kabul edemezsiniz başkalarının yaptığı hatalara karşı da büyük ihtimalle keskin tepkiler gösterebilirsiniz.

Sezgileriniz çok güçlü olabilir, eğer sezgilerinizi dinlemezsiniz duygularınızla barışık da yaşayamayabilirsiniz. O zaman ne hissettiğinize değil ne hissetmeniz gerektiğine odaklanırsınız, bu da yaşamdan zevk almanıza engel olabilir.

Bazen yargılayıcı ve suçlayıcı bir dil kullanıyor olabilirsiniz. Bu durum ikili ilişkilerinizde problem yaratabilir. Başkaları tarafından yargılanmaya ve eleştirilmeye tahammül edemezsiniz, yapıcı eleştirileri de dinlemezsiniz. Siz genellikle bildiğinizi okursunuz yanlış bile olsa. Bu durum işinize yarıyor mu diye sormalısınız kendinize.

Hümanist bir insansınız ve adalete çok önem verirsiniz. Adalet için savaşabilirsiniz. Genel anlamda eylemde olmasa bile zihinde hep adalet için savaşıyor olabilirsiniz.

Siz iyi kalpli ve çevresine faydalı olmayı çok isteyen bir yapıya sahipsiniz. İnsanları kırmaktan ya da çatışmaya girmekten çekinirsiniz. Ancak bu davranışları gösterirken kendinize haksızlık edebilir ve kendinizi istemediğiniz şeyleri yaparken bulabilirsiniz. Sonra da derin bir öfke ve pişmanlık duyguları hissedebilirsiniz. En çok korktuğunuz şey pişman olmaktır. Daha derin korkular yaşadığınızı düşünmüyorum. Olsa bile üstesinden gelebileceğiniz korkular bunlar.

Pişman olmaktan korkacağınız şeylere karşı da bilinçaltı bir istek duyabilirsiniz. Bu durum sizin canınızı yakabilir. İrade gücünüzü kaybedebilirsiniz. Bu nedenle manevi bağınızın çok kuvvetli olması şarttır.

Pişman olmayacağınız davranışları seçmeye özen gösterin, pişman olacağınız bir davranışta bulunsanız da geçmişi geçmişte bırakın, ne öğrendiğinize bakın, kendinizi affedin ve yolunuzda yürüyün daha güzel hizmetler vererek. O konuya takılı kalmayın, geçin.

Aslında içinizde muhteşem bir yetenek ve güç barındırıyorsunuz. Kendinize ve insanlara karşı daha hoşgörülü, esnek olduğunuzda, hedeflere giden yolu etap etap sabırla ilerlediğinizde ve mükemmeliyetçilikten istifa ettiğinizde muhteşem bir şekilde maddi ve manevi bolluk ve bereke-te geçecek, takdir gören, parmakla gösterilen, ünlü bir kişi konumuna geleceksiniz.

Siz yüksek yaratıcılık enerjisine sahipsiniz. Sanatta ya da proje üretmede çok başarılı olabilirsiniz. Bu enerjinizin mutlaka bir alana kanalize olması gerekmektedir. Yani bir eser ortaya koymalısınız, bu planlanan bir projeyi hayata geçirmek olduğu gibi, kitap yazmak, resim yapmak gibi sanat alanı da olabilir. Yüksek enerjiye sahip olduğunuz için mutlaka fiziksel egzersiz yapmanız lazım. Sporla ilgilenebilir veya dans edebilirsiniz. Bu şekilde fiziksel ve ruhsal enerjinizi harekete geçirmeniz, üst enerji alanlarına çıkmanızı ve çok olumlu deneyimler yaşamanızı sağlayacaktır. Kendinizi daha güçlü, özgür, enerjik hissedeceksiniz.

Eğer bu yaratıcı enerjiyi bir alana kanalize etmez ve fiziksel aktivitelerde bulunmazsanız o zaman bu enerji bloke olabilir ve bağımlılık enerjisiyle yaşamaya başlayabilirsiniz. Bu bağımlılık sigara, içki gibi bir maddeye olabileceği gibi, bir kişiye ya da bir duyguya da olabilir. Daha ziyade öfke enerjisine bağımlı olabilirsiniz. İçsel bir öfke yaşayabilir, öfkeleneceğiniz deneyimleri yaşamınıza getirebilirsiniz.

Dışarıya karşı son derece sevecen ve sevimli bir görüntünüz olsa da eğer bağımlılık enerjisi geliştirdiyseniz yakınlarınıza karşı öfkeli ve ters davranışlar gösterebilirsiniz.

Liderlik özelliğine sahipsiniz ve sizin istediğiniz olsun istersiniz. Söylediğiniz bir şeyi karşı taraf yapmazsa çok öfkelenebilirsiniz. Esnek, rahat ve sakin olmakta fayda var.

Siz yine liderlik özelliklerinizi kullanın, ama daha sakin olmaya çalışarak ve baskıcı olmadan.

Mükemmeliyetçi bir davranış modeliniz olabilir. İçinde yaşadığımız dünyanın, her şeyin mükemmel olmasını arzularsınız. Bunun için savaşabilir ve öfkeli davranışlar gösterebilirsiniz. Yaşadıklarınız için hep birilerini suçlayabilirsiniz. Bu dünyanın gerçeği şu ki burası dualite evreni, o yüzden her şey zatıyla beraber bir bütünlük içerisinde ve bu durumu hoşgörüyle kabul etmeliyiz. Yine dünyamızı ve yaşamlarımızı güzelleştirmeliyiz ancak öfkelenmeden, suçlamadan ve yargılamadan.

Birilerini suçlamak kurban psikolojisidir, bu nedenle eğer bu şekilde düşünüyorsanız bu düşüncelerden sıyrılıp kendi seçimlerinizi kendinizin yaptığını fark edip kendi gücünüzü elinize almalısınız.

Sizin spiritüel güçleriniz de bulunmaktadır bu güçlerinizi harekete geçirin; bunu yapmak için kesinlikle kendinize ve Allah'a güvenmelisiniz. Bu şeklide hem kendinize hem de çevrenize pozitif anlamda ışık tutabileceksiniz. Aksi halde kendinizi kaybolmuş ve terk edilmiş hissedebilirsiniz. Gerçek dünyadan kaçıp zihninizdeki hayal dünyasında yaşayabilirsiniz ki bu durum acı verici olabilir. Parlak zekâlı, yaratıcı ama yaşamda başarıyı yakalayamamış yitik kişilerden olmamalısınız.

AŞK İLİŞKİLERİNİZ

Etkileyici bir manyetik enerjiniz vardır ve girdiğiniz her ortamda dikkat çeker ve çok beğenilirsiniz. Biraz soğuk ve mesafeli algılanabilirsiniz. Zaten sizin de vermek istediğiniz imaj cool bir görünüm olabilir. Aslında derinlerde yatan özgüven sorununu bu şekilde kamufle etmeye çalışıyor da olabilirsiniz.

Mükemmeli arayan bir yapınız olduğu için genellikle ya ulaşılmaz görünenleri beğenirsiniz ya da kimseyi kendinize layık görmeyebilirsiniz. İlişkilerinizde derin bir bağ kuramayabilirsiniz, bunun altında yatan da güvensizlik korkusu ve hayal kırıklığına uğrama korkuları olabilir. Biriyle sevgi dolu bir beraberlik yaşayabilmeniz için ona kesin bir şekilde güvenmeniz gerekir. Bu nedenle duygulardan çok mantığınızla hareket ederek mantık evliliği yapabilir ya da bekâr kalmayı seçebilirsiniz.

Hayal gücünüz çok kuvvetli olduğu için cinsel fantezileriniz de renkli olabilir. Cinsellik konusunda ya çok çekingen olabilir ya da renkli bir cinsel yaşam sürebilirsiniz.

İŞ – KARİYER YAŞAMINIZ

Yaratıcılık ve proje üretme yeteneğinize bir de hayal gücünüzü eklediğimizde tasarım ve sanat alanlarında çok başarılı olabilecek bir karakter ortaya çıkıyor. Hayal gücünün ve yaratıcılığın olduğu her alanda çok başarılı olacağınız gibi alanınızda şan ve şöhret sahibi de olabilirsiniz.

MALİ DURUMUNUZ

Aşkla yaptığınız her işte gerçekten çok para kazanırsınız. Genç yaş dönemlerinde parasızlık deneyimlerini yaşasanız da, orta yaş sonrasında muhteşem bir zenginliğe ve varlığa sahip olabilirsiniz.

SAĞLIĞINIZ

Genel anlamda sağlıklı olabilirsiniz bununla beraber içsel gerginliklerinizde kalp ve damar sağlığınız etkilenebilir. Bu nedenle öfkeden ve korkulardan uzak durmaya çalışmakta fayda olacaktır. Yüksek şifa enerjisi doğumunuzla size hediye edildiği için enerjilerinizi olumlu frekanslarda tutarsanız hem kendinize hem de dünyaya şifa verir, aydınlatabilirsiniz.

Analizlerimde yer alan olumsuz davranış modellerinizi, olumlu davranış modellerine çevirdiyseniz bu tekâmülünüzden dolayı sizi yürekten tebrik ederim☺

EN TEMEL KORKULARINIZ

- Güvensizlik Korkusu ve Özgüven Eksikliği
- Güçsüzlük Korkusu
- Başarı-Başarısızlık Korkusu
- Rezil Olma Korkusu
- Yetersizlik Korkusu
- Esaret Korkusu

Yaşamınızda genellikle yukarıda bahsi geçen konular hakkında deneyimler yaşarsınız, çünkü bu dünyada geçmeniz gereken dersleriniz bu davranışlarınızı düzenlemek ve korkularınızdan arınmaktır. Bu durumu düzenleyene kadar benzer sınavlardan geçmeye devam edebilirsiniz. Benden söylemesi☺ Önerim aşağıdaki olumlamaları kullanmanız, esma çalışmasıyla kendinizi güçlendirmenizdir. Farkındalıkla ve bilinçli olarak bu konular üzerinde de çalışma yapmalısınız. Eğer söz konusu durumlar ileri boyutta ise profesyonel destek almanız çok faydalı olacaktır.

RUHSAL TEKÂMÜLÜNÜZ İÇİN YAPMANIZ GEREKENLER

- Öz disiplin sahibi olup kendi yaşamınızı planlamalısınız ve verdiğiniz kararları iradenizi kullanarak uygulamalısınız.
- Yapılacak olan işleri ya da sorumlukları gözünüzde büyütmemeli, hedefinizi küçük hedef parçalarına bölüp adım adım ilerlemelisiniz.
- Başarısız olmaktan korkup herhangi bir işe başlamaktan vazgeçmemeli, kendinize güvenmeli ve cesur olmalısınız. Ya da tam tersi sorumluluk almaktan kaçındığınız için başarılı olmayı reddetmemelisiniz.
- Allah'ın size bağışladığı aklınıza, zekânıza, yeteneklerinize güvenmelisiniz ve kendi öz değerinize sahip çıkmalısın.
- Kendi gücünüze sahip çıkıp yaşamda cesur olmalısınız.
- Hayal dünyanızı sadece projelerinizde ve olmasını arzu ettiğiniz durumların canlandırılmasında kullanmalısınız, gerçek yaşamdan hayal dünyasına kaçıp sığınmamalısınız.
- Yaşamınızın sorumluluğunu elinize almalısınız ve yaşamınızı siz yönlendirmelisiniz.
- Başkalarına verdiğiniz öğütleri önce kendiniz uygulamalısınız.
- Körü körüne inatçılık davranışınızdan vazgeçmelisiniz.
- Eleştirme, yargılama ve suçlama dilinden kendinizi

kurtarmalısınız, kendinize ve başkalarına karşı hoşgörülü ve esnek olmalısınız. Suçlanmaktan da korkmamalısınız çünkü korktukça daha çok suçlanacağınız deneyimler yaşayabilirsiniz.

• Erteleme huyunuzdan vazgeçmeli her şeyi zamanında yapmalısınız.

• Yaşamınızdaki kişileri ve olayları önemsemeli her şeye hak ettiği önemi ve değeri vermelisiniz.

• Allah'ın size armağan olarak verdiği yüksek enerjiyle hem kendinize hem de başkalarına şifa vermelisiniz.

• Güçlü sezgilerinizi kullanarak ve daha da güçlendirerek sağduyulu kararlar vermelisiniz.

OLUMLAMALARINIZ

• Ben kendime, yeteneklerime, gücüme çok güveniyorum.

• Ben cesurum ve hayata cesaretle atılıyorum.

• Ne istediğimi biliyor ve cesaretle istediğime sahip oluyorum.

• Yaşadığım hayatı, içinde bulunduğum dünyayı seviyorum.

• Kendimi yaşamla uyum içerisinde hissediyorum.

• Kendimin ve zamanımın yöneticisi benim, zamanımı verimli kullanıyor her şeyi vaktinde yapıyorum ve kendimle gurur duyuyorum.

• Yaşam sorumluluğumu elime alıyor ve sorumluluklarımı kolaylıkla yerine getiriyorum bunun için de kendimi takdir ediyorum.

- Hem kendimi hem de başkalarını olduğu gibi kabul ediyorum.
- Artık hoşgörülü ve esnek bir bakış açısına sahibim.
- Ben geleceğime güvenle bakıyorum, içinde bulunduğum her an geleceğimi pırıl pırıl inşa ediyorum.
- Güçlü bir empati yeteneğine sahibim ve insanların duygu durumlarını rahatlıkla analiz ediyorum.
- Allah'ın bahşettiği güçlü sezgi enerjimi geliştiriyorum.
- Allah'ın bana bahşettiği şifa enerjisiyle hem kendime hem de başkalarına şifa veriyorum.
- Yaşadığım her an ve aldığım her nefes için, sahip olduklarım ve olmaya devam ettiklerim için Rabbime daima şükrediyorum.

Not: Gün içinde olumlama yapmayın çünkü o saatlerde ego görev başındadır ve değişiminize tepki gösterebilir. Eğer olumlamaları gündüz yaparsanız, kullandığınız olumlamaların tam tersi deneyimler içerisine girebilirsiniz. Bu yüzden olumlamalarınızı sadece sabah uyandığınızda ve gece uykuya dalmadan hemen önce yapın. Bu dönemlerde beyin dalgalarınız Alfa frekansında olduğu için egonuz devre dışıdır.

ESMALARINIZ

Esmaları zikretmenizin de size çok faydası olacaktır.

- Ya Aziym (1020 kere): Azim, güç ve iktidar kuvveti verir.
- Ya Kaviyy (116 kere): İradeyi güçlendirir.

- Ya Cebbar (206 kere): Cesaret verir.
- Ya Muktedir (744 kere): Her şeyi yapma gücünü harekete geçirir.
- Ya Musavvir (336 kere): Yaratıcılık enerjisinin somut alanlara akmasını sağlar.
- Ya Selam (131 kere): İçinize huzur, rahatlık ve güven duygusu verir.
- Ya Muhyi (68 kere): Şifa enerjinizi harekete geçirir.
- Ya Batın (62 kere): Sezgileriniz güçlendirir.
- Ya Muğni (1100 kere): Maddi manevi zenginlik sağlar.
- Ya Fettah (489 kere): Maddi ve manevi tüm kapıları açar ve zafer sağlar.
- Ya Mani (161 kere): Negatif enerjilerden korur.

Yukarıda size uygun olabilecek Esmalardan birkaç örnek verdim. Esmalar ile ilgili daha detaylı bilgiye, telif gelirini yardım kuruluşlarına bağışladığım "Esmaların Gizli Hazinesi" isimli kitabımdan ulaşabilirsiniz. Ayrıca aynı kitapta kendi burcunuza ait olan Esmaları seçebilir ve mucizevi güzellikleri deneyimleyebilirsiniz.

KOD 47

Örneğin 29.8.1999 tarihindeki gibi doğum tarihinizin sayı değerleri toplamı 47 çıkıyorsa sizin sayınız 47'dir.

GENEL ÖZELLİKLERİNİZ

Çok zekisiniz ve muhteşem bir gözlemcisiniz. Görünenin arkasındaki gerçekliği görebilecek güçlü bir algılama yeteneğine sahipsiniz. Hayal gücünüz de çok kuvvetli olduğu için sanat ve tasarım alanlarında çok başarılı olabilirsiniz. Bununla beraber derinlerde yatan korkularınız olduğu için bazen dünya gerçekliğinden kaçmak ister ve hayal dünyanıza sığınabilirsiniz. Zihninizde başka bir dünyada yaşayabilirsiniz. Eğer durum böyleyse bu durumu dengelemenizi öneririm. Yaşama güvenle sarılabilecek gücü içinizde taşıyorsunuz.

Sizin enerjiniz son derece güçlü bir enerjidir. Olumlu şekilde kullanırsanız muhteşem bir yaşam inşa edersiniz. Olumsuz şekilde kullanırsanız da yakıp yıkarsınız.

Çok çok yüksek bir yaratıcılık enerjisine sahipsiniz, içinizde muhteşem bir potansiyel biriktiriyorsunuz. Bu enerjinizi olumlu alanlarda kullanırsanız son derece yapıcı sonuçlar alırsınız, eğer olumsuz alanlarda kullanırsanız çok yıkıcı, hem kendinize hem de başkalarına zarar verici durumların oluşmasına sebep olabilirsiniz.

Hiperaktif bir yapınız olabilir, odaklanma ile ilgili sorunlarınız da. Bunun sebebi zihninizin yüksek enerjiyle çalışmasıdır, bir diğer sebebi de bastırılmış öfke ve korkulardır.

Çocukluğunuzda ailevi sorunlar yaşamış olabilirsiniz, derin bir güvensizlik enerjiniz olabilir. İhanete uğramaktan, hayal kırıklığına uğramaktan çok korkabilirsiniz ve ilişkilerinizi güven temeli üzerine kurmanız kolay olmayabilir. Zihniniz hemen her olayda en olumsuz ihtimali düşünebilir.

Tedbirli olmak adına aslında korkacağınız deneyimlerin daha çok yaşanmasına sebep olabilirsiniz. Kesinlikle yaşamın akışına güvenmeniz, "Her ne oluyor ve yaşanıyorsa benim adıma en hayırlı şekilde gerçekleşiyor," demeniz ve buna inanmanız gerekmektedir. Aksi halde yaşamın tadını çıkaramaz ve kaçak bir yaşam sürersiniz.

Sizin içinizde güven enerjisi oluşmaya başladı mı yaşam karşınıza güvenilir insanları ve güvenilir deneyimleri çıkaracaktır. Bu bir yasadır. Güvensizlik enerjisi ikili ilişkilerinizde de problem yaratabilir içten, samimi ve güvenilir ilişkiler kurmanıza engel olabilir. Bu durum kendinizi yalnız hissetmenize de sebep olabilir. Bu güvensizlik enerjisi kendi gücünüze ve yeteneklerinize de yeterli derecede güvenmemenize sebep olabilir. Hata yapmaktan ya da başarısız olmaktan korkarak hiçbir şey yapmamayı tercih edebilirsiniz. Hâlbuki bir çocuk düşe kalka yürümeyi öğrenir. Hata yapma hakkımız var, ancak aynı hataları tekrar tekrar yapmak akıllıca değildir. Eyleme geçmezseniz içinizdeki güç de harekete geçmez ve yaşamınızın sonuna geldiğinizde aslında hiç yaşamamışım dersiniz. Bu nedenle cesur olmalısınız, kendi iç gücünüze ve yeteneklerinize güvenmeli ve harekete geçmelisiniz. Kimin ne diyeceğini ya da ne düşüneceğini de önemsemelisiniz.

Hedeflere giden yollar gözünüzde büyüyebilir, bu nedenle daha işe başlamadan pes edebilirsiniz bu durum sizi yaşamda atıl kılar. Hedeflere giden yolları küçük adımlara bölmelisiniz. Her adım bir sonraki adımı getirir ve bir bakmışsınız ki arzuladığınız durum gerçekleşmiş.

Bu sebeple küçük adımlarla da olsa başlayın, yeter ki ertelemeyin hemen başlayın. Hedeflere ulaşma esnasında da sabırlı olun. Sakin olun. Daha işe başlamadan başarısız olacağınızı düşünmeyin, kesinlikle başarılı olacağınızı düşünerek başlayın.

Bazı konularda takıntılarınız olabilir. Temizlik konusu, doktora gidememe takıntısı, el yıkayamama ya da çok el yıkama takıntısı gibi, söylediğiniz yapılmadığında sinirlenmek gibi takıntılar olabilir. Şu an itibaren bırakın, esneyin, hoşgörülü olun.

Önce kendinize karşı sonra insanlara karşı esnek ve hoşgörülü olun. Her zaman bizim doğrularımız başkalarının doğruları olamayabilir. Bırakın herkes kendi doğrusunu yaşasın. ESNEYİN☺ Mükemmeliyetçilikten istifa edin☺

Estetik, uyum, güzellik sizin için çok önemlidir. Yaşamınıza güzellik getirin başkaları da bu güzelliklerden faydalansın. Hem kendi hayatınıza hem de başkalarının hayatına ışık getirin çünkü bu potansiyel sizin içinizde var.

Çok akıllı ve zekisiniz, olayları çok güzel analiz edersiniz; bu özelliklerinizi yaşamınıza geçirip kullanın. Hayal gücünüz de çok kuvvetli olabilir, bu gücünüzü arzu ettiklerinizi zihninizde canlandırma şeklinde kullanın. Ancak hayallerinizin de ayaklarının yere basması gerekmektedir. Makul olan amaçlarınızı sanki olmuş gibi zihninizde canlandırın, bu yeteneğiniz arzularınızın gerçekleşmesini sağlayacaktır. Yani imgeleme gücünüzü kesinlikle kullanın.

İçinizdeki çocuk büyümemiş olabilir, hep çocukça bir yönünüz olabilir bu durumu olumlu anlamda, sanat ve yaratıcılık alanında kullanmaya özen gösterin.

Duygularınızı ifade etmemeye özen gösterebilirsiniz bu durum sizin enerjisel olarak blokaja uğramanıza sebep olabilir. Ne hissettiğinizi rahatlıkla, her zaman herkese olumlu bir dil kullanarak mutlaka ifade etmeli ve içinize atmamalısınız. İçinize duygularınızı atmanız bağımlılık enerjinizi yükseltir bu şekilde bir maddeye, bir kişiye, bir duyguya bağımlı olabilirsiniz.

Bağımlılık enerjisi oluşmaması için mutlaka spor ya da dans gibi fiziksel bir aktivitede bulunmanız gerekmektedir. Fiziksel aktiviteyi yaşamınıza geçirmelisiniz. Sezgilerinize güvenin, sağduyu ile hareket edin. Hem kendinize hem de çevrenizdekilere ilham verin. Yükse analiz, sentez yeteneğinizi kullanın. Yaşamı ıskalamayın cesaretle yaşamın içine atlayın. Yaşamın akışına ve kendinize GÜVENİN☺

AŞK İLİKİLERİNİZ

Aşk ilişkilerinizde güven ararsınız, çünkü güvenlik alanına ihtiyaç hissedebilirsiniz. Güven duymadan kesinlikle kalp bağı kuramayabilirsiniz. Zaten bağ kurmaktan da hayal kırıklığına uğrama ya da aldatılma korkusu sebebiyle kaçınabilirsiniz. İlişkilerde aldatılmaktan, küçük düşmekten ya da reddedilmekten çok çekinebilirsiniz ve bu nedenle ilk adımı atmamaya özen gösterebilirsiniz. Zihninizde size ulaşılmaz gelen bir aşk oluşturabilirsiniz. Hatta güçlü hayal gücünüzle zihninizde yaşadığınız bu ilişkiyi besleyebilirsiniz. Aslında yaşamı paylaşmayı çok istersiniz, ama güvensizlik korkusundan ikili ilişkilerinizi yüzeysel tutabilirsiniz. Güveneceğiniz bir eş bulduğunuzda da uzun ömürlü bir yuva kurabilirsiniz.

İlişkilerinizde güvenmeye, öfkeli olmamaya, sorumluluk üstlenmeye ve duygularınızı olumlu dil kalıplarıyla ifade etmeye özen göstermeniz beraberliğinizi güçlendirecektir.

İŞ – KARİYER YAŞAMINIZ

Altta yatan derin özgüven eksikliği sebebiyle kendi yeteneklerinizin ve yaratıcılığınızın farkına varmayabilir ya da çok geç fark edebilirsiniz. Kendi değerinizi bilmelisiniz çünkü gerçekten çok yeteneklisiniz. Akıllı ve zekisiniz. Pratik zekânız ve hazırcevaplığınız da size güçlü etkiler vermektedir.

İş hayatınızda öncelikli handikabınız özgüven eksikliği olurken diğer handikaplarınız da işleri ertelemeniz ve sorumluk almaktan kaçınmanızdır. Gençlik dönemlerinde hissettiğiniz özgüven, kendi üzerinizde çalışırsanız güçlü bir özgüvene dönüşebilir ve yaptığınız her işte çok başarılı olursunuz. Pek çok iş alanınız olabilir, hobileriniz işleriniz de olabilir. Yaptığınız işlerde belli bir başarıya ya da doygunluğa ulaşınca başka bir işle ilgilenebilirsiniz. Ancak işlerinizde istikrarsız ve sabırsız olursanız, biraz ondan biraz bundan derken ortaya tam anlamıyla uzmanı olduğunuz bir iş çıkmayabilir. Ya ilgilendiğiniz işlerin hepsine hakkını verip sabırla başarı basamaklarını tırmanmalısınız, ya da tek bir uzmanlık alanında kendinizi yetiştirmelisiniz.

MALİ DURUMUNUZ

Çok farklı işlerle ilgilendiğiniz için pek çok ayrı kaynaktan para akışı olacaktır. Parasız kalmaktan endişe duymanıza rağmen para size her zaman öngördüğünüz ya da öngörmediğiniz kaynaklardan gelir. Bu parayı arttırmak ve birikim yapmak sizin elinizdedir. Birikim yapar ve akıllıca yatırımlarda bulunursanız çok zengin olabilirsiniz.

SAĞLIĞINIZ

Korku, endişe ve takıntılarınız olabilir, bu nedenle psikolojik sorunlar yaşayabilirsiniz. Bunun dışında hiperaktivite ve konsantrasyon problemleri de yaşayabilirsiniz. Mideniz hassas olabilir. Bununla beraber genel olarak çok sağlıklı bir yaşam sürebilirsiniz.

Analizlerimde yer alan olumsuz davranış modellerinizi, olumlu davranış modellerine çevirdiyseniz bu tekâmülünüzden dolayı sizi yürekten tebrik ederim☺

EN TEMEL KORKULARINIZ

- Güvensizlik Korkusu ve Özgüven Eksikliği
- Suçlanma Korkusu
- Yetersizlik Korkusu
- Yalnız Kalma Korkusu
- Başarı-Başarısızlık Korkusu
- Güçsüzlük Korkusu

Yaşamınızda genellikle yukarıda bahsi geçen konular hakkında deneyimler yaşarsınız, çünkü bu dünyada geçmeniz gereken dersleriniz bu davranışlarınızı düzenlemek ve korkularınızdan arınmaktır. Bu durumu düzenleyene kadar benzer sınavlardan geçmeye devam edebilirsiniz. Benden söylemesi☺ Önerim aşağıdaki olumlamaları kullanmanız, esma çalışmasıyla kendinizi güçlendirmenizdir. Farkındalıkla ve bilinçli olarak bu konular üzerinde de çalışma yapmalısınız. Eğer söz konusu durumlar ileri boyutta ise profesyonel destek almanız çok faydalı olacaktır.

RUHSAL TEKÂMÜLÜNÜZ İÇİN YAPMANIZ GEREKENLER

- Size armağan olarak verilen yaratıcılık enerjisini sanata ya da özel projelere aktarmalısınız.
- Yaşamın akışına ve kendinize güvenmeyi seçmelisiniz.
- Öz disiplin sahibi olup kendi yaşamınızı planlamalısınız ve verdiğiniz kararları iradenizi kullanarak uygulamalısınız.
- Kendi gücünüze sahip çıkmalı, cesur olmalısınız.

- Yapılacak olan işleri ya da sorumlukları gözünüzde büyütmemeli, hedefinizi küçük hedef parçalarına bölüp adım adım ilerlemelisiniz.

- Başarısız olmaktan korkup herhangi bir işe başlamaktan vazgeçmemeli, kendinize güvenmeli ve cesur olmalısınız. Ya da tam tersi sorumluluk almaktan kaçındığınız için başarılı olmayı reddetmemelisiniz.

- Allah'ın size bağışladığı aklınıza, zekânıza, yeteneklerinize güvenmelisiniz ve kendi öz değerinize sahip çıkmalısın.

- Hayal dünyanızı sadece projelerinizde ve olmasını istediğiniz durumların canlandırılmasında kullanmalısınız, gerçek yaşamdan hayal dünyasına kaçıp sığınmamalısınız.

- Yaşamınızın sorumluluğunu elinize almalısınız ve yaşamınızı siz yönlendirmelisiniz.

- Başkalarına verdiğiniz öğütleri önce kendiniz uygulamalısınız.

- Körü körüne olan inatçılığınızdan vazgeçmelisiniz.

- Eleştirme, yargılama ve suçlama dilinden kendinizi kurtarmalısınız, kendinize ve başkalarına karşı hoşgörülü ve esnek olmalısınız. Suçlanmaktan da korkmamalısınız çünkü korktukça daha çok suçlanacağınız deneyimler yaşayabilirsiniz.

- Erteleme huyunuzdan vazgeçmeli her şeyi zamanında yapmalısınız.

- Yaşamınızdaki kişileri ve olayları önemsemeli, her şeye hak ettiği önemi ve değeri vermelisiniz.

• Allah'ın size armağan olarak verdiği yüksek enerjiyle hem kendinize hem de başkalarına şifa vermelisiniz.

• Güçlü sezgilerinizi kullanarak ve daha da güçlendirerek sağduyulu kararlar vermelisiniz.

OLUMLAMALARINIZ

• Ben yüksek yaratıcık enerjimle muhteşem eserler orta koyuyorum.

• Ben kendime, yeteneklerime, gücüme çok güveniyorum.

• Ben cesurum ve hayata cesaretle atılıyorum.

• Ne istediğimi biliyor ve cesaretle istediğime sahip oluyorum.

• Kendimin ve zamanımın yöneticisi benim, zamanımı verimli kullanıyor her şeyi vaktinde yapıyorum ve kendimle gurur duyuyorum.

• Yaşam sorumluluğumu elimi alıyor ve sorumluklarımı kolaylıkla yerine getiriyorum bunun için de kendimi takdir ediyorum.

• Hem kendimi hem de başkalarını olduğu gibi kabul ediyorum.

• Artık hoşgörülü ve esnek bir bakış açısına sahibim.

• Ben geleceğime güvenle bakıyorum, içinde bulunduğum her an geleceğimi pırıl pırıl inşa ediyorum.

• Güçlü bir empati yeteneğine sahibim ve insanların duygu durumlarını rahatlıkla analiz ediyorum.

- Yaşadığım hayatı ve içinde dünyayı seviyorum.
- Allahın bahşettiği güçlü sezgi enerjimi geliştiriyorum.
- Allah'ın bana bahşettiği şifa enerjisiyle hem kendime hem de başkalarına şifa veriyorum,
- Yaşadığım her an ve aldığım her nefes için, sahip olduklarım ve olmaya devam ettiklerim için Rabbime daima şükrediyorum.

Not: Gün içinde olumlama yapmayın çünkü o saatlerde ego görev başındadır ve değişiminize tepki gösterebilir. Eğer olumlamaları gündüz yaparsanız, kullandığınız olumlamaların tam tersi deneyimler içerisine girebilirsiniz. Bu yüzden olumlamalarınızı sadece sabah uyandığınızda ve gece uykuya dalmadan hemen önce yapın. Bu dönemlerde beyin dalgalarınız Alfa frekansında olduğu için egonuz devre dışıdır.

ESMALARINIZ

Aşağıdaki Esmaları zikretmenizin de size çok faydası olacaktır.

- Ya Aziym (1020 kere): Azim, güç, iktidar kuvveti verir.
- Ya Kaviyy (116 kere): İradeyi güçlendirir.
- Ya Cebbar (206 kere): Cesaret verir.
- Ya Muktedir (744 kere): Her şeyi yapma gücünü harekete geçirir.
- Ya Musavvir (336 kere): Yaratıcılık enerjisinin somut alanlara akmasını sağlar.

- Ya Selam (131 kere): İçinize huzur, rahatlık ve güven duygusu verir.
- Ya Muhyi (68 kere): Şifa enerjinizi harekete geçirir.
- Ya Batın (62 kere): Sezgileriniz güçlendirir.
- Ya Muğni (1100 kere) Maddi ve manevi zenginlik sağlar.
- Ya Fettah (489 kere): Maddi ve manevi tüm kapıları açar ve zafer sağlar.
- Ya Mani (161 kere): Negatif enerjilerden korur.

Yukarıda size uygun olabilecek Esmalardan birkaç örnek verdim. Esmalar ile ilgili daha detaylı bilgiye, telif gelirini yardım kuruluşlarına bağışladığım "Esmaların Gizli Hazinesi" isimli kitabımdan ulaşabilirsiniz. Ayrıca aynı kitapta kendi burcunuza ait olan Esmaları seçebilir ve mucizevi güzellikleri deneyimleyebilirsiniz.

KOD 48

Örneğin 29.9.1999 tarihindeki gibi doğum tarihinizin sayı değerleri toplamı 48 çıkıyorsa sizin sayınız 48'dir.

GENEL ÖZELLİKLERİNİZ

Dünyaya çok farklı bir zihinle ve yüksek, parlak bir zekâyla gelmişsiniz. Siz yeni bir zihin olduğunuz için eski zihinlerle uyum sağlamız kolay olmayabilir. Çok zeki, analiz yeteneği yüksek, kurallara itaat etmek istemeyen, kendi kurallarını koyan bir yapınız olabilir. Hayal gücünüz çok kuvvetlidir, bu nedenle tasarım ya da sanat alanlarında da büyük başarı gösterebilirsiniz.

İstediğiniz her şey hemen olsun istersiniz ve sabırsız davranabilirsiniz. İsteğiniz olduğunda hevesiniz de geçebilir. Uzun süreli değil anlık zevkler yaşayabilirsiniz. Zihninize hedef koymayı öğretmeli, hedefleri küçük adımlara bölmeli ve sabırla hedeflerinize ulaşmalısınız. Sonuç size uzak gözükürse de pes etmemelisiniz.

Başarısız olmaktan korkarak eyleme geçmemeyi tercih edebilirsiniz, ancak bu durum sizin parlak zekâlı başarısızlardan olmanıza sebep olabilir. Mutlaka sabırlı ve planlı olup eyleme geçmelisiniz. Hedefiniz için bir adım attığınızda evrensel yasaların sizi desteklediğini göreceksiniz ve önemli başarılara imza atabileceksiniz. Hiçbir şeyi ertelememeli, zamanında yapmalısınız. Zamanınızı verimli kullanmayı öğrenmelisiniz.

Bu dünyaya ışık tutmaya gelmişsiniz, ancak bunun için var olan eski sistemle, yani eski zihinlerle de doğru iletişim kurmalısınız. Potansiyel olarak ileride ya çok çok büyük başarılar yakalayacaksınız ya da değişime ayak direyip başarısız parlak zekâlardan olacaksınız. Bu nedenle sorumluluklarınızı yerine getirmeli, verdiğiniz sözleri tutmalı, hedeflerinize sabırla adım adım yürümelisiniz, çünkü dünya sizin ışığınızı beklemektedir.

Bilimsel zekânız çok yüksek olabilir bu zekânızı değerlendirmelisiniz. Bolluk ve bereket eyleme geçtiğiniz anda size akacaktır. Güzel işler üretmeye başladığınız an çok para kazanırsınız. Otoriteyle anlaştığınızda da bir süre sonra siz otorite olacaksınız. Liderlik özellikleriniz var ancak hep kendi istediğiniz olsun isteyebilirsiniz bu konuda da empati yeteneğinizi geliştirmeniz gerekmektedir. Başkalarının da duygu ve düşüncelerini, isteklerini anlamanızda yaşamda başarıyı yakalamak adına büyük faydalar var.

Hak hukuk konuları da sizin için çok önemlidir. Adalete öne verirsiniz ve haksızlıklara karşı ciddi tepki gösterebilirsiniz. Hakkınızı da sonuna kadar savunursunuz, bu anlamda avukatlık ya da hâkimlik meslekleri de sizin için uygun meslekler olacaktır

Özgüven enerjiniz düşük olabilir, başaramamaktan korkabilirsiniz. Cesur olun, herkesin hata yapma, başaramama hakkı var, siz yine cesaretle, kendi gücünüze güvenerek hareket edin. Olumsuz deneyimlerden ders çıkarmalısınız, her deneyimde ne yapmanız ve ne yapmamanız gerektiğini tespit etmeli, aynı hatalara tekrar tekrar düşmemelisiniz.

Olaylarda sorunlara değil çözüme bakmalısınız, bu şekilde ışığınızla hem kendinizi hem de başkalarını aydınlatacaksınız. Kendi yeteneklerinize ve içinizdeki güce güvenin çünkü evrensel sistemler sizi desteklemektedir.

Bazen eylemsizlik ruh durumuna girebilir, yapmanız gerekenleri sürekli erteleyebilirsiniz. Bir de önemsememe davranışlarınız olabilir, bu durum da yaşamınızda problemlere sebep olabilir. İletişimleriniz bozulabilir. Eyleme geçmeniz ve her şeyi vaktinde yapmanız size yaşamda başarıyı getirecektir.

Üzerinde çalışmanız gereken konulardan biri işlerinizi ertelemeniz ve bazen işe gerekli önemi vermemeniz olabilir. Bu tarz davranışlarınız yaşamda kazanacağınız başarılarınızı geriye atabilir ya da engelleyebilir. Her şeyi zamanında yapmaya, her işe gerekli önemi vermeye, planlı ve programlı çalışmaya önem vermelisiniz.

Bu davranış modelinize gerçekten çok dikkat etmelisiniz, çünkü başarıyı yakalamanız bu davranışlarınızı düzenlediğiniz takdirde gerçekleşebilecektir. Yoksa siz akıllı, zeki ama hak ettiği yeri bulamayan bir kişi konumuna düşersiniz.

Güce ve güçlü insanlara hayran olabilirsiniz; her zaman güç sahibi olmayı arzular bunun hayallerini kurabilirsiniz.

Bununla beraber güçlü ve otoriter insanlarla da pek anlaşamayabilirsiniz. Güçlü olmayı öğrenmeniz ve kendi gücünüzü elinize almanız adına ebeveynlerinizden biri çok otoriter olabilir. Bu sizin yaşam deneyimlerinizden biridir. Otoriteyle anlaşana kadar ve kendi gücünüze sahip olup yaşamınızın sorumluklarını alıncaya kadar bu tarz deneyimlerden geçersiniz. Belki önce babanız sonra öğretmeniniz daha sonra sevgiliniz veya patronunuz, sizin yaşamınıza güçle anlaşmayı sağlamanız için görevli olarak girebilirler. İçinde bulunduğunuz konumda kendinizi güçlü ve iktidar sahibi hissetmezseniz çok tepkisel, agresif davranabilir ya da çekip gidebilirsiniz.

Kendiniz otorite olduğunuz zaman da başka otoritelerle uyumlu bir iletişim halinde olmaya özen göstermelisiniz. Her zaman olumlu bir dil kullanmalı ve suçlayıcı, yargılayıcı dil kullanmaktan kendinizi uzak tutmaya özen göstermelisiniz.

Liderlik yeteneklerine sahipsiniz bu nedenle özgüveninizi yükseltin, kendi gücünüze, yeteneklerinize güvenin, cesur olun, hedefe odaklı, planlı ve sabırlı hareket edin, ertelemeyin her şeyi vaktinde yapın, verdiğiniz sözleri tutun, sorumluluklarınızı yerine getirin ve içinde bulunduğumuz olumsuz düzeni değiştiren ve çevresine ışık saçan bir birey olun☺

Sizin bu yaşamdaki en önemli çalışmanız alma-verme dengesini kurmaktır. Dengeli bir biçimde yaşama hizmet vermek, adaletli ve arabulucu bir şekilde hem kendi mutluluğunuza hem de başkalarının mutluluğuna katkıda bulunmak olacaktır. Alma-verme dengesini kurmanız zaman alabilir, ama bunu durumu dengelemekle yükümlüsünüz.

Siz çok fazla verici, fedakâr ve iyi niyetli olabilirsiniz, ancak bu durum kendinize haksızlık etmenize sebep olabilir. Karşınızdaki kişilere destek olmak adına kendinizden çok verir, hayal kırıklığına uğrar, incinir sonra da bıçak kemiğe dayandığında birden tüm desteğinizi çekebilirsiniz. O zaman da fazla alıcı olma tarafına geçebilir ve hep kendi istediğiniz olsun diye kaprisli davranabilirsiniz. İkisi de doğru değildir, aradaki dengeyi kurmanız çok önemlidir.

Sizin -meli,-malı'larınız olabilir. Yani "Bu iş böyle olmalı" , "Arkadaşlıkta bunlar yapılmalı" gibi cümle kalıplarınız olabilir. Sizi sınırlayan bu kalıplardan kendiniz kurtarmalısınız, herkesi ve her durumu olduğu gibi kabul etmelisiniz. Bazen etik değerleri olmayan kişiler karşınıza çıkabilir, bu kişilerle deneyimleniyorsunuz. "Böyle de oluyormuş demek ki," deyip geçmeyi öğrenmelisiniz.

AŞK İLİŞKİLERİNİZ

Çok renkli ve çok ilgi çekici bir enerjiye sahipsiniz. Yaydığınız farklı ve özel enerjiler sayesinde karşı cinsi etkilersiniz. Renkli kişiliğiniz gibi renkli bir flört dönemi de geçirebilirsiniz. İlişkilerde kâh sorumluk alır kâh birden sorumsuzlaşabilirsiniz ya da ilişkiyi siz yönlendirirken birden gücü partnerinize bırakabilirsiniz. Değişen ruh ve davranış modelleriniz olduğu için partnerinizin de size güvenmesi zaman alabilir. İki tarafın da birbirine güven duyduğu bir ilişki içerisine girerseniz o zaman uzun bir beraberlik yaşayabilir ve evlenebilirsiniz. Cinsel yaşamınız güçlü hayal gücünüzün de etkisiyle hayatınız gibi renkli olabilir. İlişkinizde hem tutkunun hem de dostluğun olmasını istersiniz.

İŞ – KARİYER YAŞAMINIZ

Pek çok işiniz ve pek çok hobiniz olabilir. Genellikle ne iş yapmak istediğinize geç karar verebilirsiniz. Eğer ne iş yapacağınıza önceden karar verir ve uygularsanız yaşamda hızlı yol alır çok başarılı olursunuz. Eğitim yaşamında var olan konsantrasyon eksikliği zamanla kaybolur ve daha kolaylıkla yaşam planları belirleyip uygularsınız.

MALİ DURUMUNUZ

Para size gelir çünkü para açısından çok şanslısınız. Bununla beraber her insanın deneyimleyeceği gibi siz de parasız kalma korkusunu yaşayabilirsiniz. Böyle durumlarda korkup enerjinizi düşürmeyin, bu kısa bir sınav paranın daima size akacağından emin bir şekilde yaşayın.

SAĞLIĞINIZ

Genellikle sağlıklı olursunuz. Kuruntu, takıntı ve endişeleriniz olursa sinir sisteminiz bundan olumsuz etkilenebilir. Her ne yapıyorsanız sakin olmaya özen göstererek çalışmalarınızı sürdürün. Ertelemeyin de çünkü ertelemek bilinçaltı gerginlik doğurduğu için takıntılarınız daha çok artabilir.

EN TEMEL KORKULARINIZ

- Güvensizlik Korkusu ve Özgüven Eksikliği
- Otorite Korkusu
- Güçsüzlük Korkusu

- Suçlanma Korkusu
- Tercih Edilmeme
- Değersizlik Korkusu
- Anlaşılamama veya Yanlış Anlaşılma Korkusu

Yaşamınızda genellikle yukarıda bahsi geçen konular hakkında deneyimler yaşarsınız, çünkü bu dünyada geçmeniz gereken dersleriniz bu davranışlarınızı düzenlemek ve korkularınızdan arınmaktır. Bu durumu düzenleyene kadar benzer sınavlardan geçmeye devam edebilirsiniz. Benden söylemesi☺ Önerim aşağıdaki olumlamaları kullanmanız, esma çalışmasıyla kendinizi güçlendirmenizdir. Farkındalıkla ve bilinçli olarak bu konular üzerinde de çalışma yapmalısınız. Eğer söz konusu durumlar ileri boyutta ise profesyonel destek almanız çok faydalı olacaktır.

RUHSAL TEKÂMÜLÜNÜZ İÇİN YAPMANIZ GEREKENLER

- Allah'ın size bağışladığı aklınıza, zekânıza, yeteneklerinize güvenmelisiniz ve kendi öz değerinize sahip çıkmalısın.

- Geleceğinize güvenle bakmalı ve emin adımlarla yürümelisiniz.

- Özellikle ilişkilerde beklenti içinde olmaktan vazgeçmeli, istediğiniz ilgiyi önce siz karşı tarafa vermelisiniz.

- Empati yeteneğinizi geliştirmeli karşı tarafın duygu durumunu anlayabilmelisiniz. (Gerçi sizin grup ve benzer yaşam planına sahip gruplar çok empatik olduklarını söylerler ama iyice bir gözlemleyin bakalım öyle misiniz? ☺)

- Kendi gücünüzü tüm ilişkilerinizde yapıcı bir şekilde kullanmalısınız.
- Kendinize karşı da başkalarına karşı da hoşgörülü ve esnek olmaya çalışın. Kendinizi de başkalarını da oldukları gibi kabul edip sevin.
- Sahip olduklarınızı samimiyetle ve sevgiyle, beklentisiz bir şekilde paylaşın.
- Gergin ruh halinden sıyrılmak için fiziksel aktiviteler, zihninizi dinlendirmek için de meditasyon yapmalısınız. Masaj yaptırmak da çok iyi gelecektir.
- Yargılama ve suçlama dilinden kendinizi kurtarmalısınız, kendinize ve başkalarına karşı hoşgörülü ve esnek olmalısınız. Suçlanmaktan korkmamalısınız çünkü korktukça suçlanacağınız deneyimler yaşayabilirsiniz.

OLUMLAMALARINIZ

- Ben otorite konumunda olan herkesle iyi anlaşıyor, kendimi onlar gibi güçlü hissediyorum.
- Ben sahip olduğum güç, para ve nüfuzu insanlara fayda yaratmak için kullanıyorum.
- Ben kendime, yeteneklerime, gücüme çok güveniyorum.
- Kendi gücümü olumlu olayların gerçekleşmesi için kullanıyorum.
- Kendimi ve başkalarını olduğu gibi kabul ediyorum.
- Artık hoşgörülü ve esnek bir bakış açısına sahibim.
- Sevgimi ve sahip olduklarımı samimiyetle paylaşıyorum.

- Ben duygu ve düşüncelerimi her zaman ve herkesin yanında olumlu dil kalıpları kullanarak ifade ediyorum.
- Kendimin ve zamanımın yöneticisi benim, zamanımı verimli kullanıyor her şeyi vaktinde yapıyor ve kendimle gurur duyuyorum.
- Yaşam sorumluluğumu elimi alıyor ve sorumluklarımı kolaylıkla yerine getiriyorum, bunun için de kendimi takdir ediyorum.
- Yaşamın akışına güveniyorum, her ne oluyorsa hakkımda hayırlı olduğunu biliyor ve buna inanıyorum.
- Ben geleceğime güvenle bakıyorum, içinde bulunduğum her an geleceğimi pırıl pırıl inşa ediyorum.
- Zihnimin enerjisini istediklerimin oluşumuna veriyorum ve oluş yollarına müdahale etmiyorum.
- Yaratıcı imgeleme gücümle zihnimde olumlu olayların senaryolarını canlandırıyorum.
- Güçlü bir empati yeteneğine sahibim ve insanların duygu durumlarını rahatlıkla analiz ediyorum.
- Ben adil ve hoşgörülüyüm, sakin ve akıştayım. Ben çok huzurluyum.
- Yaşadığım her an ve aldığım her nefes için, sahip olduklarım ve olmaya devam ettiklerim için Rabbime daima şükrediyorum.

Not: Gün içinde olumlama yapmayın çünkü o saatlerde ego görev başındadır ve değişiminize tepki gösterebilir. Eğer olumlamaları gündüz yaparsanız, kullandığınız olumlamaların tam tersi deneyimler içerisine girebilirsiniz. Bu yüzden olumlamalarınızı sadece sabah uyandığınızda ve gece uykuya dalmadan hemen önce yapın. Bu dönemlerde beyin dalgalarınız Alfa frekansında olduğu için egonuz devre dışıdır.

ESMALARINIZ

Aşağıdaki Esmaları zikretmenizin de size çok faydası olacaktır.

- Ya Aziym (1020 kere): Azim, güç, iktidar kuvveti verir.
- Ya Aziz (94 kere): Sayılmanızı, değer görmenizi sağlar.
- Ya Melik (90 kere): Var olan yeteneklerinizi ve gücünüzü ortaya çıkarıp kullanmanızı sağlar.
- Ya Kaviyy (116 kere): İradeyi güçlendirir.
- Ya Cebbar (206 kere): Cesaret verir
- Ya Halim (88 kere): Sakinlik verir ve olaylara sağduyulu yaklaşmanızı sağlar.
- Ya Selam (131 kere): İçinize huzur, rahatlık, güven verir.
- Ya Muğni (1100 kere): Maddi manevi zenginlik sağlar.
- Ya Fettah (489 kere): Maddi manevi tüm kapıları açar ve zafer sağlar.
- Ya Mani (161 kere): Negatif enerjilerden korur.

Yukarıda size uygun olabilecek Esmalardan birkaç örnek verdim. Esmalar ile ilgili daha detaylı bilgiye, telif gelirini yardım kuruluşlarına bağışladığım "Esmaların Gizli Hazinesi" isimli kitabımdan ulaşabilirsiniz. Ayrıca aynı kitapta kendi burcunuza ait olan Esmaları seçebilir ve mucizevi güzellikleri deneyimleyebilirsiniz.

Nilda Ferhan Efeçınar

Bilinçaltının Büyüsü

Esmaların Gizli Hazinesi

İsimlerin Gizemi

Kuantum Sıçraması

ARŞ YAYINLARI

Bilinçaltınızı programlayın muhteşem bir yaşam imar edin.

Bilinçaltının Büyüsü / Nilda Ferhan Efeçınar

Kuantum Sıçraması, Kuantum Koçluk Programı, Kuantum Diyarında Kelebekleri Özgürleştirmek, İsimlerin Enerjisi ve Esmaların Gizli Hazinesi kitaplarının yazarı Nilda Ferhan Efeçınar, bu kitabında, arzuladığımız yaşam başarısına giden yolda evrenin yasalarını ve zihnimizin çalışma prensiplerini irdeliyor.

BİLİNÇALTI'NIN BÜYÜSÜ bize gösteriyor ki, muhteşem bir güce, eşsiz bir potansiyele sahip bilinçaltımız tüm yazılımların yer aldığı programlanabilir bir komuta merkezidir. Bu nedenle, bilinçaltımızdaki yazılımlar değiştikçe bizim yaşamlarımız da değişecektir.

Sistemin Yasalarına sarılın!

Hak Yasası, Paylaşım Yasası, Enerjiyi Koruma ve Yükseltme Yasası, Kendi Gücüne İnanma Yasası, İnanç Yasası, Sipariş Yasası ve Şükran Yasası ile hayatınızı düzene koyabilir, istediklerinizi gerçekleştirme yolunda büyük adımlar atabilirsiniz.

Esmaların Gizli Hazinesi / Nilda Ferhan Efeçınar

İnsan olmak onurludur, çünkü biz insanlara yaradılış esnasında kendi ruhundan üfleyen Allah, 99 sıfatının enerjisini de bize vermiştir. Kozmik alanda tüm bilgiler mevcuttur ve bu bilgiler genetik şifremize kodlanmıştır. Dileyen ve sabırla çalışan herkes, Allah'ın güzel sıfatlarını zikrederek bu bilgilere ve güçlere ulaşabilir. Esmaları yani Allah'ın güzel sıfatlarını doğru sayıda zikrederseniz, kozmik alana ulaşıp, ilgili alanla bağlantı kurarsınız.

Bu, şu demektir; Esmaların görevlileri olan enerji kuvveleri (melekler) size ilgili konularda yardımcı olur. Gözle görünen ya da görünmeyen destekler alır, aklınıza gelmeyecek maddi ve manevi güzellikler yaşarsınız. Böylesine güzel bir öğretiyi bize sunan Allah'ın isteği, bu Esmaları kullanarak, İnsan olma onuruna erişmemiz, kimseden medet ummadan, kendi gücümüzle bir ömür sürmemiz ve tekâmül etmemizdir.

Yazar, bu kitabın gelirini Darülaceze'ye bağışlayacaktır.

İsimlerin Gizemi / Nilda Ferhan Efeçınar

Kuantum mekaniği ve fiziğine göre evrende her şey enerjiden ibarettir ve evrendeki en etkili enerjilerden biri ***ses***'tir. İsimlerimizdeki sesler bizim Ruh-Beden-Zihin enerjilerimizi etkiler. Enteresan bir biçimde isimlerimizin kişiliğimiz ve yaşam şekillerimizde etkisi büyüktür. Bu kitapta ses enerjisinden nasıl etkilendiğimizi ve bunun yaşamımızdaki önemi hakkında bilgileri bulacaksınız. Coco Cola, Pepsi Cola, Vakko, Zara, Show TV, ATV, Honda gibi ünlü markaların analiz örneklerine ve Cem Yılmaz, Yılmaz Erdoğan, Seda Sayan, Okan Bayülgen, Beyaz, Sezen Aksu, Seda Sayan, Gülben Ergen, Hülya Avşar, Saba Tümer gibi ünlülerin isim analizlerine de yer verdim. Bunun dışında A'dan Z'ye kadar tüm harflerin enerjileri hakkında bilgi verdiğim gibi, 560 adet ismin enerjisel analizlerini de yaptım.

Bu kitapta, yeni doğacak bebekler için isim koymanın, firmalara isim vermenin, kendinizi markalaştırmanın ne denli önemli olduğunu, bazı isimlerin nasıl aşağıya çekebileceğini, bazı isimlerin de nasıl yükseltebileceğinin bilgilerini bulacaksınız.

Yaşamınıza ışıltılı bir rota belirleyebileceksiniz.

Kuantum Sıçraması / Nilda Ferhan Efeçınar

Problemlerinizi çözebilmeniz, kendinizi geliştirip değiştirebilmeniz için yazdığım bu kitapla, düşünce yapılarınızı ve bu yapılarla nasıl bir yaşam sürdüğünüzü fark edeceksiniz. Yararı olmayan düşünce sistemlerinin yerine hedefleriniz için etkili olacak düşünce sistemlerini koyup muhteşem bir yaşam inşa edebileceksiniz.

Yaşam Başarısı bir sanattır ve her sanat eserini ortaya koyan sanatçı gibi hepimizin bazı materyallere gereksinimi vardır. Belki yaşam inşası üzerine pek çok kitap okudunuz, üzerine düşündünüz ancak yaşamınıza geçiremediniz. Bu durum "Bilmek" ile "Yapabilmek" arasındaki farktan kaynaklanır. Yaşam sadece teorik bilgilerden oluşsaydı, yaşam olmazdı. Yaşamın doğası teorinin pratiğe geçmiş halidir.

Bu kitap, nasıl *Kuantum Sıçraması* yapabileceğinizi gösteren bir kılavuzdur. Kitaptaki uygulamalarla, mucizeler yaratan zihninizin gücünü fark edecek ve muhteşem bir yaşama sahip olacaksınız.

BİLİNÇALTI TELKİN CD'LERİ

∞

SUBLIMINAL MESAJ TEKNİKLERİ

BİLİNÇALTI (SUBLIMINAL) TELKİN CD'LERİ

BİLİNÇALTI

Nasıl bir hayat sürüyorsunuz? Yaşamakta olduğunuz süreç arzu ettiğiniz gibi akıyor mu? Özel ilişkiniz, arkadaşlık ilişkiniz nasıl? Patronunuzla ve iş arkadaşlarınızla uyum içinde misiniz? Sağlığınız yerinde mi? Ya ekonomik durumunuz? Peki, her şeyden önemlisi siz "yaşamınızdan ne istediğinizi biliyor musunuz?" Lütfen birkaç dakika bu soruları kendinize sorun. Bu soruların yanıtları sizin yaşamınız hakkında ne kadar söz sahibi olduğunuzu ve yaşam sorumluluğunuzun ne kadarını elinizde tuttuğunuzu gösterecektir.

Yaşadığınız yaşam sizi mutlu etmiyorsa bu seçimi yapan sizsiniz ve değiştirebilecek zihinsel güce de sahip olan sizsiniz. Belki bunu nasıl yapacağınızı bilmiyor olabilirsiniz. Öyle ise Bilinçaltı Telkin CD'lerimiz size bu konuda çok büyük bir destek sağlayacaktır. Korkularınız mı var, kendinizi yetersiz ve güçsüz mü hissediyorsunuz, gelecek sizi korkutuyor ve kendinizi güvende hissetmiyor musunuz? Bağımlılıklarınızdan ötürü sağlıklı ve kaliteli bir yaşam süremiyor musunuz? Var olan iç güzünüzü kullanamıyor ve yaşamda kendinizi kurban edilmiş mi hissediyorsunuz o zaman sizler için hazırladığımız Bilinçaltı Telkin CD'lerimizle kendi gücünüzü ortaya çıkarın. Telkin CD'leri size kendi yaşamınızın mimarı olabilme olanağını sunuyor.

Bizi yöneten, yaşamımızı yönlendiren nedir? Zihnimiz iki ana bölümden oluşmaktadır. Bir buz dağı gibi suyun üzerinde gözüken %10'luk kısmı bilinç, suyun altındaki %90'lık bölümü de bilinçaltımızdır. Bilinçli zihin karar verir ve ister bilinçaltı ise sadece inanır ve inandığı enerjiyi yayar. Bu şekilde biz bilinçaltımızın inşa ettiği yaşamı yaşıyoruz. Bilinçaltına olumlu inanç sistemleri yerleştirdiğimizde arzu ettiğimiz hayatı yaşarız. Bu bir yasadır ☺

BİLİNÇALTI TELKİNİN GÜCÜ

"Bilinçaltı Telkin" yönteminin çalıştığını kanıtlayan yurtdışında pek çok örnek var. Bu yöntem görsel olarak da uygulanabilmektedir. Bunu sinema reklamlarında ilk deneyen firmalardan biri de Coca cola firmasıydı. Daha sonra görsel ve sesli olarak bu yöntem kullanıldı ve başarı oranının küçümsenemeyecek boyutlarda olduğu gözlendi. Başarı oranının bu denli yüksek olması birçok ticari kuruluşu kendi mallarını tüketiciye bu yöntemle pazarlamasına yöneltti. Televizyonlarda ve radyolarda bu yöntem kullanıldı. Ancak kişilerin seçim şansını ortadan kaldırdığı ve özgürlüklerine müdahale olarak değerlendirildiği için birçok ülkede bu tekniğin reklamlarda kullanılması yasaklandı.

1964'te İngiltere, 1974'te ABD olmak üzere dünyadaki 55 ülke insanlarını bu tekniğe karşı korumaya almıştır. İnsanların bilinçaltlarına rıza almadan giriş yapmanın etik olmadığı kararını vermişlerdir. Bu teknik bir insanın bilinçaltına ona fark ettirmeden bazı telkinlerin yerleştirilme prensibine dayanır.

Bilinçaltı Telkinleri (*Subliminal Mesaj Teknikleri*) yine yurtdışında uzun yıllar insanların yararına da kullanılmış ve halen kullanılmaya devam edilmektedir. İnsanların istenmeyen alışkanlıklarından ve istenmeyen huylarından arındırılmasında bu telkinlerin çok olumlu ve yapıcı etkileri vardır.

Kulağımızın duyamayacağı frekansları aslında beynimiz duyar. Bilincimizin engeline takılmaksızın doğrudan bilinçaltımıza ulaşır. Her ne kadar ülkemizde henüz çok fazla bilinmese de yurtdışında *Subliminal Mesaj Tekniği* çok uzun yıllardır çeşitli alanlarda kullanılmaktadır. Subliminal mesajı kısaca "kişinin bilinçaltına gönderilen gizli mesaj" olarak tanımlayabiliriz. Kişinin bilinçaltına subliminal mesaj

göndermenin bir çok yolu var. Bunları sesli, görsel ve yazı olarak aktarabiliriz.

Bunlardan en çok kullanılanı dijital ses dosyalarına gömülen mesajlardır. Üzerinde oynanabilirliği ve işlenilmesi ve yayılması daha kolay olduğundan ses dosyaları gizli mesaj için biçilmiş kaftandır diyebiliriz. Eğer siz bir müzik parçasını rahatça duyabiliyorsanız bu sizin duyabileceğiniz frekans aralığında olduğunu gösterir. İnsan beynini algısı ise daha düşük ya da daha yüksek frekansları algılayabilecek kapasitededir. Subliminal mesaj içeren bir CD dinlersiniz, ancak içindeki gizli mesajı bilinçaltınız dinler. Bu esnada kulağınız hiçbir şey duymaz.

TELKİN CD'LERİNİ NASIL DİNLEMELİYİZ?

Birinci koşul; mutlaka akşam yattıktan sonra CD'yi dinlemektir. CD başlasın siz uyanık da kalsanız uyusanız da fark etmez, telkinler bilinçaltınıza kaydolacaktır.

İkinci koşul; Bilinçaltı Telkin CD'nizi 21 gece atlamadan dinlemelisiniz. 21 gecenin sonrasında 7 gün dinlemeyeceksiniz. Bu döneme nadas dönemi diyoruz. 7 gün dinlenmedikten sonra *ikinci* 21 günlük periyota başlayacaksınız ve 21 gece atlamadan dinleyeceksiniz. Daha sonra 2. Nadas dönemine giriliyor ve 7 günlük dinlememe süreci başlıyor. Daha sonra *üçüncü* 21 günlük periyoda gireceksiniz ve tekrar nadas. *Üç* 21 günlük periyottan sonra inanç bilinçaltına yerleşen kayıt haline gelir. Genellikle arzu edilen hedef gerçekleşme yolunda harekete geçer. Çalışmanın mutlaka 6 periyot (21 gün dinleme ve 7 gün nadas şeklinde) yapılması gerekir. 6 periyot bittiğinde 3 aylık büyük nadas başlar genellikle bu zaman dilinde arzu ettiklerinizin büyük bir kısmı gerçekleşir.

Bilinçaltı Telkin CD'lerini 21 gün dinlemenin sebebi şudur:

Bedenimizdeki hücreler özellikle beyin hücrelerimiz (nöronlar) bilgi kaydedicidir tüm düşünceler nöronlarımıza kaydolur. Bedenimizdeki her hücre 21 günde bır kardeş hücrelere bölünür. Böylece bir hücre iki, iki hücre dört, dört hücre on altı olarak çoğalır ve arzulanan hedefe dair bilgiler ve telkinler daha çok nöron ve hücre tarafından bilinmeye ve zaman içerisinde güçlenmeye başlar. Böylelikle inanç sistemi gelişir.

Bilinçaltı CD'lerine 7 gün ara verilmesinin sebebi şudur:

Hiçbir değişim ve dönüşüm biz bakarken gerçekleşmez. 21 gün boyunca hücrelere telkin bombardımanı yapıp bir hafta nadasta bıraktığınızda yükselen güçlü enerji hedeflenen amaca akacakar. Bu akış esnasında yüklemeyi durdurmak gerekir. Bu şekilde yapılan üç 21 günlük periyot sonrasında yaşamınızda arzu ettiklerinizin somutlaştığını, gerçekleştiğini görecek ve zihninizin gücüne daha çok güveneceksiniz.

Zararı var mıdır?

Bu tekniğin hiç bir zararı ya da yan etkisi yoktur.

Kendi CD'mi yakınlarıma dinletebilir miyim?

Bu CD'lerin her biri Nilda Ferhan Efeçınar tarafından seslendirilen ve sizin adınızın geçmekte olduğu telkinlerden oluşmaktadır. Adınızın telkinlerde kullanılması etkinin arttırılması içindir. Bu yöntemle telkinler bilinçaltınız tarafından çok daha kolay algılanmakta ve kabul edilmektedir. Kendi adınızın kullanılmasından ötürü bu CD'lerin bir başkasına dinletilmemesi gerekmektedir. Unutmayınız ki, bu bir müzik CD'si değil, telkin CD'sidir ve çok özel bir yöntemle hazırlanmış iyileştirme ve dönüşüm telkinlerinden oluşmaktadır. Bu CD'ler bilgisayar ortamında özel programlarla kaydedilmektedir.

ÖZGÜVENİNİZİ ARTTIRIN

Çekingen bir mizacınız mı var? Artık bu durumu değiştirmenin zamanının geldiğini düşünüyorsanız bu CD'nin altında yer alan olumlamalar vasıtasıyla özgüveniniz siz uykudayken yükselecek ve dışarıya özgüvenli bir manyetik enerji yayacaksınız. Çevreniz sizdeki bu değişimi fark edece ve size hayranlık besleyecek. İş ve özel yaşamınızda yıldız gibi parlayacaksınız.

MUT LU İLİŞKİLER OLUŞTURUN

Bilinçaltımızda karşı cinse duyduğumuz herhangi bir olumsuz inanç sistemi varsa ikili ilişkilerimizde mutluluğu yakalayamayabiliyoruz hatta aynı tarz ilişkiler içerisinde kısır döngüde kalabiliyoruz. Ruhen, bedenen, zihnen ve cinsel olarak anlaştığımız bir kişiyle sevgi, güven ve sadakat dolu bir ilişki yaşayabileceğimize önce bilinçaltımızın inanması gerekir. CD altına yerleştirilen olumlamalar vasıtasıyla bilinçaltı inanç sistemimiz muhteşem bir ilişkiye inanacak ve siz de bir süre sonra bu ilişkiyi yaşayabileceksiniz.

HAFIZANIZI GÜÇ LENDİRİN

Bu CD altında yerleştirilmiş olumlamalar vasıtasıyla muhteşem bir hafızaya sahip olacaksınız. Her şeyi kolaylıkla öğrenecek, kolaylıkla kalıcı hafızanıza yerleştirecek ve istediğiniz her şeyi kolaylıkla hatırlayabileceksiniz. Yaşlılığımızda da güçlü bir hafızaya sahip olmak istiyorsanız ya da sınavlarınızda öğrendiklerinizi net bir şekilde kalıcı hafızanıza yerleştirmek istiyorsanız bu CD'den faydalanabilirsiniz.

KONSANTRASYON GÜCÜNÜZÜ GELİŞTİRİN

Konsantrasyon gücünüzü geliştirmekle sadece dikkat dağınıklığından kurtulmakla kalmayacak aynı zamanda duygu ve düşüncelerinize de hâkim olabileceksiniz, farkındalıkla bir yaşam süreceksiniz. Yaptığınız her işe rahatlıkla odaklanırken içinde bulunduğunuz anın da tadını çıkarabileceksiniz.

KİLO VERMEK

Birçok kişi kilo vermeye karar veriyor ancak bu kararında kararlı kalamıyor. Bunun nedeni verilen bilinçli kararların bilinçaltına yerleşmiş olmaması. Ana komuta bilinçaltı olduğu için önce bu karara bilinçaltının inanması gerekiyor. Bu CD sayesinde Bilinçaltınızı kilo vermeye inandıracak ve sağlıklı bir şekilde kilo verebileceksiniz.

SINAVLARDA BAŞARILI OLMAK

Sevgili öğrenciler... Sınavlarda başarısızlığımızın nedeni aşırı heyecanlanmamız ve bildiklerimizi unutmamızdır. Bu CD içerisine gömülü olan olumlamalar vasıtasıyla sınav sırasında sakin olabilecek ve bildiklerinizi rahatlıkla hatırlayabileceksiniz. Ayrıca sınav esnasında dış etkenlerin etkisinde kalmayarak rahatlıkla odaklanabileceksiniz.

ZENGİNLİK, BOLLUK BEREKET ENERJİSİNİ ÇEKİN

Genellikle pek çoğumuz kıtlık bilincinde olduğumuz için ya da paraya kötü bir anlam yüklediğimiz için Para enerjisini çekememekteyiz. Bu CD içerisine gömülü olan olumlamalar vasıtasıyla uykunuzda Bolluk ve Bereket bilincine geçecek hatta paraya Aşık olacaksınız. Hem maddi hem de manevi Bolluk ve Bereket dolu varlıklı bir yaşam sürebileceksiniz.

İÇ POTANSİYEL GÜCÜNÜZÜ KULLANIN

Yaradan bize muhteşem güçler armağan etmiş. Bu iç potansiyelimizi yaşam alanına kanalize ederek muhteşem bir yaşam inşa edebiliriz. Bu CD içinizdeki muhteşem gücü uyandıracak ve arzu ettiklerini gerçekleştirebileceksiniz.

TOPLULUK ÖNÜNDE RAHAT KONUŞMA

İnsanlar önünde konuşurken heyecanlanmaktan ve kendinize olan güvensizliğinizden telkinlerle kurtulacaksınız. İnsanlarla çok daha iyi diyaloglar kurabileceksiniz. İster ev, ister iş toplantılarında olsun kendinize güvenerek ve çok daha rahat konuşma yeteneğine kısa bir sürede kavuşabileceksiniz. Kendi duygu ve düşüncelerinizi, bilgi ve deneyimlerinizi sakin bir şekilde ve çok rahatlıkla ifade edebileceksiniz. Duruşunuzla, bakışınızla, ses tonunuzla, yaydığınız manyetik enerji ile insanları etkiniz altına alabileceksiniz.